böhlau

Forschungen zur Neueren Privatrechtsgeschichte

Herausgegeben von Martin Schermaier,
Mathias Schmoeckel

Band 37

Jan-Luca Helbig

Die Schätzung des Menschen

Persönlichkeitsgüter, Geldentschädigung
und Kommensurabilität im scholastischen Naturrecht

BÖHLAU

Gedruckt mit freundlicher Unterstützung der Deutschen Bischofskonferenz, des Erzbistums Köln und des Bistums Münster.

Bibliografische Information der Deutschen Nationalbibliothek:
Die Deutsche Nationalbibliothek verzeichnet diese Publikation in der Deutschen Nationalbibliografie; detaillierte bibliografische Daten sind im Internet über http://dnb.d-nb.de abrufbar.

Umschlagabbildung: Ausschnitt aus Thomas von Aquin: Commentarium in Sententiarum librum IV magistri Petri Lombardi – Köln, Erzbischöfliche Diözesan- und Dombibliothek, Cod. 1226, fol. 84r. Zentral für diese Studie ist daraus der Satz *si aliqua sunt ablata quae omnino restitui non possunt, sufficit voluntas restituendi cum tanta restitutione quanta possibilis est secundum conditionem utriusque ad arbitrium bonorum* (siehe dazu unten S. 97).

Einbandgestaltung: Michael Haderer, Wien
Satz: Michael Rauscher, Wien
Druck und Bindung: Elanders Waiblingen GmbH, Waiblingen
Gedruckt auf chlor- und säurefreiem Papier
Printed in the EU

Vandenhoeck & Ruprecht Verlage | www.vandenhoeck-ruprecht-verlage.com
E-Mail: info@boehlau-verlag.com

ISBN 978-3-412-53511-7 (Print)
ISBN 978-3-412-53512-4 (E-Book)
ISBN 978-3-412-53513-1 (Elib)

Inhalt

Vorwort

Die vorliegende Arbeit wurde von der Rechts- und Staatswissenschaftlichen Fakultät der Rheinischen Friedrich-Wilhelms-Universität Bonn im Sommersemester 2025 als Dissertation angenommen. Ihre Entstehung ist zu großen Teilen dem freien wissenschaftlichen Geist zu verdanken, den mein verehrter Doktorvater, Herr Professor Dr. Martin Josef Schermaier, am Institut für Römisches Recht und Vergleichende Rechtsgeschichte pflegt und bewahrt. Für sein akademisches Vorbild, seinen teuren Rat und seine gleichermaßen fachliche wie menschliche Unterstützung gilt ihm der erste Dank.

Zu außerordentlichem Dank bin ich auch Herrn Professor Dr. Nils Jansen verpflichtet – nicht nur für die zügige Anfertigung des Zweitgutachtens, sondern auch für mach wichtiges Gespräch und wertvolle inhaltliche Anregungen.

Dem Leitungsgremium der Rheinisch-Westfälischen Graduiertenschule »Recht als Wissenschaft« danke ich für die Möglichkeit zur Vorstellung meines Dissertationsprojekts. Die regelmäßigen Treffen in Köln, Bonn und Münster und den gelebten wissenschaftlichen Austausch habe ich als äußerst anregend empfunden. Dort habe ich auch Herrn Dr. Konstantin Liebrand kennengelernt, dem ich für kritische Hinweise zu meinen Übersetzungen danke.

Für das freundschaftliche Miteinander und die gegenseitige Unterstützung danke ich meinen Institutskollegen aus Bonn, namentlich Professor Dr. Gregor Albers, Katharina Drees, Tessa und Sebastian Fuchs, Gideon Ohms und Caroline Schön.

Der Studienstiftung des Deutschen Volkes danke ich für die großzügige finanzielle und ideelle Förderung sowie den Herausgebern der Forschungen zur Neueren Privatrechtsgeschichte für die Aufnahme in die Reihe.

Zu guter Letzt danke ich von ganzem Herzen meiner Familie und meinen Freunden, ohne die ich diese Arbeit nicht geschrieben hätte. Besonders hervorgehoben seien die selbstlose und andauernde Unterstützung durch meinen Vater, sein kluger Rat und seine Freundschaft. Geradezu unschätzbarer Dank gilt schließlich meiner Ehefrau Lea. Ihre große Geduld und ihr Zuspruch waren die unverzichtbare Grundlage für dieses Buch. Es nun auf seinen Weg zu bringen, verdanke ich zu großen Teilen ihr.

Bonn, im Oktober 2025

Abkürzungen

Für antike Quellen wird auf die Praxis des *Thesaurus Linguae Latinae* bzw. *Der Neue Pauly* verwiesen. Abkürzungen für römische Juristen und ihre Werke richten sich nach dem *Handbuch des Römischen Privatrechts.*

1Comp.	Compilatio Prima. *Zit. nach:* Quinque compilationes antiquae, nec non Collectio canonum Lipsiensis. Ad librorum manu scriptorum fidem recognovit et adnotatione critica instruxit Aemilius Friedberg. Leipzig 1882 (Nachdruck Graz 1956).
a	Linke Spalte
a.	articulus/-i (Artikel)
a.	anno
Abs.	Absatz/Absätze
AcP	Archiv für die civilistische Praxis
AGP	Archiv für die Geschichte der Philosophie
arg.	argumentum/-a
Art.	Artikel
b	Rechte Spalte
bBQ	Babylonischer Talmud, Buch Baba Qamma. *Übersetzung nach:* Der Babylonische Talmud. Neu übertragen durch Lazarus Goldschmidt. Siebenter Band. Berlin 1933.
Bd.	Band/Bände
BGB	Bürgerliches Gesetzbuch
BGB 1900	Bürgerliches Gesetzbuch für das Deutsche Reich in der Fassung bei Inkrafttreten am 1. Januar 1900
BGH	Bundesgerichtshof
BGHZ	Der Bundesgerichtshof in Zivilsachen
BIDR	Bullettino dell'Istituto di diritto romano »Vittorio Scialoja«
bzw.	beziehungsweise
C.	Codex Iustinianus
C.	causa/-ae (Decretum Gratiani)
c.	canon/-es (Decretum Gratiani)
can.	canon/-es (Codex Iuris Canonici 1917 und 1983)
CCC	Constitutio Criminalis Carolina (Peinliche Halsgerichtsordnung Kaiser Karls V.)

CCSL	Corpus Christianorum Series Latina
CEP	Cahiers d'Économie Politique
CIC/17	Codex Iuris Canonici 1917
CIC/83	Codex Iuris Canonici 1983
CLH	Comparative Legal History
co.	corpus articuli
ComSTh II-II	CAJETAN, Thomas de Vio: Commentaria in Secundam Secundae. In: Thomas von Aquin: Sancti Thomae Aquinatis Doctoris Angelici Opera Omnia Iussu Impensaque Leonis XIII P.M. edita. Tomus IX. Secunda Secundae Summae Theologiae. A Quaestione LVII ad Quaestionem CXXII. Rom 1897.
concl.	conclusio
CSEL	Corpus Scriptorum Ecclesiasticorum Latinorum
D.	Digesta
Decretum Gratiani	*Zit. nach:* Corpus Iuris Canonici. Editio Lipsiensis secunda post Aemilii Ludovici Richteri curas ad librorum manu scriptorum et editionis Romanae fidem recognovit et adnotatione critica instruxit Aemilius Friedberg. Pars prior. Decretum Magistri Gratiani. Leipzig 1879 (Nachdruck Graz 1959).
ders.	derselbe
d. h.	das heißt
dies.	dieselbe
disp.	disputatio/-nes
Diss.	Dissertation
dub.	dubitatio/-nes; dubium/-a
DSGVO	Datenschutzgrundverordnung
Ebd.	ebenda
EIC	Ephemerides Iuris Canonici
EME	Early Medieval Europe
EuGH	Europäischer Gerichtshof
Fn.	Fußnote/-n
fol.	Folium/-a
Fragmenta	Fragmenta: Journal of the Royal Netherlands Institute in Rome
FZPhTh	Freiburger Zeitschrift für Philosophie und Theologie
GG	Grundgesetz für die Bundesrepublik Deutschland

Gl.	Glosse/-n – *zur Biblia Vulgata zit. nach*: Biblia latina cum glossa ordinaria (Antonio Koberger). Tomus I–IV. Straßburg 1480/1481 (Nachdruck Turnhout 1992). – *zum Corpus Iuris Civilis zit. nach:* Accursius: Corpus Iuris Civilis Iustianei cum commentariis Accursii. Lyon 1627. – *zum Decretum Gratiani zit. nach:* Decretum Gratiani emendatum et notationibus illustratum una cum glossis, Gregorii XIII. Pont. Max iussu editum. Rom 1582. – *zum Liber Extra zit. nach:* Decretales D. Gregorii Papae suae integritati una cum glossis restitutae. Rom 1582. – *zum Liber Sextus zit. nach:* Decretalium D. Gregorii Papae Noni Compilatio. Rom 1582.
HKK	Historisch-kritischer Kommentar zum BGB
HRP	Handbuch des Römischen Privatrechts
Hrsg.	Herausgeber/-in
hrsg. v.	herausgegeben von
Inst.	Institutiones Iustiniani
IURA	Iura : Revista internazionale di diritto romano e antico
i.V.m.	in Verbindung mit
Jahrb.	Jehrings Jahrbücher für die Dogmatik des heutigen römischen und deutschen Privatrechts
JETL	Journal of European tort law
Jh.	Jahrhundert
JZ	Juristenzeitung
KuR	Kirche und Recht
Labeo	Labeo: Rassegna di diritto romano
lect.	lectio/-nes
LG	Landgericht
lib.	liber/libri
MGH Conc. 5	Monumenta Germaniae Historica. Concilia. Tomus V. Die Konzilien der Karolingischen Teilreiche 875–911, hrsg. v. Wilfried Hartmann, Isolde Schröder und Gerhard Schmitz. Hannover 2012.
MGH LL 1	Monumenta Germaniae Historica. Leges. Tomus I, hrsg. v. Georg Heinrich Pertz. Hannover 1835.

MGH LL nat. Germ. 4,2	Monumenta Germaniae Historica. Leges Nationum Germanicarum. Tomi IV. Pars II. Lex Salica, hrsg. v. Karl August Eckhardt. Hannover 1969.
MKCIC	Münsterischer Kommentar zum Codex Iuris Canonici
Mugdan	MUGDAN, Benno (Hrsg.): Die gesammelten Materialien zum Bürgerlichen Gesetzbuch für das Deutsche Reich.
m.w.N.	mit weiteren Nachweisen
n.	numerus/-i
NJW	Neue Juristische Wochenschrift
OLG	Oberlandesgericht
partic.	particula/-ae
PL	Patrologia Latina
pr.	principium
Protokolle	Protokolle der Kommission für die zweite Lesung des Entwurfs des Bürgerlichen Gesetzbuchs
q.	quaestio/-nes
qc.	quaestiuncula/-ae
r	recto
RHT	Revue d'Histoire des Textes
Rn.	Randnummer/-n
RTAM	Recherches de théologie ancienne et médiévale
S.	Seite/-n
sc.	scilicet
s.c.	sed contra
SDHI	Studia et documenta historiae et iuris
sect.	sectio/-nes
Sp.	Spalte/-n
StGB	Strafgesetzbuch
STh	THOMAS VON AQUIN: Summa theologica
Suppl.	supplementum
tit.	titulus/-i
TR	Tijdschrift voor Rechtsgeschiedenis/Revue d'histoire du droit/The Legal History Review
tract.	tractatus
TTR	Trierer Theologische Zeitschrift
u. a.	und andere

v	verso
vgl.	vergleiche
VI.	Liber Sextus Bonifatii VIII. *Zit. nach:* Corpus Iuris Canonici. Editio Lipsiensis secunda post Aemilii Ludovici Richteri curas ad librorum manu scriptorum et editionis Romanae fidem recognovit et adnotatione critica instruxit Aemilius Friedberg. Pars secunda. Decretalium Collectiones. Leipzig 1879 (Nachdruck Graz 1959).
X	Liber Extra (Decretales Gregorii IX.). *Zit. nach:* Corpus Iuris Canonici. Editio Lipsiensis secunda post Aemilii Ludovici Richteri curas ad librorum manu scriptorum et editionis Romanae fidem recognovit et adnotatione critica instruxit Aemilius Friedberg. Pars secunda. Decretalium Collectiones. Leipzig 1879 (Nachdruck Graz 1959).
Z.	Zeile/-n
z. B.	zum Beispiel
zit.	zitiert
ZEuP	Zeitschrift für Europäisches Privatrecht
ZRG (GA)	Zeitschrift der Savigny-Stiftung für Rechtsgeschichte – Germanistische Abteilung
ZRG (KA)	Zeitschrift der Savigny-Stiftung für Rechtsgeschichte – Kanonistische Abteilung
ZRG (RA)	Zeitschrift der Savigny-Stiftung für Rechtsgeschichte – Romanistische Abteilung
ZVglRWiss	Zeitschrift für vergleichende Rechtswissenschaft

Einführung

Im Nachlass des Schriftstellers Robert Musil findet sich bei den Druckfahnen-Kapiteln zum Roman *Der Mann ohne Eigenschaften* folgende Stelle:

> Das gelingende Leben ist lustvoll: lange vor Nietzsche und unserer Zeit hat es schon Aristoteles gesagt. Und noch Kant hat gesagt: ›Vergnügen ist das Gefühl der Beförderung, Schmerz das eines Hindernis des Lebens.‹ Und Spinoza hat Lust den ›Übergang des Menschen von geringerer zu größerer Vollkommenheit‹ genannt. Sie ist immer in diesem etwas übertriebenen Ruf einer letzten Erklärung gestanden, die Lust (und nicht zuletzt bei denen, die sie der Täuschung verdächtigten!). Aber wahrlich zur Heiterkeit kann sich das bei nicht ganz großen, und doch verdächtig leidenschaftlichen Denkern steigern. Ich setze eine schöne Stelle aus einem zeitgenössischen Lehrbuch hieher, von der ich kein Wort vergessen möchte: ›Was erscheint verschiedenartiger als zum Beispiel die Freude über eine elegant gelöste mathematische Aufgabe und die über ein gutes Mittagessen! Und doch sind diese beiden Freuden als reines Gefühl ein und dasselbe, nämlich Lust!‹ Auch eine Stelle aus einer Gerichtsentscheidung, die wahrhaftig erst vor wenigen Tagen gefällt worden ist, setze ich dazu: ›Das Schmerzensgeld hat dem Zwecke zu dienen, dem Beschädigten die Möglichkeit zu geben, sich seinen gewohnten Verhältnissen entsprechende Lustgefühle zu verschaffen, die die durch die Verletzung und ihre Folgen ausgelösten Unlustgefühle aufwiegen. Auf den gegenständlichen Fall angewendet, ergibt sich also schon aus der beschränkten Auswahl der dem Lebensalter von zwei ein viertel Jahren entsprechenden Lustgefühle und der leichten Beschaffbarkeit der Mittel hiezu, daß das begehrte Schmerzensgeld zu hoch sei.‹ Die durchdringende Klarheit, die sich in diesen beiden Beispielen äußert, gestattet die ehrfürchtige Bemerkung, daß sich Lust und Unlust noch lange als das I und A der Gefühlslehre erhalten werden.[1]

Die Passage stammt aus einem größeren »Abriß über die Gefühlspsychologie«, den der Romanheld Ulrich mit reichlich Ironie und getrieben vom pessimistischen Leitmotiv einer anthropologischen Spekulation *à la baisse* auf vielen Zetteln zusammenträgt. Für die Reduzierung des Gefühlslebens auf die Antipoden Lust und Unlust entdeckt Ulrich eine praktische Ausprägung im Schmerzensgeld, das ihm zugleich als zugespitztes Beispiel einer ökonomischen Bilanzie-

1 Musil: Der Mann ohne Eigenschaften, 1141.

rung des Gefühls begegnet.[2] Musil legt seinem Protagonisten keine juristischen Halbwahrheiten in den Mund. Denn tatsächlich diente diese »Metapher«[3] im ausgehenden 19. Jahrhundert deutschen Juristen zur Überwindung des Dogmas, ideelle Schäden und Geld stünden zueinander im Verhältnis der Inkommensurabilität. Dass das Schmerzensgeld dem Geschädigten die Möglichkeit zur Luststeigerung verschaffen soll, ist eine Formel, deren Spuren zu Bernhard Windscheid führen. Windscheid hatte das Schmerzensgeld zuerst als Privatstrafe interpretiert, da »Schmerzen und Geldleistungen absolut unvergleichbare Größen« seien. Deshalb sei das Schmerzensgeld »eben nicht Ersatz, und wenn es nicht Ersatz ist, so muss es Strafe sein.«[4] Im Anschluss an eine Studie von Carl Georg von Wächter[5] änderte Windscheid dann aber seine Meinung und deutete das Schmerzensgeld nicht mehr als Privatstrafe, sondern als Entschädigung. Von Entschädigung könne man nämlich auch dann sprechen, wenn »eine schmerzliche Empfindung durch Verursachung einer angenehmen Empfindung wieder aufgewogen wird.«[6] Dass der Geschädigte durch das Schmerzensgeld in den Stand versetzt werden soll, sich Annehmlichkeiten zu verschaffen, ist eine heute noch vertretene Auffassung.[7]

Zur »Heiterkeit« steigerte sich dieses Charakteristikum des deutschen Schadensrechts entgegen Musils ironischer Prognose jedoch nicht. Denn ein an der Bilanzierung von Lust und Unlust ausgerichtetes Modell ist nur auf die »kleine Lustfabrik der Person«[8] gemünzt und stößt deshalb schnell an seine Grenzen. Das zeigt bereits das Beispiel aus *Der Mann ohne Eigenschaften*. Hier soll das Schmerzensgeld für ein Kind geringer ausfallen, weil sein Lustempfinden auch mit einfachen Mitteln zu steigern sei. Nicht nur im Roman, sondern auch in der Rechtspraxis führt diese Denkweise zu erheblichen Problemen. Denn spätestens

---

2 Siehe dazu Blaschke: Homo oeconomicus, 283 ff. Dass immaterielle Schäden die »Gefühlsbilanz« betreffen, meint auch Bar: Gemeineuropäisches Deliktsrecht. Bd. 2, Rn. 145.

3 So Schubert: Wiedergutmachung, 151.

4 Windscheid: Pandektenrecht, Bd. 2, 3. Aufl., § 455, n. 7, S. 659 f., Fn. 31.

5 Vgl. Wächter: Buße, 72 ff.

6 Windscheid: Pandektenrecht, Bd. 2, 4. Aufl., § 455, n. 7, S. 706 f., Fn. 31.

7 Für die moderne deutsche Jurisprudenz vgl. exemplarisch BGH, Urteil vom 15.05.2007 – VI ZR 150/06 = NJW 2007, 2745: »Auch wenn der Wert von Gesundheit und seelischem Wohlbefinden mit Vermögenswerten grundsätzlich inkommensurabel ist, soll doch der Geschädigte durch die Zubilligung von Schmerzensgeld in die Lage versetzt werden, sich Erleichterungen und andere Annehmlichkeiten zu verschaffen, die Beschwernisse, die er durch die immaterielle Beeinträchtigung erfährt, lindern.« Siehe auch die Nachweise bei Mayenburg: Bemessung des Inkommensurablen, 29; Schubert: Wiedergutmachung, 151.

8 Musil: Der Mann ohne Eigenschaften, 524.

bei empfindungsunfähigen oder komatösen Schwerstgeschädigten kann von einem Aufwiegen der Lustgefühle keine Rede mehr sein.

Aus rechtshistorischer und -philosophischer Perspektive ist die von Musil aufgezeigte Problematik deshalb ein guter Grund zu fragen, ob man das Schmerzensgeld nicht auch anders begründen kann. Doch wer diese Frage stellt, sieht sich bald mit einem grundsätzlichen Problem konfrontiert: Kann man Verletzungen an Körper und Seele gegen Geld aufwiegen – und wenn ja, wie?

Immanuel Kant blieb auch bei diesem Thema kategorisch: »Im Reiche der Zwecke hat alles entweder einen Preis, oder eine Würde.« Was aber eine Würde hat, das könne nicht durch ein Äquivalent ersetzt werden, denn es sei »über allen Preis erhaben«.[9] Auch bei den Beratungen zum Bürgerlichen Gesetzbuch verhielt man sich insofern zögerlich und meinte, es »widerstrebe der herrschenden Volksauffassung, die immateriellen Lebensgüter auf gleiche Linie mit den Vermögensgütern zu stellen und einen ideelen Schaden mit Geld aufzuwiegen.«[10] Kritiker wie Josef Kohler attestierten der Debatte zum Ende des 19. Jahrhunderts[11] deshalb ein allzu idealistisches Denken: »Zu den schlimmsten Irrungen eines unrichtigen einseitigen Idealismus gehört aber der Glaube, daß für eine widerrechtliche That zwar Entschädigung, aber nur Entschädigung für sogenannten Vermögensschaden verlangt werden könne.«[12]

Ein etwas offenerer Umgang mit dem Problem zeichnete sich schon bei Hegel ab, der insofern spezifische Gleichheit von innerer Gleichheit unterschied: »Der Wert als das innere Gleiche von Sachen, die in ihrer Existenz spezifisch ganz verschieden sind, ist eine Bestimmung, die schon bei den Verträgen [...], in gleichen in der Zivilklage gegen Verbrechen [...] vorkommt, und wodurch die Vorstellung aus der unmittelbaren Beschaffenheit der Sache in das Allgemeine hinübergehoben wird.«[13] Moderne Juristen helfen sich hingegen mit der Berücksichtigung objektiver Kriterien[14] oder indem sie eine Genugtuungsfunktion[15] als Tertium neben Strafe und Ausgleich einführen. Diskutiert wird auch das Abstellen auf

9 Kant: Grundlegung zur Metaphysik der Sitten, 434.

10 Protokolle I 622 = Mugdan II 517.

11 Zu Wissenschaft und Praxis im 19. Jahrhundert siehe Nehlsen-von Stryk: JZ 1987, 119; Göthel: AcP 205 (2005).

12 Kohler: Die Ideale im Recht, 255 f.

13 Hegel: Grundlinien der Philosophie des Rechts, § 101.

14 Siehe dazu Jansen: HKK §§ 249–253, 255, Rn. 143.

15 Siehe dazu Nehlsen-von Stryk: JZ 1987, 119; Göthel: AcP 205 (2005), 52 ff.; Helbig: JZ 2023, 791.

normative Verluste[16] sowie ein Anspruch auf Anerkennung des erlittenen Unrechts,[17] der nicht eigentlich auf Kompensation gerichtet sei. Auch die katholische Kirche in Deutschland gewährt Betroffenen von sexuellem Missbrauch jedenfalls der Bezeichnung nach eine Geldentschädigung nicht als Ausgleich, sondern zur Anerkennung des Leids.[18] Und was den Umgang mit empfindungsunfähigen Geschädigten angeht, hat auch die deutsche Rechtsprechung längst ihren eigenen Weg aus der Sackgasse gefunden, freilich ohne dabei stets dogmatische Stringenz zu verfolgen.[19]

Doch die Auseinandersetzung mit diesem Problem ist weitaus älter als der deutsche Idealismus. Theologen mit juristischen Kenntnissen untersuchten bereits im 16. Jahrhundert die (In-)Kommensurabilität von Persönlichkeitsgütern mit Geld. Noch bevor Juristen ein ähnliches Interesse an dieser Grundsatzfrage zeigten, entwickelten die Scholastiker ein ausdifferenziertes System zum Immaterialschadensersatz, das ohne den Rekurs auf Schmerzempfinden und Luststeigerung auskommt. Die Rede ist von der sogenannten Schule von Salamanca. Sie trägt den Namen der berühmten Universitätsstadt, von der aus sich ihre Lehren zuerst auf der iberischen Halbinsel verbreiteten und schnell auch Gelehrte in nördlicheren Teilen Europas für sich begeistern konnten. Auf Grundlage der *Summa theologica* des Kirchenlehrers Thomas von Aquin entwickelte sie eine Restitutionslehre, die sich mit großem Engagement auch der Frage stellte, wie ideelle Schäden in gerechten Ausgleich zu bringen sind. Dass man sich dabei in vielen Punkten uneins war, hat die spätscholastischen Theologen-Juristen zu neuen argumentativen Leistungen bewegt. Dabei schöpften sie aus der vollen Tiefe ihrer theologischen, philosophischen und juristischen Tradition.

Die Scholastik hatte sich nämlich schon seit dem Mittelalter mit ähnlichen Problemen beschäftigt und konnte dabei auch auf antike Vorbilder zurückgreifen. Die Frage nach einem gerechten Ausgleich kreiste immer wieder auch um immaterielle Schäden. Aus der theologischen Warte interessierte dabei nicht nur

16 Siehe dazu Jansen: HKK §§ 249–253, 255, Rn. 56ff. m.w.N. Kritisch Descheemaeker: Current Legal Problems 76 (2023).

17 Siehe dazu Mayenburg: Bemessung des Inkommensurablen, 134f. m.w.N.

18 Vgl. Ständiger Rat der Deutschen Bischofskonferenz: Ordnung für das Verfahren zur Anerkennung des Leids vom 24.11.2020, in der Fassung mit Änderungen vom 26.04.2021 und vom 23.01.2023.

19 Der BGH geht nun von einer eigenständigen Fallgruppe aus und stützt die Entschädigung auf die objektiven Wertungen der Grundrechte sowie die erlittene Persönlichkeitseinbuße, vgl. BGH, Urteil vom 13.10.1992 – VI ZR 201/91 = BGHZ 120, 1. Siehe dazu Schubert: Wiedergutmachung, 152ff. Bereits das Reichsgericht hatte auf objektive Kriterien abgestellt, vgl. Jansen: HKK §§ 249–253, 255, Rn. 143.

die jeweils geeignete Form der Naturalwiederherstellung. Diese stößt bei irreparablen Verletzungen der Person ohnehin schnell an Grenzen, sodass nach heutigem theologischem Verständnis offenbar nicht selten die Bitte um Verzeihung als einzige Möglichkeit verbleibt.[20] Gegenstand scholastischer Traktate war aber lange Zeit auch die Frage, welche Rolle das Geld beim Schadensausgleich spielen kann, und zwar ohne dabei ideelle Güter auf einen bloß monetären Wert zu reduzieren. Schließlich waren die Theologen auch keinesfalls blind für die Lösungsvorschläge, welche das an Universitäten gelehrte Recht dazu anbot. All das bildete den vielseitigen und fruchtbaren Boden, auf dem die Spätscholastiker ihre Restitutionslehre zum Ausgleich immaterieller Schäden gründeten, entwickelten und ausdifferenzierten.

I. Die scholastische Restitutionslehre

Die scholastische Restitutionslehre wird heute als umfassendes System außervertraglicher Haftung beschrieben.[21] Während das römischrechtliche Aktionensystem für einzelne Schädigungen und Vermögensverschiebungen unterschiedliche Rechtsbehelfe bereithielt, sind die Ausgleichspflichten in der Restitutionslehre unter dem einheitlichen Prinzip ausgleichender Gerechtigkeit gebündelt. Damit umfasst sie in heutiger Terminologie sowohl bereicherungsrechtliche als auch deliktsrechtliche Materien.

1. Zwischen Buße und ausgleichender Gerechtigkeit

Will man einen Ausgangspunkt für die scholastische Restitutionslehre benennen, stößt man häufig auf das in diesem Zusammenhang berühmt gewordene Wort von Augustinus († 430): *non remittetur peccatum nisi restituatur ablatum* – die Sünde wird nicht vergeben, solange das Weggenommene nicht

---

20 So etwa Reiter: Wiedergutmachung, Sp. 1151. Siehe dazu ausführlich unten S. 290 ff. und im Text bei Fn. 1405.

21 So Jansen: HKK §§ 249–253, 255, Rn. 17. Zur scholastischen Restitutionslehre im Allgemeinen siehe aus der jüngeren Literatur vor allem Jansen: Theologie, Philosophie und Jurisprudenz; Thönissen: Recht und Gerechtigkeit, 339 ff. Aus der älteren Literatur siehe insbesondere Weinzierl: Frühscholastik; ders.: Hochscholastik; Nufer: Restitutionslehre. Besondere Teilaspekte werden untersucht bei Wolter: Naturalrestitution; Hallebeek: Unjust Enrichment; Unterreitmeier: Schmerzensgeldanspruch. Mit Fokus auf einzelne Autoren siehe Otte: Privatrecht bei Francisco de Vitoria, 63 ff.; Repgen: De restitutione (Vitoria); ders.: De restitutione (Lessius).

restituiert wird.[22] Augustinus fasste die Restitution noch als Bestandteil des Bußsakraments auf. Seine zum Lehrsatz gewordene Formel kann man dabei zunächst ganz gegenständlich interpretieren. Ein Dieb, der das Diebesgut nicht zurückgibt, tut nicht aufrichtig Buße, sondern heuchelt. Im Fokus stehen dabei weniger die Interessen des Bestohlenen als das Seelenheil des Diebes. Er soll zur Restitution angehalten werden, während es für den Geschädigten sogar unziemlich sein kann, allzu streng auf seinem Recht zu beharren.[23]

Dass Augustinus die Restitution damit nah am siebten Gebot (*Du sollst nicht stehlen*) verortete, bedeutet jedoch keineswegs, dass sie auf diesen Bereich beschränkt war. Vielmehr hatte man das Diebstahlsverbot in der Theologie stets weit ausgelegt, sodass davon letztlich jede unrechtmäßige Bereicherung erfasst war.[24] Aber auch die widerrechtliche Schädigung fiel unter die Regeln der Restitution, und zwar schon bevor man unter Rückgriff auf ein aristotelisches Argument[25] auch die Zufügung eines Schadens als einen Gewinn des Schädigers umschrieb.[26] Unbeschadet des übergreifenden Prinzips der Restitution unterschieden die Spätscholastiker im Anschluss an Albertus Magnus und Thomas von Aquin zwischen der *restitutio ratione rei* und der *restitutio ratione acceptionis.* Während erstere nach heutigem Verständnis einen sachen- und bereicherungsrechtlichen Charakter trägt, ist letztere deliktsrechtlich gefärbt.[27] Im Zusammenhang mit der Verletzung von Persönlichkeitsgütern interessiert allein die *restitutio ratione acceptionis.* Eine Restitutionspflicht entsteht hier bloß bei schuldhafter Schadensverursachung, wobei allerdings bedeutende Entwicklungen bei der Haftung für leichteste Fahrlässigkeit (*culpa levissima*) auf das Konto der Spätscholastiker gehen.[28]

Eine weitere entscheidende Entwicklung, die mit Albertus Magnus und Thomas von Aquin erst die Hochscholastik brachte, liegt in der Ausrichtung der

---

22 Aug. epist. 153,20.

23 Vgl. Weinzierl: Frühscholastik, 19 f.; Jansen: Theologie, Philosophie und Jurisprudenz, 26.

24 Zum Ursprung der Restitution im Diebstahlsverbot siehe statt aller Vitoria: Codex Salmantinus XLIII, q. 62, a. 2, n. 4, S. 100 ff. Siehe dazu Jansen: Theologie, Philosophie und Jurisprudenz, 26; Decock: Contract Law, 72.

25 Vgl. Aristot. eth. Nic. 5,7 [1132a]. Siehe auch Thomas von Aquin: STh II-II, q. 62, a. 4, co., S. 50. Dazu Jansen: Theologie, Philosophie und Jurisprudenz, 30.

26 Zur Restitutionspflicht wegen Sachbeschädigung in Bibelglossen siehe etwa Weinzierl: Frühscholastik, 13.

27 Zu dieser Unterscheidung siehe Nufer: Restitutionslehre, 13 f.; Hallebeek: Unjust Enrichment, 47 ff.; Jansen: Theologie, Philosophie und Jurisprudenz, 49, 59 ff.; Thönissen: Recht und Gerechtigkeit, 344 f.

28 Siehe dazu Jansen: Theologie, Philosophie und Jurisprudenz, 127 ff.

Restitution an der aristotelischen Gerechtigkeitslehre. Ging es Augustinus noch in erster Linie um die Buße des Schädigers, rückte in der Restitutionslehre des 13. Jahrhunderts der Geschädigte mit seinen Interessen in den Mittelpunkt.[29] In einer durch die aristotelischen Kategorien von *iustitia distributiva* und *iustitia commutativa* geprägten Gerechtigkeitslehre fand die Restitution ihre neue Rolle als Akt ausgleichender Gerechtigkeit – mit Thomas' Worten: *restitutio est actus commutativae iustitiae*.[30] Ihr Ort innerhalb der theologischen Literatur war bald nicht mehr das Bußsakrament, sondern die Kardinaltugend der Gerechtigkeit (*iustitia*).[31] Tragender Gedanke der Restitution war fortan der gerechte Ausgleich des zugefügten Schadens. Allein dieser bestimmte das Ausmaß der Restitutionspflicht, während der Verschuldensgrad überwiegend nur das *Ob*, nicht aber das *Wie* der Restitution betraf.[32]

Dies sorgte vor allem dafür, dass die Restitutionshöhe auf das Ausmaß des tatsächlichen Schadens gedeckelt blieb. Für die Haftung auf ein Mehrfaches, wie sie das römische[33] und alttestamentarische[34] Recht kannte, war innerhalb der Restitutionslehre kein Platz mehr. Denn Restitution und Strafe waren zwei streng zu unterscheidende Kategorien, die jeweils eigene Ziele verfolgten.[35] Bei der Strafe ging es um das Abtragen von Schuld, hingegen diente die Restitution dem Ausgleich des zugefügten Schadens. Die Restitutionslehre verlor deswegen zwar keineswegs ihre Nähe zur christlichen Buße. Die Restitution war aber nicht mehr Bestandteil der Buße, sondern dieser vorgelagert.[36] Durch die Restitution wurde die Gerechtigkeit wiederhergestellt und damit der sündhafte Zustand beendet. Erst dadurch wurde der Weg zum Bußsakrament und damit zum Nachlass der Sünden frei.

---

29 Wolter: Naturalrestitution, 26 f.; Hallebeek: Unjust Enrichment, 7 ff.; Unterreitmeier: Schmerzensgeldanspruch, 26 f.; Jansen: Theologie, Philosophie und Jurisprudenz, 28 ff.; Thönissen: Recht und Gerechtigkeit, 341 ff.

30 Thomas von Aquin: STh II-II, q. 62, a. 1, co., S. 41.

31 Thönissen: Recht und Gerechtigkeit, 341.

32 Siehe aber Nufer: Restitutionslehre, 86 f.

33 Gai. Inst. 3,189.

34 Ex 21,37; 22,6.

35 Vgl. Thomas von Aquin: STh II-II, q. 62, a. 3, co., S. 48 f. Siehe dazu Weinzierl: Hochscholastik, 170; Nufer: Restitutionslehre, 50 f.; Jansen: Theologie, Philosophie und Jurisprudenz, 97 f.; Thönissen: Recht und Gerechtigkeit, 343 f., 469 ff.

36 Jansen: Theologie, Philosophie und Jurisprudenz, 29.

2. *restitutio* und *satisfactio*

Diskutiert wurde deshalb nicht nur der Unterschied zwischen Restitution und Strafe, sondern auch das Verhältnis der *restitutio* zur *satisfactio*. Die Bedeutung der *satisfactio* variiert je nach Kontext und nicht immer liegt auf der Hand, was darunter zu verstehen ist. Um eine fest umrissene theologische Kategorie handelt es sich jedenfalls bei der sakramentalen Buße oder Genugtuung (*satisfactio sacramentalis*), die im Einklang mit dem Konzil von Trient (1545–1563) neben der aufrichtigen Reue (*contritio*) und dem Sündenbekenntnis (*confessio*) ein Bestandteil des Bußsakraments ist. Das Verhältnis der Restitution zur sakramentalen Satisfaktion ist bei den scholastischen Theologen zwar im Einzelnen Gegenstand komplizierter Überlegungen.[37] Gewisse Unterscheidungsmerkmale stehen aber fest. Dazu zählt etwa der Umstand, dass es sich bei der Restitution um eine naturrechtliche Pflicht handelt, die unabhängig von der Beichte besteht. Anders als die sakramentale Satisfaktion wird die Restitutionspflicht weder durch den Beichtvater auferlegt, noch kann er von ihr befreien. Im Gegensatz zur *satisfactio* liegt der Inhalt und die Höhe der Restitutionspflicht auch nicht im Ermessen des Priesters, weil sich die Restitution allein am Maßstab ausgleichender Gerechtigkeit orientiert. Der Priester kann den Pönitenten nur dabei beraten, welche Art und Höhe der Restitution das Naturgesetz vorschreibt.

Der Ausdruck *satisfactio* oder *satisfacere* taucht in scholastischen Texten jedoch häufig auch dann auf, wenn es zwar um Restitution geht, aber die gegenständliche Rückgabe einer Sache nicht möglich ist. Das ist zuweilen bei Sachbeschädigung der Fall, stellt sich als besonderes Problem aber vor allem bei der irreparablen Verletzung von Persönlichkeitsgütern wie Leben, Gesundheit, Ruf und Ehre. Manche Autoren vermeiden hier das Verb *restituere* und benutzen stattdessen *satisfacere*, *compensare* oder *resarcire*. Für das dahinterstehende Prinzip einer an der ausgleichenden Gerechtigkeit orientierten Schadenswiedergutmachung ist die Wortwahl aber ohne Bedeutung. Die spezifischen Charakteristika der Restitutionslehre werden davon nicht berührt.

Bei der Restitution immaterieller Schäden ist im Umgang mit dem Begriff *satisfactio* deshalb doppelte Vorsicht geboten. Erstens gehen manche Scholastiker davon aus, dass die Wiedergutmachung eines irreparablen Schadens an Persönlichkeitsgütern unmöglich ist und die Restitutionspflicht aus diesem Grund erlischt. Wie in anderen Fällen auch, stehe es dem Beichtvater dann aber anheim,

---

37 Siehe dazu Weinzierl: Hochscholastik, 127 ff.; Jansen: Theologie, Philosophie und Jurisprudenz, 56 ff.

dem Büßer nach seinem Ermessen eine sakramentale *satisfactio* aufzuerlegen.[38] Diese kann in einer Zuwendung an den Geschädigten oder seine Angehörigen, aber auch in Gebeten oder anderen frommen Werken bestehen. Sie dient der Tilgung zeitlicher Sündenstrafen, unterscheidet sich von der Strafe aber durch ein willentliches Element.[39] Vor allem aber handelt es sich bei ihr nicht um eine naturrechtliche Restitutionspflicht im eigentlichen Sinne.

Zweitens gibt es Scholastiker, die auch für irreparable Verletzungen an Persönlichkeitsgütern eine an der Gerechtigkeit orientierte Restitutionspflicht annehmen und dazu auf andere Wege des Ausgleichs zurückgreifen – etwa die Geldentschädigung. Die Vokabel *restitutio* passt hier bei einer ganz gegenständlichen Interpretation nicht. Ist hier deshalb von einer *satisfactio* oder *compensatio* die Rede, geht es aber weder um die sakramentale Satisfaktion, die der Beichtvater bestimmt, noch um eine Form der Wiedergutmachung gegenüber Gott. Entscheidend ist auch nicht die Frage, ob der Geschädigte als Inhaber (*dominus*) des verletzten Persönlichkeitsguts anzusehen ist oder nicht.[40] Vielmehr handelt es sich hier nicht weniger um eine an der ausgleichenden Gerechtigkeit gemessene, naturrechtliche Restitutionspflicht wie bei wirtschaftlichen Schäden auch.[41] Der Unterschied zwischen *restitutio* und *satisfactio* ist hier kaum mehr als sprachlicher Natur.

Wichtig ist in diesem Zusammenhang also die Unterscheidung, ob es um die im Ermessen des Beichtvaters stehende sakramentale Satisfaktion geht oder der Ausdruck *satisfactio* tatsächlich zur Umschreibung einer naturrechtlichen, am Maßstab der ausgleichenden Gerechtigkeit orientierten Restitutionspflicht dient. Nicht zu verwechseln ist die *satisfactio* schließlich auch mit der aus dem deutschen Recht bekannten Genugtuungsfunktion. Diese sorgt auch heute noch dafür, dass dem Entschädigungsanspruch ein schleierhafter Strafcharakter anhaftet.[42] Von pönalen Elementen sollte die scholastische Restitutionslehre jedoch

---

38 Siehe dazu das Beispiel bei Báñez unten S. 215 ff.

39 Siehe dazu Maihold: Strafe für fremde Schuld?, 158 ff.; Thönissen: Recht und Gerechtigkeit, 82.

40 Anders Jansen: Theologie, Philosophie und Jurisprudenz, 56 f.

41 So im Ergebnis auch ders.: Theologie, Philosophie und Jurisprudenz, 57, 111. Dasselbe gilt im Übrigen auch, wenn manche Scholastiker bei der Verletzung von Persönlichkeitsgütern zwischen den Bezeichnungen *iniuria* und *damnum* changieren. Zwar handelt es sich dabei im juristischen Bereich um fest definierte Kategorien. In scholastischen Schriften gilt dies aber nicht mit der selben Strenge. Die Berücksichtigung des Gesamtkontexts ist deshalb unverzichtbar. Siehe dazu noch unten S. 140 ff.

42 Siehe dazu Helbig: JZ 2023, 791, 795 ff.

frei sein, obgleich hier Einzelheiten vor allem bei der Verletzung von Persönlichkeitsgütern ins Wanken gerieten.[43]

3. *forum conscientiae* und *forum externum*

Trotz ihrer Unterscheidung von der sakramentalen Satisfaktion hat auch die Restitution ihren spezifischen Ort im Kontext der Buße. Restitution zu leisten ist für den Schädiger heilsnotwendig.[44] Die Restitutionslehre ist deshalb als Teil eines moraltheologischen Naturrechts zu verstehen, das den Menschen vor seinem Gewissen bindet. Ihren spezifischen Anwendungsbereich findet sie im Gewissensforum (*forum conscientiae*).[45]

Entgegen einer jüngeren Tendenz wird *forum conscientiae* hier nicht durchgehend mit »Beichtgericht« übersetzt. Dadurch soll der Unterschied zwischen *restitutio* und *satisfactio*, der besonders bei immateriellen Schäden hervorzuheben ist, noch deutlicher werden. Die Pflicht zum Ausgleich eines immateriellen Schadens als *restitutio* unterliegt anders als die *satisfactio* nicht dem Ermessen des Beichtvaters, sondern entsteht kraft Naturrechts vor dem Gewissen. Einem entgegenstehenden Eindruck, der durch die Verwendung des Terminus »Beichtgericht« entstehen könnte, soll damit vorgebeugt werden. Gleichzeitig soll dadurch aber keineswegs der institutionelle Charakter der katholischen Beichte verschleiert werden, den sie vor allem nach dem Konzil von Trient angenommen hat. Gleiches gilt für den damit verbundenen sozialen Zwang in einer Gesellschaft, die wohl niemals so sehr von priesterlichen Geboten und der Angst um das Seelenheil geprägt war, wie zur Zeit der Gegenreformation. Insofern hat auch die Übersetzung von *forum conscientiae* mit »Beichtgericht« gute Gründe für sich.

Was sich hinter dem Gewissensforum verbirgt, erschließt sich dem modernen säkularen Rechtsanwender nicht auf den ersten Blick. Die Gegenüberstellung von *forum conscientiae* und *forum externum* wird auch durch die Unterscheidung von Recht und Moral nur unzureichend beschrieben. Denn zwar kann man den inneren ethischen Gewissensbereich (*forum conscientiae, forum internum*) durchaus

---

43 Siehe dazu unten S. 265 ff.

44 THOMAS VON AQUIN: STh II-II, q. 62, a. 2, co., S. 43: »Cum igitur servare iustitiam sit de necessitate salutis, consequens est quod restituere id quod iniuste ablatum est alicui, sit de necessitate salutis.«

45 Zum Verhältnis von *forum conscientiae* und *forum externum* im Allgemeinen siehe FRIES: Forum; PRODI: Gerechtigkeit, 35 ff.; GOERING: Traditio 59 (2004); GORDLEY: Jurists, 66 ff.; THÖNISSEN: Recht und Gerechtigkeit, 101 ff.

einem äußeren Rechtsbereich (*forum externum*) gegenüberstellen.[46] Dies darf aber nicht zu der Annahme führen, es handele sich bei den im Gewissensforum wirkenden Normen nicht ebenso um Rechtssätze verbindlicher Natur. Es geht nicht um lose moralische Richtlinien auf der einen, und zwingende Rechtsvorschriften auf der anderen Seite. Insbesondere darf Moral hier nicht mit Billigkeit verwechselt werden. Vielmehr geht es im Gewissensforum wie auch im äußeren Forum um Rechtsnormen mit Zwangscharakter, wobei die Art und Weise des Zwangs natürlich nicht dieselbe ist.

Im Ergebnis ist diese Unterscheidung Teil einer vielgliedrigen Ausdifferenzierung verschiedener Foren, deren erste Trennlinie man zwischen den Zuständigkeiten säkularer (*forum saeculare*) und kirchlicher Gerichte (*forum ecclesiasticum*) ziehen kann.[47] Bedeutung hat diese Unterscheidung für die Frage, ob ein bestimmter Sachverhalt nach *ius civile* oder kanonischem Recht zu entscheiden ist. Die Bereiche haben jedoch gemeinsam, dass es jeweils um Rechtsbeziehungen zwischen Menschen geht. Beide Gerichtsbarkeiten kann man deshalb der übergeordneten Kategorie des *forum externum* zurechnen.[48]

Dem stellt Thomas von Aquin das *forum conscientiae* gegenüber. Hier, im Gewissensforum, geht es um die Beziehung des Menschen zu Gott. Thomas nennt es deshalb auch den Herrschaftsbereich Gottes (*iudicium divinum, quod est iudicium conscientiae*).[49] Während im *forum externum* weltliches (d.h. kirchliche oder säkulares) Recht gilt, kommt im *forum conscientiae* natürliches Recht zur Anwendung.[50] Denn das Naturrecht ist im Gesetz des menschlichen Verstandes enthalten – oder mit den Worten des Apostels Paulus: es ist dem Menschen von Gott ins Herz geschrieben.[51] In der Scholastik wird dies mit den Begriff *synderesis* beschrieben, unter dem Thomas das habituelle Gewissen versteht.[52] Demgegenüber ist die *conscientia* der Urteilsakt, der das Naturgesetz in einem konkreten Sachverhalt zur Anwendung bringt.[53] Erkennt der Mensch, dass er gegen

---

46 So Fries: Forum, 186 und im Anschluss daran Thönissen: Recht und Gerechtigkeit, 105.

47 Thönissen: Recht und Gerechtigkeit, 102 f.

48 Ebd., 108.

49 Thomas von Aquin: STh I-II, q. 96, a. 4, arg. 1, S. 183. Siehe dazu Thönissen: Recht und Gerechtigkeit, 105 f.

50 Decock: Contract Law, S. 143 ff.; Thönissen: Recht und Gerechtigkeit, S. 117 ff.

51 Vgl. Rm 2,15. Siehe dazu Böckenförde: Rechts- und Staatsphilosophie, 257.

52 Thomas von Aquin: STh I, q. 79, a. 12, co., S. 279; ders.: STh I-II, q. 94, a. 1, S. 168.

53 Thomas von Aquin: STh I, q. 79, a. 13, S. 280. Zur Bestimmung von *synderesis* und *conscientia* siehe Böckenförde: Rechts- und Staatsphilosophie, 257 f.; Perkams: Gewissensirrtum und Gewissensfreiheit, 34 ff.; Thönissen: Recht und Gerechtigkeit, 111 ff.

das natürliche Gesetz verstoßen hat, betrifft die Sündhaftigkeit seines Verhaltens seine Beziehung zu Gott.

Dieses Verhältnis kann bereits durch innere Verfehlungen des Menschen belastet werden. Naturgemäß betrifft es aber auch das äußere Handeln und damit die Art und Weise, wie der Mensch mit seinem Nächsten in Beziehung tritt. Fügt er ihm Schaden zu, so begeht er einen Verstoß gegen die Tugend der Gerechtigkeit, den es durch Restitution möglichst wieder auszugleichen gilt. Die Ausgestaltung der Restitutionspflicht bedurfte hier natürlich genauerer Konkretisierung, wofür in der Scholastik auch das weltliche Recht mit seiner ausdifferenzierten Systematik eine Vorbildfunktion einnahm. Auch deshalb stellte sich die Frage, inwiefern menschliche Gesetze im Gewissensforum verbindlich sind.[54] Konnte man sich zur Bestimmung der *foro conscientiae* geschuldeten Restitution etwa auf Regeln des römischen Rechts zur deliktischen Haftung und Schadensersatz berufen? Obgleich Einzelheiten hier streitig waren, gingen Thomas von Aquin und Francisco Suárez übereinstimmend von einer Anweisung des natürlichen und göttlichen Rechts aus, die weltlichen Gesetze eines legitimen Herrschers zu befolgen. Dies stellten sie allerdings unter die einschränkende Bedingung, dass es sich dabei um ein gerechtes Gesetz (*lex iusta*) handelt.[55]

Rechtskenntnisse waren für den Beichtvater deshalb eine essentielle Voraussetzung zur Ausübung seelsorgerischer Dienste.[56] Sie halfen dabei, den Büßer bei der Rettung seines Seelenheils zu beraten und die von Seiten der Gerechtigkeit erforderliche Restitution zu bestimmen. Dies stellte den Priester vor erhebliche Herausforderungen. Erst vor diesem Hintergrund erklärt sich das Anliegen der sogenannten Beichtstuhljurisprudenz.[57] Diese Literaturgattung hatte sich zum Ziel gesetzt, den Geistlichen bei seiner schwierigen Aufgabe zu unterstützen. In zahlreichen mittelalterlichen Beichtsummen und in frühneuzeitlichen Kommentaren über Recht und Gerechtigkeit (*De iustitia et iure*) finden sich ausdifferenzierte moraltheologische Modelle, die sich auch mit der Frage der gerechten Schadenswiedergutmachung befassen. Dazu greifen sie nicht selten auf weltliche Rechtsvorschriften zurück, was teilweise schon als »Verrechtlichung« der Theologie beschrieben wurde.[58] Die Bereitschaft der Theologen, eine Norm auf ihre Qualität

---

54 Siehe dazu Repgen: Oboediendum; Thönissen: Recht und Gerechtigkeit, 118 ff. Siehe auch Prodi: Gerechtigkeit, 134 ff., 142 ff.

55 Thomas von Aquin: STh I-II, q. 96, a. 4, co., S. 183; Suárez: De legibus, lib. 3, cap. 21, n. 7, S. 28 ff. Siehe dazu Repgen: Oboediendum, 194 ff., 200; Thönissen: Recht und Gerechtigkeit, 117 ff.

56 Decock: Contract Law, 85 f.; Jansen: Theologie, Philosophie und Jurisprudenz, 6 f.

57 Zur Bedeutung dieses Begriffs siehe Schmoeckel: Beichtstuhljurisprudenz.

58 Siehe aber umgekehrt Seelmann: Theologie und Jurisprudenz, 8 ff.

als *lex iusta* hin zu überprüfen, sowie der Quellen- und Rechtspluralismus,[59] aus dem sie dabei schöpften, sorgten für innovative Ideen und eine Transformation des Rechts, die teilweise wiederum auf weltliche Systeme zurückwirkte.[60]

Für den Fall von Körperverletzungen hatten sich juristisch geschulte Theologen etwa mit der Frage auseinanderzusetzen, ob der aus den römischen Digesten überlieferte Grundsatz, wonach man für Narben und Entstellungen keinen Ersatz schuldet, den Anforderungen der *iustitia commutativa* entsprach. Dazu mussten sie das römische Dogma, wonach der Körper eines Freien nicht in Geld schätzbar ist (*liberum corpus nullam recipit aestimationem*),[61] einer genauen Prüfung unterziehen. Es galt zu klären, ob es sich dabei um ein Prinzip mit überzeitlicher Geltung handelt oder um eine ungerechte Reduzierung der Restitution auf wirtschaftliche Einbußen. Dies führte schnell in die aristotelische Gerechtigkeitslehre, die seit Albertus Magnus und Thomas von Aquin das bestimmende Element der Restitution war. Auskunft fand man aber auch in biblischen Texten, die Persönlichkeitsgüter wie den guten Ruf über zeitliche Reichtümer stellen,[62] oder ihrerseits haftungsrechtliche Vorschriften enthalten.[63] Die Scholastiker hinterfragten in diesem Zusammenhang auch die Möglichkeiten und Grenzen des Geldes überhaupt – ein Unterfangen, bei dem man wiederum aus aristotelischen Schriften und der mittelalterlichen Geldphilosophie schöpfen konnte. All dies führte zu einer intensiven Auseinandersetzung mit der nach wie vor aktuellen Frage, wie ein Schaden, der sich nicht unmittelbar in wirtschaftlichen Verlusten niederschlägt, am Maßstab der Gerechtigkeit auszugleichen ist.

II. Immaterielle Schäden

Forschungsgegenstand dieser Arbeit sind die scholastische Restitutionslehre zu immateriellen Schäden und damit in Beziehung stehende Themenkomplexe um Persönlichkeitsgüter und Kommensurabilität. Dabei ist der Begriff des immateriellen Schadens modernrechtlicher Natur. Bei scholastischen Autoren im Mittelalter und in der frühen Neuzeit kommt er ebenso wenig vor wie die Bezeichnung als nichtwirtschaftliche Einbuße. Wenn diese Terminologien hier dennoch

---

59 Decock: Contract Law, 82 ff.

60 Jansen: Theologie, Philosophie und Jurisprudenz, 8 f. Siehe dazu noch unten S. 280 ff.

61 Gai. 7 ad ed. provinc. D. 9,1,3; Gai. 6 ad ed. provinc. D. 9,3,7.

62 Prov 22,1; Sir 41,15 = Sir 41,12 EÜ.

63 Ex 21,18–19.

verwendet werden, so liegt dem einerseits das Bedürfnis nach einer möglichst verständlichen Bezeichnung des in Frage stehenden Problems zugrunde. Andererseits fehlt es für die scholastische Restitutionslehre auch an einem allgemein anerkannten Begriff für die Vielzahl von Sachverhalten, in denen das Problem nichtwirtschaftlicher Einbußen relevant wird.

Diese Diagnose mag überraschen. Denn obwohl sich eine scharfe Trennung von materiellen und immateriellen Schäden nach heutigem Verständnis erst in der spätscholastischen Restitutionslehre eindeutig ausmachen lässt, beschäftigte man sich in der scholastischen Literatur schon viel früher auch mit nichtwirtschaftlichen Einbußen. Der Umstand, dass schon die römischen Juristen bestimmte Verletzungen, die wir heute als immateriellen Schaden einstufen, ganz gezielt aus der Haftung ausklammerten, zeigt, dass auch sie für das Problem nicht blind waren.

Will man aber bestimmen, was ein immaterieller Schaden ist, kann man eine allgemeine, jederzeit und überall gültige Definition nicht liefern. Was als immaterieller Schaden Gegenstand von Wiedergutmachung ist, kann auf ganz unterschiedliche Weise beschrieben werden. Die Anerkennung immaterieller Schäden kann von einer sehr weiten, fast uferlosen Interpretation, über einen restriktiveren Umgang, bis hin zum vollständigen Ausschluss des Immaterialschadensersatzes führen. Das zeigt bereits der im Einzelnen unterschiedliche Umgang mit immateriellen Schäden in den modernen europäischen Rechtsordnungen.[64] Für die Zwecke dieser Arbeit kann deshalb nur ein möglichst weites Begriffsverständnis förderlich sein, das letztlich auf einer negativen Abgrenzung zum materiellen Schaden hinausläuft. Der immaterielle Schaden ist demnach derjenige Nachteil, der sich nicht unmittelbar in einer wirtschaftlichen Einbuße niederschlägt.

Obgleich immaterielle Schäden unter dem Stichwort »Affektionsinteresse« auch in vertraglichen Beziehungen und bei Sachbeschädigungen auftreten, stellt sich das Problem dennoch in besonderem Maße bei der Verletzung von Gütern, die in enger Verbindung zum Körper oder zum personalen Wert eines Menschen stehen. Das gilt auch für die scholastische Literatur, in der immaterielle Schäden häufig im Zusammenhang mit Tötungen, Körper-, Ruf- und Ehrverletzungen sowie später auch im Bereich von Sexualdelikten eine Rolle spielen. Wenn das Affektionsinteresse deshalb nicht Gegenstand dieser Arbeit ist, beruht dies auf der besonderen Behandlung von immateriellen Schäden im Zusammenhang mit der Verletzung von Persönlichkeitsgütern, wie sie seit Thomas von Aquin und insbesondere in der Spätscholastik zu beobachten ist.

---

64 Zur Unterscheidung von materiellen und immateriellen Schäden im europäischen Kontext siehe beispielsweise Bar: Gemeineuropäisches Deliktsrecht. Bd. 2, Rn. 145 f.

Praktisch geht es dabei häufig nicht um wesentlich andere Probleme als wir sie auch in heutigen Sachverhalten vorfinden. Trotzdem liegt die Unterscheidung von materiellen und immateriellen Schäden für den modernen Juristen oft nur scheinbar auf der Hand. Verliert jemand infolge eines Verkehrsunfalls ein Bein, können Behandlungskosten ebenso als materielle Schäden beschrieben werden wie der Verdienstausfall, den der Geschädigte dadurch erleidet, dass er während der Genesung oder dauerhaft arbeitsunfähig ist. Als weitere materielle Schadensposten kommen – unabhängig von der Frage, ob diese auch tatsächlich ersetzt werden – jedenfalls theoretisch unzählige weitere Punkte in Betracht. Man denke nur an die Kosten für einen Rollstuhl, Physiotherapie, Medikamente, den barrierefreien Umbau der Wohnung, einen rollstuhlgerechten PKW oder nutzlose Aufwendungen für einen geplanten Wanderurlaub. Ebenso kann derjenige, dessen guter Ruf in der Öffentlichkeit verletzt wird, dadurch seine berufliche Anstellung oder Kundschaft verlieren oder er macht kostspielige Aufwendungen, um sein Ansehen zu rehabilitieren, etwa indem er sich um eine öffentliche Richtigstellung bemüht. Schwieriger ist die Unterscheidung aber schon bei Betroffenen von sexualisierter Gewalt. Ihnen entstehen materielle Schäden, indem sie ärztliche Behandlung in Anspruch nehmen, oder weil sie ihrem Beruf nicht mehr nachgehen können. Aber auch indem sie Depressionen oder Beziehungsprobleme therapieren lassen oder einen Rechtsanwalt mit der Wahrnehmung ihrer Interessen betrauen, entstehen ihnen materielle Schäden. Dem juristischen Laien mag das nicht ohne Weiteres einleuchten, da es hier doch gerade um das seelische Leid geht. Tatsächlich ist auch in gerichtlichen Entscheidungen die Abgrenzung von materiellen und immateriellen Schäden oft fließend.[65] Als Behandlungskosten haben jedoch auch diese Nachteile mit den anderen gemein, dass sie monetär beziffert werden können.

Dennoch bleibt häufig der Eindruck, dass dadurch noch keine vollständige Kompensation erreicht wird. Hier öffnet sich das weite Feld der immateriellen Schäden. Denn mit dem bisher Gesagten sind noch nicht alle Nachteile angesprochen, die bei derartigen Verletzungen entstehen. Erhält das Unfallopfer Geld für einen Rollstuhl, ist damit weder sein verlorenes Bein, noch sind Schmerzen, Trauer und alltägliche Beschwerlichkeiten kompensiert. Erstattet man ihm die Reisekosten, so bleibt die enttäuschte Sehnsucht nach den Bergen. Der in Verruf Geratene verliert auch nach seiner Rehabilitierung nicht den bleibenden Ein-

---

65 Siehe dazu Jansen: HKK §§ 249–253, 255, Rn. 125 ff., 140; Mayenburg: Bemessung des Inkommensurablen, 82. Für das Affektionsinteresse wird eine strenge Differenzierung von Vermögens- und Nichtvermögensschäden teilweise sogar abgelehnt, vgl. Köndgen: AcP 177 (1977), 11 f.

druck von Scham und das Gefühl persönlicher Herabsetzung. Und wer sexuell missbraucht wurde, möchte auch nach jahrelanger psychologischer Behandlung, dass sein Leid und das ihm widerfahrene Unrecht anerkannt werden. Auch das Schicksal von Angehörigen und mittelbar Betroffenen kam hier noch nicht zur Sprache. Mit unterschiedlicher Begründung könnte man die Liste derartiger Nachteile um eine Vielzahl von Punkten erweitern.

Die Gemeinsamkeit dieser Nachteile besteht in der Schwierigkeit, für sie einen Geldbetrag zu beziffern. Auch Bemühungen um einen Schadensausgleich *in natura* – etwa durch Widerruf der ehrenrührigen Behauptung, eine Bitte um Verzeihung oder ähnliches – versprechen oft keine vollständige Wiedergutmachung. Und selbst dort, wo der Wunsch nach einer Geldkompensation besonders dringend ist, wird stets betont, dass das Leid dadurch nicht gänzlich in Ausgleich gebracht werde.[66] In genau diesem Dreieck zwischen Naturalrestitution, Geldentschädigung und unmöglicher Wiederherstellung bewegt sich der juristische und ethische – und eben auch der scholastische Diskurs zum Umgang mit immateriellen Schäden.

III. Forschungsgeschichte

Die Spätscholastik hat als Forschungsfeld mit ihren zahlreichen Facetten schon seit einiger Zeit Konjunktur. Dabei stößt sie auch nicht nur in einzelnen Fachgebieten auf Interesse, sondern spricht Wissenschaftler ganz unterschiedlicher Couleur an. Alle Untersuchungen nachzuzeichnen, ist deshalb nicht möglich. Das ist für den hier interessierenden Gegenstand auch nicht notwendig. Vielmehr soll ein Überblick über die Forschungen zur Restitutionslehre genügen, wobei wiederum ein besonderer Schwerpunkt auf diejenigen Arbeiten zu legen ist, die sich auch mit der Restitution immaterieller Schäden beschäftigen.

Mit der Restitutionslehre der Früh- und Hochscholastik bis Thomas von Aquin hat sich WEINZIERL in zwei Arbeiten befasst, die 1936 und 1939 erschienen sind.[67] Seine Untersuchungen gliedert er nach wissenschaftlichen Disziplinen und Literaturgattungen in Kanonistik, Legistik, Beichtsummen und Theologie. Auf immaterielle Schäden geht er dabei nur punktuell ein, wenn diese in der Vielzahl der behandelten Quellen auftauchen. Systematisch untersucht er das Phänomen nicht.

---

66 Vgl. dazu MAYENBURG: Bemessung des Inkommensurablen, 83 f.

67 WEINZIERL: Frühscholastik; DERS.: Hochscholastik.

Otte lieferte 1964 eine Arbeit über »Das Privatrecht bei Francisco de Vitoria« und widmete sich dabei in einem eigenen Kapitel auch der Restitutionslehre. Naturgemäß geht er dabei auch auf die Restitution immaterieller Schäden ein,[68] wobei seine Ergebnisse aber eher kursorisch bleiben und sich zudem in mehreren Punkten bereits einer Revision unterziehen mussten.[69]

Ein wichtiger Beitrag zur Erforschung der spätscholastischen Restitutionslehre aus dem juristischen Lager ist Nufer zu verdanken, der sie in seiner Dissertation aus dem Jahr 1969 nach rechtlichen Kategorien geordnet untersucht. Dabei stellt er auch die Rolle immaterieller Schäden innerhalb der Restitutionslehre heraus und betont, dass es den Spätscholastikern dabei nicht um eine Entschädigung für Schmerzen und Unannehmlichkeiten ging, sondern um einen Ersatz für den irreparablen Schaden an Persönlichkeitsgütern.[70] Er berücksichtigt das Schicksal des Immaterialschadensersatzes auch innerhalb der Rezeptionsgeschichte der Restitutionslehre.[71] Allerdings kann seine Untersuchung aufgrund des umfassenden Ansatzes, der auf die Restitutionslehre als Ganzes abzielt, nicht mehr als einen ersten Überblick zum Immaterialschadensersatz bieten.

In seiner wenig beachteten Dissertation aus dem Jahr 1978 hat sodann Olivier auch Teile der scholastischen Restitutionslehre zwischen Mittelalter und früher Neuzeit auf ihren spezifischen Umgang mit immateriellen Schäden hin untersucht.[72] Dabei werden neben Johannes Duns Scotus und Thomas von Aquin auch einige spätscholastische Autoritäten behandelt. Allerdings macht die Moraltheologie nur einen überschaubaren Teil der Arbeit aus, die rechtshistorisch und rechtsvergleichend auf eine größere Bandbreite von Rechtsordnungen abzielt. Die Auseinandersetzung mit dem Immaterialschadensersatz in der scholastischen Restitutionslehre bleibt deshalb auch hier überblicksartig.

Feenstra hat zwischen 1959 und 1997 in verschiedenen Aufsätzen darauf aufmerksam gemacht, wie deliktsrechtliche Aspekte der Restitutionslehre auf Hugo Grotius ausgestrahlt haben. Dabei ging er auch auf den Ersatz immaterieller Schäden ein.[73] Seine Auseinandersetzung mit scholastischen Autoren begrenzt sich dabei allerdings hauptsächlich auf Johannes Duns Scotus und Domingo de Soto, wobei er auch hier keine systematische Untersuchung unternimmt.

---

68 Otte: Privatrecht bei Francisco de Vitoria, 71 ff.

69 Siehe dazu im Einzelnen unten S. 208 f. und Fn. 1028.

70 Nufer: Restitutionslehre, 33 f.

71 Ebd., 72 ff., 89 ff.

72 Olivier: Pyn en Lyding, 83 ff.

73 Feenstra: Responsabilité civile, 159 ff.; ders.: Deliktsrecht bei Grotius, 451 ff.; ders.: Réparation, 412 ff.

Auch besondere Teilaspekte der Restitutionslehre sind bereits untersucht worden. WOLTER hat 1985 den Ursprüngen der Naturalrestitution in der scholastischen Restitutionslehre besondere Aufmerksamkeit geschenkt. Die Behandlung immaterieller Schäden bei Thomas von Aquin wird hier knapp erwähnt, gemäß der Natur des Untersuchungsgegenstands aber nicht vertieft.[74] In einer Arbeit aus dem Jahr1996 hat sodann HALLEBEEK das Konzept bereicherungsrechtlicher Ansprüche in der Spätscholastik thematisiert.[75]

DONDORP hat 2001 eine für die Restitution von immateriellen Schäden relevante Stelle bei Thomas von Aquin untersucht und dabei zutreffend vor einer zu eindeutigen Auslegung gewarnt.[76] Seine Auseinandersetzung mit Domingo de Soto bedurfte jedoch einer kritischen Überprüfung.[77]

Zwischen 2003 und 2006 hat GORDLEY über die Behandlung von Ruf- und Ehrverletzung in der spätscholastischen Restitutionslehre berichtet.[78]

2004 erwähnt WALTER in ihrer Habilitationsschrift zur Geschichte des Schmerzensgelds zwar, dass seit längerer Zeit auf moraltheologische Wurzeln des Immaterialschadensersatzes hingewiesen werde.[79] Eigene Quellenforschung unternimmt sie in diesem Bereich aber nicht.

Sodann ist die 2007 erschienene Dissertation von UNTERREITMEIER hervorzuheben, die sich ausführlicher als vorherige Arbeiten mit immateriellen Schäden in der scholastischen Restitutionslehre auseinandersetzt.[80] Dabei geht der Autor auch auf früh- und hochscholastische Literatur ein. Bei den Spätscholastikern stellt er im Anschluss an NUFER heraus, dass die Geldentschädigung für immaterielle Schäden umstritten war. Verdienstvoll ist UNTERREITMEIERS Anliegen, das einheitliche Prinzip beim Ersatz immaterieller Schäden sowohl bei der Schädigung von Ruf und Ehre als auch bei Körperverletzungen herauszustellen.[81] UNTERREITMEIERS Arbeit ist allerdings auf einen größeren Forschungsgegenstand angelegt und zielt letztlich auf die Frage nach einem staatshaftungsrechtlichen Wiedergutmachungsanspruch. Damit geht einher, dass ausführliche Quellenexegesen kaum unternommen werden. Dass diese im Einzelnen aber durchaus erforderlich sind, zeigte bereits DONDORPS Hinweis auf die teilweise

74 WOLTER: Naturalrestitution, 28.

75 HALLEBEEK: Unjust Enrichment.

76 DONDORP: Crime and Punishment, 114 ff. Siehe dazu unten bei Fn. 401.

77 Siehe dazu unten S. 226 ff.

78 GORDLEY: Protection of Dignity, 286 ff.; DERS.: Private Law, 218 ff.

79 WALTER: Schmerzensgeld, 112 f., 127.

80 UNTERREITMEIER: Schmerzensgeldanspruch.

81 Siehe dazu auch DERS.: JZ 2013, 425.

unklaren Aussagen bei Thomas von Aquin. Voneinander abweichende Interpretationsansätze in der späteren Sekundärliteratur haben dieses Erfordernis auch mit Blick auf spätscholastische Autoren bestätigt. Auch eine vertiefte systematische Untersuchung des scholastischen Umgangs mit Persönlichkeitsgütern und Kommensurabilität war in UNTERREITMEIERS Arbeit aufgrund ihres weiten Forschungsgegenstands kaum möglich. Schließlich scheint auch eine kritische Auseinandersetzung mit einigen seiner Aussagen zur Rezeptionsgeschichte der spätscholastischen Restitutionslehre angezeigt.

JANSEN hat 2013 eine systematische Analyse der spätscholastischen Restitutionslehre vorgelegt, in der er nicht nur ihre Grundlagen und Systematik offenlegt, sondern sie auch kritisch auf Parallelen zu Grundwertungen eines gemeineuropäischen Privatrechts untersucht. Dem Immaterialschadensersatz wird dort die Rolle zugestanden, die er im Gesamtsystem der scholastischen Restitutionslehre verdient.[82] Die Güterranglehre, das Problem der Kommensurabilität und aristotelische Hintergründe auf diesem Feld werden ebenso angesprochen wie einzelne Argumente der Spätscholastiker bei der Entscheidung für oder wider eine Geldentschädigung. Naturgemäß war jedoch auch in dieser Arbeit keine tiefergehende Auseinandersetzung mit Problemfeldern möglich, die spezifisch im Zusammenhang mit dem Immaterialschadensersatz stehen.

In Editionen einschlägiger Werke von Francisco de Vitoria und Leonardus Lessius hat REPGEN 2017 und 2022 die Restitutionslehre der jeweiligen Autoren in kommentierenden Einführungen besprochen und ist dabei überblicksartig auch auf den Umgang mit immateriellen Schäden eingegangen.[83]

Eine kurze, auf wenige Autoren beschränkte Auseinandersetzung mit immateriellen Schäden in der scholastischen Restitutionslehre findet sich seit 2018 auch bei SAMPSON.[84]

KANSCHIK hat in ihrer 2022 erschienenen Dissertation über die Restitutionslehre bei Johannes Duns Scotus auch dessen Umgang mit immateriellen Schäden untersucht.[85] Aufbauend auf ihren Ergebnissen soll hier vor allem ein Vergleich zum thomistischen System unternommen werden, das für die Spätscholastik maßgeblich war.

Schließlich geht auch THÖNISSEN in seiner auf einen viel größeren Forschungsgegenstand angelegten Arbeit von 2022 kursorisch auf den Immaterial-

82 JANSEN: Theologie, Philosophie und Jurisprudenz, 100 ff.

83 REPGEN: De restitutione (Vitoria); DERS.: De restitutione (Lessius).

84 SAMPSON: Historical Foundations, 169 ff.

85 KANSCHIK: Restitution, 425 ff.

schadensersatz in der scholastischen Restitutionslehre ein.[86] Er belässt es aber bei einer knappen Wiedergabe bisheriger Forschungsergebnisse.

IV. Gang der Untersuchung

Diese Arbeit soll den Umgang der scholastischen Restitutionslehre mit immateriellen Schäden systematisch untersuchen. Dabei wird besonderes Augenmerk auf die Verletzung von Persönlichkeitsgütern und deren Ausgleich durch Geldentschädigung gelegt. Ein in der bisherigen Forschung bereits seit längerem in seinen Grundzügen bekanntes Phänomen soll dabei auf seine juristischen, theologischen und philosophischen Wurzeln hin befragt und möglichst umfassend dargestellt werden.

In einem ersten Kapitel werden dabei die verschiedenen Grundlagen herausgearbeitet, auf denen die scholastische Restitutionslehre entweder aufbaut, oder die von scholastischen Autoren bei ihren Erwägungen zumindest argumentativ berücksichtigt werden. Für den Umgang mit Persönlichkeitsverletzungen im klassischen römischen Recht bedeutet dies, dass eine Darstellung der wesentlichen Charakterzüge auf Grundlage der bisherigen Forschung genügen muss. Dabei ist zumindest im Ansatz auch auf die spätere Interpretation der einschlägigen römischrechtlichen Institute durch die Spätscholastik einzugehen. Dies betrifft insbesondere die *actio iniuriarum*, für die in der Romanistik eine Genugtuungsfunktion diskutiert wird, und der spätscholastische Autoren teilweise einen kompensatorischen Charakter beimaßen.

Da das römische Recht in der Spätscholastik vor allem in der Ausprägung herangezogen wird, die es durch die mittelalterlichen Glossatoren und Kommentatoren erfahren hat, ist auch diese Entwicklung in ihren wesentlichen Zügen nachzuzeichnen. Für Persönlichkeitsverletzungen haben dabei auch in der Legistik theologische Gedanken eine Rolle gespielt. Die Verzahnung von biblischen Texten und römischem Recht findet sich aber insbesondere im kanonischen Schadensrecht, das insofern ursprünglich aus der älteren Tradition der Beichtbücher zehrte, zum Ende des 12. Jahrhundert aber einen Richtungswechsel erlebte.

Für den theologischen Bereich ist der Entwicklung des Wiedergutmachungsgedankens nachzugehen, die er von den frühen Beichtbüchern, über frühscholastische Beichtsummen bis hin zu hochscholastischen Sentenzenkommentaren

86 Thönissen: Recht und Gerechtigkeit, 351.

gemacht hat. Hier soll anhand einzelner Werke beispielhaft gezeigt werden, wie die für diese Arbeit maßgeblichen Fragestellungen vor der Rezeption der aristotelischen Gerechtigkeitslehre im 13. Jahrhundert gelöst wurden. Sodann sind für die Hochscholastik insbesondere die thomistische und scotische Lehre vergleichend gegenüberzustellen, da die sich hier abzeichnenden, teilweise grundlegenden Unterschiede für das Verständnis der spätscholastischen Restitutionslehre von einiger Bedeutung sind.

In einem zweiten Kapitel wird die scholastische Güterlehre dargestellt, wobei hier entsprechend dem Forschungsgegenstand besonderes Augenmerk auf die Persönlichkeitsgüter gelegt wird. Die Einteilung der Güter in verschiedene Ordnungen ist dabei Ausgangspunkt für die später zu stellende Frage der Kommensurabilität. Anhand der Untersuchung aristotelischer und thomistischer Hintergründe sollen aber auch bereits einige Charakteristika der thomistischen Restitutionslehre herausgestellt werden, die um das Konzept des *damnum permanens* und die Limitierung des restitutorischen Schutzes auf einen *numerus clausus* bestimmter Rechtsgüter kreisen.

Sodann wird in einem dritten Kapitel das Problem der Kommensurabilität einer näheren Analyse unterzogen. Dabei werden zunächst wiederum Hintergründe aus der aristotelischen Philosophie und deren Rezeption in Mittelalter und früher Neuzeit aufgezeigt. Dazu werden philosophische Kommentare zur Nikomachischen Ethik untersucht, die in der bisherigen Forschung zur Restitutionslehre kaum berücksichtigt wurden. Dieser Umstand ist darauf zurückzuführen, dass diese Texte nicht *sedes materiae* der einschlägigen Traktate über die Restitution bei Verletzung von Persönlichkeitsgütern sind. Diese sind vielmehr hauptsächlich ganz bestimmte Stellen in Kommentaren zu den lombardischen Sentenzen (lib. 4, dist. 15) oder zur *Summa theologica* des Thomas von Aquin (STh II-II q. 62 a. 2). Gerade in den Ethik-Kommentaren finden sich aber Gedanken zur Kommensurabilität von Gütern verschiedener Ordnungen, die mit inhaltlicher und sprachlicher Ähnlichkeit auch in den Traktaten zur Restitution begegnen. Das Problem der Kommensurabilität ist auch nicht auf die Entscheidung für oder gegen eine Geldentschädigung begrenzt, sondern betrifft ganz unterschiedliche Rechtsbereiche, die wiederum auf die Restitutionslehre zurückwirken. Deshalb sind auch Phänomene zu untersuchen, die dem Vertragsrecht nahestehen.

Das rechtsphilosophische Problem der (In-)Kommensurabilität ist in der bisherigen Literatur zur scholastischen Restitutionslehre noch nicht grundlegend untersucht worden. In der modernen Erforschung des Immaterialschadensersatzes wird es allerdings (wieder) diskutiert. Gerade hier liege das »fundamentale

Dilemma«[87] des Immaterialschadensersatzes. Philosophische Überlegungen zur (In-)Kommensurabilität und die empirische Glücksforschung werden in manchen Rechtskreisen auf ihre praktischen Auswirkungen hin diskutiert.[88] In der deutschsprachigen Literatur zum Schmerzensgeld spielen sie ebenso wie die (In-)Kommensurabilität als solche nur eine untergeordnete Rolle.[89] Aber auch hier lässt sich die Suche nach einem Marktwert für immaterielle Schäden beobachten,[90] zu der man sich teilweise eines Vergleichs von unfreiwilliger Schädigung und dem Abschluss eines Vertrags bedient.[91] Ähnliches findet sich bereits bei scholastischen Autoren.[92]

Im vierten Kapitel wird sodann der Frage nachgegangen, ob und mit welcher Begründung sich einzelne Spätscholastiker für oder gegen eine Geldentschädigung für die Verletzung von Persönlichkeitsgütern ausgesprochen haben. Die Untersuchung einzelner Autoren und ihrer Werke ermöglicht dabei einerseits, unterschiedliche Argumente und ihre Besonderheiten deutlicher herauszustellen. Andererseits schien diese Herangehensweise vor dem Hintergrund angezeigt, dass einige Textstellen in der Forschungsliteratur bereits Gegenstand divergierender Auslegung geworden sind.[93] Die Auseinandersetzung mit unterschiedlichen Interpretationsansätzen gelingt sinnvoll nur anhand der Exegese konkreter Textzeugnisse. Bisherige Untersuchungen haben teilweise ein recht einseitiges Bild gezeichnet, wonach die Gewährung einer Geldentschädigung für immaterielle Schäden in der Spätscholastik das vorherrschende oder jedenfalls das von bestimmten, abgrenzbaren Schulen präferierte Modell gewesen sei.[94] Dieses Bild verlangt nach einer Präzisierung. Denn tatsächlich gab es unter den Theologen

87 Bydlinski: Umrechnung, 28.

88 Siehe für den angloamerikanischen Raum die Nachweise bei Mayenburg: Bemessung des Inkommensurablen, 84 ff., 86.

89 Siehe aber Bydlinski: Umrechnung; Mayenburg: Bemessung des Inkommensurablen.

90 Zur Bemessung immaterieller Schäden mit Mitteln der ökonomischen Analyse siehe Ott, Schäfer: JZ 1990, 563.

91 Siehe dazu Mayenburg: Bemessung des Inkommensurablen, 25 ff., 81 ff., 84 f. m.w.N. Für das Verfassungsrecht kritisch Vosskuhle: Kompensationsprinzip, 282 ff. Dagegen Unterreitmeier: Schmerzensgeldanspruch, 237 ff.

92 Siehe dazu unten S. 170 ff.

93 Siehe etwa unten S. 205 ff., 226 ff., 228 ff.

94 Eine solche Tendenz findet sich etwa bei Unterreitmeier: Schmerzensgeldanspruch, 59 ff. (»Die Thomisten«). Bei anderen Autoren entsteht dieser Eindruck, weil häufig nur einzelne Spätscholastiker herausgegriffen wurden, die sich für eine Kompensation von immateriellen Schäden mit Geld aussprachen. Siehe dazu oben S. 32 ff. Hingegen kennzeichnet Jansen die Diskussion durchaus als kontrovers und spricht nur von einer anfänglich vorherrschenden Lehre, vgl. Jansen: Theologie, Philosophie und Jurisprudenz, 116 (»zunächst die ganz dominierende Ansicht«).

immer auch kritische Stimmen, die sich ab dem 17. Jahrhundert sogar durchsetzten.[95]

In einem fünften Kapitel werden die Modalitäten der Geldentschädigung untersucht. An der Bemessung, der Vererblichkeit und dem Verhältnis der Restitutionspflicht zu Klagen im *forum externum* zeichnet sich typischerweise das spezifische Verständnis ab, das die Scholastiker von der Restitution hatten. Der Blick auf Detailfragen gibt Auskunft darüber, inwiefern man die Behandlung der Geldentschädigung als Mittel zur Herstellung ausgleichender Gerechtigkeit konsequent verfolgte oder ihr im Einzelfall pönale Elemente zuwies, die der Restitution an sich fremd sein sollten.

Schließlich wird in einem sechsten Kapitel die Bedeutung der Restitutionslehre zu immateriellen Schäden für spätere Epochen und Strömungen untersucht. Für den *Usus modernus* und das säkulare Vernunftrecht kann dabei teilweise an Ergebnisse der bisherigen Forschung angeknüpft werden, wobei auch hier unterschiedliche Einschätzungen zu verzeichnen sind, die es im Einzelnen kritisch zu untersuchen gilt. Für ein vollständiges Bild wird sodann auch die moraltheologische Entwicklung zwischen dem frühen 17. und dem 21. Jahrhundert in ihren wesentlichen Zügen nachvollzogen. Dabei wird auch untersucht, inwiefern Einflüsse auf das moderne kanonische Recht zu beobachten sind.

Die Untersuchung muss sich bei alldem damit begnügen, ein möglichst breites Bild von der scholastischen Restitutionslehre zu immateriellen Schäden zu zeichnen. Wegen der kaum zu überblickenden Vielzahl an Quellen beschränkt sich die Untersuchung im Wesentlichen auf die gedruckten Werke der bedeutenderen Autoren. Als sinnvolle Begrenzung für den Hauptteil eignet sich die Spanne von Hadrian VI. († 1523) und John Major († 1550), die die Spätscholastiker als frühe Vertreter des einen wie des anderen Lagers zitieren, bis Juan de Lugo († 1660), der den Diskurs bis zum frühen 17. Jahrhundert geradezu umfassend überblickt. Sofern die Autoren aufeinander Bezug nehmen, werden Diskurs- und Traditionslinien herausgestellt. Gleiches gilt für regelmäßig wiederkehrende Argumente. Dabei soll auch ein Überblick über die wichtigsten, von den Autoren allegierten Quellen juristischer, theologischer und philosophischer Natur geboten werden. Ferner werden Textstellen mit besonderem Aussagegehalt oder solche, die zentrale Schlüsselgedanken enthalten, mit einer Übersetzung wiedergegeben. Die Übersetzungen verstehen sich als Angebot, das dem Leser einen schnelleren Zugang zu den Quellen ermöglichen soll. Sie sind zielsprachenorientiert verfasst und erheben nicht den Anspruch, auch philologischen Maßstäben zu genügen.

95 Siehe dazu S. 125 ff., 290 ff.

Erstes Kapitel: Schadensbegriffe zwischen Rom und Salamanca

I. Das römische Recht

Dem römischen Recht war die Kategorie des immateriellen Schadens fremd. Es überließ den Schutz der Persönlichkeit weitgehend privaten Strafklagen. Deshalb hat es in Rom kein Schmerzensgeld mit kompensatorischem Charakter gegeben, das mit heutigen Rechtsinstituten vergleichbar wäre. Es galt der Grundsatz *liberum corpus nullam recipit aestimationem*,[96] der besagte, dass der Körper eines Freien nicht in Geld geschätzt wird. Im altrömischen Recht bezog sich dieses Prinzip zunächst bloß auf die Tötung. Es bedeutete, dass die für einen Mord geschuldete Blutsühne nicht durch ein Wergeld abgelöst werden konnte.[97] Erst später verstand man darunter die Unzulässigkeit, bei deliktischen Klagen die Verletzungen am Körper eines Freien zu schätzen. Dadurch wurde zum Ausdruck gebracht, dass der Freie im Gegensatz zum Sklaven keinen Marktwert hat.

Die Schwierigkeit, im römischen Recht ein kompensatorisches Element für ideelle Verluste zu finden, erklärt sich durch die Trennung der bei Körper- und Persönlichkeitsverletzungen in Frage kommenden Klagen in solche sachverfolgender (*rem persequi*) und solche strafender (*poenam persequi*) Natur. Während es bei den sachverfolgenden *actiones* nur auf wirtschaftliche Verluste ankam, sollen immaterielle Schäden auch bei den Privatstrafklagen nicht berücksichtigt worden sein.[98] Dass das römische Recht bloß Straf- und Ersatzzweck sowie in bestimmten Fällen eine Kombination aus beiden gekannt habe, ihm ein *tertium* aber fremd war, lässt sich auf Gai. Inst. 4,6–9 stützen:

(6) Agimus autem interdum, ut rem tantum consequamur, interdum ut poenam tantum, alias ut rem et poenam. (7) Rem tantum persequimur	(6) Manchmal aber klagt man, um nur eine Sache zu erlangen, manchmal nur für eine Buße, manchmal für die Sache und die Buße. (7) Nur die Sache verfolgt man beispielsweise mit den Klagen, <mit denen> man aus Vertrag klagt. (8)

96 Vgl. Gai. 7 ad ed. provinc. D. 9,1,3; Gai. 6 ad ed. provinc. D. 9,3,7; Ulp. 23 ad ed. D. 9,3,1,5. Zur Entwicklungsgeschichte und Authentizität dieses Grundsatzes siehe Wittmann: Körperverletzung, 66 ff.

97 Kunkel: Kriminalverfahren, 108; Wittmann: Körperverletzung, 66 ff.

98 Wittmann: Körperverletzung, 60, 69.

velut actionibus, <quibus> ex contractu agimus. (8) Poenam tantum consequimur velut actione furti et iniuriam et secundum quorundam opinionem actione vi bonorum raptorum; nam ipsius rei et vindicatio et condictio nobis conpetit. (9) Rem vero et poenam persequimur velut ex his causis, ex quibus adversus infitiantem in duplum agimus; quod accidit per actionem iudicati, depensi, damni iniuriae legis Aquiliae, aut legatorum nomine, quae per damnationem certa relicta sunt.

Nur eine Buße erlangt man beispielsweise mit der Klage wegen Diebstahls und Personenverletzung und, nach Ansicht mancher Juristen, mit der Klage wegen gewaltsam geraubter Güter; denn wegen der Sache selbst stehen einem die Vindikation und die Kondiktion zu. (9) Sache und Buße verfolgt man hingegen zum Beispiel aus denjenigen Gründen, aus welchen man gegen einen abstreitenden Gegner auf das Doppelte klagt; dies kommt vor bei der Klage wegen Urteilsschuld, wegen Bürgenzahlung, wegen widerrechtlicher Schädigung nach dem Aquilischen Gesetz oder wegen schuldrechtlich wirkender Vermächtnisse von genau bestimmten Geldsummen.[99]

Überhaupt konnte man bei Körperverletzungen mittels der *actio legis Aquiliae* nur in bestimmten Fällen Schadensersatz in Geld verlangen. Diese Klage war eigentlich für Sachbeschädigungen geschaffen. Wenn man sie auch auf Körperverletzungen anwendete, dann meistens, weil ein *dominus* wegen der Verletzung seines Sklaven klagte. Der Schadensersatz orientierte sich dann am Sachwert des Sklaven, was bei einem Freien wegen des soeben genannten Grundsatzes ausgeschlossen war. Bei der Verletzung von Freien gewährte man zwar unter Umständen eine *actio utilis*, jedoch nur unter engen Voraussetzungen und auch nur für bestimmte Schadensposten. Aquilischen Schadensersatz gab es etwa für Behandlungskosten und Verdienstausfall, wenn es sich bei dem Verletzten um einen unter der *patria potestas* stehenden Haussohn handelte, also um einen Freien *alieni iuris*.[100] Auch auf den *liber homo bona fide serviens*, also einen Freien, der sich irrtümlich für einen Sklaven hält, wendete man die *lex Aquilia* analog an.[101] Immer aber verstand man unter dem *damnum*[102] ausschließlich ökonomische

99 Text und Übersetzung aus Gaius: Institutionen, hrsg. v. Ulrich Manthe.

100 Ulp. 18 ad ed. D. 9,2,5,3 und D. 9,2,7 pr. Ähnlich war die Rechtslage bei der *actio de pauperie* (Gai. 7 ad ed. provinc. D. 9,3,1) und bei der *actio de deiectis vel effusis* (Gai. 6 ad ed. provinc. D. 9,3,7), bei denen der Richter das Ersatzinteresse des Geschädigten zur Bestimmung der *poena* schätzte. Siehe dazu Wittmann: Körperverletzung, 66 ff.; Jansen: Haftungsrecht, 244 f.

101 Ulp. 18 ad ed. D. 9,2,13 pr. Siehe dazu Wittmann: Körperverletzung, 75 ff.; Zimmermann: Law of Obligations, 1016 f.

102 Zum Begriff *damnum* und zur Abgrenzung von *iniuria* siehe Daube: Damnum.

Verluste. Narben[103] und Entstellungen[104] eines Freien wurden ebenso wenig berücksichtigt wie das Affektionsinteresse[105] an einem Sklaven. Ein Ersatz für Schmerzen findet in den Quellen keine Erwähnung.

Andererseits stand es dem Verletzten aber frei, mittels der Injurienklage nach der *lex Cornelia de iniuriis* oder der prätorischen *actio iniuriarum* die Zahlung einer Buße an sich zu erwirken.[106] Injurien kamen sowohl bei der Verletzung des Körpers, als auch der Würde und der bürgerlichen Ehre in Frage.[107] Auch bloß mündliche Beleidigungen waren davon erfasst.[108] Jedoch setzte die Injurienklage im klassischen Recht nach umstrittener aber vorherrschender Ansicht Vorsatz voraus,[109] sodass sich bei fahrlässigen Körperverletzungen eine Rechtsschutzlücke ergab.

Wittmann zufolge diente die Zahlung einer *poena* bei der *actio iniuriarum* nicht dem Ausgleich eines immateriellen Schadens, sondern der Strafe des Täters.[110] Nach Lavaggi war das Interesse an der Bestrafung des Täters bei einem zivilrechtlichen Delikt (*delictum*) sogar derselbe wie das des Staates bei der Verfolgung eines strafrechtlichen Verbrechens (*crimen*).[111] Differenzierteren Ansichten zufolge erschöpfte sich der Zweck der *poena* hingegen nicht in der Zufügung eines Übels, sondern sie hat aus Sicht des Klägers auch eine Entschädigung für das ihm zugefügte Unrecht bedeutet.[112] Nach Jansen soll für das altrömische Deliktsrecht der Gedanke des Unrechtsausgleichs sogar von geradezu grundlegender Bedeutung und dem Schadensersatz vorrangig gewesen sein.[113]

---

103 Gai. 6 ad ed. provinc. D. 9,3,7.

104 Gai. 7 ad ed. provinc. D. 9,1,3.

105 Paul. 2 ad Plaut. D. 9,2,33 pr. Siehe zum Affektionsinteresse aber Kindler: Affectionis aestimatio.

106 Nach der überwiegenden Ansicht hatte auch die *actio legis Corneliae de iniuriis* die Zahlung einer Geldbuße an den Kläger zur Folge. Siehe dazu Hagemann: Iniuria, 64 m.w.N.

107 Ulp. 56 ad ed. D. 47,10,1,2.

108 Siehe etwa Ulp. 56 ad ed. D. 47,10,1,1. Einen Überblick über die Kasuistik zur *actio iniuriarum* bietet Herrmann: Schutz der Persönlichkeit, 11 f. Nach Milazzo: Iniuria, 70, 98 sollen bereits die XII Tafeln verbale Beleidigungen sanktioniert haben. Siehe auch Hagemann: Iniuria, 65; Cursi: Iniuria, 265 f.; Bravo Bosch: Injuria, 35 ff., 85 ff.; Hirata: HRP II § 95, Rn. 1.

109 Raber: Injurienansprüche, 108 ff. geht hingegen von rein objektiven Voraussetzungen aus. Dies wird überwiegend abgelehnt, vgl. Hagemann: Iniuria, 106 m.w.N.; Hirata: HRP II § 95, Rn. 24. Eine differenzierte Ansicht vertritt Wittmann: Körperverletzung, 55 ff. Dass jedenfalls ein *animus iniuriandi* nicht erforderlich sei, meinen Zimmermann: Law of Obligations, 1059 ff.; Jansen: HKK §§ 249–253, 255, Rn. 10.

110 Wittmann: Körperverletzung, 60 Fn. 39, 69.

111 Lavaggi: SDHI 13–14 (1947–1948), 156.

112 Hagemann: Iniuria, 226; Jansen: Haftungsrecht, 191 ff.; ders.: HKK §§ 249–253, 255, Rn. 7, 10.

113 Jansen: Haftungsrecht, 191 ff., 197. Ihm folgend Scheibelreiter: Buße und Wiedergutmachung, 8 f.

Dabei geht er von einem Begriff der Strafe aus, der jedenfalls für die vorklassische Zeit weniger die öffentliche Missbilligung eines Fehlverhaltens bedeutet habe, als vielmehr eine Antwort auf das subjektive Bedürfnis des Verletzten, das erlittene Unrecht zu sühnen.[114] Nicht nur die archaische Talion und das an ihrer statt gezahlte Loskaufgeld, auch die festen Bußsätze der XII Tafeln dienten demnach in erster Linie nicht dem materiellen Schadensausgleich, sondern dem persönlichen Vergeltungsanspruch des Verletzten. Erst mit der im 3. Jahrhundert v.Chr. eingeführten *lex Aquilia* habe die wirtschaftliche Schädigung als Sanktionsgrund an Bedeutung gewonnen, freilich ohne dass man dabei von Anfang an pönale Zwecke dem Schadensersatz untergeordnet hätte.[115] Maßgebliches Ziel sei nämlich zunächst geblieben, den Delinquenten für die Zufügung eines Vermögensschadens zu bestrafen, nicht aber diesen zu ersetzen. Mit Einführung der *lex Aquilia* sei also noch nicht das vorrangige Prinzip des Schadensersatzes etabliert, sondern bloß die Trennung von Vermögens- und Persönlichkeitsverletzungen vollzogen worden.[116] Während die *lex Aquilia* fortan die Verletzung von Vermögenswerten sanktioniert habe, fielen Persönlichkeitsverletzungen unter die Tatbestände der *iniuria*. Der in den XII Tafeln verfolgte Gedanke des Unrechtsausgleich dürfte sich demnach in der *lex Aquilia* und der *actio iniuriarum* zunächst fortgesetzt haben.[117]

Vor diesem Hintergrund relativieren sich nicht nur Bemühungen um eine Trennung von Straf- und Ersatzzweck, sondern auch die Charakterisierung der Strafe als bloße Zufügung eines Übels. Es wäre vielmehr davon auszugehen, dass die *actio legis Aquiliae* und die *actio iniuriarum* bei der Bemessung der dem Kläger zuzusprechenden Geldsumme zunächst dasselbe Prinzip verfolgten: nämlich durch eine *poena* das dem Kläger zugefügte Unrecht auszugleichen. Dabei dürfte im Fall der *actio legis Aquiliae* das Vorhandensein von Verlusten, die mit einem Marktwert beziffert werden können, die Schätzung der Kondemnationshöhe naturgemäß erleichtert haben. Das kann aber zunächst ohne Belang für das damit

---

114 Jansen: Haftungsrecht, 201.

115 Ebd., 207. Der Charakter der *lex Aquilia* ist nach wie vor umstritten. Für vorwiegend pönale Elemente streiten Lübtow: Untersuchungen, 36 ff.; Ankum: BIDR 24 (1982), 31 ff., 35; Vacca: IURA 40 (1989), 52 ff.; Wallinga: Actio legis Aquiliae, 1387, 1399. Kritisch hingegen Sirks: TR 77 (2009), 307; Finkenauer: Pönale Elemente, 43.

116 Jansen: Haftungsrecht, 205 Siehe auch Hagemann: Iniuria, 64.

117 Obgleich nicht nur die *actio de deiectis vel effusis*, sondern auch die *actio legis Aquiliae* zumindest auch den Zweck verfolgte, Gefahren für die Allgemeinheit zu bekämpfen. Siehe dazu Jansen: Staatliche Gesellschaftspolitik, 504.

verfolgte Ziel bleiben.[118] Der Zweck, Ersatz für den ökonomischen Schaden zu gewährleisten, ist bei der *actio legis Aquiliae* erst später in den Vordergrund getreten,[119] nämlich als sich ein öffentliches Strafrecht entwickelte[120] und damit der Gedanke privater Strafe in den Hintergrund trat. Hingegen dürfte bei der privaten Injurienklage das subjektive Bedürfnis des Verletzten nach einem Ausgleich des erlittenen Unrechts auch weiterhin vordergründig gewesen sein.

Auch HAGEMANN erkennt für die *actio iniuriarum* den Unrechtsausgleich als Prinzip an. Allerdings behandelt er ihn im Rahmen einer sogenannten Genugtuungsfunktion,[121] die er nicht aus dem Zweck der *poena* selbst herleitet, sondern als *tertium* neben Strafe und Ersatz versteht. Er kritisierte den Umgang mit Gai. Inst. 4,6–9,[122] insofern man dieser Stelle entnehmen will, dass es neben Strafe und Ersatz eine eigenständige Genugtuungsfunktion nicht geben könne.[123] Aus der Quelle ergebe sich lediglich, dass die *actio iniuriarum* keinerlei Ersatzfunktion erfülle. Gaius sage aber nicht, dass neben der Strafe auch die Genugtuung ausgeschlossen sei. HAGEMANN geht auch für die klassische Epoche von einer Genugtuungsfunktion der *actio iniuriarum* aus. Seine Ansicht stützt er zum einen auf Ulp. 57 ad ed. D. 47,10,17,4–6. An dieser Stelle verwende Ulpian das Verb *satisfacere* nicht bloß im negativen Sinne als Befriedigung von Rachegefühlen, sondern gebe ihm eine positive Bedeutung, die man mit »Genugtuung leisten« übersetzen könne.[124] Ulp. 57 ad ed. D. 47,10,17,4–6:

(4) Cum servus iniuriam facit, maleficium eum admittere palam est: merito igitur sicuti ex ceteris delictis, ita et ex hoc iniuriarum noxalis actio datur. sed in arbitrio domini est, an velit eum verberandum exhibere, ut ita	(4) Wenn ein Sklave eine Injurie verursacht, ist klar, dass er dadurch eine Übeltat begeht. Wie bei anderen Delikten, wird also auch hier zurecht die Noxal-Injurienklage erteilt. Aber es liegt im Ermessen des Herrn, ob er den Sklaven zum Ausprügeln ausliefert, damit derjenige, der die Injurie erlitten hat, auf diese Weise befriedigt

118 So auch LEVY: Privatstrafe, 138; WALLINGA: Actio legis Aquiliae, 1387.

119 Vgl. die Nachweise bei Fn. 115.

120 JANSEN: Haftungsrecht, 222 ff., 236 f.

121 HAGEMANN: Iniuria, 226 f. Ihm folgt WACKE: Unius poena, 236. Von einer Genugtuungsfunktion sprechen ferner JHERING: Jahrb. 18 (1880), 59 ff.; DERS.: Jahrb. 23 (1885); PERNICE: Labeo, Bd. 2,1, 46; MARCHI: BIDR 16 (1904), 218 f., 282; BETTI: Istituzioni, Bd. 1, 246; DERS.: Struttura, 98, 188; LÜBTOW: Labeo 15 (1969), 159; KASER: Römisches Privatrecht I, 610; PLESCIA: Labeo 23 (1977), 288. Siehe auch HERRMANN: Schutz der Persönlichkeit, 13; EBERT: Pönale Elemente, 39.

122 Siehe oben S. 40.

123 HAGEMANN: Iniuria, 231 f.

124 Ebd., 233 ff., 237. So übersetzt auch SCHNEIDER: Corpus juris civilis, Bd. 4,2, 894.

satisfiat ei qui iniuriam passus est: neque erit necesse domino utique eum verberandum praestare, sed dabitur ei facultas praestare ei servum verberandum aut, si de eo verberibus satis non fiat, noxae dedendum vel litis aestimationem sufferendam. (5) Ait praetor »arbitratu iudicis«: utique quasi viri boni, ut ille modum verberum imponat. (6) Si ante iudicem dominus verberandum servum exhibuerit, ut satis verberibus ei fieret, et erit factum arbitratu alicuius, postea actor agere iniuriarum perseverat, non est audiendus: qui enim accepit satisfactionem, iniuriam suam remisit. nam et si nuda voluntate iniuriam remisit, indubitate dicendum est extingui iniuriarum actionem non minus, quam si tempore abolita fuerit iniuria.

werde [Genugtuung erfahre]. Aber es wird für den Herrn nicht notwendig sein, ihn gerade zum Ausprügeln zu liefern, sondern er hat die Möglichkeit, ihm den Sklaven zum Ausprügeln zu liefern oder, wenn er durch das Ausprügeln nicht befriedigt wird [Genugtuung erfährt], ihn als Schadensersatz oder als Schätzung des Streitwerts zu leisten. (5) Der Prätor sagt: nach dem Ermessen des Richters. Das versteht sich als Ermessen eines rechtschaffenen Mannes, damit ein Maß an Schlägen bestimmt werde. (6) Wenn der Herr den Sklaven vor einem Urteil zum Ausprügeln ausliefert, damit er durch die Schläge befriedigt werde [ihm durch die Schläge Genugtuung geschehe], und dies nach jemandes Ermessen geschehen ist, dann wird der Kläger nicht gehört, wenn er danach die Injurienklage erhebt. Denn wer Wiedergutmachung [Genugtuung] angenommen hat, der hat seine Injurie erlassen. Denn auch wenn man durch bloßen Willen die Injurie erlassen hat, entfällt ohne Zweifel die Injurienklage, nicht weniger, als wenn die Injurie durch Zeitablauf erloschen wäre.

Darüber hinaus ergebe sich ein von der Strafe verschiedener Charakter der Genugtuung aus Cic. Caecin. 35. Cicero berichtet hier davon, wie Caecina durch Bewaffnete gewaltsam daran gehindert worden ist, sein Haus zu betreten. Die einschlägige Injurienklage hält Cicero in diesem Fall nicht für geeignet:

Actio enim iniuriarum non ius possessionis assequitur, sed dolorem imminutae libertatis iudicio poenaque mitigat.

Denn die Injurienklage wird nicht für das Besitzrecht gewährt, sondern durch die Verurteilung und die Strafe lindert man den Schmerz wegen der geschmälerten Freiheit.

Wittmann schließt aus dieser Stelle, dass es bei der *actio iniuriarum* gerade nicht um immaterielle Schäden gehe, sondern um Strafe.[125] Hagemann hin-

125 Wittmann: Körperverletzung, 60, Fn. 39.

gegen sieht darin einen Hinweis dafür, dass die Injurienklage gerade auch »die Wiedergutmachung des mit der Persönlichkeitsverletzung erlittenen tort moral« bezwecke.[126] Dies ergebe sich aus der ansonsten unnötigen Differenziertheit der Aussage Ciceros, die auch die Perspektive des Opfers miteinbeziehe.

Gegen eine Genugtuungsfunktion wurde von de Robertis vorgebracht, dass die Befriedigung der ideellen Interessen des Geschädigten bloßer Nebeneffekt, nicht aber Ziel und Zweck der *poena* sei.[127] Jedenfalls für die *actio iniuriarum* kann man dem jedoch entgegenhalten, dass diese Klage im Vergleich zu anderen Strafklagen die Besonderheit der aktiven Unvererblichkeit trägt. Weil man die *actio iniuriarum* nicht als Teil des Vermögens ansah,[128] konnten die Erben des Geschädigten die Klage nicht erheben.[129] Der spezifische Bezug zur Person des Geschädigten war hier offenbar von besonderer Bedeutung. Die Notwendigkeit, dem Täter durch die Verurteilung ein Übel zuzufügen, entfällt mit der Möglichkeit, dem Opfer einen Geldbetrag zufließen zu lassen.

Das erklärt freilich noch nicht, wofür genau dem Opfer dieser Geldbetrag zufließen sollte. Hagemann geht von einer »Entschädigung für das erlittene Unrecht« aus.[130] Kaser spricht von einem »Ausgleich für den immateriellen Nachteil, den er mit der Deliktsbegehung an seiner Persönlichkeit erlitten hat«.[131] An anderer Stelle nennt er die *poena* eine »Sühne für das begangene Unrecht«, durch die man dem »Verletzten eine Genugtuung verschafft.«[132] Nicholas nennt den Zweck der *actio iniuriarum* »solace for the injured feelings or affronted dignity.«[133] Ähnlich spricht Marchi in einer kaum beachteten Schrift von einem »carattere esclusivamente satisfattorio, serve cioè a mitigare l'offesa risentita dall'ingiuriato«.[134] Jansen erklärt sowohl die Talion als auch die *poena* zu »Instrumente[n] eines privaten Unrechtsausgleichs«[135] und geht bei der *actio iniuriarum* von einem »normativen Vergeltungsinteresse«[136] aus. Betti hingegen deutet die *poena* einerseits als »riparazione del torto«, andererseits als »riparazione pecuniaria dell'

126 Hagemann: Iniuria, 237 ff.
127 Robertis: La funzione della pena, 175.
128 Ulp. 34 ad Sab. D. 47,10,28.
129 Gai. Inst. 4,112; Ulp. 57 ad ed. D. 47,10,13 pr. Siehe auch Hagemann: Iniuria, 239.
130 Ebd., 226.
131 Kaser: IURA 1 (1950), 523.
132 Ders.: Römisches Privatrecht I, 610.
133 Nicholas: Roman Law, 217. Siehe dazu Descheemaeker: Solatium and Injury, 68 ff.
134 Marchi: BIDR 16 (1904), 218 f.
135 Jansen: Haftungsrecht, 197.
136 Ders.: HKK §§ 249–253, 255, Rn. 10.

offesa«.[137] Beides versteht er offenbar als »interesse non patrimoniale (morale)« und identifiziert die römische *poena* deswegen auch mit der *pecunia doloris* und der Buße späterer Rechtsordnungen.[138]

In dieser Kürze ist der Vergleich BETTIS etwas frei. Dennoch zeigt er die Schwierigkeiten bei der Bestimmung dessen, was durch die *poena* eigentlich erreicht werden soll, nachdem man sie einmal vom Schadensersatz auf der einen und vom Mittel zur Wahrung öffentlicher Sicherheit auf der anderen Seite abgegrenzt hat. Der zuletzt von HAGEMANN angestrengte, aber nicht eindeutig konturierte Rechtsbegriff der Genugtuung bringt nur wenig Licht ins Dunkel, weil auch er mehrdeutig ist.[139] Möglicherweise waren sich aber auch die römischen Juristen darüber nicht im Klaren. In den eintausend Jahren, die zwischen den Injurientatbeständen der XII Tafeln und der justinianischen Kodifikation liegen, haben sich die Auffassungen darüber sicherlich verändert. Die Quellen bieten insofern nur punktuelle Hinweise. Um eine Kompensation körperlicher Schmerzen ging es dabei mit großer Wahrscheinlichkeit nicht.[140] Denn einerseits konnte sich aus der Misshandlung eines Sklaven eine *iniuria* des Herrn ergeben.[141] Andererseits stellten auch verbale Beleidigungen und nach der *lex Cornelia de iniuriis* etwa auch der Hausfriedensbruch eine *iniuria* dar. Einen vom subjektiven Empfinden völlig gelösten, rein normativen Ausgleich darf man angesichts der fehlenden aktiven Vererblichkeit der *actio iniuriarum* aber auch nicht vermuten. Es schwingt ein subjektives Element mit, das man als den Rechtsbehauptungsanspruch des Einzelnen bezeichnen könnte. *Iniuria*, so betonen die römischen Juristen, bedeutet in diesem Zusammenhang *contumelia*.[142] Und zwar bei Verbal- ebenso wie bei Realinjurien. Die *contumelia* stand in Relation zum sozialen

---

137 BETTI: Struttura, 190.

138 Ebd., 191.

139 Das gilt für das römische ebenso wie für das moderne deutsche Zivilrecht. Entgegen der Ansicht von HAGEMANN: Iniuria, 237 handelt es sich bei der Genugtuung nicht um ein »eigentlich eindeutige[s] Wort«. Siehe dazu die Kritik von VÖLKL: TR 68 (2000), 121. Auch die Unterscheidung von BUND: ZRG (RA) 117 (2000), 576 (»lediglich Ausgleich des immateriellen Schadens in Geld oder auch Genugtuung für den Verletzten im Sinne seiner Besänftigung?«) führt nicht zu mehr Klarheit.

140 Anderer Ansicht ist soweit ersichtlich nur MARCHI: BIDR 16 (1904), 283: »l'a. iniuriarum può ottenersi un compenso valutato in ragione del dolore e delle deturpazioni derivati dalle ferite«.

141 Inst. 4,4,3. Dass der physische Schmerz irrelevant war, lässt auch Inst. 4,4,9 vermuten. Dort kommt es bei der Bestimmung einer *iniuria atrox* zwar auf die Wichtigkeit des verletzten Körperteils an (Auge), nicht aber auf seine Empfindlichkeit.

142 Ulp. 56 ad ed. D. 47,10,1 pr.; Ulp. 77 ad ed. D. 47,10,15,46; Inst. 4,4 pr.

Status von Täter und Opfer: bei ranghohen Personen erachtete man sie größer,[143] hingegen konnte der Freigelassene nur wegen einer *iniuria atrox* gegen seinen früheren Patron klagen.[144] Das individuelle Rechtsgefühl erfuhr von juristischer Seite unterschiedliche Anerkennung. Der Zweck der *poena* dürfte deshalb subjektive mit normativen Aspekten verbunden haben.[145]

Unabhängig von den Schwierigkeiten, ideelle Aspekte hier begrifflich zu erfassen, darf man davon ausgehen, dass man in Rom auf nichtvermögenswerte Nachteile mit einer Geldkondemnation antwortete, die nicht bloß der Zufügung eines Übels diente oder von öffentlichen Sicherheitsinteressen eines entwickelten Strafrechts her verstanden werden darf, sondern erst aus der Warte des Verletzten ihren positiven Zweck erfuhr. Nach Abschaffung der festen Bußsätze fand dabei im Rahmen der Injurienklage eine *aestimatio* statt und man verurteilte den Täter zur Zahlung von »*quantam pecuniam [...] bonum aequum videbitur*«.[146] Wenn Wittmann es ablehnt, dies als Ausgleich des immateriellen Schadens zu bezeichnen, mag dies eher mit der modernrechtlichen Prägung des Begriffs zusammenhängen, als einen wirklichen Widerspruch zur Ansicht Hagemanns darstellen. Tatsächlich fassten auch die römischen Juristen das, was man heute als immateriellen Schaden versteht, nicht als *damnum* auf und wollten es offensichtlich nicht in derselben juristischen Kategorie mit dem Vermögensschaden verhandeln. Um einen wirklichen Ersatz – etwa für einen verstümmelten Körperteil oder die verlorene Ehre – ging es ihnen nicht.[147] Daraus jedoch zu schlussfolgern, dass man in Rom ideelle Verluste generell nicht in Geld aufwog, hieße das Problem mit modernrechtlichen Kategorien zu greifen.

Einen sehr viel freieren Umgang mit solchen Fragen legte im 16. Jahrhundert der Theologe Luis de Molina an den Tag. Mit dem römischen Recht war er gut vertraut und auch er differenzierte zwischen *iniuria* und *damnum*. Sein Verständnis vom *damnum* war aber weiter als das der Römer. Nach seiner Interpretation fallen darunter auch Schäden am Körper oder am guten Ruf, und zwar ohne Rücksicht darauf, ob sie wirtschaftliche Einbußen nach sich ziehen oder nicht. Wirtschaftliche Verluste – so erklärt er – verfolge man mit der *actio legis Aquiliae*.[148] Das *damnum* am Körper oder am Ruf selbst verfolge man aber

143 Ulp. 57 ad ed. D. 47,10,17,3; Inst. 4,4,7. Vgl. auch Inst. 4,4,9.

144 Ulp. 57 ad ed. D. 47,10,7,2. Siehe dazu Raber: Injurienansprüche, 91 ff., 95.

145 Vgl. Call. 1 de cogn. D. 50,13,5,1.

146 Lenel: Edictum Perpetuum, 399.

147 Obgleich die Wichtigkeit eines Körperteils im Rahmen der *actio iniuriarum* ein Bemessungsfaktor war. Vgl. Inst. 4,4,9. Zur Bemessung siehe auch Gai. Inst. 3,225; Ulp. 57 ad ed. D. 47,10,7,8.

148 Molina: De Iustitia et Iure, tract. 3, disp. 42, n. 11, Sp. 769: »Quamvis actio iniuriarum anno

ebenso wie die erlittene *iniuria* mittels der *actio iniuriarum*. Denn auch dieser Klage maß Molina kompensatorischen Charakter bei.[149]

Doch bis ins 16. Jahrhundert ist es ein weiter Weg. Er führt über die mittelalterliche Rezeption des römischen Rechts und die Grundlegung eines scholastischen Schadensbegriffs.

II. Das gelehrte Recht im Mittelalter

1. Legistik

Die Fortentwicklung des Schadensrechts, die man der Wissenschaft vom römischen Recht im Mittelalter zu verdanken hat, liegt hauptsächlich im Bereich materieller Einbußen.[150] In Erweiterung der Quellen will Azo († 1220) die *lex Aquilia* auch auf die Tötung eines Freien anwenden.[151] Er berichtet jedoch ebenso wie Accursius († 1262)[152], dass Bulgarus (†1166) in diesem Punkt anderer Ansicht gewesen sei.[153] Accursius versucht diesen Widerspruch aufzulösen und behauptet, Bulgarus habe nur zum Ausdruck bringen wollen, dass der Körper eines Freien nicht in Geld geschätzt werden könne.[154] Dem schließt sich Accursius an. Allerdings werde die *actio legis Aquiliae* bei der Tötung eines Freien für andere Schäden (*cetera damna*) gewährt. Dazu zählt er auch *operae*.[155] Dass die Erben des Getöteten für den verlorenen Unterhalt Ersatz verlangen können, wird unter mittelalterlichen Juristen ein verbreiteter Standpunkt.[156]

---

praescribatur, actionem tamen ad damna in bonis externis ex iniuria resultantia non praescribi anno, cum non sit iniuriarum actio, sed ab ea longe distincta, nempe legis Aquiliae [...]«.

149 DERS.: De Iustitia et Iure, tract. 3, disp. 88, n. 2, Sp. 1033: »Quoniam ea poena censeretur sufficienter compensatum. [...] Quoniam poena illa a iudice fuisset adiudicata in compensationem damna ac iniuriae illatae.« Vgl. auch DERS.: De Iustitia et Iure, tract. 3, disp. 42, n. 3, Sp. 764.

150 Zum Schadensrecht der mittelalterlichen Legistik im Allgemeinen siehe KÖNIG: Schadensrecht; LANGE: Schadensersatz; WIELING: Interesse; FEENSTRA: Glossatoren. Siehe auch KAUFMANN: Actio legis Aquiliae, 19 ff.; OLIVIER: Pyn en Lyding, 44 ff.

151 AZO: Summa Codicis, ad C. 3,35 (de lege Aquilia), n. 16, Sp. 231.

152 Gl. *Gloriae causa* ad D. 9,2,7,4 [Sp. 1020].

153 Weder Azo noch die *Glossa ordinaria* geben an, wo sich Bulgarus dahingehend geäußert haben soll. Laut KÖNIG: Schadensrecht, 33 handelt es sich dabei um folgende Stelle: BULGARUS: De regulis iuris antiqui, ad D. 50,17,106, S. 88.

154 Gl. *Gloriae causa* ad D. 9,2,7,4 [Sp. 1020].

155 Gl. *Non posse* ad D. 9,2,15,1 [Sp. 1026]. Diese Glosse geht auf Azo zurück und wurde von Accursius übernommen. Siehe dazu FEENSTRA: Glossatoren, 219.

156 Siehe etwa DURANTIS: Speculum, lib. 4, Partic. 4, De iniuriis et damno dato, § Sequitur, n. 3, S. 499. KÖNIG: Schadensrecht, 34 scheint der Auffassung zu sein, dass bereits Azo und Accursius

Auch die Glossatoren und Kommentatoren verstehen unter *damnum* aber weiterhin bloß den Vermögensschaden. Exemplarisch hält sich Azo an das Vorbild aus Paul. 47 ad ed. D. 39,2,3:

Et dicitur damnum a demo vel a diminutione patrimonii [...][157]	Das Wort Schaden leitet sich ab von »ich nehme etwas weg« oder von Abnahme des Vermögens.

Bei Körperverletzungen werden Verdienstausfall und Behandlungskosten als Schadensposten veranschlagt, nicht aber die körperliche Entstellung:

[...] agetur ratione operarum amissarum, quasque amissurus esset inutilis factus, & impensarum in curatione factarum: non autem deformitas [...][158]	Man kann wegen der Einkünfte klagen, die einem entgangen sind und noch entgehen werden, und wegen der aufgewendeten Behandlungskosten. Nicht aber wegen der Entstellung.

Die Fragmente, aus denen sich der Grundsatz *liberum corpus nullam recipit aestimationem* ergibt,[159] behandeln die mittelalterlichen Juristen nur knapp und ohne davon abzuweichen. Accursius ergänzt zu Gai. 7 ad ed. provinc. D. 9,1,3, dass nicht nur bei Verletzung, sondern auch bei Tötung eines Freien die Schätzung des Körpers in Geld ausgeschlossen sei.[160] Dass nach Ulp. 23 ad ed. D. 9,3,1,5 für die Tötung stattdessen eine pauschale Buße in Höhe von 50 Goldmünzen zu leisten ist, lässt er unkommentiert. In einer Glosse zu Gai. 6 ad ed. provinc. D. 9,3,7 verweist er bloß auf die beiden vorbenannten Stellen.[161]

Bartolus de Saxoferrato († 1357) behandelt diese Fragmente in seinem Digestenkommentar nicht. Baldus de Ubaldis († 1400) präzisiert in seinem Kommentar ad D. 9,1,3 lediglich die Begrifflichkeiten und erklärt, dass sichtbare

einen Unterhaltsanspruch der Erben annahmen. Hingegen soll nach WIELING: Interesse, 132f. erst Durantis die Haftung dahingehend erweitert haben. FEENSTRA: Glossatoren, 226f., 230f. hat jedoch gezeigt, dass Durantis bei Roffredus, einem Schüler Azos, abgeschrieben hat. Siehe zum Anspruch auf Unterhalt auch LANGE: Schadensersatz, 60; KAUFMANN: Actio legis Aquiliae, 20.

157 AZO: Summa Codicis, ad C. 3,35 (de lege Aquilia), n. 1, Sp. 229.

158 DERS.: Summa Codicis, ad. C. 3,35 (de lege Aquilia), n. 15, Sp. 231. Vgl. Gai. 7 ad ed. provinc. D. 9,1,3.

159 Gai. 7 ad ed. provinc. D. 9,1,3; Gai. 6 ad ed. provinc. D. 9,3,7; Ulp. 23 ad ed. D. 9,3,1,5.

160 Gl. *Non recipiat* ad D. 9,1,3 [Sp. 1015]. Laut FEENSTRA: Glossatoren, 222f. geht diese Glosse auf eine handschriftlich überlieferte Glosse Azos zurück.

161 Gl. *Cum liberi* ad D. 9,3,7 [Sp. 1059].

Entstellungen in Geld nicht schätzbar seien.[162] Im Titel *De his qui effuderint vel deiecerint* (D. 9,3) fehlt ein Kommentar von Bartolus zu der Schlüsselstelle Ulp. 23 ad ed. D. 9,3,1,5. Baldus merkt zu D. 9,3,1,6,[163] an, dass sich dieses Fragment nicht auf die Beschädigung von Sachgütern, sondern auf Körperverletzungen beziehe.[164] In einem Zusatz differenziert er zwischen körperlichen und unkörperlichen *iniuriae*:

> Aliquando enim iniuria est realis: ut in furto. Aliquando personalis, et hoc tripliciter. Primo modo: que iniuria accipiat ipsum corpus iniuriatum. Et hec iniuria dicitur in personam. […] Secundo modo qui afficiat coherentia corpori ut vestis et hec iniuria fit extra corpus et ideo non dicitur in personam fiere sed persone. Tertio modo afficiat famam. Ut iniuria verbalis. Et ista fit persone: non tamen in personam: que non afficit personatum corpus. Sed quid inanimatum et incorporalem: scilicet famam.[165]

> Denn manchmal ist eine Injurie gegenständlich, etwa beim Diebstahl, manchmal persönlich, und dies auf drei Arten. Erste Art: Wenn die Injurie den Körper des Verletzten selbst betrifft. Und diese Injurie nennt man »gegen die Person«. […] Zweite Art: Wenn sie das eng mit dem Körper Verbundene betrifft, z.B. die Kleidung. Diese Injurie geschieht außerhalb des Körpers und deshalb sagt man nicht, sie geschehe »gegen die Person«, sondern »an der Person«. Dritte Art: Sie betrifft den Ruf, so die Verbalinjurie. Und diese geschieht »an einer Person« (ist eine »Personalinjurie«), nicht aber »gegen eine Person«. Denn sie betrifft nicht den Körper einer Person, sondern Unlebendiges und Unkörperliches, nämlich den Ruf.

Bei der pönalen[166] *actio de effusis vel deiectis* wurde die Verletzung eines Menschen bei der Bemessung der Buße berücksichtigt, wobei man jedoch nur Heilungskosten und Verdienstausfall veranschlagte.[167] Die Verletzungen am Körper selbst verstand man nicht als *damnum*. Auch Baldus weicht davon nicht ab. Aus seiner Systematisierung wird jedoch deutlich, dass man Körperverletzungen nicht mehr hauptsächlich vom Standpunkt ihrer Ehrenrührigkeit (*contumelia*) begriff, sondern sie als eigenständigen Verletzungstatbestand zu verstehen begann.

---

162 Baldus de Ubaldis: Tomus Primus in Digestum vetus, ad D. 9,1,3, fol. 299r.

163 Zu Ulp. 23 ad ed. D. 9,3,1,6 siehe Wittmann: Körperverletzung, 66 ff.

164 Baldus de Ubaldis: Tomus Primus in Digestum vetus, ad D. 9,3,1,6, fol. 303r.

165 Ders.: Tomus Primus in Digestum vetus, ad D. 9,3,1,6, fol. 303v.

166 Die Klage hatte insgesamt einen überwiegend pönalen Charakter. Siehe dazu Zimmermann: Effusum vel deiectum, 305; Gröschler: Actiones in factum, 79 ff.

167 Wittmann: Körperverletzung, 74.

Dass Schmerzen und Entstellungen in Geld nicht bemessen werden, haben die mittelalterlichen Juristen also aus den römischen Quellen übernommen. Gleichwohl will Wieling eine Ausnahme von diesem Prinzip beobachten, und zwar bei der Entstellung unverheirateter Frauen.[168] Einige bedeutende Kommentatoren, darunter Albericus de Rosate († 1360),[169] wollen gegen den Wortlaut der Quellen die *deformitas* einer Frau in Geld schätzen. Jedoch setzte man dies entweder ziemlich unverfroren in Zusammenhang mit dem Geldersatz für die Entstellung von Tieren (*aliis animalibus*),[170] oder man brachte deutlich zum Ausdruck, dass dadurch bloß finanzielle Nachteile infolge erschwerter Heiratsaussichten kompensiert werden sollten.[171] Es musste nämlich eine höhere Mitgift gestellt werden, um für die Frau trotz ihrer Entstellung eine standesgemäße Partie zu finden. Im Ergebnis ging es also nicht um einen Ausgleich immaterieller Verluste, sondern um einen materiellen Folgeschaden. Wieling sieht darin dennoch den versteckten Ersatz eines immateriellen Schadens, denn die tatsächliche Höhe des Schadens zeige sich erst zukünftig.[172] Haftungsrechtlich ist das jedoch keine Besonderheit.[173]

Auch die mittelalterlichen Juristen verhandeln Verletzungen der Person also nicht als *damnum*, sondern bei den Quellen zur *actio iniuriarum*.[174] Was den Zweck der Strafklage angeht, wurden nun aber auch religiöse Aspekte beachtet. Denn jedenfalls für einen frommen Christen durfte es bei der *poena* nicht darum gehen, dem Täter bloß ein Übel zuzufügen und dadurch Rachegelüste zu befriedigen. Ganz im Gegenteil forderte die Religion von dem Geschädigten, dass er seinem Peiniger vergibt, ja sogar, dass er ihm nach einer Ohrfeige duldsam auch die andere Wange hinhält. Daraus ergab sich für den Gläubigen ein praktisches Problem. Denn sein Beichtvater wird ihm auftragen, seinem Nächsten dessen Missetaten zu vergeben. Und über die Vergebung hatte Ulpian geschrieben, dass die *actio iniuriarum* durch sie erlischt. Ulp. 57 ad ed. D. 47,10,11,1:

---

168 Wieling: Interesse, 133 f. Ihm folgend Unterreitmeier: Schmerzensgeldanspruch, 54 f. Dagegen Jansen: Haftungsrecht, 278, Fn. 48. Ähnlich Pauw: Action for Pain, 244 f.

169 Albericus de Rosate: In Primam ff. Veter. Part. Commentarij, ad D. 9,1,3, fol. 366v.

170 Ders.: In Primam ff. Veter. Part. Commentarij, ad D. 9,1,3, fol. 366v.

171 Farinacci: Operum Criminalium Pars Quinta, De Homicidio, Q. CXIX Tit. XIV, n. 116, S. 156.

172 Auch Unterreitmeier: Schmerzensgeldanspruch, 55 spricht von einer »Umgehungskonstruktion zur Gewährung eines immateriellen Schadens.« Dass ideelle Aspekte jedenfalls auch eine Rolle gespielt haben sollen, meint ferner Olivier: Pyn en Lyding, 73 f. Hingegen legen Spätscholastiker diesem Phänomen ein rein wirtschaftliches Schadensverständnis zugrunde. Vgl. dazu unten S. 223, bei Fn. 1013.

173 Siehe dazu überzeugend Jansen: Haftungsrecht, 278, Fn. 48.

174 Zur *actio iniuriarum* in der mittelalterlichen Legistik siehe bereits Mainzer: Injurienklage, 47 ff.

Iniuriarum actio ex bono et aequo est et dissimulatione aboletur. si quis enim iniuriam dereliquerit, hoc est statim passus ad animum suum non revocaverit, postea ex paenitentia remissam iniuriam non poterit recolere. [...]	Die *actio iniuriarum* ist eine Klage nach Recht und Billigkeit und erlischt durch Nichtbeachtung. Denn wer eine Injurie vernachlässigt, sie also unmittelbar, nachdem sie ihm zugefügt wurde, nicht aufgreift, der kann sich nachher, wenn er es bereut, nicht auf die verziehene Injurie berufen.

Justinian hatte dies in seinen Institutionen übernommen.[175] Accursius zieht daraus Konsequenzen und versagt dem Geschädigten die *actio iniuriarum*, wenn er dem Täter im Sakrament der Beichte verzeiht. Und zwar selbst dann, wenn dies auf dem Sterbebett geschieht. Die Vorschriften über die Schenkung auf den Todesfall, wonach dem Schenker bei Überleben der Todesgefahr ein Rückforderungsrecht zusteht, will er nicht anwenden:

Sed quid si in ultima voluntate in poenitentia remittit quasi coactus morte, & postea convalet: nunquid renascitur? Videtur quod sic: ut arg. de dona. § mortis causa [...] Sed contradico: quia fuit semel extincta: unde in perpetuum resuscitari non potest [...] Item praesumo, quod perpetuo voluerit remittere, sive convaluerit, sive non. Nam alias non potuit bene poenitere: praesumam ergo, eum non fuisse immemorem suae salutis [...][176]	Wie aber liegt es, wenn er letztwillig in der Beichte vergibt, sozusagen durch den Tod gezwungen, und danach wieder gesundet: Steht die Klage dann wieder auf? Scheinbar ja. Beweis: Inst. 2,7,1. [...] Aber ich widerspreche, denn sie war ein für alle Mal erloschen und kann deshalb nie wieder entstehen. [...] Ebenso vermute ich, dass er dauerhaft vergeben wollte, ganz gleich ob er wieder gesunde oder nicht. Denn anders konnte er nicht richtig Buße tun. Ich werde also annehmen, dass er sein Seelenheil nicht vergessen hat.

Auch Bartolus stellt sich diesem Problem. Zwar betont er im Vergleich zu den Quellen auffallend deutlich, dass es sich bei der *actio iniuriarum* um eine auf *vindicta* gerichtete Klage handelt. Er vermeidet diesen Ausdruck jedoch, wenn es um die Wirkung der Verzeihung geht. Denn Accursius' Ansicht lehnt er ab. Nach Bartolus kann die Vergebung nicht dazu führen, dass der Geschädigte die Klage verliert:

175 Inst. 4,4,12.

176 Gl. *Non revocaverit* ad Inst. 4,4,12 [Sp. 465 f.].

Veritas est, quod non videtur remissa actio iniuriarum, quia de necessitate salutis animae suae non tenetur remittere actionem iniuriarum, sed bene tenetur rancorem, quem habet in animo ad offendendum.[177] ita dicit Gul.[178]

In Wahrheit gilt die *actio iniuriarum* dadurch nicht als erlassen, da man für sein Seelenheil nicht verpflichtet ist, die *actio iniuriarum* zu erlassen, sondern bloß den Groll aufgeben muss, den man gegen den Beleidiger im Herzen trägt. So sagt es Guilelmus de Cuneo.

Ferner:

[…] fidelis Christianus tenetur remittere odium animi, quod habet contra alium, non autem actionem iniuriarium. Igitur remittendo odium, non videtur remittere iniuriam […] Sed ad hanc materiam optimum est videre Mat. 5. cap.[179]

Ein gläubiger Christ muss den Hass aufgeben, den er gegen den anderen hegt, er muss aber nicht die *actio iniuriarum* erlassen. Also wird man, indem man den Hass aufgibt, nicht angesehen, als erlasse man die Injurie. […] Aber für diesen Gegenstand schaut man am besten in Mt 5.

Der gute Christ muss also Groll und Hass gegen seinen Gegner aufgeben, darf ihn aber mit der *actio iniuriarum* verklagen und seine Verurteilung zu einer Privatstrafe erwirken. Auch Albericus de Rosate teilt diese Meinung.[180] Nimmt man die Juristen beim Wort, kann es bei der auf *vindicta* gerichteten Klage also nicht bloß darum gehen, destruktive Gefühle gegenüber dem Täter zu stillen. Ob darin aber tatsächlich ein Schritt in Richtung eines objektiveren Verständnisses oder gar eines normativen Ausgleichs liegt, ist fraglich. Bartolus ist zwar bemüht, die christliche Tugendlehre in Einklang mit den aus den Quellen überlieferten *actiones vindictam spirantes* zu bringen. Dabei scheint er jedoch eher die religiösen Gebote dem vorgefundenen juristischen System geschmeidig zu machen, als den Zweck der *poena* neu zu bestimmen. Noch Luis de Molina († 1600) übernimmt

177 Übersetzt wird *ad offendentem*. Es handelt sich offenbar um einen Druckfehler.

178 Bartolus de Saxoferrato: In Secundam Digesti Novi Partem, ad D. 47,10,11,1, fol. 129v.

179 Ders.: In Primam Digesti Veteris Partem, ad D. 2,14,17,1, fol. 83v. Eine ähnliche Stelle findet sich auch in dem fälschlicherweise unter Bartolus' Namen gedruckten Institutionenkommentar. Vgl. ders.: Super Authenticis, & Institutionibus, ad Inst. 4,4, fol. 94r. Siehe zur Provenienz Lange, Kriechbaum: Römisches Recht im Mittelalter, Bd. 2, 725 .

180 Ebenfalls mit Hinweis auf Guilelmus de Cuneo: Albericus de Rosate: In Primam ff. Veter. Part. Commentarij, ad D. 2,14,17,1, fol. 166v.

Bartolus' Erwägungen fast wörtlich.[181] Die *actio iniuriarum* mit Rücksicht auf die Gebote des Christentums zu kritisieren, ist ein Argument, das erst von Autoren des *Usus modernus* breiter diskutiert wird.[182]

2. Kanonistik

Der mittelalterlichen Wissenschaft vom kanonischen Recht lag ein allgemeiner Ausgleichsgedanke in vielen Bereichen deutlich näher als der Legistik. Zwar gründet auch die mittelatlerliche Kanonistik auf dem römischen Recht (*Ecclesia vivit lege romana*). Doch die Kanonisten stellten dem *rigor iuris* des römischen Rechts nicht selten als Korrektiv die *aequitas canonica* entgegen, die ihrerseits den Geist der christlichen Religion atmete.[183] Wechselwirkungen zwischen scholastischer Restitutionslehre und kanonischem Recht lassen sich anhand verschiedener Rechtsinstitute beobachten und sind auch durch Textzeugnisse abgesichert. Beispielsweise findet die in der Kanonistik zu beobachtende Zurückdränung von Privat- und Konventionalstrafen[184] auch in der Scholastik eine Parallele. Hier leitete man aus dem seit Thomas von Aquin vorherrschenden Ausgleichsgedanken das Prinzip ab, dass die Restitution auf die Höhe des tatsächlich entstandenen Schadens gedeckelt ist. Auch die passive Vererblichkeit von deliktischen Ansprüchen ist gegenüber der Legistik ein Novum, das die Kanonistik im Einklang mit der scholastischen Restitionslehre eingeführt hat.[185]

Ähnliches lässt sich für die *restitutio in integrum* beobachten. Dieses originär prozessrechtliche Institut darf mit der scholastischen Restitution nicht verwech-

181 Molina: De Iustitia et Iure, tract. 3, disp. 42, n. 3, Sp. 764: »Non vero censetur eam remittere quo ad forum exterius, actionemque iniuriarum, ex eo, quod remittat illam quo ad rancorem ac odium, ut tenetur in foro conscientiae eam remittere, atque ut absolvi possit [...]« Laut Vitoria: Codex Salmantinus XLIII, q. 62, a. 2, n. 30, S. 152 hindern religiöse Gebote einen Beleidigten auch nicht daran, für den Schädiger eine Körperstrafe zu fordern.

182 So meint etwa Stryk in Anspielung auf den vom Kläger zu leistenden Schätzeid: »Und gesetzt, ein solcher Mensch wollte lieber so viel Geld entbehren, als die Injurie ungeahndet lassen, darf er denn noch wohl Gott zum Zeugen anruffen, dass er gewiss einen solchen Groll, Hass, und Feindschafft gegen seinen Nechsten hege, welche ohne mit so viel Geld nicht könne gehoben werden, da er doch weiss, oder wissen soll, dass ihn Gott um dieser Sünde willen am jüngsten Tage verdammen wird.« Vgl. Stryk: Eines Christlichen JCti Bedencken von Injurien-Processen, 185. Vgl. auch Böhmer, Rodenborg: De Injustitia Actionum Injuriarum, 53 ff. Siehe dazu Moosheimer: Actio injuriarum, 103 ff. m.w.N.

183 Vgl. Wolter: Ius canonicum, 45.

184 Siehe dazu sogleich ab S. 63.

185 Siehe dazu noch unten ab S. 272.

selt werden. Es stammt aus dem römischen Recht und wurde von den Kanonisten aufgrund seiner Flexibilität herangezogen und erweitert, um Störungen der Gerechtigkeit im Einzelfall zu korrigieren. Dennoch setzt HELMHOLZ die *restitutio in integrum* in ein Verhältnis zu dem Restitutionsgedanken bei der Beichte und meint, dass das hinter der *restitutio in integrum* stehende Prinzip auch für die Restitution vor kirchlichen Gerichten diskutiert wurde.[186] In seinem *Decretum* (um 1140) habe Gratian die *restitutio* als moralisches Prinzip zur Korrektur von Gerechtigkeitsverletzungen verstanden. Etwa ein Jahrhundert später habe die Kirche die *restitutio in integrum* im *Liber Extra* (1234) systematisiert und erweitert.[187]

Unabhängig davon weist das kanonische Deliktsrecht jedenfalls Ähnlichkeiten zur scholastischen Restitutionslehre auf. Der für die scholastische Restitutionslehre zunächst maßgebliche Gedanke *non remittetur peccatum nisi restituatur ablatum*[188] findet sich bereits im *Decretum Gratiani* und wurde später im *Liber Sextus* (1298) zur allgemeinen Rechtsregel erhoben.[189] Dies wurde teilweise als »volle rechtliche Anerkennung« der Restitutionslehre gedeutet.[190] Darüber hinaus kennt der *Liber Extra* in X 5,36,9 eine deliktsrechtliche Generalklausel, wonach jeder schuldhaft zugefügte Schaden zu ersetzen ist. Diese Tendenz zu einem umfassenden Schadensersatz geht über das aktionenrechtlich geprägte römische Modell bedeutend hinaus.

Dennoch darf diese Beobachtung nicht ohne Weiteres zu der Annahme verleiten, die mittelalterlichen Kanonisten hätten auch den immateriellen Schaden als einen Nachteil begriffen, den es in Abwesenheit anderer Ersatzmöglichkeiten mit Geld auszugleichen gilt. Auch wenn man die *restitutio in integrum* zum Schadensausgleich herangezogen hat, stellte man die Voraussetzung eines ernstzunehmenden Schadens auf.[191] Und auch der Text der deliktsrechtlichen Generalklausel in X 5,36,9 setzt begrifflich ein *damnum* voraus. Letztlich kam es also auch bei den Kanonisten maßgeblich auf den zugrundeliegenden Schadensbegriff an.

Untersucht man die mittelalterliche Kanonistik mit Blick auf ihr Schadensrecht, erweist sich das Operieren mit modernrechtlichen Kategorien zumindest für die Zeit bis zur Wiederentdeckung des römischen Rechts als besonders

186 HELMHOLZ: Kanonisches Recht, 101.

187 Ebd., 102 f.

188 AUG. epist. 153,20.

189 C. 14 q. 6 c. 1 und VI. 5,13,4.

190 So WOLTER: Naturalrestitution, 36 ff., 42 und ihm folgend UNTERREITMEIER: Schmerzensgeldanspruch, 37.

191 HELMHOLZ: Kanonisches Recht, 109 f. m.w.N. Siehe noch NAZ: Restitutio in integrum, Sp. 665: »lésion grave«.

ungeeignet. Das gilt jedenfalls für diejenigen Rechtsfolgen, die man an Tötung, Körperverletzung und Rufschädigung knüpfte – also Sachverhalte, die nach römischer Tradition vor allem in den Anwendungsbereich der *actio legis Aquiliae utilis* und der *actio iniuriarum* fielen. Diese Schwierigkeit ergibt sich aus der Nähe von Kanonistik und Theologie[192] und dem Umstand, dass das kanonische Recht im frühen Mittelalter noch eng mit Vorschriften über die Buße verwoben war. Bei der Buße ging es häufig um sehr unterschiedliche Formen von persönlichem Verzicht und Wiedergutmachung für Verfehlungen gegen religiöse Gebote. Jedenfalls bis zum *Decretum Gratiani* hatte sich die später maßgebliche Trennung von *forum internum* und *forum externum* noch nicht vollständig herausgebildet,[193] sodass man für diese Zeit Vorschriften für die seelsorgerische Tätigkeit noch nicht eindeutig von solchen unterscheiden kann, die für den Rechtsverkehr vor Gerichten bestimmt waren.

Die fehlende Trennung lässt sich an den Textzeugnissen gut erkennen. Für die Zeit bis zum 12. Jahrhundert ist es nur schwer auszumachen, ob man Sammlungen kanonischer Rechtstexte von sogenannten Beichtbüchern[194] insofern unterschieden hat, als es sich dabei um zwei im strengen Sinne voneinander getrennte Literaturgattungen handelte.[195] Das im frühen 11. Jahrhundert entstandene *Decretum* des Burchard von Worms († 1025) gilt als äußerst einflussreiche Sammlung kanonischer Rechtstexte. Dennoch beinhaltet es ein ganzes Buch mit Vorschriften über die Buße, die häufig der Tradition der frühmittelalterlichen Beichtbücher entnommen sind. Etwas Ähnliches kann man auch im Ende des 11. Jahrhunderts entstandenen *Decretum* des Ivo von Chartres († 1115) beobachten.[196] Und auch im *Decretum Gratiani* finden sich noch Vorschriften, die weder eindeutig juristischer noch theologischer Natur sind. Von einem lästernden Kleriker wird dort etwa verlangt, den Betroffenen um Verzeihung zu bitten (D. 46 c. 5).[197] Und die Glosse zum Kanon *Inter verba* (C. 11 q. 3 c. 55) mahnt zwar, dass man verleumderischen Worten nicht zu viel Gehör schenken soll. An-

---

192 Siehe dazu Jansen: Recht und gesellschaftliche Differenzierung, 58 ff. m.w.N.

193 Petrus Cantor soll das *forum poenitentiale* vom *forum iudicale* als Erster auch begrifflich abgegrenzt haben, vgl. Schmoeckel: Beichtstuhljurisprudenz, Sp. 506.

194 Siehe dazu unten S. 70 ff.

195 Meens: Confession, 423 f., 428 f. Zur Funktion der Bußbücher siehe auch Kéry: Gottesfurcht, 119 ff.

196 Meens: Confession, 426 f.

197 Siehe dazu Wolter: Naturalrestitution, 73; Hallebeek, Zwart-Hink: CLH 5 (2017), 199. Dieser Kanon ist eines von mehreren Vorbildern für die in can. 2355 CIC/17 und can. 1390 § 3 CIC/83 kodifizierte Regelung über die Wiedergutmachung für Rufschädigungen. Siehe dazu noch unten S. 298.

dererseits soll der Ehrabschneider aber Wiedergutmachung leisten, wenn dies gewünscht ist.[198] In welcher Form dies geschehen soll, bleibt offen.

Eine beachtenswerte Neuerung auf diesem Gebiet erfährt die Kanonistik aber im ausgehenden 12. Jahrhundert, als man nach dem Vorbild der akademischen Rezeption des römischen Rechts beginnt, auch das Kirchenrecht als Wissenschaft zu betreiben.[199] Für die wissenschaftliche Bearbeitung des Delikts- und Schadensrechts fanden sich dazu in den zeitgenössischen Dekretalensammlungen passende Anknüpfungspunkte. In der zwischen 1189 und 1191 entstandenen *Compilatio Prima*[200] trägt Bernhard von Pavia († 1213) im Titel *De dampno dato* (1Comp. 5,31) Verse aus dem Buch Exodus zusammen, die deliktsrechtliche Vorschriften zum Schadensersatz beinhalten. Offenbar fehlte es auf diesem Gebiet an päpstlichen Dekretalen, die man anstelle der biblischen Texte hätte aufnehmen können.[201] Im Wesentlichen übernimmt Raimund von Penyafort († 1275) diese Stellen in den Titel *De iniuriis et damno dato* des 1234 vollendeten *Liber Extra* (X 5,36), auch bekannt als die Dekretalen Gregors IX.

Trotz der Aufnahme alttestamentarischer Vorschriften entwickelt die Dekretalistik im Schadensrecht jedoch keine wesentlichen Abweichungen zur Wissenschaft vom römischen Recht. Vielmehr lehnen sich die kanonistischen Glossen und Kommentare an die legistische Ausprägung des zeitgenössischen römischen Rechts an. Das gilt auch für den Bereich immaterieller Schäden. Die maßgebliche Stelle aus der *Compilatio Prima* (1Comp. 5,31,1) beruht auf Ex 21,18–19. Im *Liber Extra* findet diese Stelle ihre Entsprechung bei X 5,36,1:

Si rixati fuerint homines, et percusserit alter proximum suum lapide vel pugno, et ille mortuus non fuerit, sed iacuerit in lecto, *si surrexerit et ambulaverit foris super baculum suum: innocens erit,* qui percusserit,	Wenn sich Männer gestritten haben und einer seinen Nächsten mit einem Stein oder mit der Faust geschlagen hat, dieser nicht gestorben ist, aber bettlägerig wurde, dann ist derjenige, der geschlagen hat, unschuldig, wenn der andere wieder aufgestanden ist und am Stock umhergeht.

198 *Casus* ad C. 11 q. 3 c. 55 [Sp. 1243 f.]: »[...] infamantibus est satisfaciendum, si parati sunt recipere satisfactionem: ne forte scandalizentur [...] si autem nolunt satisfactionem recipere, de ipsorum scandalo non est curandum.«

199 Zum Verhältnis von Kanonistik und Legistik siehe den Überblick bei Jansen: Recht und gesellschaftliche Differenzierung, 37 ff. m.w.N. sowie Rexroth: Fröhliche Scholastik, 291 ff.

200 Pennington: Decretal Collections, 296.

201 So Landau: Alttestamentarisches Recht, 114.

ita tamen, ut operas eius et impensas in medicos restituat.[202]	Er soll aber seinen Verdienstausfall und die Arztkosten erstatten.

Die Stelle kennt bei Körperverletzung nur eine Haftung für Verdienstausfall und Behandlungskosten und passt deswegen bereits zu entsprechenden Regelungen des gemeinen römischen Rechts.[203] Etwas anderes hatte Bernhard von Pavia bei der Zusammenstellung der *Compilatio Prima* offenbar auch nicht beabsichtigt. In seinem eigenen Kommentar erklärt er nämlich, dass er die mosaischen Vorschriften nicht aufgenommen habe, damit man ihren Wortlaut streng befolge. Vielmehr genieße das römische Recht Vorrang, wo es dem alttestamentarischen Recht widerspreche.[204] Auch zu den mosaischen Versen in 1Comp. 5,31 kommentiert er, dass das gemeine römische Recht ihnen vorgehe.[205] Was den Umgang mit immateriellen Schäden bei Körperverletzung angeht, war die Übereinstimmung zum römischen Recht ohnehin bereits hergestellt. Dennoch räumt Bernhard auch hier jeden Zweifel aus, indem er den aus den Digesten bekannten Grundsatz zitiert, wonach der Körper eines freien nicht in Geld geschätzt wird.[206]

Nicht anders verhält sich die *Glossa Ordinaria* zum *Liber Extra.* Auch sie bringt die Regelung aus dem Buch Exodus in Zusammenhang mit dem römischen Recht:

Operas autem amissas, & impensas in curatione praestabit: ut hic dicit, & ff. si quadru. pau. se. di. l. ex hac. & ff. de his qui deiec. vel effu. l. ult. & ff. ad l. Aquil. qua actione. in principio. Deformitas autem ratio non habebitur, quia liberum corpus non recipit	Er wird aber den Verdienstausfall und die Behandlungskosten leisten, wie er sagt, und in D. 9,1,3, D. 9,3,7 und D. 9,2,7 pr. steht. Die Entstellung wird aber nicht berücksichtigt werden, weil der Körper eines Freien nicht geschätzt

202 Die kursiv wiedergegebenen Textstellen sind aus der *Compilatio Prima* nicht in die *Editio Romana* des *Liber Extra* übernommen, sondern getilgt worden. Vgl. dazu Ex 21,18–19 = 1Comp. 5,31,1 = X 5,36,1.

203 Aus dem gleichnamigen Titel des *Liber Sextus* (VI. 5,8) ergibt sich nichts anderes.

204 Bernhard von Pavia: Summa decretalium, ad 1Comp. 2,13, S. 79: »Quod autem in hoc et in aliis titulis aliqua de lege Mosaica introduxi, non ad hoc feci, ut servari debeant ad litteram, ubi legibus vel canonibus contradicunt, sed ut sciatur, quid de talibus erat in ipsa lege statutum.« Siehe dazu Landau: Alttestamentarisches Recht, 115.

205 Bernhard von Pavia: Summa decretalium, ad 1Comp. 5,31, § 6, S. 263. Siehe dazu Landau: Alttestamentarisches Recht, 116 f., 129 ff.; Dondorp: Crime and Punishment, 103.

206 Bernhard von Pavia: Summa decretalium, ad 1Comp. 5,31, § 5, S. 262: »[…] quia liber homo non recipit aestimationem, ut Dig. ad L. Aquiliam *Sed et si* (L. 5) § Si magister (§ 3); idem de vulnerato, ut ibidem habetur […]«.

aestimationem, ut in primis duabus legibus. & ff. ad leg. Rho. de iac. l. 2 § corporum. & ff. de his qui deiec. vel effu. l. § sed cum liber homo. Tamen si liber homo petiit, 50 aureorum fit condemnatio: ut d. § sed cum liber homo. Illud fit pro poena, non pro aestimatione.[207]	wird, wie es in den ersten beiden Fragmenten steht und auch in D. 14,2,2,2 und D. 9,3,1,5. Doch wenn es der Freie verlangt, erfolgt die Verurteilung auf 50 Goldstücke, wie in D. 9,3,1,5. Dies zahlt man als Strafe, nicht für den Schätzwert.

Die Formulierung *deformitas autem ratio non habebitur* findet sich fast identisch bei Innozenz IV. († 1254)[208] und Goffredus de Trano († 1245)[209]. Auch Hostiensis († 1271) meint, dass bei Körperverletzungen nur der Verdienstausfall und die Behandlungskosten geschätzt werden.[210] Er bestimmt das *damnum* als eine Verringerung des Vermögens (*diminutio vel redemptio patrimonii*).[211] Das entspricht Paul. 47 ad ed. D. 39,2,3 und der Definition Azos.[212] Auch in der Dekretalistik galt also, dass immaterielle Einbußen kein *damnum* darstellen und es einen wirklichen Ersatz für sie nicht geben kann.[213] Diese Position vertritt noch Nicolaus de Tudeschis († 1445). Auch er betont im Einklang mit der *Glossa Ordinaria*, dass der Körper eines Freien nicht geschätzt wird. Etwas anderes gelte nur für den Körper eines Unfreien. Dort berücksichtige man eine Entstellung, da sie zu einer Wertminderung führe.[214]

Etwas anderes ergab sich offenbar auch nicht aus dem Umstand, dass der *Liber Extra* am Ende des Titels *De iniuriis et damno dato* die bereits erwähnte deliktsrechtliche Generalklausel beinhaltet. X 5,36,9 bestimmt, dass man für jede schuldhafte Zufügung eines *damnum* oder einer *iniuria* Wiedergutmachung schuldet.[215] Eine derart allgemeine Haftungsregel war dem römischen Recht fremd. Den kanonischrechtlichen Schadensbegriff wollte man dadurch aber offenbar nicht erweitern. Die *Glossa Ordinaria* zum *Liber Extra* befasst sich an dieser Stelle hauptsächlich mit der Frage des Verschuldens. Innozenz IV. kommentiert die Stelle nur

---

207 Gl. *Operas eius & impensas* ad X 5,36,1 [Sp. 1851].

208 Innozenz IV.: Super libros quinque Decretalium, ad X 5,36,1, fol. 541r.

209 Goffredus de Trano: Summa decretalium, De iniuriis et damno dato, n. 5, fol. 235ra.

210 Henricus de Segusio (Hostiensis): Summa, lib. 5, De damno dato, n. 5, fol. 266v.

211 Ders.: Summa, lib. 5, De damno dato, n. 1, fol. 266r.

212 Siehe oben S. 50.

213 So auch Dondorp: Crime and Punishment, 109.

214 Nicolaus de Tudeschis (Panormitanus): Commentaria, ad X 5,36,1, n. 7, fol. 214v f.

215 Siehe dazu d'Arienzo: Riparazione del danno, 73 ff. Ferner Gordley: Jurists, 63 f.; Hallebeek, Zwart-Hink: CLH 5 (2017), 199 f.

knapp.[216] Der Begriff *iniuria* könne einmal *contumelia* meinen, dann sei die *actio iniuriarum* einschlägig. Andererseits könne mit *iniuria* aber auch der Verschuldensgrad gemeint sein, wenn es um die Haftung nach der *actio legis Aquiliae* gehe. Es ging hier also ausschließlich um die Haftungsvoraussetzungen. Es sollte hingegen bei dem Schadensbegriff bleiben, den man von der Legistik übernommen hatte: Verletzungen am Körper eines Freien werden nicht in Geld bemessen.

Dennoch erkennt wiederum WIELING im Schicksal der Jungfrau eine Ausnahme von diesem Grundsatz.[217] In Übernahme eines weiteren biblischen Vorbilds (Ex 22,16–17)[218] bestimmen die Dekretalen Gregors IX. im Titel *De adulteriis et stupro*, dass der Verführer einer Jungfrau sie heiraten muss. Willigt der Vater des Mädchens in die Heirat nicht ein, muss der Verführer die übliche Mitgift bezahlen:[219]

Si seduxerit quis virginem nondum desponsatam, dormieritque cum ea, dotabit eam, et habebit uxorem. Si vero pater virginis dare noluerit, reddet pecuniam iuxta modum dotis, quam virgines accipere consueverunt.[220]	Wenn jemand eine noch nicht verlobte Jungfrau verführt und mit ihr geschlafen hat, so wird er sie mit der Mitgift ausstatten und heiraten. Wenn hingegen der Vater derJungfrau sie nicht geben will, so zahlt er [der Verführer] Geld in Höhe der Mitgift, die Jungfrauen gewöhnlich erhalten.

WIELING sieht hierin den versteckten Ersatz eines immateriellen Schadens, allerdings ohne dies zu begründen. Es ist jedoch unwahrscheinlich, dass man durch die Aufnahme dieser Dekretale von dem allgemeinen Grundsatz bloß materiellen Schadensersatzes abweichen wollte.[221] Die Kanonisten machen an zahlreichen Stellen deutlich, dass man durch die Übernahme biblischer Vorschriften nicht von den Regelungen des *ius commune* abweichen wollte, sondern man

---

216 INNOZENZ IV.: Super libros quinque Decretalium, ad X 5,36,9, fol. 541r.

217 WIELING: Interesse, 134. Zustimmend KIEFER: Aquilische Haftung, 71 f. Anders hingegen HOFSTETTER: Schmerzensgeld, 33, Fn. 194. Siehe bereits oben S. 52.

218 Entspricht Ex 22,15–16 EÜ.

219 Das biblische Vorbild kennt insofern eine kumulative Verpflichtung (*duc et dota*). Mit Rücksicht auf die Freiwilligkeit der Ehe entschied man sich aber bald für ein Alternativverhältnis (*duc aut dota*). Siehe dazu LANDAU: Alttestamentarisches Recht, 125 ff. Dagegen JANSEN: Theologie, Philosophie und Jurisprudenz, 101. Von einem »gestuften Alternativverhältnis« spricht UNTERREITMEIER: Schmerzensgeldanspruch, 77 f.

220 X 5,16,1. Vgl. 1Comp. 5,13,1.

221 Auch WIELING nennt keine Stellen, die eine dahingehende Interpretation durch die Juristen vermuten ließe. Er belässt es insofern bei der Wiedergabe des Normtextes.

diese weiterhin als vorrangig erachtete.[222] Gerade im Haftungsrecht sollte weiterhin die *lex Aquilia* maßgeblich bleiben.[223] Auch die Konzeption des Falles lässt nichts Gegenteiliges vermuten. Der Geldbetrag stellt keinen Ausgleich für die verlorene Jungfräulichkeit oder die Enttäuschung des Mädchens dar, sondern soll den finanziellen Mehraufwand kompensieren, der nunmehr zur Heirat nötig ist. Dieser umfasst die Mitgift und bemisst sich nach den örtlichen Gebräuchen in Abhängigkeit vom Stand der Frau und den Möglichkeiten des Mannes.[224] Ein wirklicher Ausgleich für die verlorene Jungfräulichkeit wird erst in der Spätscholastik verhandelt. Hier traten beispielsweise Luis de Molina und Gregor von Valencia für eine Restitutionspflicht ein, selbst wenn der voreheliche Geschlechtsverkehr geheim blieb und das Mädchen auch ohne Erhöhung der Mitgift heiraten konnte.[225] Die bloße Erhöhung der Mitgift wegen des Verlusts der Jungfräulichkeit oder Entstellungen hielt man hingegen für einen materiellen Schaden.[226]

Auch für die Kanonisten fielen Körper- und Persönlichkeitsverletzungen somit in den Anwendungsbereich der Injurienklage. Im alttestamentarischen Vorbild (Ex 21,18–19) heißt es zwar, dass der Schädiger nach Zahlung des Schadensersatzes *innocens* sei. Man könnte also vermuten, dass neben der Haftung für Behandlungskosten und Verdienstausfall den Schädiger nicht auch noch eine Privatstrafe treffen soll. Bereits Alanus Anglicus hatte aber in seinem Apparat zur *Compilatio Prima* betont, dass durch diesen Passus die Haftung für die *iniuria* nicht ausgeschlossen werde.[227] Raimund von Penyafort zieht daraus Konsequenzen und streicht den Satzteil *innocens erit* bei der Redaktion des *Liber Extra*.[228] Eine über den materi-

222 Landau: Alttestamentarisches Recht, 114 ff., 117.

223 Vgl. Bernhard von Pavia: Summa decretalium, lib. 5, t. 31, § 6, S. 263: »Illud autem in summa notandum, quod licet aliud in hoc titulo per legem Mosaicum habeatur, tamen potius statur in huiusmodi satisfactionibus constitutioni legali, ubi aliter in legibus invenitur.« Siehe dazu Landau: Alttestamentarisches Recht, 116 f. Dass die Kanones im Titel X 5,36 nur Anlass waren, »die ganze Lehre des römischen Rechts über diesen Stoff« aufzunehmen, meint auch Weinzierl: Hochscholastik, 83.

224 Gl. *Iuxta modum* ad X 5,16,1 [Sp. 1720]; Nicolaus de Tudeschis (Panormitanus): Commentaria, ad X 5,16,1, n. 4, fol. 141r.

225 Siehe dazu unten S. 240 ff., 244.

226 Vgl. Aragón: In Secundam Secundae, q. 62, a. 2, S. 183b: »Verum tamen est, quod haec recompensatio non fit proprie pro laesione corporis, sed pro damno temporali inde subsequuto.«

227 Alanus ad 1Comp. 5,31,2, Gl. *Innocens erit*: »Quoad penam homicidii, tenetur autem de iniuria«. Zitiert nach Landau: Alttestamentarisches Recht, 130, Fn. 64. Siehe dazu auch Olivier: Pyn en Lyding, 56.

228 Im Vergleich zu Ex 21,18–19 und 1Comp. 5,31,1 fehlt in X 5,36,1 in der Fassung der *Editio Romana* der Satzteil *innocens erit*. Vgl. oben S. 59, Fn. 202. Siehe dazu Landau: Alttestamentarisches Recht, 131, Fn. 69; Dondorp: Crime and Punishment, 109.

ellen Schadensersatz hinausgehende Injurienklage nach römischem Vorbild war also offenbar gewollt. Jedoch stellte sich bei dieser wiederum die Frage, ob ein Christ dem Schädiger nicht besser verzeihen sollte. Aber auch hier schlossen sich die Kanonisten den autoritativen Lehrmeinungen der Legistik an. Im Anschluss an Bartolus[229] meint auch Nicolaus de Tudeschis, dass man nur seinen Groll aufgeben, nicht aber auf die *satisfactio iniuriae* verzichten müsse.[230] Und Durantis zufolge kann der Geschädigte auch dann noch mit der *actio legis Aquiliae* auf Ersatz der Behandlungskosten klagen, wenn er dem Schädiger die Injurie bereits gegen eine Geldsumme vergeben hat.[231] Denn dadurch erlösche nur die auf Strafe gerichtete *actio iniuriarum*, nicht aber die auf Schadensersatz gerichtete *actio legis Aquiliae*. Auch Goffredus de Trano und Johannes Andreae teilen diese Meinung.[232]

Vor dem Hintergrund kanonistischer Grundsätze wecken solche Äußerungen jedoch besondere Aufmerksamkeit. Denn das kanonische Recht soll Privatstrafen weitgehend zurückgedrängt haben.[233] In einem Bartolus zugeschriebenen *Tractatus de differentia inter ius canonicum et civile*[234] heißt es dazu, dass das *ius civile* zwischen privaten und öffentlichen Delikten (*crimina privata* und *publica*) unterscheide, es im kanonischen Recht aber nur noch öffentliche Delikte gebe.[235] Auch im Vertragsrecht gab es die Tendenz, Konventionalstrafen auf das *id quod interest* zu begrenzen.[236] Es ist deshalb zweifelhaft, ob die Geldbuße bei einer Injurienklage auch nach kanonischem Recht dem Kläger selbst oder aber dem Fiskus zufließen sollte. Lange meint, dass man im kanonischen Recht über das bloße Interesse hinausgehende Privatstrafen jedenfalls im zivilen Bereich als Verstoß gegen ein allgemeines Bereicherungsverbot auffasste.[237] Dies ergebe sich aus einem Kanon des *Decretum Gratiani*, wonach die Kirche bei Diebstahl ihrer Güter keine Gewinne aus dem Schaden ziehen soll.[238] Zwar habe die *Glossa Or-*

229 Siehe oben S. 54.

230 Nicolaus de Tudeschis (Panormitanus): Commentaria, ad X 5,36,1, n. 7, fol. 214v.

231 Durantis: Speculum, lib. 1, Partic. 2, De accusatore, n. 8, S. 184.

232 Johannes Andreae: Novella, ad X 5,36,1, n. 1, fol. 118r. Johannes gibt hier die Ansicht des Goffredus wieder.

233 Laut Wieling: Interesse, 242 soll das kanonische Recht Privatstrafen generell abgelehnt haben. Vgl. auch Jansen: Haftungsrecht, 282.

234 Die Urheberschaft ist unklar. Siehe dazu Lange, Kriechbaum: Römisches Recht im Mittelalter, Bd. 2, 731.

235 Bartolus de Saxoferrato: De differentia, n. 12, fol. 148r.

236 Hermann: Vertragsstrafen, 197, 201 f.

237 Lange: Schadensersatz, 132. So auch Scott: Acta Juridica 15 (1978), 17.

238 C. 12 q. 2 c. 11: »Sed absit ut ecclesia cum augmento recipiat quod de terrenis rebus videtur amittere, et lucra de dampnis quaerere.«

dinaria die Wirkung dieses Verbots zu beschränken versucht, um den offenen Widerspruch mit anderen Kanones zu vermeiden, aus denen sich ergibt, dass bei Vergehen gegen das Kirchengut auf den vielfachen Wert zu verurteilen sei.[239] Dabei handele es sich jedoch um ein Privileg, das bloß der Kirche zugutekommen sollte. Im Übrigen habe man sich an das Bereicherungsverbot gehalten und die an Privatpersonen zu zahlenden Strafen als Verstoß dagegen erachtet. Dazu beruft er sich auf CALISSE.[240] Dieser wiederum zitiert Giovanni Battista de Luca († 1683), der meinte, dass Privat- und Konventionalstrafen nach kanonischen Recht auf die Höhe des Interesses begrenzt seien.[241] Weitere Quellen nennt CALISSE nicht. Die Formulierung de Lucas ist zwar allgemein gehalten, allerdings geht es dort nicht um Körper- und Persönlichkeitsverletzungen. Zudem spricht er explizit nur vom Rechtszustand im 17. Jahrhundert (*hodie de canonica aequitate*). Im 13. Jahrhundert hingegen gewährt Goffredus de Trano dem Verletzten im Einklang mit den justinianischen Quellen sowohl eine strafrechtliche als auch eine zivilrechtliche Injurienklage. Im 14. Jahrhundert übernimmt Johannes Andreae diese Ansicht:

> [...] datur autem libero homini vulnerato utilis actio legis Aquiliae, non directa, quia membrorum suorum nemo est dominus. ff. ad l. Aquil. liber homo. Si vero servus fuerit vulneratus, teneris mihi, in quantum eum deteriorem fecisti. ff. ad l. Aquil. si servus servum. § rupisse. Phil. potest etiam liber homo percussus agere iniuriarum ex l. Cornelia, quae in tribus casibus locum habet, cum quis dicit se pulsatum, verberatum, domumve eius introitum. ff. de iniur. l. lex Cornelia [...] Et est sciendum, quod in hac actione l. Cor. non iuratur in litem, sed per iudicem aestimatio fieri debet, ut ff. eo. l. constitutionib. Sed

> Einem verletzten Freien wird die *actio legis Aquilia utilis* gewährt, nicht aber die direkte Klage, denn niemand ist *dominus* seiner Glieder (D. 9,2,13 pr.). Wenn hingegen ein Sklave verletzt wurde, schuldest du mir so viel, wie er durch dich an Wert verloren hat (D. 9,2,27,17). Wenn ein Freier geschlagen wurde, kann er ferner die Injurienklage nach der *lex Cornelia* erheben, die in drei Fällen Anwendung findet: wenn jemand behauptet, er sei gestoßen worden, er sei geschlagen worden oder man sei in sein Haus eingedrungen (D. 47,10,5 pr.). [...] Und man muss wissen, dass bei der Klage nach der *lex Cornelia* die Schätzung nicht im Prozess, sondern durch den Richter erfolgt (D. 47,10,37). Aber bei der zivilen Klage,

239 Gl. *Cum augmento* ad C. 12 q. 2 c. 11 [Sp. 1312].

240 CALISSE: Diritto commune, 430f.

241 LUCA: Theatrum, Pars III, De locatione et conductione, Disc. LIII, n. 15, S. 352: »hodie de canonica aequitate non dantur poena civiles, sev conventionales, nisi ad limites ejus quod interest«.

in actione civili, quae datur ex convitio, vel iniuria, re, sive manu illata, ff. eo. l. 1. §. iniuriam, iuratur in litem. insti. eod. tit. § pena. Go.[242]	die man bei Beschimpfung oder Injurien gewährt, die durch Sachen oder tätlich zugefügt wurden (D. 47,10,1,1), wird im Prozess ein Eid geleistet (Inst. 4,4,7). Goffredus.

Nicolaus de Tudeschis lehrt noch im 15. Jahrhundert ausdrücklich, dass der Verletzte für die ihm zugefügte Injurie die Zahlung einer Geldbuße an sich selbst verlangen könne:

[...] quaero, an percussus, vel iniuriatus possit agere alio modo, quam hic dicatur. Solut. dic quod sic, nam hic agitur utili actione legis Aquiliae pro damno dato. Sed pro iniuria potest agere criminaliter, & civiliter non dico simul, sed habet eligere, ut l. praetor, ff. de iniu. & si agit criminaliter, poena est arbitraria, &applicatur fisco, & si agit civiliter, tunc aestimatur iniuria per iuramentum iniuriati, taxatione praemissa, & poena applicatur iniuriato [...][243]	Ich frage, ob der Geschlagene oder der Beleidigte auf andere Weise klagen kann, als hier erläutert. Lösung: Man muss sagen, dass dies zu bejahen ist. Denn hier klagt man mit der *actio legis Aquiliae utilis* für den zugefügten Schaden. Aber wegen der Injurie kann er strafrechtlich und zivilrechtlich klagen, obgleich nicht zusammen, sondern er muss wählen (D. 47,10,15,43). Und wenn er strafrechtlich klagt, handelt es sich um eine arbiträre Strafe und man spricht sie dem Fiskus zu. Und wenn er zivilrechtlich klagt, dann bewertet man die Injurie nach der *taxatio* durch Eid des Beleidigten geschätzt und spricht die Strafe dem Beleidigten zu.

Beide Kanonisten differenzieren zwischen der Klage aus der *lex Cornelia*, der sie einen strafrechtlichen Charakter geben,[244] und der prätorischen *actio iniuriarum*. Jeweils geht es um eine *poena*. Dem Verletzten sollen beide Wege alternativ offenstehen. Nicolaus de Tudeschis betont, dass bei der zivilrechtlichen Injurienklage dem Kläger selbst die Geldbuße zugesprochen wird. Noch Franz Xaver Schmalzgrueber († 1735) hält dies für Recht.[245]

242 Johannes Andreae: Novella, ad X 5,36,1, fol. 118r.

243 Nicolaus de Tudeschis (Panormitanus): Commentaria, ad X 5,36,1, n. 9, fol. 215r.

244 Hier kann es nur um das Verständnis der mittelalterlichen Juristen gehen. Für das klassische Recht sind Einzelheiten zur *actio legis Corneliae de iniuriis* freilich umstritten. Das gilt vor allem für verfahrensrechtliche Fragen. Siehe dazu Pugliese: Studi, 117 ff.; Raber: Injurienansprüche, 3 ff.; Völkl: Verfahren; Hagemann: Iniuria, 62 ff.; Hirata: HRP II § 95, Rn. 1.

245 Schmalzgruber: Crimen fori ecclesiastici, Bd. 5,2, ad X 5,36, § 1, De iniuria, n. 27, S. 91a.

Mit dem von LANGE für das kanonische Recht attestierten allgemeinen Bereicherungsverbot lässt sich das nur vereinbaren, wenn die Kanonisten die Verletzung des Körpers oder der Person als einen Verlust deuteten, der die Geldbuße vor dem Makel der unerlaubten Bereicherung bewahrte. Wahrscheinlicher ist aber, dass sich das letztlich moraltheologisch motivierte Bereicherungsverbot in erster Linie auf das *forum internum* bezog,[246] man im zivilrechtlichen Bereich hingegen je nach Kontext weiterhin von Privatstrafen Gebrauch machte.[247] In der Diskussion um die Vertragsstrafe ging es letztlich um die Milderung des *rigor iuris* und den Eindruck, dass es sich bei der Geldbuße um *turpe lucrum* handele. Wenn es der besondere Zweck einer Privat- oder Vertragsstrafe jedoch erforderte, beschränkten jedenfalls auch die Kanonisten ihre Höhe nicht auf das Interesse, sondern ließen dem Richter bei der Bemessung einen nicht unerheblichen Ermessensspielraum.[248]

Zusammenfassend lässt sich festhalten, dass die Kanonistik bei immateriellen Einbußen einen stark an die legistische Tradition angelehnten Kurs verfolgte. Dass der Körper eines Freien sowie Narben und Entstellungen in Geld nicht geschätzt werden, war für die Kanonisten ebenso Rechtsprinzip wie für die Römer. Dies mag insofern überraschen, als die Theologie für andere Bereiche des kanonischen Haftungsrechts von nicht unerheblicher Bedeutung war[249] und zeitgenössische Theologen bereits Geldentschädigungen für die ideellen Folgen von Körper-, Ruf- und Ehrverletzung in Betracht zogen.[250] Für das *forum externum* hielt man dennoch an der Übereinstimmung mit den römischen Quellen fest. Das zeigt sich auch an denjenigen Teilen des kanonischen Rechts, die HELMHOLZ im Lichte einer Erweitung der *restitutio in integrum* sieht und die für Ausgleichsansprüche auf den Begriff der Restitution rekurrieren.[251] Hier mag es naheliegen, direkte Einflüsse aus der Theologie und namentlich der scholastischen Restitutionslehre zu vermuten. Jedoch geht es beispielsweise im Titel *De restitutione spoli-*

---

246 Vgl. Gl. *Cum augmento* ad C. 12 q. 2 c. 11 [Sp. 1312]: »quaesitum fuit, si aliquis confessus fuit se furtum fecisse sacerdoti suo, an in paenitentia debet ei iniungi, ut illam rem restituat cum poena. Respondeo quod non et sic contraria non tangunt casum.«

247 So DONDORP: Crime and Punishment, 103, Fn. 9; 108 m.w.N.

248 HERMANN: Vertragsstrafen, 208 ff. m.w.N. Siehe auch KÉRY: Gottesfurcht, 642 ff.

249 Siehe etwa für die passive Vererblichkeit von Schadensersatzansprüchen SCOTT: Acta Juridica 15 (1978), 18; JANSEN: Haftungsrecht, 283. Zur Haftung für *culpa levissima* siehe DONDORP: Crime and Punishment, 119 ff.; JANSEN: Theologie, Philosophie und Jurisprudenz, 127 ff. Zum Einfluss auf das Haftungsrecht im Allgemeinen siehe DESCAMPS: Droit de la responsabilité, 152 ff.; WEI: Theological Sources.

250 Siehe dazu sogleich Siehe dazu sogleich ab S. 67.

251 HELMHOLZ: Kanonisches Recht, 103.

atorum des *Liber Extra* lediglich um die Rückgabe von Gegenständen, nicht aber um immaterielle Einbußen. Wie bereits erwähnt findet sich der für die scholastische Restitutionslehre so bedeutende, von Augustinus stammende Denkspruch *non remittetur peccatum nisi restituatur ablatum*[252] zwar als *Regula Iuris IV* am Ende des *Liber Sextus*.[253] In der *Glossa Ordinaria* des Johannes Andreae sucht man die Einbeziehung ideeller Verluste in diese Regel jedoch vergeblich.[254]

Dementsprechend ist es wenig überraschend, dass im spätscholastischen Diskurs um den Geldersatz für immaterielle Schäden gerade auch kanonistische Textzeugnisse als Argument für die restriktive Position in Stellung gebracht wurden – das gilt vor allem für X 5,36,1.[255] Unter den Spätscholastikern waren es vor allem Autoren mit einem juristisch-kanonistischen Hintergrund, die Geldentschädigungen für immaterielle Einbußen ablehnten.[256] Theologen, die sich für eine Geldentschädigung aussprachen, beriefen sich hingegen auf Argumente der scholastischen Restitutionslehre.

III. Früh- und hochscholastische Literatur

Als es im Verlauf des 12. Jahrhundert durch die wissenschaftliche Behandlung des kanonischen Rechts zu einer zunehmenden Spezialisierung auf diesem Gebiet kam, vollzog sich die bereits angesprochene Trennung zwischen Theologie und Kanonistik.[257] Diese Trennung lässt sich sogar räumlich beobachten: während Bologna und die norditalienischen Universitäten das wichtigste Zentrum des gelehrten Rechts darstellten, versammelten sich die Theologen und Philosophen der scholastischen Elite in Paris. Das führte dazu, dass beide Strömungen Sonderwege für sich in Anspruch nahmen. Ab dem 13. Jahrhundert sind sogenannte »Differenzienlisten« überliefert, in denen Unterschiede zwischen den Lehren der Theologen und der Kanonisten dargestellt werden.[258]

Für den Bereich von Schadensersatz und Privatstrafe übernimmt die Dekretalistik – wie bereits dargestellt – weitgehend das System des römisch-ge-

---

252 Aug. epist. 153,20.

253 VI. 5,13,4. Ferner im *Decretum Gratiani*: C. 14 q. 6 c. 1.

254 Vgl. Gl. *Peccatum non dimittitur* ad VI. 5,13,4 [Sp. 786 f.].

255 Vgl. exemplarisch die Darstellung bei Ferraris: Bibliotheca, Bd. 6, Restitutio, a. 2, n. 6, S. 811.

256 So etwa Martín Azpilcueta, vgl. unten S. 211 ff., 228 ff., 243, 253 f.

257 Siehe dazu Meens: Confession, 427.

258 Kalb: ZRG (KA) 72 (1986), 341.

meinen Rechts.[259] Dieser Einfluss erklärt sich vor dem Hintergrund der praktischen Anforderungen, denen die Kanonisten gerecht werden mussten. Denn das kanonische Delikts- und Schadensrecht war trotz seiner Rücksichtnahme auf theologische Erwägungen fortan in erster Linie um ein System bemüht, das vor kirchlichen Gerichten Anwendung finden sollte. Dabei ging es den Kanonisten nicht weniger als den Legisten um die Erfassung und Ausarbeitung eines praxistauglichen Zivilrechtssystems zur Konfliktlösung zwischen den miteinander in Verkehr tretenden Bürgern. Es muss deswegen nicht verwundern, dass Kanonisten sich dazu an der Legistik orientierten. Auch das kanonische Haftungsrecht war ein System für das *forum externum*.

Ein ganz anderes Anliegen verfolgte hingegen die Theologie. Ihr ging es zunächst nicht in erster Linie um die Regelung von Rechtsbeziehungen zwischen einzelnen Subjekten, sondern letztlich um das Verhältnis des Menschen zu Gott. Diese Beziehung war natürlich abhängig vom äußeren Handeln des Menschen, von seinen Verdiensten und Verfehlungen in Wort und Tat. Auch die Theologen beschäftigten sich deshalb mit Fragen gerechter Wiedergutmachung. Dabei kümmerten sie sich aber weniger um Schadensersatz und Strafe als um das Seelenheil des Delinquenten. Es ging zumindest im Ausgangspunkt nicht so sehr um die Frage, was der Geschädigte für eine Verletzung fordern kann, sondern darum, was der Schädiger leisten muss, um von seinen Sünden frei zu werden. Gegenstand der Überlegung war die Pflicht des Schädigers vor seinem Gewissen (*foro conscientiae*). Neben der Wiedergutmachung für den Geschädigten betraf dies auch die Buße in Form von Verzicht und Gebet. Erst im 13. Jahrhundert rückt mit der Renaissance der aristotelischen Gerechtigkeitslehre das Konzept des Schadensausgleichs in den Mittelpunkt der Restitution.

All dies bedeutete zunächst eine gewisse Freiheit von tradierten juristischen Kategorien. Theologen sahen sich nicht so sehr an die Unterscheidung zwischen *damnum* und *iniuria* gebunden wie die am *ius commune* orientierten Dekretalisten. Zwar waren die Theologen häufig auch im kanonischen Recht ausgebildet und pflegten dessen Inhalte in ihre Texte zuweilen auch ein.[260] Aber erst eine Restitutionslehre auf dem Niveau eines hochkomplexen Naturrechtssystems, wie es in der Scholastik der frühen Neuzeit zu beobachten ist, setzte sich ausführlich mit römischrechtlichen Traditionen des Schadensersatzes auseinander. Es lohnt sich, den Weg dahin anhand seiner wichtigsten Stationen nachzuzeichnen.

---

259 Siehe oben S. 55 ff.

260 Siehe dazu Trusen: ZRG (KA) 57 (1971).

1. Anselm von Canterbury

Anselm von Canterbury († 1109) gilt vielen als der Begründer der Scholastik. Bekannt ist er unter anderem für sein Werk *Cur Deus homo*, das wegen seiner besonderen Gestalt nicht zu den anderen Literaturgattungen gerechnet werden kann, die sich typischerweise mit der Restitution auseinandersetzen.

In dieser Schrift entwickelt Anselm seine berühmte Satisfaktionstheorie. Diese besagt im Wesentlichen, dass Gott selbst Mensch werden musste, um die Erbsünde der Menschen durch den Tod seines Sohnes zu sühnen. Das Werk ist Gegenstand zahlreicher theologischer Untersuchungen geworden und wird auch heute im Kontext von Wiedergutmachung und Versöhnung besprochen.[261] Auch für die hier gegenständliche Frage findet sich darin eine aufschlussreiche Stelle:

Quamdiu autem non soluit quod rapuit, manes in culpa. Nec sufficit solummodo reddere quod ablatum est, sed pro contumelia illata plus debet reddere quam abstulit. Sicut enim qui laedit salutem alterius, non sufficit si salutem restituit, nisi pro illata doloris iniuria recompenset aliquid: ita qui honorem alicuius uiolat non sufficit honorem reddere, si non secundum exhonorationis factam molestiam aliquid, quod placeat illi quem exhonorauit, restituit.[262]	Wenn man aber nicht bezahlt, was man geraubt hat, bleibst du in der Schuld. Es genügt auch nicht, lediglich das zurückzugeben, was weggenommen wurde, sondern für die zugefügte Beleidigung muss man mehr zurückgeben als man genommen hat. Denn es genügt nicht, dass jemand, der die Gesundheit eines anderen schädigt, diese wiederherstellt, sofern nicht auch etwas für die zugefügten Schmerzen kompensiert wird. Ebensowenig genügt es, dass jemand die Ehre wiederherstellt, wenn er die Ehre eines anderen verletzt, sofern nicht etwas dem Ärger der zugefügten Ehrabschneidung Angemessenes restituiert wird, das der Entehrte für gut befindet.

Hier zeigt sich, dass die Restitution bei Anselm noch deutliche Züge einer Bußleistung trägt. Er orientiert die Restitution noch nicht am Ausmaß des Schadens und der ausgleichenden Gerechtigkeit, wie es später Albertus Magnus und Thomas von Aquin unternehmen werden, sondern hält zur Schuldbefreiung eine Draufgabe für erforderlich. Dieses Mehr ist für Anselm die Kompensation von

261 Vgl. Link-Wieczorek: Wiedergutmachung statt Strafe; dies.: Symbolic Compensation m.w.N. Siehe dazu noch unten S. 297, im Text bei Fn. 1407.

262 Anselm von Canterbury: Cur Deus homo, lib. 1, cap. 11, S. 40.

Schmerzen infolge einer Körperverletzung oder von Ärgernissen nach einer Ehrabschneidung. Anselm von Canterbury erweist sich damit wohl als einer der ersten Scholastiker, die sich für die Kompensation von Schmerzen aussprechen.[263]

2. Beichtsummen

Beichtsummen sind für die Praxis konzipierte Handbücher, die dem Beichtvater bei seiner seelsorgerischen Tätigkeit als Anleitung dienen sollen.[264] Sie hatten die Aufgabe, den Geistlichen bei der Auferlegung der angemessenen Buße zu beraten. Irische und englische Mönche listeten bereits im 7. Jahrhundert einzelne Vergehen und die für sie vorgesehenen Bußen in solchen Regelwerken auf.[265] Frühe Beichtbücher sollen beispielsweise aus dem Umkreis des Erzbischofs Theodor von Canterbury († 690) hervorgegangen sein oder werden mit dem Namen des englischen Benediktinermönchs Beda Venerabilis († 735) in Verbindung gebracht. Eine als Buße häufig geforderte Verzichtsleistung war das Fasten bei Brot und Wasser für eine Dauer, die der jeweils in Frage stehenden Verfehlung entspricht. Es ging aber nicht nur um den Verzicht des Büßers, sondern auch um Wiedergutmachung und Aussöhnung mit dem Nächsten. Rechtskenntnisse waren dafür von Vorteil. Deshalb waren bereits frühmittelalterliche *Paenitentiale* von juristischen Vorschriften beeinflusst. Ohnehin war zwischen frühen Sammlungen kanonischen Rechts und Beichtbüchern keine scharfe Trennlinie zu ziehen.[266] Das gilt auch für das Verhältnis von Strafe und Buße. Das zeigt sich etwa bei Burchard von Worms († 1025), der mit seinem *Decretum* eine wichtige Kompilation kanonischrechtlicher Vorschriften geschaffen hat. Das neunzehnte Buch dieser Sammlung widmet sich der Buße, enthält aber auch »zahlreiche Bestimmungen, die man dem Strafrecht zuordnen kann«[267]. Es vereinigt Inhalte aus frühmittelalterlichen Beichtbüchern und gilt unter dem Namen *Corrector sive medicus* als eigenes Werk dieser Gattung. Eine wirkliche Trennung zwischen

---

263 Auch Johannes Duns Scotus stellt etwa zwei Jahrhunderte später wieder explizit auf Schmerzen ab, wenn es um die angemessene Wiedergutmachung für Körperverletzungen geht. Anders als UNTERREITMEIER: Schmerzensgeldanspruch, 52 meint, war er damit aber nicht der Erste. Siehe dazu noch unten S. 104 ff.

264 Für eine Einführung siehe MEENS: Confession; MICHAUD-QUANTIN: Sommes de casuistique, 8 ff.

265 Zu den Anfängen siehe MEENS: Penance, 45 ff. Für den Zeitraum ab Gratian siehe GOERING: Traditio 59 (2004), 208 ff.

266 Siehe dazu bereits oben S. 55.

267 KÉRY: Burchard von Worms, 571.

Sammlungen kanonischen Rechts und Beichtsummen hat sich erst im 13. Jahrhundert herausgebildet.[268]

Dennoch haben die Autoren scholastischer Beichtsummen in ihren Werken auch juristische Aspekte berücksichtigt.[269] Vor diese Aufgabe sah man sich insbesondere gestellt, als es galt, das kanonische Recht des *Decretum Gratiani* zu rezipieren, das einen eigenen Titel *De poenitentia* enthält (C. 33 q. 3). Später unternahm man es, auch die Neuerungen der Dekretalistik den Beichtvätern verständlich zu machen. Neben Robert of Flamborough († 1219/1233) gilt dies in besonderem Maße auch für Raimund von Penyafort († 1275),[270] von dem die wohl bekannteste Beichtsumme des Mittelalters stammt. Als Kompilator des *Liber Extra* war Raimund ein ausgewiesener Kanonist, der in seiner 1236 vollendeten *Summa* häufig auf kanonisches Recht Bezug nimmt. Mit der Restitution für ideelle Verluste befasst sich Raimund allerdings nur wenig. Er interessiert sich hauptsächlich für die Restitution bei Simonie, Diebstahl und Wucher.[271] Eine Ausnahme bildet insofern die Restitution für Rufschädigungen. Hier etabliert Raimund eine frühe Form dessen, was später als *actio iniuriarum ad palinodiam*, also als Klage auf Widerruf bekannt wird.[272] Ihm zufolge müsse der Verleumder seinen Fehler öffentlich auf dieselbe Weise bekennen, auf die er den Ruf seines Nächsten geschädigt hat. Ferner solle er sich um Versöhnung mit dem Geschädigten bemühen und ihn dazu um Verzeihung bitten.[273] Hostiensis übernimmt diese Regel in seiner *Summa aurea*.[274]

Ein Blick in frühscholastische Summen zeigt aber, dass man dem Problem nichtwirtschaftlicher Verluste von ganz unterschiedlichen Standpunkten be-

---

268 Meens: Confession, 428 f.

269 Weinzierl: Frühscholastik, 100; Michaud-Quantin: Sommes de casuistique, 21 f.

270 Vgl. Michaud-Quantin: Sommes de casuistique, 34 ff.

271 Weinzierl: Hochscholastik, 91. Im Kapitel *De homicidio* schreibt Raimund nichts zur Restitution, vgl. Raimund von Penyafort: Summa, lib. 2, tit. 1, De homicidio, S. 209 ff. Ähnliches lässt sich bei Hostiensis beobachten, der insofern auf Raimunds Summe aufbaut. Vgl. Henricus de Segusio (Hostiensis): Summa, lib. 5, De penitentiis et remissionibus, n. 61, fol. 284r ff.

272 Siehe dazu Wallenrodt: ZRG (GA) 3 (1964), 258, Fn. 12, 262 f.; Wolter: Naturalrestitution, 72 f.; Zimmermann: Law of Obligations, 1072 f.; Gordley: Private Law, 222 ff.; Unterreitmeier: Schmerzensgeldanspruch, 46 f.; Hallebeek, Zwart-Hink: CLH 5 (2017), 200. Erfunden hat Raimund diesen Restitutionsmodus freilich nicht. Er findet sich ähnlich bereits bei Petrus Cantor, vgl. unten S. 77 ff.

273 Raimund von Penyafort: Summa, lib. 2, tit. 5, § 42, S. 305 f. Siehe dazu Hallebeek, Zwart-Hink: CLH 5 (2017), 200 f.

274 Henricus de Segusio (Hostiensis): Summa, lib. 5, De penitentiis et remissionibus, n. 61, § Quid de accusatoribus, fol. 285v.

gegnete. Möglicherweise war der Umstand, dass die Dogmatik des römischen Rechts erst mit der Dekretalistik zum Ende des 12. Jahrhunderts Einzug in das kanonische Recht hielt, der Kreativität der theologischen Autoren nicht abträglich. Bis zu diesem Zeitpunkt war die Debatte offenbar noch nicht so sehr von dem Vorbild des *ius commune* geprägt. Vielmehr kamen auch Inhalte frühmittelalterlicher Bußbücher noch zur Geltung und man bezog sich sogar auf Bräuche aus germanischen Stammesrechten, wie sie sich in der karolingischen Gesetzgebung und in Konzilsbeschlüssen finden. Wenn es um die Verletzung von Persönlichkeitsgütern geht, lassen sich im theologischen Lager der Frühscholastik dementsprechend äußerst heterogene Aussagen beobachten.

a) Alanus ab Insulis und das *maculae pretium*

Ein erstes Beispiel liefert Alanus ab Insulis († 1202) mit seinem *Liber poenitentialis*.[275] Darin sammelt Alanus Vorschriften über die Buße, die er älteren Bußbüchern und kanonischen Rechtssammlungen entnimmt. Bei Körperverletzungen fordert Alanus Folgendes:

> Si quis per iram ictum dederit et hominem deformem, vel debilem reddiderit, reddat impensas medici, et medium annum poeniteat. Si laicus per dolum sanguinem effuderit, reddat illi tantum quantum nocuit; et si non habet unde reddat, solvat in opere proximi sui quamdiu ille infirmus est, et post ea, quadraginta dies in pane et aqua poeniteat.[276]

> Wenn jemand einen Menschen aus Zorn schlägt und ihn dadurch entstellt oder lähmt, soll er die Arztkosten erstatten und ein halbes Jahr lang Buße tun. Wenn ein Laie absichtlich Blut vergießt, soll er so viel ersetzen, wie er geschadet hat. Wenn er nichts hat, soll er seinem Nächsten durch Arbeit befriedigen, solange dieser krank ist. Und danach soll er vierzig Tage bei Brot und Wasser büßen.

Im ersten Satz erinnert die Haftung für Behandlungskosten an Ex 21,18–19. Sie ähnelt auch der aus dem gemeinen Recht bekannten Haftung auf das Interesse und bildet eine Form materiellen Schadensersatzes. Weniger eindeutig ist der zweite Satz. Das *quantum nocuit* kann für sich betrachtet auch einen Ausgleich für die zugefügte Verletzung selbst darstellen. Dass der Schädiger in Ermange-

---

275 Zur Beichtsumme des Alanus ab Insulis siehe Weinzierl: Frühscholastik, 100ff.; Michaud-Quantin: Sommes de casuistique, 15ff.

276 Alanus ab Insulis: Liber Poenitentialis, lib. 2, cap. XXII, S. 60.

lung finanzieller Mittel den Verletzten aber auch durch seine Arbeit befriedigen kann, deutet wiederum auf einen wirtschaftlichen Charakter des Ausgleichs hin. Es geht um den Unterhalt des Kranken, solange dieser nicht selbst für sich sorgen kann. Aus dem Zusammenhang wird auch deutlich, dass im ersten Satz mit *deformen* wahrscheinlich keine Entschädigung für ästhetische Entstellung gemeint ist. Dass es auch nicht um ein Schmerzensgeld gehen kann, zeigt eine weitere Stelle:

Si quis proximo suo ictum dederit et non nocuerit, tres dies in pane et aqua poeniteat. Si clericus, unum annum et dimidium. Parvuli invicem se percutiens, tres dies; si vero adolescentes, viginti dies.[277]	Wenn jemand seinen Nächsten schlägt und ihm keinen Schaden zufügt, soll er drei Tage bei Brot und Wasser büßen. Ist er Kleriker, dann eineinhalb Jahre. Schlagen sich Kinder gegenseitig, dann drei Tage. Bei Jugendlichen hingegen zwanzig Tage.

Hier fehlt es an einer Pflicht zur Wiedergutmachung gegenüber dem Nächsten. Der Delinquent muss nur fasten und Buße tun. Für eine folgenlose körperliche Misshandlung ist keine Geldentschädigung erforderlich. Etwas anderes scheint aber bei einer Verwundung zu gelten:

Qui ad feriendum hominem surrexerit volens eum occidere, tres hebdomadas poeniteat. Si clericus sex menses; quod si etiam vulneravit, quadraginta dies. Si clericus clericum totum annum, sed et pecuniam, pro modo vulneris cui inflixit, tribuat.[278]	Wer, in der Absicht einen Menschen zu töten, sich gegen ihn erhebt, um ihn zu schlagen, der soll drei Wochen büßen. Ist er ein Kleriker, dann sechs Monate. Wenn er ihn aber verletzt hat, dann vierzig Tage. Wenn ein Kleriker einen Kleriker verletzt, dann ein ganzes Jahr. Aber wegen der Verletzung soll er demjenigen, dem er sie zugefügt hat, auch Geld zahlen.

Hier geht es zunächst um gestaffelte Bußsätze. Es ist eine härtere Buße erforderlich, wenn es bei dem Tötungsversuch tatsächlich zu einer Verletzung gekommen ist. Für Kleriker gelten strengere Regeln. Neben der Buße soll für die Verletzung auch Geld geleistet werden (*pro modo vulneris*). Es wird jedoch nicht differenziert, ob damit eine Entschädigung für die Verletzung selbst oder ein Ersatz des materiellen Interesses gemeint ist. Alanus hat diese Stelle dem *Decretum*

277 Ders.: Liber Poenitentialis, lib. 2, cap. XXIII, S. 60 f.

278 Ders.: Liber Poenitentialis, lib. 2, cap. XXIV, S. 61.

des Burchard von Worms entnommen.[279] Letztlich hat diese Stelle aber ein Werk zum Vorbild, das den Namen des Benediktiners Beda Venerabilis trägt.[280] Im *Paenitentiale Bedae* findet sich folgende textidentische Vorschrift:

[...] sed et pecuniam pro modo vulneris cui inflixit tributo.[281]	Aber er zahle auch Geld entsprechend der Verletzung an denjenigen, dem er sie zugefügt hat.

Große Ähnlichkeit weist dieser Text auch zu einer Bußordnung auf, die zunächst fälschlicherweise Theodor von Canterbury († 690) zugeschrieben wurde. Im *Paenitentiale Pseudo-Theodori* findet sich derselbe Satz, allerdings mit einem beachtenswerten Zusatz:

Sed et pecuniam pro modo uulneris, licet lex non commendat, cui inflixit, tribuat, ne lesus scandalizet.[282]	Er soll entsprechend der Art der Wunde Geld an den, den er verletzt hat, zahlen, obgleich das Gesetz es nicht vorsieht, damit der Verletzte nicht Anstoß daran nimmt.

Bei der *lex*, von der man hier abweichen will, könnte es sich um eine Digestenstelle handeln, die eine pekuniäre Schätzung von Narben und Entstellung untersagt.[283] Allerdings ist nicht klar, ob der Verfasser des *Paenitentiale Pseudo-Theodori* dieses Fragment überhaupt kannte. Denn die Entstehung dieses *Paenitentiale* wird auf die erste Hälfte des 9. Jahrhundert datiert. Zudem geht man von einer fränkischen Herkunft aus.[284] Um eine Glosse handelt es sich bei dem Satzteil *licet lex non com-*

---

279 BURCHARD VON WORMS: Decretorum liber, lib. 19, cap. 120, fol. 215vb: »Si clericus clericum, annum totum, sed et pecuniam pro modo vulneris cui inflixit, tribuat.« Siehe auch IVO VON CHARTRES: Decretum, pars 15, cap. 132, Sp. 888.

280 Zur Urheberschaft siehe FRANTZEN: Speculum 58 (1983).

281 WASSERSCHLEBEN: Bussordnungen, 225, § 11.

282 VAN RHIJN: Paenitentiale Pseudo-Theodori, XV, n. 27, S. 41, Z. 87 ff. Eine ähnliche Stelle mit dem Einschub *licet lex non commendat* findet sich auch in einer Handschrift aus dem belgischen Kloster Saint-Hubert, die vor dem Jahr 800 verfasst sein soll. Sie ist abgedruckt bei MARTÈNE: Collectio, Sp. 39, n. 10. Das Manuskript ist verschollen und kann nur nach dieser Edition zitiert werden. Laut WASSERSCHLEBEN: Bussordnungen, 220 handelt es sich dabei um ein Exemplar des Paenitentiale Bedae. Siehe dazu BOUHOT: RHT 16 (1988), 143. Der Einschub *licet lex non commendat* findet sich nur in der Version aus Saint-Hubert, nicht aber in den anderen Textzeugnissen des Paenitentiale Bedae. Laut Bouhot findet sich derselbe Text zwar auch in Ms. Clm 6311. Das *licet lex non commendat* ist aber auch in diesem Manuskript nicht enthalten (vgl. Ms. Clm 6311, fol. 108v). Gleiches gilt für das Manuskript Wien, Österreichische Nationalbibliothek, Cod. 2223, fol. 19v.

283 Gai. 6 ad ed. provinc. D. 9,3,7.

284 VAN RHIJN, SAAN: EME 14 (2006), 37 ff.

mendat jedoch nicht.[285] Obwohl die wissenschaftliche Rezeption der Digesten erst im 11. Jahrhundert begann und zunächst hauptsächlich in Oberitalien betrieben wurde, sollte man es nicht für völlig ausgeschlossen halten, dass der frühmittelalterliche Verfasser dieses Beichtbuchs einzelne Bestimmungen der justinianischen Gesetzgebung kannte. Für das wohl tatsächlich aus der Schule des Theodor von Canterbury stammende *Paenitentiale Theodori* geht FINSTERWALDER sogar davon aus, dass »[e]iner nicht geringen Zahl von Bestimmungen [...] römisches Recht zugrunde« liegt.[286] Fest steht jedenfalls, dass der Namensgeber des Werks, Theodor von Canterbury, aus der griechischsprachigen Stadt Tarsos stammt und sich zunächst in Rom aufhielt, bevor er zum Erzbischof von Canterbury ernannt wurde. An der Schule von Canterbury soll er nicht nur theologische Fächer unterrichtet, sondern auch juristische Kenntnisse vermittelt haben.[287] Auch Beda Venerabilis berichtet für diese Zeit von einer Gesetzgebung nach römischem Vorbild.[288] Einzelne Bestimmungen des römischen Rechts könnten also durchaus bereits im England des 7. Jahrhunderts bekannt gewesen sein.

Für die hier interessierende Stelle aus dem *Paenitentiale Pseudo-Theodori* erscheint es allerdings auch plausibel, dass mit der *lex* nicht justinianisches Recht, sondern lokale Gesetze oder die Vorschriften aus Ex 21,18–19 gemeint sind. Dort ist nur eine Haftung für Behandlungskosten und Verdienstausfall vorgesehen. Obwohl es das alttestamentarische Gesetz nicht vorschreibt (*licet lex non commendat*), verlangt das *Paenitentiale Pseudo-Theodori*, dass auch für die Wunde (*pro modo vulneris*) eine Wiedergutmachung geleistet wird. Das lässt sich als Kompensation nichtwirtschaftlicher Einbußen interpretieren.

Richtet man den Blick wieder auf das 12. Jahrhundert, so fällt auf, dass sich dieser Einschub bei Alanus ab Insulis nicht findet. Er übernimmt offensichtlich den Wortlaut aus dem *Decretum* des Burchard von Worms. Dass es Alanus weniger auf den Ausgleich von Verlusten als auf die Buße des Delinquenten ankommt, zeigen in seinem *Liber poenitentialis* auch die Kapitel über Verstümmelungen:

---

285 Das gilt jedenfalls für die beiden hier überprüften Handschriften Brüssel, Koninklijke Bibliotheek, 8558-8563, fol. 100r (10. Jh.) und Cambridge, Corpus Christi College, Ms. 190, fol. 41 (frühes 11. Jh.). Zu den Datierungen siehe VAN RHIJN, SAAN: EME 14 (2006), 25.

286 Für die einzelnen betroffenen Stellen siehe FINSTERWALDER: Canones Theodori Cantuariensis, 205. Der hier interessierende Satzteil *licet lex non commendat* findet sich in der maßgeblichen Version U des Paenitentiale Theodori allerdings nicht. Siehe zu diesem Werk im Allgemeinen MEENS: Penance, 90ff.

287 TODT: Theodor von Canterbury.

288 Diese soll jedoch vor allem Regelungen zum Diebstahl von Kirchengütern betroffen haben. Vgl. BEDA VENERABILIS: Historia ecclesiastica, lib. 2, cap. 5, S. 90.

Fecit truncationem manum aut pedum, aut oculos eruit aut vulneravit aliquem? Per truncationem, quia fratrem et proximum suum debilem et inutilem fecit, nisi pro furto aut latrocinio, vel pro pace communi fecisset, unum annum graviter poenitere debet, per legitimas ferias. Pro vulnere autem, si grave est, et cicatrices deformes habuerit, eo quod proximum suum et fratrem deformem reddiderit, quadraginta dies in pane et aqua poenitet.[289]	Hat jemand einem anderen eine Hand oder einen Fuß abgeschlagen oder ein Auge ausgerissen oder ihn verletzt? Für das Abschlagen muss er ein Jahr lang an Feiertagen schwere Buße tun, weil er seinen Bruder und Nächsten schwach und nutzlos gemacht hat, es sei denn es geschah wegen eines Diebstahls, eines Raubes oder für den öffentlichen Frieden. Ist es aber eine schwere Wunde und gibt es hässliche Narben, soll er dafür vierzig Tage bei Brot und Wasser büßen, weil er seinen Nächsten und Bruder entstellt hat.

Diese Stelle hat Alanus ebenfalls bei Burchard von Worms abgeschrieben.[290] Der Text versteht Verletzungen einerseits vom Standpunkt verringerter Arbeits- und Erwerbsmöglichkeiten (*debilem et inutilem*), verkennt aber auch die ästhetische Bedeutung von Narben und Entstellungen nicht (*cicatrices deformes*). Eine Wiedergutmachung in Geld sieht der Text allerdings nicht vor.[291] Zu einem anderen Ergebnis kommen hingegen einige frühmittelalterliche Bußbücher. Hier soll auch die Entstellung mit Geld kompensiert werden. Im irischen *Paenitentiale Cummean* aus dem 7. Jahrhundert heißt es dazu wie folgt:

Qui per rixam ictu debilem vel deformem hominem reddit, impensa in medicos curat et maculae pretium et opus eius donec sanetur restituat et dimedium anni peniteat. Si uero non habeat unde restituat haec, i. annum peniteat.[292]	Wer jemanden wegen eines Streits schlägt und ihn verletzt oder entstellt, soll die Behandlungskosten und den Preis der Entstellung ersetzen sowie seinen Verdienstausfall, bis er gesundet. Und er soll ein halbes Jahr büßen. Wenn er aber nichts hat, mit dem er das ersetzen könnte, dann ein ganzes Jahr.

289 Alanus ab Insulis: Liber Poenitentialis, lib. 2, cap. XXX, S. 63.

290 Vgl. Burchard von Worms: Decretorum liber, lib. 19, cap. 5, fol. 190va. Siehe dazu auch Kynast: Tradition und Innovation, 329 ff.

291 Siehe auch Alanus ab Insulis: Liber Poenitentialis, lib. 2, cap. XXIX, S. 63.

292 Bieler: Irish Penitentials, 120, n. 9. Zur Datierung siehe Meens: Penance, 58.

Die Stelle sieht neben dem Ersatz für Behandlungskosten und Verdienstausfall auch eine Kompensation des *maculae pretium* vor. Dabei dürfte es sich um einen Ausgleich für die bleibende Entstellung selbst, also für einen nichtwirtschaftlichen Aspekt handeln. Auf das *maculae pretium* trifft man auch im *Paenitentiale Pseudo-Theodori.*[293] Es findet sich ferner im *Paenitentiale Bedae,*[294] im *Paenitentiale Pseudo-Bedae,*[295] im *Paenitentiale Merseburgense*[296] und anderen fränkischen Bußordnungen.[297] In Burchards *Decretum* ist davon hingegen keine Rede – und zwar obwohl er uns ausdrücklich mitteilt, dass er bei der Kompilation seines Werks das *Paenitentiale Bedae* berücksichtigt hat.[298] Dass sich Burchard bewusst gegen das *maculae pretium* entschieden hat, ist deshalb wahrscheinlich. Geld für eine Entstellung zu zahlen, hielt er anscheinend nicht für angezeigt. Es bleibt dann bei der Pflicht, durch das Einhalten von Fastenzeiten Buße zu tun. Bei Alanus, der sich offenbar an Burchard orientierte, findet sich dasselbe Ergebnis.

b) Petrus Cantor und die Pflicht zur Versöhnung

Einen anderen Ansatz verfolgt der Theologe Petrus Cantor († 1197), der sich in seinem *Tractatus de paenitentia* als sensibel für die nichtwirtschaftlichen Folgen von Körper- und Persönlichkeitsverletzung erweist. Das zeigt sich zum einen an dem Grund der Restitutionspflicht, der für ihn in dem Verstoß gegen die *caritas* und dem Umstand liegt, dass der Schädiger seinen Nächsten traurig (*miserum*) stimme.[299] Zum anderem leitet er aber zu einer Wiedergutmachung an, die den zugefügten Nachteil möglichst *in natura* wiederherstellt. So unterscheidet Petrus etwa bei Verleumdungen, ob man jemanden als Urheber, Verbreiter oder Hörer schädigt. Wenn man jemanden als Urheber einer ehrenrührigen Aussage verletzt, müsse wiederum differenziert werden, ob der Ehrträger anwesend ist oder nicht:

---

293 Van Rhijn: Paenitentiale Pseudo-Theodori, XV, n. 26, S. 41, Z. 79 ff.

294 Vgl. Wasserschleben: Bussordnungen, 220. Es findet sich auch in der Handschrift aus Saint-Hubert, vgl. Martène: Collectio, Sp. 39, n. 9.

295 Schmitz: Bussbücher, cap. 2, n. 8, S. 657.

296 Kottje: Paenitentialia, Paenitentiale Merseburgense a, Me1, n. 65, S. 145, Z. 823. Siehe auch Wasserschleben: Bussordnungen, Poenitentiale Merseburgense a, LXV, S. 398.

297 Vgl. Wasserschleben: Bussordnungen, 454, § 1; 507, § 2.

298 Burchard von Worms: Decretorum liber, lib. 19, cap. 8, fol. 202vb. Siehe dazu Körntgen: Bußpraxis, 211 f., 216. Körntgen weist darauf hin, dass Burchard das Paenitentiale Bedae in der Handschrift Wien, Österreichische Nationalbibliothek, Cod. 2223 vorgelegen haben könnte. Auch in diesem Manuskript findet sich das *maculae pretium* (fol. 19v). Zu den Quellen Burchards im Allgemeinen siehe auch Kynast: Tradition und Innovation, 55 ff.

299 Siehe dazu Weinzierl: Frühscholastik, 133.

Si presens est et sciolus detractionis tue, adeas eum et petas ab eo ueniam. Si inscius, satagas ut abholeas in quantum potes scriptum sic ubi inueneris, quo eum lesisti; uel uerbum, dicendo te hoc nunquam dixisse.[300]

Wenn er anwesend ist und von deiner Verleumdung Kenntnis nimmt, dann gehe zu ihm und bitte ihn um Vergebung. Wenn er ohne Kenntnis ist, bemühe dich nach Kräften darum, die Schrift, durch die du ihn geschädigt hast, wo immer du sie findest zu beseitigen. Und wenn du mit Worten verleumdet hast, dann sage, dass du dies niemals sagen würdest.

Gerade die Pflicht, um Verzeihung zu bitten, markiert die immaterielle Dimension, die Petrus Cantor der Verleumdung beimisst. Es geht nicht bloß um wirtschaftliche Folgen der Rufschädigung, sondern um die Erniedrigung selbst. Dabei spielt vor allem die Aussöhnung mit dem Nächsten eine Rolle:

Si autem uerbo contumelioso uel signo uel gestu aliquo, lesisti et scandalizasti proximum, teneris ad restitutionem amissorum et scandalizati consolationem et reconciliationem.[301]

Wenn du aber durch ehrenrührige Worte, Zeichen oder Gesten deinem Nächsten geschadet und ihn gedemütigt hast, bist du zur Restitution des Verlorenen und zur Tröstung und Versöhnung des Gedemütigten verpflichtet.

Man kann hier davon ausgehen, dass sich die Restitutionspflicht auf die Wiederherstellung des guten Rufs bezieht und nicht bloß wirtschaftliche Folgeschäden gemeint sind. Immaterielle Nachteile sollen möglichst *in natura* wiedergutgemacht werden. Petrus Cantor äußert sich jedoch nicht eindeutig zu der Möglichkeit, auf ideelle Einbußen auch mit Geld zu antworten. Zwar solle sich die Pflicht zur Wiedergutmachung bei Körperverletzungen auch nach Art der Verletzung und dem Stand des Verletzten richten:

Et tunc etiam pro modo lesionis, etiam pro modo persone lese, satisfaciendum est, quia aliter clerico

Und dann ist sowohl der Art der Verletzung, als auch dem Stand des Verletzten entsprechend Wiedergutmachung zu leisten. Denn auf jeweils andere Weise ist einem verletzten Kleriker, einem Laien und einem

300 Petrus Cantor: Tractatus de paenitentia, § 121, S. 245. Siehe dazu auch Unterreitmeier: Schmerzensgeldanspruch, 30.

301 Petrus Cantor: Tractatus de paenitentia, § 122, S. 248.

leso, aliter laico et privato. De hoc in Exodo XXII.[302]	Privatmann Wiedergutmachung zu leisten. Siehe dazu Ex 22.

Die Abhängigkeit vom Stand des Verletzten muss nicht zwangsläufig für den immateriellen Charakter der Wiedergutmachung sprechen. Geldbußen mit strafender Funktion – von denen hier freilich nicht explizit die Rede ist – dürften bei der Verletzung von Klerikern zwar höher ausfallen. Hier kann aber andererseits auch gemeint sein, dass nur die Verletzung eines Werktätigen zu Verdienstausfällen führt, die es dann auszugleichen gilt. Auch ein Blick in die zitierte Bibelstelle ist nicht aufschlussreich, denn anders als in Ex 21,18–19 geht es in Ex 22 nicht um Schadensersatz wegen Körperverletzung. Letzte Gewissheit über den Schadensbegriff, den Petrus Cantor an dieser Stelle zugrunde legt, kann hier nicht erreicht werden.[303] Den technischen Begriff des *damnum* verwendet er ohnehin nicht. An anderer Stelle meint er zwar, dass man ein *damnum corporale* auch *corporaliter* wiedergutmachen müsse.[304] Was das genau bedeutet, erläutert er jedoch nicht.[305] Aus dem Kontext ergibt sich, dass damit am ehesten die Pflicht des Schädigers gemeint sein wird, dem Geschädigten durch äußere Taten der Versöhnung Wiedergutmachung zu leisten. Hingegen verschaffe man Gott vor allem durch wahre Reue (*per contritionem cordis*) Genugtuung. *Corporaliter* meint hier also weniger körperlich als äußerlich, denn auch seelischen Verletzungen seines Nächsten müsse man *corporaliter* wiedergutmachen, nämlich indem man auf den Verletzten zugeht:

Sed, si spirituale vulnus ei inflixerit, puta odium per detractionem, vel ut amorem illicitum appetat per ejus suggestionem, et hujusmodi: nunquid corporaliter ei satisfaciet, ut scilicet corporaliter	Aber wenn er ihm eine geistliche Verletzung zugefügt hat, etwa Hass infolge einer Verleumdung oder wenn er durch seine Einflüsterung eine unzulässige Begierde in ihm geweckt hat und dergleichen mehr: dann wird er ihm leibhaftig Widergutmachung leisten, ihn also na-

302 Ders.: Tractatus de paenitentia, § 123, S. 249.

303 Dagegen Unterreitmeier: Schmerzensgeldanspruch, 30, der aus dem Verhältnis von »Nächstenliebe und Unrechtswiedergutmachung« schlussfolgert: »Das Schadensverständnis als solches ist damit ein ganz und gar immaterielles.« Ihm folgt Kanschik: Restitution, 115. Diese Auffassung unterscheidet nicht hinreichend zwischen Haftungsgrund und Haftungsinhalt. Dass ein Verstoß gegen das Gebot der *caritas* die Wiedergutmachungspflicht auslöst, bedeutet noch nicht, dass diese (ausschließlich) auf nichtwirtschaftliche Einbußen abzielt.

304 Petrus Cantor: Verbum abbreviatum, cap. 12, Sp. 54.

305 Weinzierl: Frühscholastik, 144 sieht darin die Pflicht zum Ersatz des »äußeren Schaden[s]«, was sich aber allein aus der Bezeichnung als *damnum corporale* nicht ergibt.

eum visitare teneatur ubicunque fuerit, et spirituale vulnus quod ei intulit, auferre, dicendo humiliter: Remitte mihi, quia per detractionem vel alio modo sic laesi te [...] Videtur quidem ex Evangelio sic esse satisfaciendum taliter laesis.[306]	mentlich leibhaftig aufsuchen, wo auch immer er ist, und die geistliche Wunde heilen müssen, die er ihm zugefügt hat, indem er demütig sagt: Vergib mir, denn ich habe dich durch Verleumdung oder auf andere Weise verletzt. [...] Aus dem Evangelium ergibt sich nämlich, dass man einem derart Verletzten so Wiedergutmachung zu leisten hat.[307]

Insgesamt legt Petrus Cantor großen Wert auf die Wiedergutmachung von Verletzungen, die sich gegen den Körper, den Ruf oder andere nicht primär zum geldwerten Vermögen gehörende Güter richten. Auch seelische Schädigungen können insofern eine Restitutionspflicht auslösen.[308] Wenn eine Verletzungshandlung hingegen typischerweise wirtschaftliche und nichtwirtschaftliche Folgen nach sich zieht – wie etwa eine Körperverletzung – differenziert er nicht eindeutig zwischen beiden Seiten. Vor allem aber äußert er sich nicht dazu, ob auch rein ideelle Verluste mit Geld oder anderen Vermögenswerten ausgeglichen werden können. In diesen Fällen schlägt er vielmehr eine Restitution durch Taten der Versöhnung vor.

c) Robert of Flamborough und das Wergeld für Kleriker

Ein dritter Ansatz lässt sich bei Robert of Flamborough († 1219/1233) beobachten, der zwischen 1208 und 1213 einen weiteren, für seine Epoche wichtigen *Liber poenitentialis* verfasst hat.[309] Er gilt als der erste, der in einem Werk dieser Gattung auch das neue kanonische Recht der Dekretistik und Dekretalistik verständlich nahebrachte.[310] Über die Buße für Körperverletzungen schreibt er Folgendes:

306 Petrus Cantor: Verbum abbreviatum, Cap. 12, Sp. 54.

307 Er zitiert Mt 5,23–24.

308 Petrus Cantor: Tractatus de paenitentia, § 124, S. 251. Siehe dazu Weinzierl: Frühscholastik, 134; Unterreitmeier: Schmerzensgeldanspruch, 30.

309 Zu diesem Werk im Allgemeinen siehe Michaud-Quantin: Sommes de casuistique, 21 ff. Ein Überblick über die Restitutionslehre dieses Werks findet sich bei Weinzierl: Frühscholastik, 103 ff.

310 Firth: Prolegomena, 17 f.; Trusen: ZRG (KA) 57 (1971), 88 f.; Goering: Traditio 59 (2004), 216; Descamps: Droit de la responsabilité, 155.

Si quis subdiaconum calumniatus fuerit, vulneravit vel debilitaverit, et convaluerit, quinque quadragesimas [...] poeniteat, et trecentos solidos cum sua compositione et episcopalibus bannis episcopo componat.[311]	Wer einen Subdiakon misshandelt, verwundet oder verstümmelt hat und dieser gesundet ist, der soll fünf Fastenzeiten [...] büßen und dem Bischof dreihundert Goldmünzen zur Beilegung und als bischöfliche Geldstrafe zahlen.

Es schließen sich Vorschriften über entsprechend schwerere Bußen für die Misshandlung und Tötung von Klerikern höheren Ranges an. Für die Misshandlung eines Diakons sind vierhundert Goldmünzen fällig, bei einem Priester sechshundert und bei einem Bischof die dreifache Summe wie bei einem Priester. Bei Tötung ist die Buße noch schwerer. Die Zahlung von jeweils mehreren hundert *solidos* trägt hier *prima facie* eher den Charakter eines Wergelds als den eines Ausgleichs für das zugefügt Übel.[312] Für sich betrachtet ist die Stelle deshalb nur begrenzt aufschlussreich. Interessant ist jedoch, dass sich die Staffelung von Bußsätzen, sofern es um die Tötung von Klerikern geht, mit großer Ähnlichkeit bereits in Kapitularien Karls des Großen zur *Lex Salica* aus dem Jahr 803 findet:

Si quis subdiaconum occiderit, 300 solidos componat; qui diaconum 400 solidos, qui presbiterum 600, qui episcopum 900 solidos componat.[313]	Wenn jemand einen Subdiakon tötet, soll er zur Beilegung dreihundert Goldmünzen zahlen. Bei einem Diakon vierhundert, bei einem Priester sechshundert, bei einem Bischof neunhundert Goldmünzen.

Je nach kirchlichem Rang soll der Mörder demnach eine verschieden hohe Geldsumme leisten. Dabei handelt es sich um die Kodifizierung einer besonderen Form des germanischen Wergeldes, das bei der Tötung von Klerikern der Kirche zustehen sollte.[314] Ein Beschluss des Konzils von Tribur aus dem Jahr 895 spricht dementsprechend ausdrücklich von einem *uueregeldi* für den getöteten Priester.[315]

311 Robert of Flamborough: Liber poenitentialis, lib. 5, n. 248, S. 214.

312 Im Einzelnen ist das Verhältnis von Ausgleich, Strafe und Buße hier äußerst komplex. Siehe dazu Kéry: Gottesfurcht, 177 ff.

313 Zitiert nach: MGH LL 1, 113. Entsprechende Vorschriften finden sich auch in der Lex Salica VI, § 34. Vgl. MGH LL nat. Germ. 4,2, 202.

314 Zu dieser und weiteren Quellen über das Wergeld für Kleriker siehe Faulkner: Law and Authority, 155–168; Kéry: Burchard von Worms, 575 ff.

315 Vgl. MGH Conc. 5, 346. Siehe auch Burchard von Worms: Decretorum liber, lib. 6, cap. 11, fol. 102vb.

Dieser Beschluss hat Eingang ins *Decretum Gratiani* gefunden, das somit ebenfalls ein Wergeld für die Tötung von Geistlichen kennt (C. 17 q. 4 c. 26–27).

Eine ähnliche Stelle findet sich auch im *Decretum* des Burchard von Worms[316] sowie im gleichnamigen Werk des Ivo von Chartres.[317] Sie geht auf einen vermeintlichen[318] Beschluss des Konzils von Thionville aus dem Jahr 835 zurück und dürfte aufgrund der auffallenden Ähnlichkeit bei der Staffelung letztlich ebenfalls an die fränkische Gesetzgebung angelehnt sein. Hier geht es nicht bloß um Tötungen, sondern auch um Misshandlungen von Geistlichen. Wegen des fast identischen Wortlauts ist es wahrscheinlich, dass Robert sich für die Kompilation seines *Liber poenitentialis* bei Burchard und Ivo bedient hat und dabei auch das *Decretum Gratiani* (C. 17 q. 4 c. 27) im Blick hatte. Einen besonderen, bei Burchard und Ivo vorhandenen Zusatz übernimmt er hingegen nicht: nämlich, dass das Geld *pro consolatione sanctae Ecclesiae* gezahlt werden soll.[319] Ob damit wirklich beabsichtigt war, durch Geld die Trauer der Kirche um einen verlorenen Diener zu stillen, ist ohnehin zweifelhaft.[320] Bereits beim germanischen Wergeld ist die Straf- von der Ersatzfunktion nicht klar zu trennen.[321] Einerseits soll es als Loskaufgeld für die Blutsühne gedient haben, andererseits habe es auch eine Kompensation für den Verlust des getöteten Stammesmitglieds dargestellt, dessen Wert von seiner sozialen Rolle abhängt und Aspekte wie Arbeitskraft oder Gebärfähigkeit miteinschließt. Für die Beichtsumme des Robert of Flamborough ist insofern aber interessant, dass er sich über den Umweg der kirchlichen Rezeption auch für germanisches Recht offen zeigt und sich für die Kompilation seines *Liber poenitentialis* aus entsprechenden Quellen bedient.[322] Dass sich das germanische Wergeld anders als der Schadensersatz nach der *lex Aquilia* nicht von vornherein immateriellen Aspekten der Körperverletzung oder Tötung verschließt, sondern die gemeinrechtlichen Konzepte von *damnum* und *iniuria* in

316 Ders.: Decretorum liber, lib. 6 (De homicidiis), cap. 5, Sp. 765 f.

317 Ivo von Chartres: Decretum, pars 10, cap. 134, Sp. 731 f.

318 Zur Authentizität siehe Kéry: Burchard von Worms, 575 ff. m.w.N.

319 Burchard von Worms: Decretorum liber, lib. 6, cap. 5, fol. 101va; Ivo von Chartres: Decretum, pars 10, cap. 134, Sp. 731. Diese Formulierung soll auf Burchard von Worms zurückgehen, vgl. Kéry: Burchard von Worms, 580.

320 Kéry: Burchard von Worms, 581 zufolge handelt es sich dabei um einen Ausgleich für die Tat, der in erster Linie der Wiedergutmachung diene.

321 Siehe dazu Esders: Monetary Logic; Brown: Wergild, 271 f. Zum Verhältnis von Ausgleich und Buße im kirchlichen Strafrecht bis zum 12. Jahrhundert siehe Kéry: Gottesfurcht, 177 ff.

322 Zum Verhältnis von Wergeld und Beichtbüchern im Allgemeinen siehe Meens: Penitential Practices.

sich vereinigt,[323] mag Einfluss darauf gehabt haben, dass Robert of Flamborough die erforderliche Buße auch an anderer Stelle nicht auf den Ersatz vermögenswerter Verluste beschränkt:

Si fuisti judex corruptus vel testis vel advocatus vel assessor vel arbiter, et per te damnificatus est aliquis, satisfacere ei teneris de damno et de expensis et de vexatione.[324]	Wenn du als Richter, als Zeuge, als Anwalt, als Beisitzer oder als Schiedsrichter korrupt gewesen bist und jemand durch dich zu Schaden gekommen ist, haftest du ihm für den Schaden, die Kosten und die Kränkung.

Im prozessualen Kontext kann *vexatio* zwar auch mit gerichtlicher Verfolgung übersetzt werden. Die Gegenüberstellung mit dem *damnum* und den *expensae* deutet aber darauf hin, dass damit auch nichtwirtschaftliche Einbußen gemeint sind.

3. Sentenzenkommentare

Auch die Literaturgattung des Sentenzenkommentars hat sich für die moraltheologische Restitutionslehre als wichtiges Medium erwiesen. Während Beichtsummen der seelsorgerischen Praxis als Hilfestellung dienten, trug man in Sentenzensammlungen ausgewählte Exzerpte autoritativer theologischer Texte zusammen, um das in ihnen enthaltene Wissen zu ordnen und für die wissenschaftliche Arbeit verfügbar zu machen. Die Sammlungen stellten Inhalte des christlichen Glaubens systematisch dar und wurden im 12. Jahrhundert zur Grundlage des theologischen Unterrichts an den Kathedralschulen und den neu entstehenden Universitäten.[325] Von herausragender Bedeutung sind dabei die Sentenzen des Theologen Petrus Lombardus. Diese Sammlung hat sich ausgehend von der Pariser Universität bald zu dem bedeutendsten theologischen Lehrbuch des Mittelalters entwickelt und wurde Gegenstand zahlreicher scholastischer Kommentare.[326]

Auch Thomas von Aquin und Johannes Duns Scotus äußerten sich in Form des Sentenzenkommentars. Ihre Kommentare waren von großem Einfluss auf die wichtigsten Beichtsummen des 14. bis 16. Jahrhunderts. Die in ihnen enthaltene Lehre zur Restitution von Persönlichkeitsgütern ist nicht mehr so eng mit dem kanonischen Recht verwoben, wie man es in der Frühscholastik etwa

323 Esders: Monetary Logic, 18.
324 Robert of Flamborough: Liber poenitentialis, lib. 4, n. 207, S. 185.
325 Siehe dazu Dreyer: Kommentare, 127.
326 Zu den Kommentaren siehe Boer: Kommentar, 273 ff.; Dreyer: Kommentare.

noch bei Robert of Flamboroughs beobachten kann, der sich auch an Kanonisten wie Burchard von Worms und Ivo von Chartres orientierte. Bereits die Beichtsumme des Johannes von Freiburg, die noch Ende des 13. Jahrhunderts entstand, ist stärker an den theologischen Inhalten der Sentenzenkommentare ausgerichtet.[327] Die besondere Vorrangstellung, die die Sentenzen des Lombarden als Gegenstand wissenschaftlicher Auseinandersetzung einnahmen, wird ihnen erst im 16. Jahrhundert streitig gemacht. Damals begann man, das Studium an der *Summa theologica* des Thomas von Aquin auszurichten.

a) Petrus Lombardus

Petrus Lombardus († 1160) behandelt im vierten Buch seiner Sentenzen die Sakramentenlehre und damit auch die Buße. Wegen des berühmten Denkspruchs nach Augustinus konnte man keine Buße tun, wenn man eine fremde Sache nicht zurückgibt, obwohl man sie zurückgeben kann *(non remittetur peccatum nisi restituatur ablatum)*.[328] Deshalb bildete sich nach der Einteilung der lombardischen Sentenzen in *distinctiones* durch den Pariser Theologen Alexander von Hales bald die 15. Distinktion des vierten Buchs als *sedes materiae* für Fragen um die Restitutionslehre heraus.[329] Hier thematisiert Petrus Lombardus die Wiedergutmachung für Körperverletzungen in einem Abschnitt über die Unmöglichkeit der Restitution. Was muss ich tun, wenn jemand durch meine Schuld ein Auge verliert und ich die Folgen meiner Tat nicht rückgängig machen kann? Petrus Lombardus geht hier weder von einem Wegfall der Restitutionspflicht noch von ewiger Schuld aus. Vergebung könne man nämlich auch erlangen, indem man sich um eine angemessene Wiedergutmachung wenigstens bemüht:[330]

Demit enim iniuste quis alicui quod restituere non valet, ut oculum vel vitam et huiusmodi; et tamen si poenituerit peccati, cum amore	Jemand nimmt nämlich einem anderen unrechtmäßig etwas weg, das man nicht restituieren kann, wie ein Auge, oder das Leben und dergleichen. Und dennoch wird ihm vergeben,

327 Siehe zum Ganzen unten S. 114 ff.

328 Aug. epist. 153,20.

329 Zur Behandlung der Restitutionslehre in den Sentenzenkommentaren des 12. und 13. Jahrhunderts siehe Kanschik: Restitution, 119 ff.

330 Hingegen meint Weinzierl: Frühscholastik, 122 f. dass Petrus Lombardus bei Unmöglichkeit der Restitution auch Unmöglichkeit des Sündennachlasses vertreten habe.

condignae satisfactionis, veniam habet.[331]	wenn er für die Sünde im Drang nach angemessener Wiedergutmachung Buße tut.

Wie aber sieht die angemessene Wiedergutmachung für ein verlorenes Auge aus? Nach Petrus Lombardus kommt es nicht darauf an, dass sie dem Wert des Auges entspricht. Es gehe nicht um eine Kompensation für den verlorenen Körperteil, sondern um eine Antwort auf die begangene Verfehlung:

Cave qualiter intelligas illud: »Ut emendare valeat quod peccavit«[332] etc. Non enim emendatio hic intelligenda est rei demptae recompensatio, sed delicti exprobatio et abominatio, cum satisfactionis desiderio.[333]	Achte darauf, wie du dies verstehst: »Damit das Büßen so viel wert ist wie gesündigt wurde« usw. Denn die Buße ist hier nicht als Kompensation für den genommenen Gegenstand zu verstehen, sondern als Tadel für das Vergehen, verbunden mit dem Wunsch nach Wiedergutmachung.

Petrus Lombardus spezifiziert nicht, ob es um eine Geldbuße oder andere Formen der Wiedergutmachung geht. Wichtig ist nur, dass sich die Buße nicht an dem Wert des Auges orientieren muss, sondern sie eine Missbilligung des begangenen Unrechts ausdrücken soll. Das tatsächliche Problem, für den verlorenen Körperteil einen angemessenen Preis zu finden, wird dadurch ebenso elegant umgangen wie die Vorschriften des gelehrten Rechts, die eine Schätzung des Körpers in Geld verbieten. Von einem Schadensausgleich im eigentlichen Sinne kann hier nicht die Rede sein.

b) Alexander von Hales

Alexander von Hales († 1245) hat durch seine Vorlesungen in Paris dazu beigetragen, die Sentenzen des Petrus Lombardus als Grundlage des theologischen Studiums zu etablieren. Von ihm ist ein Kommentar zu diesem Werk überliefert. Darin fragt auch Alexander, wie man für Körper- und Rufschädigungen sowie bei der Tötung eines Menschen Restitution zu leisten habe:

331 Petrus Lombardus: Sententiae, lib. 4, dist. 15, cap. 7, n. 9, S. 336.
332 Vgl. Gl. *Et abiens* ad Mt 27,5 (Hieronymus) [Bd. 4, fol. 42r].
333 Petrus Lombardus: Sententiae, lib. 4, dist. 15, cap. 7, n. 9, S. 336.

Quaeritur qualiter potest restituere qui dedit prava consilia animarum, et sic per consequens plures animas occidit. […] Vel indiscretus medicus qui plures incisione vel alia operatione occidit. […] Vel qui alicui detraxit famam eius.[334]	Man fragt, wie jemand restituieren kann, der einen schlechten seelsorgerischen Rat gegeben und dadurch viele Seelen getötet hat. […] Oder ein unvorsichtiger Arzt, der durch Aderlässe oder andere Eingriffe viele Menschen getötet hat. […] Oder jemand, der einem anderen seinen guten Ruf geschmälert hat.

Alexander antwortet auf diese Fragen, indem er Stellen aus der *Glossa Ordinaria* zur Vulgatbibel und aus der *Compilatio Prima* auflistet. Wer durch übermäßige Strenge einen falschen Rat erteilt und jemanden dadurch an der Seele verletzt hat, soll dies nach Origenes durch sanftmütige Belehrungen wiedergutmachen.[335] Bei Körperverletzungen sollen im Einklang mit dem Buch Exodus die Behandlungskosten erstattet werden.[336] Für die Tötung eines Menschen verweist Alexander ohne nähere Erläuterung auf Buß- und Strafvorschriften des kanonischen Rechts.[337] Ebenso verfährt er mit Rufschädigungen, die er nur unter dem Gesichtspunkt der falschen Verdächtigung behandelt.[338] Alexanders Auseinandersetzung mit dem Problem der richtigen Wiedergutmachung für derartige Verletzungen beschränkt sich insgesamt auf die Allegation patristischer oder kanonistische Autoritäten.

c) Albertus Magnus

Ein anderes Bild bietet der Sentenzenkommentar von Albertus Magnus († 1280), bei dem aristotelische Einflüsse sichtbar werden.[339] Anders als Petrus Lombardus und Alexanders von Hales untersucht er das Wesen der Restitution unter einem eigenen Abschnitt mit dem Namen *Quid sit restitutio*.[340] Er beginnt mit der Be-

334 Alexander von Hales: In IV sententiarum, lib. 4, dist. 16, n. 13, lit. a, S. 259 f.

335 Ders.: In IV sententiarum, lib. 4, dist. 16, n. 13, lit. d, S. 260. Vgl. Gl. *Si rixati fuerint* ad Ex 21,22 (Origenes) [Bd. 1, fol. 78v].

336 Ders.: In IV sententiarum, lib. 4, dist. 16, n. 13, lit. e, S. 260 f. Er zitiert Gl. *Si rixati fuerint* ad Ex 21,22 (Rabanus) [Bd. 1, fol. 78r].

337 Ders.: In IV sententiarum, lib. 4, dist. 16, n. 13, lit. i, S. 262. Er zitiert 1Comp. 5,10,7 = X 5,12,6.

338 Ders.: In IV sententiarum, lib. 4, dist. 16, n. 13, lit. i, S. 262. Vgl. 1Comp. 5,16,12 = X 5,20,1. Etwas ausführlicher äußert sich Alexander in seiner *Summa theologica* zur Restitutionspflicht des Verleumders. Der gute Ruf müsse nach Möglichkeit durch gute Worte wiederhergestellt werden. Vgl. ders.: Summa theologica, Inq. 3, tract. 3, sect. 2, q. 11, cap. 6, n. 459, S. 453.

339 Eine Einführung in das Naturrechtsverständnis von Albertus Magnus bieten Lichtmann, Möhle: Albertus Magnus. Siehe weiterführend auch Fuchs: Gerechtigkeit, 80–138.

340 Albertus Magnus: In IV Sententiarum, lib. 4, dist. 15, a. 42, S. 528.

griffsbestimmung der Juristen. Rechtsgelehrte verstünden unter Restitution die Rückgabe der weggenommenen Sache (*ablatae rei redditio*) oder deren Kompensation (*vel recompensatio*). Jedoch wende man dagegen ein, dass es Güter gebe, die man nicht kompensieren könne – etwa den guten Ruf, der wertvoller sei als alle zeitlichen Güter (*melior est omni temporali bono*). Albert bleibt dennoch bei dieser Definition:

Dicendum, quod restitutio satis bene diffinita est per illum modum, scilicet quod sit rei ablatae redditio vel recompensatio. Quia ablatum aut restituitur idem numero, et tunc redditur: aut in aequalitate, et tunc recompensetur.[341]	Man muss sagen, dass die Restitution auf diese Weise recht gut definiert wird, nämlich dass sie die Rückgabe oder Kompensation der weggenommenen Sache ist. Denn entweder restituiert man das Weggenommene durch etwas zahlenmäßig Gleiches, gibt es also zurück, oder durch etwas Gleichwertiges, kompensiert es also.

Daraus ergibt sich, dass in erster Linie die weggenommene Sache in Natur herauszugeben ist oder, wenn dies nicht möglich ist, der Schätzwert erstattet wird. Wie aber kann es eine Kompensation für ein verletztes Gut geben, dass wertvoller ist als alle zeitlichen Güter? Die Auseinandersetzung Alberts mit diesem Argument zielt nicht darauf ab, eine generelle Kommensurabilität von zeitlichen Gütern mit Gütern anderer Ordnungen herzustellen. Albert behauptet nicht, dass man den guten Ruf mit Geld aufwiegen könne. Vielmehr behilft er sich mit dem Hinweis auf einen feinen, aber entscheidenden Unterschied. Denn er meint, dass man die Restitution sowohl vom Wert der weggenommenen Sache, als auch vom Verlust des Verletzten her verstehen könne:

Vel potest dici, quod contingit restituere dupliciter, scilicet secundum rei ablatae valorem, vel secundum acceptionem ejus cui ablatum est aliquid.[342]	Man kann sagen, dass Restitution auf zweifache Weise gelingt: nämlich entweder gemäß dem Wert der weggenommenen Sache oder gemäß dem Verlust desjenigen, dem etwas weggenommen wurde.

Albert bedient sich dem nur schwer zu übersetzenden, für die spätere Restitutionslehre aber grundlegenden Begriff der *acceptio*. Er markiert damit die Trennung zwischen der *restitutio ratione rei* und der *restitutio ratione accpetionis* –

---

341 DERS.: In IV Sententiarum, lib. 4, dist. 15, a. 42, S. 529.

342 DERS.: In IV Sententiarum, lib. 4, dist. 15, a. 42, S. 529.

wörtlich also der Restitution wegen der Sache und der Restitution wegen der Wegnahme. Aber *acceptio* bedeutet mehr als nur Wegnahme. Man kann darunter auch die Verletzung eines anderen verstehen, ohne dass ihm der Schädiger etwas entwendet, geschweige denn sich durch die Verletzung bereichert. Auch dann schulde man Restitution. Nach Aristoteles werde die Gerechtigkeit zwar nur verletzt, wenn jemand mehr hat als er haben soll. Aber Albert erklärt, dass das *habere plus* im weitesten Sinne zu verstehen sei.[343] Dass jemand mehr hat als er haben soll, sage man nämlich nicht nur, wenn jemand eine Sache wegnimmt, um eigenen Nutzen daraus zu ziehen. Es komme vielmehr darauf an, dass der andere die Sache auf unrechtmäßige Weise *verliert*. Stand bei der Restitutionslehre nach augustinischer Tradition vor allem die Person des Schädigers im Mittelpunkt, verlagert sich der Fokus unter dem Einfluss der aristotelischen Gerechtigkeitslehre nun zunehmend auf den Geschädigten. Wenn die Restitution nach dem Wert der Sache nicht möglich ist, soll deswegen nach der zweiten Art Restitution geleistet werden:

Et licet primo modo quaedam restitui non possunt, contingit tamen ea secundo modo restitui: et haec est restitutio ad arbitrium bonorum [...][344]	Und obgleich sie sich gewiss nicht auf die erste Art restituieren lassen, gelingt es, sie auf die zweite Art zu restituieren. Und das ist die Restitution nach dem Urteil von Rechtschaffenen.

Für die Verletzung des guten Rufs bedeutet dies, dass nicht dessen Wert ersetzt wird, sondern für den Verlust selbst (*secundum accepetionem*) Restitution zu leisten ist. Mit dieser Lösung lässt Albert einerseits die These unangetastet, dass der Ruf nicht mit zeitlichen Gütern aufgewogen werden könne. Andererseits verhindert er die Enthaftung des Verleumders wegen Unmöglichkeit. Hat der Schädiger nach dem Urteil rechtschaffener Männer restituiert, sei er vor Gott entschuldigt. Auf die Vergebung des Geschädigten komme es dann nicht mehr an.[345] Der vorrangige Restitutionsmodus bleibt freilich die Wiederherstellung des guten Rufs durch Widerruf der ehrenrührigen Worte. Dies kann jedoch problematisch sein,

343 Ders.: In IV Sententiarum, lib. 4, dist. 15, a. 42, S. 530: »Plus enim dicitur habere qui quocumque modo extorsit rem alterius, non quod habeat in usu, sed quia injuria perdidit alter [...]«. Vgl. auch Thomas von Aquin: STh II-II, q. 62, a. 6, ad 1, S. 54: »[...] restitutio non ordinatur principaliter ad hoc quod ille qui plus habet quam debet, habere desinat: sed ad hoc quod illi qui minus habet suppleatur.«

344 Albertus Magnus: In IV Sententiarum, lib. 4, dist. 15, a. 42, S. 530.

345 Ders.: In IV Sententiarum, lib. 4, dist. 15, a. 42, S. 530.

wenn jemand ein wahres Verbrechen unrechtmäßig aufgedeckt hat – etwa unter Missachtung des Stufenmodells der *correctio fraterna*.[346] Denn der Widerruf dieser Aussage wäre eine verbotene Lüge.[347]

Albertus Magnus nähert sich der Restitutionslehre stärker als Petrus Lombardus vom Standpunkt der aristotelischen Gerechtigkeitslehre. Das wird bei der Restitution nichtwirtschaftlicher Einbußen besonders deutlich. Bei Petrus Lombardus erreicht man Vergebung für die Verursachung eines an sich irreparablen Schadens, indem man guten Willen zeigt und sich um eine ansatzweise Wiedergutmachung bemüht. Albertus Magnus hingegen versucht mit philosophischen Argumenten zu begründen, weshalb auch bei der Verletzung von Gütern, die über alles Zeitliche erhaben sind, eine an der Gerechtigkeit orientierte Kompensation möglich ist, sodass man letztlich von erfolgter Restitution sprechen kann. Sein Schüler Thomas von Aquin wird dies mit anderen Aspekten der aristotelischen Philosophie noch weiter nuancieren und in aller Deutlichkeit formulieren, dass es sich bei der Restitution um einen Akt ausgleichender Gerechtigkeit handelt.[348]

IV. Die Hochscholastik zwischen objektivem Ausgleich und Gefühlsschaden

Ein Blick in Beichtbücher und frühe Sentenzenkommentare hat gezeigt, dass Körperverletzungen und Rufschädigungen dort noch sehr unterschiedlich behandelt werden. Das ändert sich mit zwei Namen, die den scholastischen Diskurs auf diesem Feld bis in die Neuzeit maßgeblich bestimmen: Thomas von Aquin und Johannes Duns Scotus. Beide beschäftigen sich unter anderem in ihren Sentenzenkommentaren mit der Restitution für Verletzungen der Person. Und beide sind bereit, auch nichtwirtschaftliche Verluste mit Geld auszugleichen. Dabei verfolgen sie jedoch zwei unterschiedliche Ansätze, die für die Frage, *was genau* durch Geld kompensiert werden soll, von einiger Bedeutung sind. Denn wäh-

346 Die *correctio fraterna* ist ein institutionalisiertes Verfahren der Zurechtweisung. Sie sieht ein stufenweises Vorgehen vor, das sich aus Mt 18,15–17 ergibt. Erst nachdem man ein Gespräch unter vier Augen gesucht hat, darf eine Aussprache vor Zeugen oder der gesamten Gemeinde erfolgen. Das Verfahren findet sich in der Benediktsregel (Kapitel 23) und wird von Thomas von Aquin in STh II-II, q. 33 besprochen. Siehe dazu Ernst: Brüderliche Zurechtweisung. I. Biblisch; Gründel: Brüderliche Zurechtweisung. II. Theologisch-ethisch.

347 Albertus Magnus: In IV Sententiarum, lib. 4, dist. 15, a. 43, S. 531.

348 Thomas von Aquin: STh II-II, q. 62, a. 1, co., S. 41: »restitutio est actus commutativae iustitiae«.

rend sich Thomas' Lehre als Kompensation für das verlorene Rechtsgut liest, hat das Geld bei Johannes Duns Scotus auch die Funktion, Schmerzen zu lindern und den Verletzten zu trösten. Beide Standpunkte lösen Traditionslinien aus, die bis in die Epoche der Spätscholastik bedeutsam bleiben werden.

1. Thomas von Aquin

Der Dominikaner Thomas von Aquin († 1274) hat eine Vielzahl von Schriften hinterlassen, von denen zahlreiche auch Aussagen zu moraltheologischen Aspekten der Restitution beinhalten. Unter dem Einfluss seines Lehrers Albertus Magnus macht er die aristotelische Gerechtigkeitslehre dabei zum wichtigsten Angelpunkt der Restitution. Seine *Summa theologica* wird zum Ende des 15. Jahrhunderts die Sentenzen des Lombardus als Standardlehrbuch der Theologie ablösen und sich vor allem unter dem Einfluss von Francisco de Vitoria auch auf der iberischen Halbinsel verbreiten. Thomas ist die maßgebliche Autorität für die spätscholastische Restitutionslehre und gehört auch weit über dieses Feld hinaus zu den bedeutendsten Lehrern der römischen Kirche.

a) Schriften

Aus seinem umfangreichen Werk ragt seine *Summa theologica* besonders heraus. Für die Restitutionslehre ist diese Schrift von überragender Bedeutung. In der zweiten Hälfte des zweiten Teils (*Secunda secundae*), die den Titel *De iustitia et iure* trägt, konzipiert Thomas eine Restitutionslehre, auf die ab dem frühen 16. Jahrhundert fast alle namhaften Autoren aufbauen. Diese Abschnitte datieren wie die ganze *Secunda secundae* wahrscheinlich auf die Jahre 1271 und 1272. Ihre Inhalte entwickelt Thomas aber in großen Teilen schon früher. Bereits in dem zwischen 1254 und 1256 in Paris entstandenen Kommentar zu den Sentenzen des Petrus Lombardus trifft er Aussagen zur Restitution, die sich später in der *Summa theologica* wiederfinden.[349] In beiden Werken bezieht er sich auch immer wieder auf die Nikomachische Ethik. Diese kannte er bereits aus seinem Kölner Studium bei Albertus Magnus, der zu ihr einen Kommentar verfasst hatte. Auch Thomas hat die Nikomachische Ethik kommentiert. Seine endgültige Form hat dieser Kommentar erst ziemlich spät erhalten, wahrscheinlich etwa zeitgleich mit der *Secunda secundae*.[350] Weil dies aber bloß der Gipfel einer lebenslangen

---

349 Zum Entstehungszeitraum siehe DREYER: Kommentare, 136.

350 PERKAMS: Einführung, 36 f.

Beschäftigung mit dem Werk des Aristoteles darstellt und Thomas' Restitutionslehre stark auf dessen Idee von Gerechtigkeit aufbaut, soll der erste Blick in seinen Ethik-Kommentar fallen.

aa) Kommentar zur Nikomachischen Ethik

Im fünften Buch der Nikomachischen Ethik unterscheidet Aristoteles verschiedene Formen von Gerechtigkeit.[351] Die austeilende Gerechtigkeit finde Anwendung bei der Verteilung öffentlicher Mittel oder Ämter. Sie folge dem Prinzip geometrischer Proportionalität und regele, dass das Gemeinsame je nach Würde der Bürger richtig verteilt wird. Worin genau diese Würde besteht, werde unterschiedlich beantwortet. Den Oligarchen zufolge liege sie im Reichtum eines Menschen, nach Ansicht der Aristokraten finde man sie in seiner Tugend. Von der austeilenden unterscheidet Aristoteles die ausgleichende Gerechtigkeit. Diese liege im freiwilligen und im unfreiwilligen Verkehr zwischen den Menschen. Im freiwilligen Verkehr regele sie die Ausgewogenheit zwischen Leistung und Gegenleistung bei Kauf, Miete, Darlehen und weiteren Verträgen. Im unfreiwilligen, deliktischen Verkehr sei es hauptsächlich Aufgabe des Richters, die ungerechte Verteilung von Zuviel (*πλέον*) und Zuwenig (*ἔλαττον*) infolge von Diebstahl, Ehebruch und Falschzeugnis aber auch bei Misshandlung und Mord auszugleichen. Die ausgleichende Gerechtigkeit verfahre nicht nach geometrischer, sondern nach arithmetischer Proportionalität. Denn hier komme es nicht auf die Würde der Personen an, sondern der auszugleichende Schaden stehe im Mittelpunkt.

Aristoteles räumt ein, dass es sich dabei häufig bloß um eine Metapher handele. Denn wenn einer den anderen schlägt, könne man begrifflich kaum von einem Gewinn (*κέρδος*) des Schlagenden und einem Schaden (*ζημία*) des Geschlagenen sprechen.[352] Obgleich der Begriff nicht für alle Situationen passe, nenne man das erlittene Unrecht dennoch den Nachteil des Geschlagenen und das zugefügte Unrecht den Vorteil des Schlagenden. »Das Zuviel an Gutem und Zuwenig an Üblem ist der Gewinn, das Entgegengesetzte der Schaden.«[353] Durch die Strafe nehme der Richter den Gewinn wieder weg und führe so einen Ausgleich herbei.

In der lateinischen Übersetzung von Robert Grosseteste († 1253) heißen Gewinn und Schaden *lucrum* und *damnum*.[354] Thomas von Aquin, der kein Grie-

---

351 Im Folgenden sind nur die Unterformen der partikulären Gerechtigkeit relevant. Für einen umfassenden Überblick siehe Fuchs: Gerechtigkeit, 53 ff.; Bien: Gerechtigkeit. Siehe auch Manthe: ZRG (RA) 113 (1996); Harke: Vorenthaltung und Verpflichtung, 11 ff.

352 Aristot. eth. Nic. 5,7 [1132a].

353 Aristot. eth. Nic. 5,7 [1132a] (Übersetzung von Olof Gigon).

354 Robert Grosseteste: Liber Ethicorum. Recensio pura, V,7, S. 234, Z. 5 f. und passim. Gleiches

chisch konnte,[355] übernimmt dies.[356] Auch er bekennt aber, dass man diese Begrifflichkeiten normalerweise nur für Besitztümer (*bonis possessis*) verwende und sie auf Verletzungen der Person (*iniuriis personalibus*) nicht recht passen. Denn es fehle an einem genau bestimmten Maß, sodass man eigentlich das Zuviel nicht *lucrum* und das Zuwenig nicht *damnum* nennen könne. Wenn man den Maßstab der Gerechtigkeit anlege, verwende man diese Bezeichnungen dennoch.

Weil die ausgleichende Gerechtigkeit nach dem Prinzip arithmetischer Proportionalität verfahre, komme es nur auf die objektive Größe des Schadens an, nicht aber auf die Würde der beteiligten Personen oder sonstige Umstände.[357] Insofern stimmt er mit Aristoteles überein. Etwas später sieht sich Thomas aber veranlasst, einen scheinbaren Widerspruch aufzulösen. Denn Aristoteles schreibt, dass man einen Beamten, der jemanden schlägt, nicht zurückschlagen dürfe. Ebenso genüge es nicht, denjenigen, der einen Beamten schlägt, bloß zurückzuschlagen, sondern man müsse ihn schwerer bestrafen.[358] Auf den ersten Blick scheint es, als schaue man hier doch auf die Stellung der beteiligten Personen und nicht bloß auf den zugefügten Schaden. Thomas erklärt dies wie folgt:

[…] manifestum est autem quod, quando nocumentum attenditur circa subtractionem rei exterioris, puta pecuniae, non variatur quantitas nocumenti secundum diversam condicionem personae, sed, quando est nocumentum personale, tunc necesse est quod quantitas nocumentum diversificetur secundum condicionem personae; manifestum est enim quod maius est nocumentum cum aliquis percutit principem, per quod non solum personam ipsius sed totam rem publicam laedit […][359]

Es steht aber fest, dass das Ausmaß der Schädigung nicht nach der unterschiedlichen Stellung der Person variiert, wenn die Schädigung die Wegnahme eines äußeren Guts betrifft, wie z.B. Geld. Aber wenn es um eine persönliche Schädigung geht, dann unterscheidet sich das Ausmaß der Schädigung notwendigerweise je nach Stellung der Person. Denn es steht fest, dass die Schädigung größer ist, wenn jemand einen Fürsten schlägt, weil er dadurch nicht nur dessen Person, sondern dem ganzen Gemeinwesen Schaden zufügt.

---

gilt für die von Wilhelm von Moerbeke überarbeitete Übersetzung, vgl. DERS.: Liber Ethicorum. Recensio recognita, V,7, S. 460, Z. 14 f.

355 PERKAMS: Einführung, 41.

356 THOMAS VON AQUIN: Sententia Ethic., lib. 5, lectio 6, ad 1132a10, S. 284 und passim.

357 DERS.: Sententia Ethic., lib. 5, lectio 6, ad 1131b32, S. 284, Z. 77 ff.

358 ARISTOT. eth. Nic. 5,7 [1132b28]. Zur Lösung dieses Widerspruchs bei Aristoteles siehe SALOMON: Gerechtigkeit, 30 ff.

359 THOMAS VON AQUIN: Sententia Ethic., lib. 5, lectio 8, ad 1132b28, S. 290, Z. 51 ff. Vgl. auch die

Der Stand des Opfers sei also nur deshalb mitbestimmend, weil bei der Verletzung eines Amtsträgers auch das Gemeinwesen einen Schaden erleide. Das Ausmaß des Schadens ist also größer, weil gleich zwei Entitäten betroffen sind.[360]

Für die ausgleichende Gerechtigkeit komme es auch nicht darauf an, ob ein Schaden willentlich oder unwillentlich zugefügt wurde.[361] Die Absicht des Schädigers sei nur insofern von Relevanz, als für die Sünde auch noch eine Strafe verhängt werden müsse. Bezugspunkt für die Strafe des Täters sei seine Schuld (*culpa*), die je nach Willensrichtung variieren könne.[362] Andererseits sei eine Strafe auch dann nötig, wenn durch die Tat niemand zu Schaden gekommen ist.

Thomas von Aquin nennt die austeilende Gerechtigkeit *iustitia distributiva* und die ausgleichende Gerechtigkeit *iustitia commutativa*. Mit dieser Benennung prägt er den wissenschaftlichen Diskurs bis in die Neuzeit. Von Seiten der modernen Forschung erfährt diese Interpretation jedoch Kritik, weil man die Bezeichnung der ausgleichenden Gerechtigkeit als *iustitia commutativa* für ungenau hält. Nach Reiner[363] sei Thomas dem Irrtum erlegen, das griechische *diorthotikon* (lat. *directiva* = regelnde) sowohl auf die austeilende als auch auf die ausgleichende Gerechtigkeit zu beziehen.[364] Bei einer Gesamtbetrachtung werde aber deutlich, dass Aristoteles das so nicht gemeint haben könne. Vielmehr handele es sich dabei eigentlich bloß um ein Spezifikum der ausgleichenden Gerechtigkeit. Diese Auslegung habe dazu geführt, dass Thomas nicht von einer *iustitia correctiva* (lat. *correctio* = Ausgleich) spricht, wie es laut Reiner dem aristotelischen Sinn entspräche, sondern von einer *iustitia commutativa* – also einer Austauschgerechtigkeit. Letztere beziehe sich aber eigentlich bloß auf den freiwilligen Verkehr zwischen Menschen, während *iustitia correctiva* der richtige

---

Übersetzung von Perkams in ders.: Sententia Ethic. Lateinisch-Deutsch, Buch 5, Abschnitt 8, n. 969, S. 125.

360 Vgl. Thomas von Aquin: STh I-II, q. 73, a. 9, co., S. 34; ders.: STh II-II, q. 61, a. 4, co., S. 39; q. 65, a. 4, co., S. 82. Ulrich von Straßburg, der ebenso wie Thomas Schüler bei Albertus Magnus war, drückt sich in diesem Punkt noch deutlicher aus. Die Würde des Opfers sei nicht deshalb zu beachten, weil es dabei um die Person als solche gehe, sondern weil sich aus der Verletzung eines Amtsträgers auch ein Schaden für das Gemeinwesen ergebe. Vgl. Ulrich von Strassburg: De summo bono, lib. 6, tract. 4, cap. 3, n. 6, S. 18.

361 Thomas von Aquin: Sententia Ethic., lib. 5, lectio 8, ad 1132b30, S. 290, Z. 66 ff.

362 Vgl. dazu auch ders.: STh II-II, q. 62, a. 3, co., S. 49.

363 Reiner: Grundlagen, S. 58, Fn. 16. Ihm folgend Bien: Gerechtigkeit, 117. Siehe auch Huber: Grundlinien, 183; Hause: Aquinas on Aristotelian Justice, 153 ff.; Harke: Vorenthaltung und Verpflichtung, 11 f., 34 f.

364 Vgl. Thomas von Aquin: STh II-II, q. 61, a. 3, co., S. 37: »distributiva iustitia est directiva distributionis: commutativa vero iustitia est directiva commutationum«.

Oberbegriff sowohl für freiwillige als auch für unfreiwillige Beziehungen sei.[365] Dieses Missverständnis hat laut Bien dazu geführt, dass Thomas auch die Tötung eines Menschen als Verletzung der Austauschgerechtigkeit bespricht.[366]

Tatsächlich scheint sich dieser Unterschied zwischen Aristoteles und Thomas auch praktisch niederzuschlagen. Denn Aristoteles geht zwar auch beim Mord von einer ungleichen Verteilung von Leiden und Tun aus, die der Richter durch die Buße auszugleichen habe. Er meint ferner allgemein, dass der Richter »von dem, der zuviel hat, wegnehmen und dem, der zuwenig hat, dazugeben muß.«[367] Beim Mord erklärt er aber nicht, wie man dem Getöteten etwas geben kann, und er erläutert auch nicht, ob vielleicht die Angehörigen als Empfänger in Betracht kommen.[368] Hingegen gibt Thomas wenigstens auf die Frage nach dem richtigen Empfänger eine Antwort: nicht den Hinterbliebenen, sondern dem Getöteten selbst müsse der Richter etwas verschaffen. Denn durch die Tötung erlange der Mörder insofern einen Gewinn, als er dem anderen seinen Willen aufzwängt, und der Getötete erleide insofern einen Schaden, als er sein Leben gegen seinen Willen verliert. Der Ausgleich durch den Richter geschehe wie folgt:

[...] iudex tentat hoc adaequare subtrahens a lucro et apponens damno, in quantum scilicet aufert aliquid percutienti vel occidenti contra suam voluntatem et exhibet in commodum vel honorem vulnerati vel occisi.[369]	Der Richter versucht dies auszugleichen, indem er vom Gewinn etwas entzieht und dem Schaden etwas hinzufügt. Insofern nimmt er dem Schläger oder Mörder etwas gegen seinen Willen weg und verwendet es zugunsten oder zur Ehre des Verletzten oder Getöteten.

Man kann die Stelle so auslegen, dass dem Verletzten ein wirtschaftlicher Vorteil, dem Getöteten hingegen etwas Ideelles zufließen soll. Jedenfalls für den Mord müsste man dann davon ausgehen, dass es hier um einen Ausgleich für die Verletzung am

365 Bien: Gerechtigkeit, 119. Siehe auch Del Vecchio: Gerechtigkeit, S. 64, Fn. 8. Dasselbe Phänomen lässt sich auch bei Ulrich von Strassburg: De summo bono, lib. 6, tract. 4, cap. 3, n. 6, S. 18 beobachten.

366 Bien: Gerechtigkeit, 117. Vgl. Thomas von Aquin: Sententia Ethic., lib. 5, lectio 6, ad 1131b32, S. 284, Z. 90 ff.

367 Aristot. eth. Nic. 5,7 [1132a] (Übersetzung von Olof Gigon).

368 Bien: Gerechtigkeit, S. 124, Fn. 23.

369 Thomas von Aquin: Sententia Ethic., lib. 5, lectio 6, ad 1131b32, S. 284, Z. 99 ff. Vgl. auch die Übersetzung von Perkams in ders.: Sententia Ethic. Lateinisch-Deutsch, Buch 5, Abschnitt 6, n. 952, S. 105.

Leben selbst geht und nicht bloß ein wirtschaftlicher Folgeschaden wie Angehörigenunterhalt gemeint ist. Denn auch beim Mord soll ja gerade dem Verstorbenen ein Ausgleich zukommen, der aber naturgemäß kein finanzieller sein kann.

Vor einer Überinterpretation dieser Stelle warnt aber der Umstand, dass Thomas in seinem Ethik-Kommentar zu sehr an das aristotelische Vorbild gebunden ist, als dass er seine Restitutionslehre hier umfassend entfalten könnte. Denn während scholastische Autoren die Entstehung einer Restitutionspflicht nicht an ein gerichtliches Urteil binden, soll bei Aristoteles der Richter über den gerechten Ausgleich entscheiden. Außerdem lässt sich die ausgleichende Gerechtigkeit im unfreiwilligen Verkehr einerseits als bürgerlich-rechtliche, andererseits als strafrechtliche Funktion beschreiben.[370] Bei Aristoteles fehlt es an einer strikten Trennung von Schadensersatz und Strafe.[371] Thomas hingegen differenziert in seinem Kommentar klar zwischen den Begriffspaaren Schuld und Strafe sowie Schaden und Ausgleich. Und die Rolle des Richters bei Aristoteles erinnert nicht zuletzt an das *arbitrium bonorum*, das bereits bei Albertus Magnus[372] begegnet und das auch Thomas in seinen anderen Werken zur Bestimmung des gerechten Ausgleichs heranzieht.

bb) Sentenzenkommentar

In seinem Sentenzenkommentar bespricht Thomas von Aquin unter anderem das Verhältnis der Restitution zur Satisfaktion.[373] In diesem Zusammenhang diskutiert er auch, inwiefern Restitution überhaupt möglich ist, wenn es zu einer Rufschädigung oder Körperverletzung gekommen ist.[374] Denn wenn ein Körperteil abgeschlagen wurde, scheine Restitution unmöglich. Ähnlich sei es bei der Verletzung des guten Rufs.

Thomas nähert sich einer Lösung dieses Problems, indem er die Restitution in den Dienst der Satisfaktion stellt. Ziel der Satisfaktion sei es, sich mit Gott und seinem Nächsten zu versöhnen.[375] Versöhnung sei aber nichts anderes als die Wiederherstellung der Freundschaft. Die Freundschaft könne solange nicht wiederhergestellt werden, wie der Grund für die Zwietracht fortbesteht. Wenn dieser Grund in einer Ungleichheit liegt, die aus der unrechtmäßigen Wegnahme

---

370 So Del Vecchio: Gerechtigkeit, 56.

371 Siehe dazu Hause: Aquinas on Aristotelian Justice, 154f. m.w.N.

372 Vgl. oben S. 88.

373 Thomas von Aquin: Super Sententiis, lib. 4, dist. 15, q. 1, a. 5, S. 664ff.

374 Ders.: Super Sententiis, lib. 4, dist. 15, q. 1, a. 5, qc. 2, S. 664f.

375 Ders.: Super Sententiis, lib. 4, dist. 15, q. 1, a. 5, qc. 2 co., S. 668: »per satisfactionem oportet quod homo sicut Deo, ita proximo reconcilietur.« Siehe dazu auch Weinzierl: Hochscholastik, 168f.

oder Zurückbehaltung einer Sache resultiert, dann könne man ohne die Restitution derselben keine Versöhnung und damit auch keine Wiederherstellung der Freundschaft erreichen. Über die Unmöglichkeit der Restitution in bestimmten Situationen hilft sich Thomas hinweg, indem er auf eine bestimmte Form der Ausgeglichenheit rekurriert, die nach Aristoteles in Freundschaftsverhältnissen gilt. Im achten Buch der Nikomachischen Ethik will Aristoteles nämlich zwischen Freunden nicht den strengen Maßstab der Austauschgerechtigkeit gelten lassen, den er im fünften Buch für Vertragsbeziehungen fordert. Denn man »stell[e] sich nämlich vor, es müsse in der Freundschaft zugehen wie bei einem gemeinschaftlichen Handel, wo auf den größeren Einsatz auch der größere Gewinn trifft.«[376] Zwischen Freunden könnten offenbar nicht dieselben Regeln gelten wie zwischen Vertragspartnern. Deshalb heißt es bei Aristoteles: »die Freundschaft verlangt nur das Mögliche, nicht das Gebührende.«[377] In seinem Kommentar zu Nikomachischen Ethik erläutert Thomas dies wie folgt:

> Deinde cum dicit: *Possibile enim* etc., probat quod sufficiat reddere quod contingit, quia amicitia requirit id quod est possibile amico, non autem semper id quod esset dignum, quia quandoque non esset possibile.[378]

> Wenn er [sc. Aristoteles] dann sagt *Possibile enim*, so beweist er, dass es genügt, dasjenige zurückzugeben, was man kann. Denn die Freundschaft verlangt das, was dem Freund möglich ist, und nicht immer das, was würdig wäre. Denn das wäre manchmal gar nicht möglich.

Nach Aristoteles gilt in der Freundschaft dasselbe wie im Verhältnis zu den Göttern und zu den Eltern. Auch ihnen könne man nicht die Ehre zukommen zu lassen, die ihnen eigentlich gebührt.[379] Deshalb genüge es, sich um das Mögliche zu bemühen. Thomas hatte diesen Grundsatz bereits zur Beantwortung der Frage herangezogen, ob man Gott Satisfaktion leisten kann. Weil der Mensch Gott nicht etwas Gleichwertiges zurückgeben könne, genüge es, wenn er so viel zurückgibt, wie er kann.[380] Was nach Aristoteles aber nur in der Freundschaft sowie im Verhältnis zu den Göttern und Eltern gilt, das wendet Thomas auch auf die Beziehung zwischen Schädiger und Geschädigtem an. Die Erweiterung

376 Aristot. eth. Nic. 8,16 [1163a] (Übersetzung von Eugen Rolfes).
377 Aristot. eth. Nic. 8,16 [1163b] (Übersetzung von Eugen Rolfes).
378 Thomas von Aquin: Sententia Ethic., lib. 8, lectio 14, ad 1163b15, S. 497, Z. 91 ff.
379 Aristot. eth. Nic. 8,16 [1163b].
380 Thomas von Aquin: Super Sententiis, lib. 4, dist. 15, q. 1, a. 2 co., S. 649.

des Anwendungsbereichs gelingt ihm, indem er die Versöhnung, also die Wiederherstellung der Freundschaft zu Gott und dem Nächsten, als letztes Ziel der Satisfaktion herausstellt. Wenn man also keine vollständige Restitution leisten kann, sei Versöhnung möglich, indem man so viel restituiert, wie möglich ist:

Sed sciendum, quod amicitia, ut philosophus dicit in 8 Ethic., non requirit semper aequale, sed quod possibile; et ideo si aliqua sunt ablata quae omnino restitui non possunt, sufficit voluntas restituendi cum tanta restitutione quanta possibilis est secundum conditionem utriusque ad arbitrium bonorum.[381]	Aber man muss wissen, dass die Freundschaft, wie Aristoteles im achten Buch der [Nikomachischen] Ethik sagt, nicht immer das Gleichwertige verlangt, sondern das Mögliche. Wenn also Güter weggenommen wurden, die nicht ganz und gar restituiert werden können, so genügt der Wille zu restituieren zusammen mit einer so großen Restitution wie möglich, die in Abhängigkeit von den Verhältnissen der beiden nach dem Urteil Rechtschaffener bestimmt wird.

Die *voluntas restituendi* erinnert an den *amor condignae satisfactionis* bei Petrus Lombardus.[382] Das *arbitrium bonorum* ist hingegen von Albertus Magnus bekannt.[383] Deutlicher als dieser erkennt aber Thomas durch seinen Rückgriff auf die aristotelische Philosophie zur Freundschaft im Ergebnis an, dass die Restitution unter bestimmten Umständen unmöglich ist. Bei Albert ließ die *recompensatio* als Unterform der Restitution noch den nötigen Interpretationsspielraum, um die Kompensation nach dem Urteil rechtschaffener Männer als perfekten Ausgleich einer an sich irreparablen Verletzung zu verstehen. Ob damit auch eine Geldzahlung gemeint ist, blieb bei Albert offen, und es sollte auch nicht der Wert des verlorenen Körperteils kompensiert werden, sondern bloß die Verletzung. Hingegen geht Thomas davon aus, dass die vollständige Restitution bei bestimmten Verletzungen unmöglich ist und dann bloß so viel zu restituieren ist *quanta possibilis est.*

Was genau das sein soll, erklärt auch er hier nicht. Damit kann sowohl eine Geldzahlung für den verlorenen Körperteil, als auch die Erstattung von Behandlungskosten gemeint sein. Auch sonstige freundschaftliche Werke sind nicht ausgeschlossen. Unklar bleibt auch zunächst, wofür restituiert werden soll: für den verlorenen Körperteil selbst, oder für materielle Folgeschäden? Zwar will

381 Ders.: Super Sententiis, lib. 4, dist. 15, q. 1, a. 5, qc. 2 co., S. 668.
382 Vgl. oben S. 84.
383 Vgl. oben S. 88.

er die Verhältnisse von Schädiger und Geschädigtem bei der Bemessung berücksichtigen. Und in seinem Kommentar zur Nikomachischen Ethik heißt es, dass die Schadenshöhe nur dann in Ansehung der Person zu bemessen sei, wenn es nicht um den Schaden an einem äußeren Gut, sondern um die Verletzung der Person geht (*nocumentum personale*).[384] Andererseits ging es dort um die Verletzung eines Beamten, die einen Schaden auch für das Gemeinwohl nach sich zieht. Unklar bleibt auch, weshalb er neben der Person des Verletzten auch die Verhältnisse des Schädigers berücksichtigen will. Dies scheint den Regeln der *iustitia commutativa* zu widersprechen, die nur auf den zugefügten Schaden schaut. Letztlich ist dies nur mit dem Maßstab zu erklären, der laut Aristoteles in Freundschaftsbeziehungen gilt und den Thomas auch anwenden will, wenn eine tatsächliche Restitution unmöglich ist.

Dass Thomas grundsätzlich zwischen Vermögens- und Nichtvermögensschäden unterscheidet, zeigt eine andere Stelle aus dem Sentenzenkommentar:

[...] restitutio principaliter inventa est in damnis quae inferuntur in rebus fortunae, quae restitui possunt: in his autem quae objectio tangit, quae non possunt ad simile bonum restitui, debet fieri restitutio qualis possibilis est, scilicet ad arbitrium bonorum.[385]

Die Restitution wurde hauptsächlich für Schäden erfunden, die an Vermögensgütern entstehen, die restituiert werden können. Aber bei Gütern, die der Einwand trifft, dass sie nicht zur gleichen Beschaffenheit restituiert werden können, muss diejenige Restitution geleistet werden, die möglich ist, nämlich nach dem Urteil Rechtschaffener.

Dennoch tritt die Unterscheidung zwischen Vermögens- und Nichtvermögensschäden bei Thomas nicht immer deutlich hervor. Insbesondere in der *Summa theologica* führt dies zu Interpretationsproblemen, die noch bei den Spätscholastikern für Meinungsverschiedenheiten sorgten.

384 Vgl. oben S. 92. Dieses Maß an Differenziertheit wird erst im Zusammenspiel mit Thomas' Kommentar zur Nikomachischen Ethik deutlich. Aus den Ausführungen des Petrus Cantor (vgl. oben S. 78) ergibt sich das hingegen noch nicht. Zwar unterscheidet auch er nach den persönlichen Verhältnissen. Jedoch kann damit auch ein materieller Folgeschaden gemeint sein.

385 Thomas von Aquin: Super Sententiis, lib. 4, dist. 15, q. 1, a. 5, qc. 2, ad 2, S. 668 f.

cc) Summa theologica

In der *Secunda secundae* der *Summa theologica* sind für die Restitutionslehre vor allem zwei *Quaestiones* von besonderer Bedeutung. In der 61. Frage behandelt Thomas zunächst die verschiedenen Formen der Gerechtigkeit. Er unterscheidet die *iustitia distributiva* von der *iustitia commutativa*.[386] Sodann erläutert er unterschiedliche Kategorien von Gerechtigkeitsverstößen.[387] Er differenziert die gegen Sachen gerichtete Verletzung (*in rem*) von der gegen Personen gerichteten Verletzung (*in personam*). Die Verletzung der Person könne sich gegen diese selbst richten (*ad ipsam consistentiam personae*) – wie bei Schlägen, Verstümmelung oder Mord. Oder sie richte sich gegen die Würde der Person (*ad dignitatem*) – wie bei Verleumdung oder Falschbeschuldigung. In allen diesen Fällen sei wegen der *iustitia commutativa* ein Ausgleich erforderlich, bei dem Tun und Erleiden wieder in ein ausgewogenes Verhältnis gebracht werden.[388] Thomas weist auf die bereits aus seinem Ethik-Kommentar bekannte Lehre hin, wonach bei der Verletzung eines Menschen auch dessen persönliche Verhältnisse eine Rolle spielen.

In der 62. Frage befasst sich Thomas mit der Restitution, die er einen Akt ausgleichender Gerechtigkeit nennt.[389] Das Wort *restitutio* deute zwar in erster Linie nur auf die gegenständliche Rückgabe einer Sache hin. Daraus dürfe man aber nicht schlussfolgern, dass Restitution bloß bei äußerlichen Gütern stattfinde. Nicht nur bei Vermögensschäden, sondern auch bei der Verletzung der Person spreche man von Restitution.[390] Insofern gelte dasselbe wie bei der Definition von Gewinn und Verlust, die ja schon Aristoteles im fünften Buch der Nikomachischen Ethik und deshalb auch Thomas in seinem Kommentar[391] beschäftigt hatte. In der *Summa* heißt es dazu:

Sed sicut ab huiusmodi rebus nomen commutationis translatum est ad actiones vel passiones quae pertinent ad reverentiam vel iniuriam alicuius personae, seu nocumentum vel profectum; ita	Aber ebenso, wie man von derlei Vorfällen den Begriff des Austauschs auf dasjenige Tun und Leiden übertragen hat, das die Ehrfurcht oder die Beleidigung einer Person betrifft bzw. einen Schaden oder einen Gewinn, nimmt man auch den Begriff der Restitution,

386 Ders.: STh II-II, q. 61, a. 1, S. 34 f.
387 Ders.: STh II-II, q. 61, a. 3, co., S. 37.
388 Ders.: STh II-II, q. 61, a. 4, co., S. 39.
389 Ders.: STh II-II, q. 62, a. 1, co., S. 41.
390 Vgl. oben S. 98.
391 Vgl. oben S. 91 ff.

etiam nomen restitutionis ad haec derivatur quae, licet realiter non maneat, tamen manent in effectu, vel corporali, puta cum ex percussione laeditur corpus; vel qui est in opinione hominum, sicut cum aliquis verbo opprobioso remanet homo infamatus, vel etiam minoratus in suo honore.[392]	wenn es um Formen des Tuns und Erleidens geht, die zwar nicht gegenständlich, wohl aber was die Wirkung betrifft, von Dauer sind: entweder in körperlicher Wirkung, z.B. wenn durch einen Schlag der Körper verletzt wird, oder aber in der Meinung der Menschen, z.B. wenn jemand durch ehrenrührige Worte in Verruf gerät oder in seiner Ehre herabgesetzt wird.

Auch Verletzungen der Person lösen Restitutionspflichten aus, weil zwar nicht gegenständlich, wohl aber in der Wirkung etwas verbleibt. Das führt aber zu der Frage, inwiefern man diese Pflicht im Einzelfall erfüllen kann, wenn die Restitution aus tatsächlichen oder moralischen Gründen unmöglich scheint.[393] Denn ein abgeschlagener Körperteil lässt sich nicht wiederherstellen. Und wenn man den guten Ruf eines anderen durch die unrechtmäßige[394] Bekanntmachung eines wahren Verbrechens verletzt hat, darf man nicht einfach durch eine Lüge restituieren, indem man widerruft. Für diesen spezifischen Fall meint Thomas, dass man wenigstens sagen müsse, schlecht über den anderen gesprochen zu haben.[395] Aber auch er selbst scheint einzusehen, dass dieses Mittel nur wenig erfolgversprechend ist und die schlechte Meinung über den anderen aus den Köpfen der Menschen nicht vertreiben wird. In diesem Fall rät er ebenso zu verfahren wie bei der unmöglichen Wiederherstellung eines abgeschlagenen Körperteils:

Et ideo quando id quod est ablatum non est restituibile per aliquid aequale, debet fieri recompensatio qualis possibilis est. Puta, cum aliquis alicui abstulit membrum, debet ei recompensare vel in pecunia vel in aliquo honore, considerata conditione	Und wenn also das, was weggenommen wurde, nicht durch etwas Gleichwertiges restituierbar ist, muss man nach Möglichkeit kompensieren. Wenn etwa jemand einem anderen ein Körperteil abgetrennt hat, so muss er in Geld oder in Ehrungen kompensieren und zwar unter Berücksichtigung der Verhältnisse

392 Thomas von Aquin: STh II-II, q. 62, a. 1, co., S. 41.

393 Ders.: STh II-II, q. 62, a. 2, S. 42 f.

394 Die Unrechtmäßigkeit kann sich aus einem Verstoß gegen die *correctio fraterna* ergeben. Siehe dazu oben S. 89, Fn. 346.

395 Thomas von Aquin: STh II-II, q. 62, a. 2, ad 2, S. 43.

utriusque personae, secundum arbitrium probi viri.[396]	beider Personen nach dem Urteil eines rechtschaffenen Mannes.

Ebenso wie in seinem Sentenzenkommentar beruft sich Thomas auch hier auf Aristoteles, dem zufolge die Freundschaft nicht das Gleichwertige, sondern bloß das Mögliche abverlange. Wenn ein Gegenstand also nicht restituiert werden kann, dann genüge jene Kompensation, die möglich ist. Dass dieser Modus eigentlich nur zwischen Freunden sowie im Verhältnis zu den Eltern und zu Gott gelten soll, erwähnt Thomas zwar auch hier. Anders als in seinem Sentenzenkommentar begründet er aber nicht eigens, weshalb dies auch zwischen Schädiger und Geschädigtem gelten soll.

Dennoch ist gerade diese Stelle aus der *Secunda secundae* zu dem am häufigsten zitierten Beleg dafür geworden, dass ein Ausgleich von Körperverletzungen und Rufschädigungen in Geld möglich sei. Auf sie berufen sich fast sämtliche spätscholastische Autoren, die die Auffassung vertreten, mit Geld könne man auch das *damnum famae* und *corporis* kompensieren.[397] Das mag daran liegen, dass sich Thomas hier anders als in der Parallelstelle aus dem Sentenzenkommentar[398] erstmalig dazu äußert, mit welchen Mitteln eine solche Kompensation zu bewirken sei, nämlich mit Geld oder Ehrungen. Dass man Rufschädigungen durch Ehrungen kompensieren könne, erscheint zwar bloß als eine besondere Form der Naturalrestitution. Thomas will Ehrungen aber auch zur Kompensation einer Körperverletzung gelten lassen, was dafürspricht, dass nicht bloß materielle Folgeschäden gemeint sind. Denn dieser Zusatz wäre nicht erforderlich, wenn es ihm von vornherein bloß um Behandlungskosten und Verdienstausfall ginge.

Andererseits fehlt es auch hier an einer eindeutigen Differenzierung zwischen Vermögens- und Nichtvermögensschaden, wie sie Thomas an anderer Stelle teilweise unterbreitet. Dementsprechend lautet die Auffassung manch anderer Spätscholastiker, dass Thomas hier bloß materielle Folgeschäden im Sinn habe, nicht aber eine Kompensation für das ideelle Gut selbst.[399] Herrschend war diese Auslegung freilich nicht. Viele frühneuzeitliche Autoren gingen ohne Weiteres davon

396 Ders.: STh II-II, q. 62, a. 2, ad 1, S. 43.

397 Siehe dazu im Einzelnen unten S. 200 ff.

398 Vgl. oben S. 98.

399 Diese Ansicht vertreten beispielsweise Domingo Báñez, Gabriel Vázquez und Petrus de Navarra. Siehe dazu unten S. 127 f.

aus, dass Thomas hier gerade auch die nichtwirtschaftlichen Einbußen mit Geld kompensieren wollte.

Dies mag erklären, weshalb sich auch die moderne Forschung diesem Standpunkt weitgehend und fast ohne zu zögern angeschlossen hat.[400] Andererseits vertritt aber DONDORP die Auffassung, dass sich Thomas hier nicht eindeutig dazu geäußert habe, ob neben den wirtschaftlichen Einbußen auch immaterielle Verluste zu kompensieren seien.[401] DONDORP meint, dass allein die Berücksichtigung der Verhältnisse der Beteiligten nicht für den immateriellen Charakter der Kompensation spreche. Denn Thomas stelle auch dann auf die *conditio personarum* ab, wenn jemand einen anderen am Erwerb gehindert hat und es um die Bemessung des Verdienstausfalls geht.[402] Dem ist aber entgegenzuhalten, dass Thomas in diesen Fällen nicht nur auf die Verhältnisse der Person (*secundum conditionem personarum*), sondern ausdrücklich auch auf deren Beruf (*et negotiorum*) abstellt.[403] Bei Körperverletzungen und Rufschädigungen fehlt es aber an diesem Zusatz. Es ist deshalb plausibel, dass bei Thomas gerade darin die feine Unterscheidung zwischen Vermögens- und Nichtvermögensschaden liegt. Auch im Zusammenspiel mit dem Kommentar zur Nikomachischen Ethik wird deutlich, dass Thomas gerade dann auf die *conditio personarum* schaut, wenn es um den Schaden an der Person selbst geht (*nocumentum personale*).[404] Im Ergebnis erfüllt Thomas an dieser Stelle zwar nicht alle modernen Erwartungen an eine präzise Differenzierung. Dennoch spricht einiges dafür, dass er bei Körperverletzungen und Rufschädigungen auch den nichtwirtschaftlichen Verlust in Geld kompensieren möchte.[405]

---

400 Vgl. NUFER: Restitutionslehre, 32; OLIVIER: Pyn en Lyding, 87; UNTERREITMEIER: Schmerzensgeldanspruch, 31 ff.; DESCAMPS: Droit de la responsabilité, 163 f.; JANSEN: Theologie, Philosophie und Jurisprudenz, 109; SAMPSON: Historical Foundations, 170. Offen hingegen WEINZIERL: Hochscholastik, 193, 195 f.; GORDLEY: Private Law, 222 f.

401 DONDORP: Crime and Punishment, 116: »It cannot be established with certainty whether Thomas Aquinas was against or in favour of the compensation of incorporeal damage.«

402 Ebd., 115.

403 Vgl. THOMAS VON AQUIN: STh II-II, q. 62, a. 2, ad 4, S. 43: »pensantis conditionibus personarum et negotii« und DERS.: STh II-II, q. 62, a. 4, co., S. 50: »secundum conditionem personarum et negotiorum«.

404 Vgl. oben S. 92.

405 Miguel Bartolomé Salón († 1621) meint, dass Thomas hier sowohl auf das *damnum temporale* als auch auf das *damnum naturale* abstellt, vgl. SALÓN: De Iustitia et Iure, q. 62, a. 2, controversia 4, concl. 3, S. 205a.

b) Die Lehre vom objektiven Ausgleich

Kommt man zu dem Ergebnis, dass bei Thomas eine Geldkompensation auch für die nichtwirtschaftlichen Verluste in Frage kommt, muss zur Bestimmung des Schadensbegriffs noch geklärt werden, was genau dadurch zum Ausgleich gebracht werden soll. Denn ebenso wie die materiellen Schäden infolge einer Körperverletzung nicht nur Behandlungskosten und Verdienstausfall, sondern je nach Lesart auch eine Vielzahl anderer Posten betreffen können, so bedarf es auch auf Seiten des immateriellen Schadens einer differenzierten Betrachtungsweise.

Thomas fordert in erster Linie die tatsächliche Wiederherstellung des verletzten Rechtsguts. Diese ist auch bei der Verletzung von Persönlichkeitsgütern nicht von vornherein ausgeschlossen. Eine Körperverletzung kann bei entsprechender medizinischer Behandlung unter Umständen vollständig verheilen. Und auch eine Rufschädigung kann prinzipiell durch die Überführung des Schädigers als Lügner und den Widerruf der ehrenrührigen Behauptung aus der Welt geschaffen werden. Thomas bringt die Geldkompensation überhaupt erst dann ins Spiel, wenn diese Möglichkeiten nicht bestehen – entweder weil der Körperteil unwiederbringlich verloren oder die schlechte Ansicht über einen Menschen nicht aus den Gedanken der anderen zu tilgen ist. Die Geldkompensation ersetzt eine unmögliche Wiederherstellung *in natura* und orientiert sich demnach an dem verlorenen Rechtsgut selbst. Sie stellt einen objektiven Ausgleich dar. Gleichwohl muss sich dieser bei Thomas nicht am strengen Maß der Austauschgerechtigkeit, sondern an den in Freundschaftsbeziehungen geltenden Regeln messen. Der Delinquent schulde nicht das Gebührende, sondern das Mögliche, da es letztlich auf die Wiederherstellung der Freundschaft zu Gott und dem Nächsten ankomme. Der Rückgriff auf den im Freundschaftsverhältnis geltenden Maßstab dient jedoch bloß der Überwindung der Unmöglichkeit. Die Kompensation soll einem wirklichen Ausgleich trotzdem möglichst nahekommen.

Die Qualität der Restitution als Rechtspflicht wird dadurch nicht berührt. Thomas stellt an anderer Stelle klar, dass auch die Pflichten gegenüber Gott und den Eltern, die nicht bis zur vollständigen Ausgeglichenheit erfüllt werden können, wirkliche Rechtspflichten (*debitum legale*) und nicht bloß moralische Obliegenheiten (*debitum morale*) seien.[406] Auch beim Ausgleich von Körperverletzungen und Rufschädigungen mit Geld handelt es sich für Thomas also nicht um bloße

---

406 Thomas von Aquin: STh II-II, q. 80, a. unicus, co., S. 174.

»Billigkeitsmaßnahmen«,[407] wie manche modernen Theologen behaupten,[408] sondern um eine echte Gewissenspflicht.

Die Schadenshöhe und damit die erforderliche Kompensation können bei Thomas je nach betroffener Person variieren, weil bei der Verletzung einer Amtsperson auch das Gemeinwesen zu Schaden komme. Im Sentenzenkommentar und in der *Summa theologica* fordert Thomas zudem, auch die Verhältnisse des Schädigers zu berücksichtigen. Für bloß zeitweilige Verletzungen an Körper und Ruf sowie bei sonstigen Unannehmlichkeiten erwägt er ebenso wenig eine Geldkompensation wie für Schmerzen oder Trauer. Die Entschädigung orientiert sich nicht an gekränkten Gefühlen und soll auch nicht das erlittene Unrecht kompensieren, sondern sie dient als Ausgleich für den Verlust eines Rechtsguts.

2. Johannes Duns Scotus

Auch der Franziskaner Johannes Duns Scotus († 1308) ist für die Restitutionslehre im Bereich von Persönlichkeitsgütern eine scholastische Autorität von großer Bedeutung.[409] Er studierte Theologie in Oxford und Paris und war Schüler bei Alexander von Hales. In Paris hielt er Vorlesungen über die Sentenzen des Petrus Lombardus. In einigen seiner Positionen gilt er als Gegenspieler Thomas von Aquins. Auch bei der Restitution für Körperverletzungen verfolgt er einen anderen Ansatz. Die Untersuchung seiner Lehrmeinung auf diesem Feld ist davon geprägt, dass viele seiner Werke unvollendet geblieben sind. Die einzelnen Textfassungen seiner Schriften weichen teilweise deutlich voneinander ab. Von den zahlreichen Schriften, die Duns Scotus hinterlassen hat, ist sein Sentenzenkommentar von größter Bedeutung für die Restitutionslehre.

a) Der Sentenzenkommentar

Duns Scotus unterbreitet dem Leser seines Sentenzenkommentars eine umfassende Restitutionslehre.[410] Vor allem seine Überlegungen zur Restitutionspflicht des Mörders werden von spätscholastischen Autoren häufig aufgegriffen. Aber auch seine Lehre zur Körperverletzung erweist sich als äußerst differenziert. Zudem zeichnet er sich durch die Besonderheit aus, auch auf Trauer und verletzte

407 So Nell-Breuning: TTR 58 (1949), 295.
408 Siehe dazu ausführlich unten S. 290 ff.
409 Zu seiner Biographie siehe Vos: John Duns Scotus.
410 Eine ausführliche Untersuchung seiner Restitutionslehre bietet Kanschik: Restitution.

Gefühle mit einer Geldentschädigung zu antworten. Für eine genaue Untersuchung dieser Lehre ist eine Auseinandersetzung mit den verschiedenen Textzeugnissen seines Sentenzenkommentars erforderlich. Die Überlieferung dieses Werks ist überaus komplex und in ihren Einzelheiten Gegenstand wissenschaftlicher Kontroversen.[411]

Auf dem Stand der heutigen Forschung kann man mit einiger Sicherheit davon ausgehen, dass Duns Scotus' Sentenzenkommentar in drei authentischen Fassungen überliefert ist: der *Lectura*, der *Ordinatio* sowie den *Reportationes*. Die *Lectura* geht auf eine Vorlesung zurück, die Duns Scotus 1298/1299 in Oxford gehalten hat. Das für die Restitutionslehre bedeutende vierte Buch der Sentenzen findet sich darin jedoch nicht. Dies soll er nicht vor seinem Aufenthalt in Paris 1303 kommentiert haben.[412] Ein Kommentar zum vierten Buch der Sentenzen ist somit nur als *Ordinatio IV* und in zwei *Reportationes* überliefert. Bei der *Ordinatio* soll es sich um eine von Duns Scotus für die Veröffentlichung vorgesehene Fassung seines Kommentars handeln, die er bis zu seinem Tod überarbeitet hat.[413] Für diese Arbeit soll er auch auf die *Reportatio IV* zurückgegriffen haben, die wiederum Grundlage seiner Pariser Vorlesung 1303 gewesen sein soll, und in zwei Fassungen überliefert ist: der *Reportatio IV-A* und *IV-B*.[414]

aa) Ordinatio

Duns Scotus behandelt die Restitution für Personengüter, zu denen er solche des Körpers und solche der Seele zählt, getrennt von der Restitution für die Verletzung des guten Rufs. In einem Abschnitt mit dem Titel *De damnis in bonis corporis* untersucht er die Restitution sowohl für Körperverletzungen als auch für Tötung.[415] Er beginnt mit einer Unterscheidung der verschiedenen Schadensformen. Unter den Schäden, die man an Körpergütern anrichten könne, sei die Tötung der schwerwiegendste. Bei Schäden unterhalb dieser Schwelle, also bei Körperverletzungen, unterscheidet Duns Scotus zwischen heilbaren (*remediabile*) und unheilbaren (*irremediabile*). Den unheilbaren Schaden nennt er Verstümmelung (*mutilatio*). Diese unterteilt er wiederum in schwerwiegende (*enormis*) und nicht schwerwiegende (*non enormis*). Schwerwiegende Verstümmelungen

411 Dreyer: Kommentare, 137. Zur Entstehungs- und Editionsgeschichte des Werks siehe Kanschik: Restitution, 136 ff. m.w.N.

412 Kanschik: Restitution, 124 m.w.N.

413 Ebd., 145 f. m.w.N.

414 Ebd., 147 m.w.N. Zu den *Reportationes IV* siehe auch Bychkov: Introduction.

415 Duns Scotus: Ordinatio IV (Vaticana), dist. 15, q. 3, n. 226, S. 116.

schränken das menschliche Handeln wesentlich ein (Verlust der rechten Hand), die anderen nicht (Verlust eines Fingers).

Bei der Restitution für derartige Schäden differenziert Duns Scotus zwischen dem möglichen und dem tatsächlichen Rechtszustand. Er hält es im Hinblick auf einen möglichen Rechtszustand für gerecht, wenn man bei Schäden am Körper die Talion anwende:

> [...] si lex talionis in omnibus istis statueretur, iusta esset, quia non est facile quod pro tali damno illato homini fiat recompensatio aequalis per aliqua bona fortunae, quia non aequivalent.[416]

> Es wäre gerecht, wenn man für alle diese Schäden das Gesetz der Talion festschriebe. Es ist nämlich schwer, einem Menschen einen solchen Schaden durch Vermögensgüter in ausgleichender Weise zu kompensieren, denn sie sind nicht gleichwertig.

Duns Scotus hält die Kompensation von Körperschäden mit Vermögensgütern zwar nicht für ausgeschlossen, nennt sie aber schwierig. Denn Körper- und Vermögensgüter seien nicht gleichwertig. Habe man ein Leben genommen, sei es also gerecht, dafür auch das eigene Leben zu geben. Dass es sich bei der alttestamentarischen Talion[417] um ein Gesetz der Juden handele,[418] spricht laut Duns Scotus nicht gegen seine Anwendung. Denn man könne es durch eigene Vorschriften in Kraft setzen, ohne sich dabei einer fremden Religion anzuschließen. Das sei durch das Evangelium geschehen.[419] Dementsprechend könne man die Todesstrafe vollkommen zurecht auch im tatsächlichen Rechtszustand der meisten Gesellschaften beobachten.[420] Dort wo sie gelte, müsse der Mörder sie über sich ergehen lassen. Wo dies nicht der Fall sei, könne man von ihm aber nicht verlangen, sich ihr freiwillig zu ergeben. Es sei dann aber ratsam, sein Leben für eine gerechte Sache einzusetzen, etwa im Kampf gegen die Feinde der Kirche.

Doch wer auch dazu nicht willig sei, der könne nicht einfach von jeglicher Restitutionspflicht frei sein. In einer später oft rezipierten Passage polemisiert

---

416 Ders.: Ordinatio IV (Vaticana), dist. 15, q. 3, n. 228, S. 117.

417 Vgl. Ex 21,23–25.

418 Duns Scotus unterliegt hier dem verbreiteten antisemitischen Vorurteil, wonach die Juden im Einklang mit Ex 21,23–24 das Talionsprinzip auch bei Körperverletzungen streng befolgen. Tatsächlich wird die Talion aber bereits durch den babylonischen Talmud radikal in Frage gestellt und zugunsten einer Geldentschädigung abgemildert (bBQ 8,1, fol. 83b). Siehe dazu noch unten S. 287, Fn. 1356.

419 Er bezieht sich auf Mt 26,52: »Omnes enim qui acceperint gladium gladio peribunt«.

420 Duns Scotus: Ordinatio IV (Vaticana), dist. 15, q. 3, n. 237, S. 119.

Duns Scotus gegen die Narren (*fatui*), die den Mörder ohne Weiteres freisprechen.[421] Denn er stünde dann besser, als jemand, der bloß einen Hund oder ein Rind getötet habe (*canicida vel bovicida*) und dafür Restitution leisten müsse. Duns Scotus übersieht nicht, dass man bei der Tötung von Tieren vor allem deren Marktwert und möglicherweise auch etwas für entgangenen Gewinn zu restituieren hat. Es liegt darin vielmehr eine bewusste Überspitzung, an die er unmittelbar wie folgt anschließt:

Tenetur igitur ad restitutionem spiritualem faciendam, aequivalentem vitae quam abstulit, sicut potest esse aequivalentia in talibus.[422]	Er ist also zu einer geistlichen Restitution verpflichtet, die dem genommenen Leben gleichwertig ist, insofern in solchen Fällen Gleichwertigkeit möglich ist.

Der Mörder muss für das genommene Leben also eine geistliche Restitution leisten. Darüber hinaus muss er den Hinterbliebenen des Getöteten den verlorenen Unterhalt ersetzen. Nochmals wiederholt Duns Scotus aber, dass die Talion in diesem Fall die bessere Lösung sei.

Bei Körperverletzungen hingegen gelte die Talion nicht. Man hafte bloß auf eine Geldstrafe, die aber nicht nur dem Vermögensschaden, sondern auch der Trauer des Verletzten entsprechen müsse:

De alia damnificatione in corpore, scilicet mutilatione enormi vel non enormi, non est statuta in Ecclesia nisi pecuniaria poena; et illa debet respondere non solum damno quod incurrit quis per mutilationem pro toto tempore futuro quo usurus esset quis illo membro absciso, sed etiam expensis appositis in curatione (et hoc dicit capitulum allegatum *Extra,* »De iniuriis et damno dato«); et ultra, placationi ipsius laesi[423], quae etiam requireretur et si	Für die anderen Schäden am Körper, nämlich die schwerwiegende und die nicht schwerwiegende Verstümmelung, sieht die Kirche nur eine Geldstrafe vor. Und diese muss nicht nur dem Schaden entsprechen, der jemandem aufgrund der Verstümmelung in der Zukunft insgesamt entsteht, in der er sich des abgetrennten Glieds hätte bedienen können, sondern auch den für die Behandlung aufgewendeten Kosten (und davon spricht die zitierte Stelle X 5,36). Und darüber hinaus auch der Besänftigung des Verletzten, die auch ohne eine solche Verstümmelung erforderlich

421 Ders.: Ordinatio IV (Vaticana), dist. 15, q. 3, n. 238, S. 119.

422 Ders.: Ordinatio IV (Vaticana), dist. 15, q. 3, n. 238, S. 119 f.

423 Im Apparat der *Editio Vaticana* bezeugt eine Handschrift die Lesart *placatio legis* (statt *placatio*

non esset talis mutilatio; et consolationi ipsius afflicti, quia perpetua est illi desolatio de tali mutilatione.[424]

wäre, sowie der Tröstung des Elenden, denn seine Trauer über eine solche Verstümmelung währt lebenslang.

Für die Haftung des Schädigers auf Behandlungskosten und Verdienstausfall allegiert Duns Scotus Vorschriften aus dem *Liber Extra*. Er geht über diese Regelung aber bewusst hinaus (*et ultra*) und erweitert die Restitutionspflicht auf die Folgen für die Gefühle des Geschädigten. Hat dieser einen Körperteil verloren, soll er durch die *poena pecuniaria* Tröstung für seinen Verlust erfahren, und zwar sowohl bei schwerwiegenden als auch bei nicht schwerwiegenden Verstümmelungen. Seine eingangs aufgestellte These, dass derlei Schäden durch Vermögensgüter nicht ausgeglichen werden könnten,[425] scheint er geschickt zu umgehen, indem er mit dem Geld nicht den Verlust des Körperteils selbst, sondern – um einen modernen Begriff zu verwenden – den Gefühlsschaden kompensieren will. Dazu passt, dass auch bei heilbaren Verletzungen Geld zur Besänftigung des Opfers zu zahlen sei. Dieser Restitutionsmodus greift also für jede Art von Verletzung.

Dass er dabei von einer *poena* spricht, darf nicht ohne Weiteres zu der Annahme führen, er orientiere sich dabei nicht an dem zugefügten Schaden. Duns Scotus differenziert auch bei der Talion nicht trennscharf zwischen Strafe und Ersatz.[426] Bei Körperverletzungen will er die Höhe der Geldsumme aber unter Berücksichtigung der Person des Verletzten bemessen. Dabei wiege die Verstümmelung eines Armen höher als die eines Reichen, weil nur der Arme mit den Händen seinen Unterhalt bestreite.[427] Andererseits sei nachrangig auch die besondere Würde des Opfers zu berücksichtigen, womit Duns Scotus wohl die Verletzung einer Person höheren Standes meint. Auch hier geht es also sowohl um die wirtschaftlichen als auch um die nichtwirtschaftlichen Folgen der Körperverletzung.

Als dritte Fallgruppe in diesem Kontext untersucht Duns Scotus die Restitution für Rufschädigungen.[428] Er unterscheidet insofern drei Kategorien. Zum einen könne man den Ruf eines anderen schädigen, indem man ihm wahrheits-

---

laesi). Vgl. Ders.: Ordinatio IV (Vaticana), dist. 15, q. 3, n. 244, S. 122, Fn. zu Z. 611.

424 Ders.: Ordinatio IV (Vaticana), dist. 15, q. 3, n, 244, S. 122.

425 Vgl. oben S. 106.

426 Vgl. Jansen: Theologie, Philosophie und Jurisprudenz, 112.

427 Duns Scotus: Ordinatio IV (Vaticana), dist. 15, q. 3, n. 244, S. 122.

428 Ders.: Ordinatio IV (Vaticana), dist. 15, q. 4, S. 123 ff.

widrig ein Verbrechen vorwirft.[429] Restitution habe dann durch öffentlichen Widerruf der Aussage zu erfolgen. Zweitens sei eine Rufschädigung möglich, indem man jemanden wahrheitsgemäß, aber auf unrechtmäßige Weise[430] eines Verbrechens bezichtigt.[431] Weil der Widerruf eine Lüge und damit sündhaft wäre, komme er zur Restitution nicht in Frage. Duns Scotus schlägt vor, den Ruf auf andere Weis zu restituieren, beispielsweise indem man sagt, schlecht und töricht gesprochen zu haben. Das sei keine Lüge, denn tatsächlich habe man den Vorwurf ja auf unrechtmäßige Weise verlautbart. Noch komplizierter ist die dritte Konstellation, in der jemand wegen eines Verbrechens angeklagt wird, dass er tatsächlich begangen hat.[432] Wenn er seine Tat abstreitet, bringt er den Ankläger in den Verdacht, gelogen zu haben und ein Verleumder zu sein, sodass dessen Ruf in Mitleidenschaft gezogen wird. Andererseits könne man aber vom Angeklagten nicht verlangen, seine Tat ohne Weiteres zu gestehen und sich der Strafe auszusetzen. Duns Scotus räumt ein, dass auch ihm die Lösung dieses Dilemmas nicht leichtfällt. Im Ergebnis rät er zu einer ähnlichen Lösung wie in der zweiten Konstellation. Man solle sagen, dass der Ankläger bestimmt keine bösen Absichten verfolge. Ferner müsse man auf andere Weise Buße tun.[433] Letztlich wird dabei zwar deutlich, dass Duns Scotus die Rufschädigung als Gegenstand einer eigenen Restitutionspflicht ansieht und es ihm nicht bloß um wirtschaftliche Folgeschäden geht. Er äußert sich aber nicht dazu, ob bei Unmöglichkeit der tatsächlichen Wiederherstellung auch eine Geldentschädigung in Frage kommt.

bb) Reportatio IV-A

Von dem Bild, das Duns Scotus in der *Ordinatio* über die Restitution für Körperverletzungen und Rufschädigungen zeichnet, weicht er in den deutlich kürzeren Texten der *Reportationes* nicht wesentlich ab. Auch in der *Reportatio IV-A* unterscheidet er heilbare und unheilbare, sowie schwerwiegende und nicht schwerwiegende Körperverletzungen. Bei unheilbaren Verletzungen hält er ebenso wie beim Mord die Talion für die taugliche Form der Restitution.[434] Denn zeitliche Güter seien nicht gleichwertig mit dem menschlichen Körper:

---

429 Ders.: Ordinatio IV (Vaticana), dist. 15, q. 4, n. 253 ff., S. 124 ff.

430 Die Unrechtmäßigkeit kann sich z.B. aus einem Verstoß gegen die *correctio fraterna* ergeben. Siehe dazu oben S. 89, Fn. 346.

431 Duns Scotus: Ordinatio IV (Vaticana), dist. 15, q. 4, n. 260, S. 126 f.

432 Ders.: Ordinatio IV (Vaticana), dist. 15, q. 4, n. 261 ff., S. 127 ff.

433 Siehe dazu Kanschik: Restitution, 480 ff.

434 Duns Scotus: Reportatio IV-A (Wadding/Vivès), dist. 15, q. 4, n. 41, S. 247 = ders.: Reportatio IV-A (Bychkov/Pomplun), dist. 15, n. 99, S. 627.

[...] quia nihil substantiae temporalis aequivalet membro hominis [...][435]	Denn nichts von zeitlicher Substanz ist einem menschlichen Körperteil gleichwertig.

Was für einen einzelnen Körperteil gilt, gelte auch für den menschlichen Körper als Ganzes:

[...] quia corpori humano animato diviso per mortem, nihil est comparabile inter corpora, nisi ejusdem speciei [...][436]	Dem beseelten menschlichen Körper, der durch den Tod zerstört wurde, ist kein anderer Körper vergleichbar, außer einer der selben Art.

Wo die Talion gesetzlich eingeführt sei, leiste man deshalb Restitution durch den eigenen Tod. Andernfalls sei man aber nicht dazu verpflichtet, sich die Todesstrafe selbst aufzuerlegen. Wo diese Form der Bestrafung nicht gilt, müsse man deshalb eine geistliche Restitution leisten oder sein Leben im Kampf gegen die Feinde der Kirche einsetzen.[437]

Bei unheilbaren Körperverletzungen – ganz gleich ob schwerwiegender Natur oder nicht – gelte innerhalb der Kirche nicht das Talionsprinzip.[438] Ähnlich wie in der *Ordinatio* sieht Duns Scotus auch hier Restitution für Behandlungskosten und Verdienstausfall nach dem Vorbild des kanonischen Rechts vor (X 5,36,1). Was die nichtwirtschaftlichen Einbußen betrifft, weichen die Ausführungen in der *Reportatio IV-A* jedoch ab. Zum einen fehlt hier der aus der *Ordinatio* bekannte Zusatz, dass auch die Würde der Person bei der Bemessung zu berücksichtigen sei.[439] Zum anderen soll aber bei einer nicht schwerwiegenden Verstümmelung, die zu keinem Verdienstausfall führt, auch für die Schmerzen Restitution gezahlt werden:

[...] satisfactio fiat per expensas pro cura, et offensa, et dolore,	Es soll Wiedergutmachung geschehen für die Behandlungskosten, für das Ärgernis und für

435 Duns Scotus: Reportatio IV-A (Wadding/Vivès), dist. 15, q. 4, n. 41, S. 247 = ders.: Reportatio IV-A (Bychkov/Pomplun), dist. 15, n. 99, S. 627.

436 Duns Scotus: Reportatio IV-A (Wadding/Vivès), dist. 15, q. 4, n. 44, S. 249 = ders.: Reportatio IV-A (Bychkov/Pomplun), dist. 15, n. 107, S. 629.

437 Duns Scotus: Reportatio IV-A (Wadding/Vivès), dist. 15, q. 4, n. 44, S. 249 = ders.: Reportatio IV-A (Bychkov/Pomplun), dist. 15, n. 108, S. 630.

438 Duns Scotus: Reportatio IV-A (Wadding/Vivès), dist. 15, q. 4, n. 46, S. 250 = ders.: Reportatio IV-A (Bychkov/Pomplun), dist. 15, n. 112, S. 631.

439 Vgl. Duns Scotus: Reportatio IV-A (Wadding/Vivès), dist. 15, q. 4, n. 46, S. 251 = ders.: Reportatio IV-A (Bychkov/Pomplun), dist. 15, n. 112, S. 632.

quem sustinet, dum curatur [...][440]	die Schmerzen, die er während der Genesung erleidet.

Bei einer schwerwiegenden Verstümmelung muss neben den Behandlungskosten auch der Verdienstausfall ersetzt werden. Zudem sei Restitution zu leisten

[...] ratione tristitiae et doloris, quem patitur continue ex amissione talis membri [...][441]	[...] für die Trauer und den Schmerz, den er fortdauernd wegen des Verlusts eines solchen Körperteils erleidet.

Auch hier stellt Duns Scotus auf den Schmerz (*dolor*) ab. Schaut man genau hin, geht es einmal um den körperlichen Schmerz während der Genesung, einmal aber um den psychischen Schmerz und die Trauer wegen des dauerhaft verlorenen Körperteils. Für Unterreitmeier gilt Duns Scotus wegen dieser Stellen als einer der ersten Scholastiker, die dem Schmerzensgeld eine dogmatische Begründung geben.[442] Allerdings hat Kanschik darauf hingewiesen, dass sich die Berücksichtigung von Schmerzen ausdrücklich nur aus der *Reportatio IV-A*, nicht aber aus der *Ordinatio* ergibt.[443] Zudem sollen die Passagen, in denen es explizit um *dolor* geht, in der Rezeptionsgeschichte des scotischen Sentenzenkommentars nur selten aufgegriffen worden sein.

Der Unterschied zwischen den beiden Textfassungen ist nicht von der Hand zu weisen. In der *Ordinatio* ist nicht von *dolor* und *tristitia*, sondern von *consolatio* und *desolatio* die Rede.[444] Ob dahinter aber ein wesentlicher Meinungswandel des Autors steht, dürfte zweifelhaft sein. Hinter den meisten der verwendeten Ausdrücke verbirgt sich eine Kompensation für den verlorenen Körperteil, den Duns Scotus aber nicht eindeutig so benennt, sondern in eine Entschädigung für die Trauer um den verlorenen Körperteil kleidet. So vermeidet er es, den menschlichen Körper direkt in Geld zu bemessen. Lediglich die körperlichen Schmerzen während der Genesung, von denen man nur in der *Reportatio IV-A*

440 Duns Scotus: Reportatio IV-A (Wadding/Vivès), dist. 15, q. 4, n. 46, S. 250 = ders.: Reportatio IV-A (Bychkov/Pomplun), dist. 15, n. 112, S. 631.

441 Duns Scotus: Reportatio IV-A (Wadding/Vivès), dist. 15, q. 4, n. 46, S. 251 = ders.: Reportatio IV-A (Bychkov/Pomplun), dist. 15, n. 112, S. 632.

442 Unterreitmeier: Schmerzensgeldanspruch, 52. Die Kompensation von Schmerzen findet sich aber schon bei Anselm von Canterbury. Siehe dazu oben S. 69.

443 Kanschik: Restitution, 457 f.

444 Vgl. oben S. 107 f.

lesen kann,[445] stellen insofern eine Ausnahme dar. Es ist deswegen nicht auszuschließen, dass sich Duns Scotus durch die Weglassung dieses Aspekts in der *Ordinatio* bewusst gegen eine Restitution körperlicher Schmerzen entschieden hat.

Von größerer Bedeutung dürfte aber sein, dass er auch bei heilbaren Verletzungen eine Restitution für nichtwirtschaftliche Einbußen fordert. Eine Besänftigung (*placatio*) des Opfers soll nämlich auch dann erforderlich sein, wenn es nicht zum dauerhaften Verlust eines Körperteils oder seiner Funktion gekommen ist. Diese Form der Entschädigung lässt sich in beiden Textzeugnissen beobachten: In der *Ordinatio* war davon die Rede, dass für bloß vorübergehende Verletzungen ein Kompensation zur Besänftigung (*placatio*) des Opfers zu leisten ist.[446] In der *Reportatio IV-A* findet sich für die heilbare Verletzung ein ähnlicher Beleg (*placare pro offensa*).[447] Duns Scotus hat die Restitution für nichtwirtschaftliche Einbußen also nicht an den dauerhaften Verlust des Körperteils geknüpft, sondern gewährt sie auch bei heilbaren Verletzungen. Darin liegt ein wesentlicher Unterschied zu Thomas von Aquin.

cc) Reportatio IV-B

Die *Reportatio IV-B* äußert sich zu Körperverletzung und Rufschädigung deutlich einsilbiger als die anderen Textfassungen. Auch hier differenziert Duns Scotus wiederum zwischen verschiedenen Arten von Körperverletzungen. Bei einer *mutilatio enormis* spricht er von einer Kompensation für die Schmerzen (*recompensatio doloris*).[448] Ferner stellt er zwar auch auf den Beruf des Geschädigten ab.

---

445 Vgl. oben S. 111.

446 Duns Scotus: Ordinatio IV (Vaticana), dist. 15, q. 3, n. 244, S. 122. Vgl. oben S. 107, wo es heißt: »placationi ipsius laesi, quae etiam requireretur etsi non esset talis mutilatio«. Hingegen meint Kanschik: Restitution, 464, dass die *Ordinatio* zu dieser Frage schweige.

447 Vgl. Duns Scotus: Reportatio IV-A (Bychkov/Pomplun), dist. 15, n. 98, S. 626: »Aut damnificatio illa est remediabilis et curabilis, aut non est curabilis, ut mutilatio vel intoxicatio. Si est remediabilis, tunc tenetur damnificans alium solvere vel procurare expensas pro cura facienda circa laesum per medicinam et chirurgiam [...] Et praeter expensas et alia necessaria curationi suae tenetur damnificans placare eum pro offensa, sicut teneretur si non vulnerasset eum [...]« = ders.: Reportatio IV-A (Wadding/Vivès), dist. 15, q. 4, n. 40, S. 247: »Aut damnificatio illa est remediabilis et curabilis, aut non est curabilis, ut mutilatio, et intoxicatio; si sic, tunc tenetur damnificans alium solvere, vel procurare expensas pro cura facienda circa laesum per medicinam, et chirurgiam [...] Et praeter expensas et alia necessaria ad curationem suam, tenetur damnificans placare eum pro offensa, sicut tenetur, si non vulnerasset eum [...]«. Ein Unterschied besteht darin, dass es hier nicht *si est remediabilis* heißt, sondern *si sic*. Das *si sic* scheint sich aber auf den zuletzt genannten Fall zu beziehen, nämlich den der unheilbaren Verletzung. Der jeweils letzte Satzteil ist aber eindeutig. Siehe dazu auch Kanschik: Restitution, 464.

448 Duns Scotus: Reportatio IV-B, dist. 15, q. 4, fol. 42rb.

Allerdings meint er, dass die Restitution bei einer reichen Person höher ausfalle, denn je reicher man sei desto mehr ärgere man sich über die Verstümmelung (*quanto ditior est tanto pro plurimis nollet mutilari*).[449] Bei nicht schwerwiegenden Verstümmelungen erörtert Duns Scotus nur den Verdienstausfall.[450] Zur Restitution für heilbare Verletzungen äußert er sich nicht.

Beim Mord bringt er wiederum den Vergleich mit der Restitution für die Tötung von Tieren. Der Mörder eines Menschen müsse für das genommene Leben durch Gebete restituieren.[451] Bei der Restitution für Rufschädigungen ergeben sich keine wesentlichen Abweichungen zu den anderen Texten.[452]

b) Die Lehre vom Gefühlsschaden

Johannes Duns Scotus operiert bei der Restitution für Mord, Körperverletzung und Rufschädigung weniger mit Aspekten der Gerechtigkeit als Thomas von Aquin. Auf die Kategorie der aristotelischen *iustitia commutativa* bezieht er sich nicht. Der gerechte Ausgleich bei Körperschäden ist für ihn die Talion. In ihr sieht er die taugliche Form, für einen am Körper zugefügten Schaden Restitution zu leisten. Dass man Tote dadurch nicht wieder zum Leben erweckt und auch verlorene Körperteile so nicht wieder anwachsen, scheint ihn nicht zu stören. In der Spätscholastik wird man ihm dies zum Vorwurf machen.[453]

Dennoch darf man Duns Scotus nicht als strengen Verfechter der Todesstrafe lesen.[454] Für den Diebstahl lehnt er diese Form der Bestrafung entgegen der seinerzeit gängigen Praxis ab. Und wenn es das Gesetz nicht vorsehe, sei auch der Mörder zu dieser Form der Restitution nicht verpflichtet. Laut Duns Scotus solle er dann sein Leben für eine gerechte Sache einsetzen oder durch geistliche Werke Restitution leisten. Für diese These wird er später oft zitiert werden.

Bei Körperverletzungen mutet seine Forderung nach einer Entschädigung zur Tröstung des Verletzten auf den ersten Blick wie eine geschickte Vermeidungsstrategie an. Statt einer Kompensation gerade für den verlorenen Körperteil, soll bloß d i e T r a u e r um den verlorenen Körperteil kompensiert werden. Dadurch vermeidet er, dem Köper und seinen Gliedern einen Preis zu geben. Andererseits plädiert Duns Scotus aber auch bei heilbaren Körperverletzungen für eine Kom-

449 Ders.: Reportatio IV-B, dist. 15, q. 4, fol. 42rb.
450 Ders.: Reportatio IV-B, dist. 15, q. 4, fol. 42rb.
451 Ders.: Reportatio IV-B, dist. 15, q. 4, fol. 42va.
452 Ders.: Reportatio IV-B, dist. 15, q. 4, fol. 42va.
453 Siehe dazu unten S. 200 ff.
454 Vielmehr gilt er als Kritiker der Todesstrafe. Siehe dazu Kanschik: Restitution, 433 ff.

pensation zur Besänftigung des Verletzten. In manchen Textfassungen ist sogar von einer Entschädigung für die Schmerzen während des Genesungsprozesses die Rede. Deswegen von einem Gefühlsschaden nach modernrechtlicher Terminologie zu sprechen, ginge sicherlich zu weit. Denn auch bei Duns Scotus ist die physische Verletzung des Körpers eine Voraussetzung der Restitution. Es zeigt sich aber, dass Duns Scotus anders als Thomas von Aquin die Kompensation ideeller Einbußen nicht auf den Fall beschränkt, in dem ein Körperteil endgültig verloren ist. Es geht nicht bloß um den Ausgleich für das verlorene Rechtsgut, sondern auch um eine Antwort auf das Leiden des Verletzten – sei es nun körperlicher oder seelischer Natur.

V. Traditionslinien zwischen Hoch- und Spätscholastik

Thomas von Aquin und Johannes Duns Scotus sind jeweils für sich Autoritäten, deren Bedeutung für den scholastischen Diskurs in Mittelalter und früher Neuzeit kaum überschätzt werden kann. Zudem stehen sie für zwei Strömungen innerhalb der Scholastik, denen sie ihre Namen leihen. Der Thomismus zeichnet sich dabei durch eine stark an Aristoteles angelehnte Lehre aus, die die platonischen Ansichten des Kirchenvaters Augustinus langsam in den Hintergrund treten lässt. Anhänger dieser Schule finden sich vor allem in den Reihen der Dominikaner. Hingegen ist der Scotismus in erster Linie unter Franziskanern verbreitet. Er hält mehr an traditionellen Lehren fest und versteht sich als wichtigster Gegenspieler zur thomistischen Tradition.

Dieser scholastische Schulenstreit schlägt sich auch in der Restitutionslehre nieder. Gerade bei der Restitution für Persönlichkeitsgüter zeigt sich, dass Franziskaner sich häufig direkt auf Duns Scotus berufen oder zumindest vermehrt Elemente übernehmen, die für dessen Lehre typisch sind. Dazu gehört neben der Idee, die Talion als Form der Restitution zu begreifen, vor allem das scotische Charakteristikum, gefühlsbezogene Momente wie *placatio*, *desolatio* und *consolatio*, teilweise auch *tristitia* und *dolor* zu berücksichtigen. Immer wieder findet sich auch die These, dass bei der Bemessung der Restitution für Körperverletzungen zweitrangig auf die Würde des Opfers abzustellen sei.

Bei Dominikanern finden sich hingegen vermehrt solche Merkmale, die für die Restitutionslehre nach Thomas von Aquin charakteristisch sind. Dazu zählt in erster Linie, eine Geldentschädigung nur dann in Betracht zu ziehen, wenn die tatsächliche Wiederherstellung des Rechtsguts unmöglich ist. Schmerzen und Trauer finden bei ihm keine Berücksichtigung. Typisch für die thomistische

Lehre ist aber auch der Rückgriff auf die Kategorien der Freundschaft und der Versöhnung, mit denen Thomas begründet, dass das Mögliche genügt, wo man das Gebührende nicht einhalten kann. Ferner will Thomas bei der Bemessung nicht nur auf die Würde des Opfers, sondern auf die Verhältnisse beider Beteiligten schauen. Anders als Duns Scotus bespricht auch nur er eine Geldentschädigung für irreparable Rufschäden, äußert sich zur Restitutionspflicht des Mörders aber nicht.

Bei allen Unterschieden darf dennoch der Blick auf die Gemeinsamkeiten nicht verstellt werden. Bei beiden Autoren findet sich die Untergliederung in verschiedene Formen von Rufschädigungen samt der jeweils passenden Wiedergutmachung. Und schließlich stimmen beide darin überein, nichtwirtschaftliche Folgen einer Persönlichkeitsverletzung überhaupt zu berücksichtigen. Denn dass man für Verletzungen an Körper oder Ruf eine Entschädigung verlangen könne, die über die materiellen Folgeschäden hinausgeht, war weder in der mittelalterlichen, noch in der frühneuzeitlichen Scholastik unbestritten.

1. Die scotische Lehre

Schon wenige Jahre nach seinem Tod findet sich die Lehre des Duns Scotus im einflussreichen Werk des Franziskaners Astesanus von Asti († 1330). In seiner um 1317 entstandenen *Summa de casibus conscientiae*[455] bezieht sich Astesanus im Abschnitt über die Restitution für Körperverletzungen ausdrücklich auf den Sentenzenkommentar seines Ordensbruders Duns Scotus. Er übernimmt dessen Ansicht in weiten Teilen sogar wörtlich. Das gilt etwa für die These, dass bei Körperverletzungen die Talion angemessen sei, weil man derlei Schäden durch Vermögensgüter kaum gleichwertig kompensieren könne.[456] Der Mörder könne aber auch durch geistliche Werke für das genommene Leben Restitution leisten.[457] Bei der Restitutionspflicht für Körperverletzungen erörtert Astesanus, welche Aspekte dabei veranschlagt werden sollten, und schreibt dazu folgende Stelle bei Duns Scotus[458] ab:

---

455 Siehe dazu Schulte: Geschichte der Quellen, Bd. 2, 425 f.; Michaud-Quantin: Sommes de casuistique, 57 ff.; Goering: Traditio 59 (2004), 223.

456 Astesanus von Asti: Summa de casibus conscientiae, pars 2, lib. 5, tit. 29, De restitutione, fol. 35vb.

457 Ders.: Summa de casibus conscientiae, pars 2, lib. 5, tit. 29, De restitutione, fol. 36ra.

458 Vgl. oben S. 107 f.

[...] et ultra placationem ipsius lesi quae requireretur etiam si non esset talis mutilatio et consolationem ipsius afflicti: quia perpetua desolatio est sibi de tali mutilatione.[459]

[...] und darüber hinaus auch der Besänftigung des Verletzten, derer es auch ohne eine solche Verstümmelung bedarf, sowie der Tröstung des Elenden, denn er trauert lebenslang wegen einer solchen Verstümmelung.

Astesanus meint, dass auch bei heilbaren Verletzungen eine Geldentschädigung notwendig sei, und übernimmt damit eine Besonderheit der scotischen Lehre. Ebenso verfährt er auch mit den übrigen Erwägungen: Bei der Bemessung falle ins Gewicht, ob der Verletzte arm ist und durch Arbeit seinen Unterhalt bestreitet. Nachrangig sei aber auch die besondere Würde des Opfers zu berücksichtigen. Dasselbe findet sich in Duns Scotus' *Ordinatio*. Auch bei der Restitutionspflicht für Rufschädigungen erschöpfen sich Astesanus' Ausführungen in der Wiedergabe der entsprechenden Stellen aus dem scotischen Sentenzenkommentar.[460]

Ähnlich wortlautgetreu wie Astesanus von Asti knüpft auch der Jurist Franciscus de Platea († 1460)[461] an die Restitutionslehre des Duns Scotus an. Er ist ebenfalls der Auffassung, dass der Schädiger infolge einer Körperverletzung nicht bloß materiellen Schadensersatz schulde, wie es sich aus dem kanonischen Recht ergebe,[462] sondern auch Restitution zur Tröstung des Verletzten, der um den Verlust seines Körperteils trauert.[463] Selbst ohne eine dauerhafte Verstümmelung sei Restitution zur Besänftigung notwendig.[464] Franciscus bezieht sich dabei explizit auf Astesanus von Asti und beobachtet, dass dieser Duns Scotus allegierte.[465] Im Übrigen scheint er dadurch nicht von den Vorgaben des römischen Rechts abweichen zu wollen. Denn er zitiert Digestenstellen, aus denen sich das Verbot ergibt, den Körper eines Freien in Geld zu schätzen.[466] Will man ihm deshalb keine Widersprüchlichkeit unterstellen, muss man davon ausgehen, dass er die Geldentschädigung tatsächlich als Mittel zur Besänftigung verletzter Gefühle auffasst, nicht aber als einen Ersatz für den verlorenen Körperteil oder Narben.

---

459 Astesanus von Asti: Summa de casibus conscientiae, pars 2, lib. 5, tit. 29, De restitutione, fol. 36ra.

460 Vgl. ders.: Summa de casibus conscientiae, pars 2, lib. 5, tit. 29, De restitutione, fol. 36rb f.

461 Zu Werk und Autor siehe Schulte: Geschichte der Quellen, Bd. 2, 446.

462 Auch er zitiert X 5,36 und Ex 21.

463 Franciscus de Platea: Opus restitutionum, § 13.

464 Allerdings spricht Franciscus de Platea nicht von *placatio laesi*, sondern von *placatio legis*. Diese Variante findet sich in einer der Handschriften der *Ordinatio*. Siehe dazu oben S. 107, Fn. 423.

465 Franciscus de Platea: Opus restitutionum, § 13.

466 Er nennt Gai. 7 ad ed. provinc. D. 9,1,3 und Gai. 6 ad ed. provinc. D. 9,3,7.

Auch Gabriel Biel († 1495) folgt bei Verletzungen an Körpergütern weitgehend der Lehre des Duns Scotus. Er schließt sich ihm insofern an, als man für einen Mord am besten durch die Talion Wiedergutmachung leiste.[467] Wenn die Todesstrafe nicht verhängt werde, müsse man der Seele des Verstorbenen durch fromme Werke einen Vorteil verschaffen. Weil der Getötete das Zeitliche verlassen habe, kämen zur Restitution nur geistliche Güter (*bona spiritualia*) in Frage.[468] Bei Körperverletzungen müsse der Schädiger materiellen Schadensersatz nach dem Vorbild des kanonischen Rechts leisten, darüber hinaus aber auch die erlittenen Schmerzen kompensieren (*passosque dolores compensare*). Bei Verstümmelungen müsse die Restitution auch der Trauer des Verletzten (*desolatio afflicti*) über den dauerhaften Verlust seines Körperteils entsprechen.[469] Dem Vorbild Duns Scotus' folgend will Gabriel Biel sowohl Schmerzen (*dolores*) als auch die Würde des Verletzten berücksichtigen. Damit vereinigt er Elemente aus der *Ordinatio* und den *Reportationes*.

Bei der Restitution für Rufschädigungen orientiert sich Gabriel Biel ebenfalls hauptsächlich an der scotischen Lehre. Er differenziert die drei Formen der Verleumdung mit den zugehörigen Restitutionsmodi, geht darüber aber hinaus, indem er auch zwischen den wirtschaftlichen und den nichtwirtschaftlichen Folgen unterscheidet. Im Anschluss an Jean Gerson meint er, dass die Rufschädigung deshalb ein besonders schweres Vergehen sei, weil man die materiellen Einbußen – anders als etwa beim Mord – nur sehr schwer bemessen könne.[470] Im Kapitel über die Restitution für Schäden an geistlichen Gütern bedient sich Gabriel Biel jedoch einer Generalklausel, die er bei Richard von Mediavilla findet: Wenn ein beschädigtes Gut nicht tatsächlich wiederhergestellt werden kann (*damnum in se restitui non potest*), müsse man mit anderen Gütern restituieren und zwar nach dem Urteil eines Rechtschaffenen.[471] Er übernimmt insofern einen Teil der thomistischen Tradition, als er bei der Bemessung auch die Verhältnisse des Schädigers berücksichtigt.

---

467 Biel: Collectorium, lib. 4, dist. 15, q. 15, a. 2, concl. 1, S. 328.

468 Ders.: Collectorium, lib. 4, dist. 15, q. 15, a. 2, concl. 3, S. 329: »Ideoque cum occiso non potest quid corporale et temporale conferri, quia temporalem periodum excessit, impendenda sunt bona spiritualia, opera scilicet meritoria, ac defunctorum suffragia in occisum directa et propter eum assumpta, ut anima, quam abstulit, commodum aliquod sentiat.«

469 Ders.: Collectorium, lib. 4, dist. 15, q. 15, a. 2, concl. 5, S. 330.

470 Ders.: Collectorium, lib. 4, dist. 15, q. 16, a. 2, concl. 1, S. 336. Zu Jean Gerson siehe noch unten S. 126.

471 Ders.: Collectorium, lib. 4, dist. 15, q. 17, a. 3, dubium 1, S. 344.

Dass sich vor allem Franziskaner bei der Restitution für Mord und Körperverletzung geradezu einseitig auf Johannes Duns Scotus beziehen, ist ein Phänomen, dass sich mit Nikolaus de Orbellis († 1472)[472] und Jacques Almain († 1515)[473] noch bis ins späte 15. Jahrhundert beobachten lässt.

Aber nicht alle Franziskaner blenden die thomistische Lehre in diesem Punkt radikal aus. Bernhardin von Siena († 1444) leiht auch dominikanischen Stimmen sein Ohr. Der im kanonischen Recht geschulte Franziskaner Bernhardin ist für seine Predigten bekannt, in denen er auch wirtschaftsethische Probleme behandelt.[474] Von Einfluss auf seine Lehre war insbesondere der Traktat *De contractibus* seines Ordensbruders Petrus Johannis Olivi († 1298).[475] Bei der Restitution für Körperverletzung weicht Bernhardin allerdings zugunsten der scotischen Lehre von der restriktiven Ansicht Olivis ab. Insgesamt bezieht sich Bernhardin auf eine Vielzahl juristischer und theologischer Quellen. Er zitiert nicht nur Vorschriften des römischen und kanonischen Rechts, sondern beruft sich auch auf die beiden großen scholastischen Autoritäten Thomas von Aquin und Johannes Duns Scotus.

Bernhardin differenziert drei Arten, auf die man dem menschlichen Körper schaden könne: Verwundung, Verstümmelung und Tötung.[476] Das erinnert an die scotische Einteilung in heilbare (*vulneratio*) und unheilbare Verletzungen (*mutilatio*). Die Verwundung als erste Form der Schadenszufügung nennt Bernhardin dann auch ausdrücklich eine heilbare Verletzung und fordert neben dem Ersatz für Behandlungskosten und Verdienstausfall auch eine Besänftigung wegen des zugefügten Unrechts (*placationem ipsius laesi de iniuria data*).[477] Bei Verstümmelungen sieht es nicht anders aus. Mit Hinweis auf Duns Scotus formuliert Bernhardin wie folgt:

Tertio, ad satisfactionem afflictionis illius mutilati, quae sibi perpetua est, cum vivere sine oculis aut sine manu	Drittens: Zur Wiedergutmachung der Betrübnis des Verstümmelten, die ihn lebenslang begleitet, da es traurig und sehr

472 Nicolaus de Orbellis: Super sententias, lib. 4, dist. 15, q. 4, § 3.

473 Almain: Lectura, dist. 15, q. 3, De restitutione, fol. 99v.

474 Siehe dazu Hünermann: Bernhardin von Siena.

475 Zur Konkordanz siehe Olivi: Tractatus de contractibus, 328 ff. Siehe auch Roover: Economic Thinkers, 19. Bei der Restitution für Körperverletzung weicht Bernhardin aber von Olivis Ansicht ab. Siehe dazu unten S. 125 f.

476 Vgl. Bernhardin von Siena: Quadragesimale de christiana religione, sermo 36, a. 2, S. 457: »Tripliciter enim tale damnum dari contigit: primo, vulnerando; secundo, mutilando; tertio, occidendo.«

477 Ders.: Quadragesimale de christiana religione, sermo 36, a. 2, cap. 1, S. 458.

tristabile sit et maxime onerosum. Propterea tenetur ei ad aliqua alia superimponenda, ex quibus possit onera et tristitias quas ex tali laesione incurrit, consolabilius atque levius ferre.[478]	beschwerlich ist, ohne Augen oder Hand zu leben. Deswegen muss man ihm etwas anderes dazugeben, wodurch er die Lasten und die Traurigkeit, die eine solche Verletzung mit sich bringt, tröstlicher und leichter ertragen kann.

Auch nach Berhardin kann die Entschädigung höher ausfallen, wenn das Opfer arm ist und unter der Verstümmelung schwerer leidet. Zweitrangig sei aber auch die Würde des Verletzten zu berücksichtigen. Geht es um die Restitutionspflicht wegen Tötung eines Menschen, urteilt Bernhardin mit ähnlich scharfen Worten wie Duns Scotus über Geistliche, die den Mörder besser davonkommen lassen als jemanden, der ein Tier getötet hat.[479] Der Mörder müsse sein Leben vielmehr für den Kampf gegen die Feinde der Kirche einsetzen. Könne man mit körperlichen Gütern keine Restitution leisten, müsse man sich geistlicher Güter bedienen.

Trotz der Nähe Bernhardins zur scotischen Restitutionslehre, werden bei ihm auch Richard von Mediavilla und Thomas von Aquin namentlich erwähnt. Und wenn er unter dem Abschnitt zu Körperverletzung und Tötung resümiert, dass in allen Fällen, in denen eine Restitution weder durch bloße Rückgabe, noch durch etwas Gleichwertiges erfolgen kann, man dem Urteil rechtschaffener Männer folgen solle,[480] so gibt er damit nahezu wörtlich wieder, was sich auch bei Ulrich von Straßburg und Johannes von Freiburg findet. Diese waren wichtige Vertreter des dominikanischen Lagers.[481]

Auf der anderen Seite gibt es auch unter den Dominikanern Stimmen, die die scotische Lehre nicht aussparen. Auch Antoninus von Florenz († 1459) beruft sich in seiner *Summa theologica* sowohl auf Duns Scotus als auch auf Thomas. Bei Körperverletzungen hafte man nicht nur auf Verdienstausfall und Behandlungskosten, sondern müsse auch etwas *ad placationem et consolationem laesi* leisten.[482] Allgemein müsse man bei unmöglicher Wiederherstellung aber nach

478 Ders.: Quadragesimale de christiana religione, sermo 36, a. 2, cap. 2, S. 458.

479 Ders.: Quadragesimale de christiana religione, sermo 36, a. 2, cap. 3, S. 459.

480 Ders.: Quadragesimale de christiana religione, sermo 36, a. 2, cap. 3, S. 459: »In omnibus igitur in toto hoc secundo articulo dictis, ›in quibus damnum neque in se neque in aequivalenti restitui potest per recompensationem fiendam, arbitrio bono viri restitui debet‹, secundum Richardum, Thomam et Guilelmum.«

481 Siehe dazu sogleich S. 121 ff.

482 Antoninus von Florenz (Antonio Pierozzi): Summa theologica, pars 2, tit. 2, cap. 2, § 2, Sp. 368.

dem Urteil eines Rechtschaffenen restituieren.[483] Das gelte auch für die Restitution des guten Rufs.[484]

Einen wiederum einseitigen Bezug auf Duns Scotus findet man dann aber bei Angelus de Clavasio († 1495). In seiner berühmten *Summa de casibus conscientiae*, die 1486 erstmals erschienen und auch als *Summa Angelica* bekannt ist, folgt Angelus franziskanischen Autoritäten. Er gesteht zwar ein, dass es äußerst schwierig sei, Schmerzen richtig zu bemessen (*difficillimum est iustum temperare dolorem*).[485] Dennoch verbreitet er mit seinem einflussreichen Werk[486] noch bis ins beginnende 16. Jahrhundert die scotische Lehre, wonach der Verletzte für seine Wunden besänftigt werden müsse (*placatio*).

Die Verbreitung der scotischen Lehre, die ihr die einflussreiche *Summa Angelica* verhieß, wurde mit der Wende zum 16. Jahrhundert gedämpft. Ein Markstein für diese Entwicklung ist das Erscheinen einer noch wirkmächtigeren Schrift, etwa dreißig Jahre nach der ersten Auflage der *Summa Angelica*. Die um 1516 vollendete *Summa Silvestrina*, benannt nach ihrem Autor Silvester Mazzolini († 1523), stellte in Auflagenzahl und Wirkung alle vergleichbaren Werke in den Schatten.[487] Bei der Frage um die richtige Restitution für Persönlichkeitsverletzungen fährt Silvester einen anderen Kurs als sein Vorgänger Angelus. Er resümiert, dass die *Summa Angelica* zwar im Einklang mit der scotischen Lehre äußerst differenziert vorgehe und eine Vielzahl von möglichen Fällen unterscheide.[488] Da sie aber keine allgemeine Regel für die Restitution bei Tötung und Körperverletzung aufstelle, solle man insofern besser den prägnanteren Worten des Dominikaners Ulrich von Straßburg († 1277) folgen. Dieser hatte etwa zweihundertfünfzig Jahre zuvor ganz allgemein formuliert, dass ein Schaden immer dann nach dem Urteil eines Rechtschaffenen zu kompensieren sei, wenn man ihn nicht mit Gleichem oder Gleichwertigem restituieren könne.[489] Auch Thomas von Aquin stimme damit überein.

---

483 Ders.: Summa theologica, pars 2, tit. 2, cap. 2, § 2, Sp. 368. Sowohl Bernhardin als auch Antoninus schreiben diese Meinung einem Guilelmus zu. Richtigerweise dürfte jedoch Ulrich von Straßburg der Urheber des von ihnen nahezu wörtlich zitierten Lehrsatzes sein. Zu Ulrich siehe sogleich S. 121, zu Bernhardin den Nachweis bei Fn. 480.

484 Ders.: Summa theologica, pars 2, tit. 2, cap. 2, § 3, Sp. 370.

485 Angelus Carletus (de Clavasio): Summa, Restitutio I, fol. 255ra.

486 Schulte: Geschichte der Quellen, Bd. 2, 453: »Die Angelica hat einen kolossalen Einfluss gehabt.«

487 Vgl. ebd., 455; Michaud-Quantin: Sommes de casuistique, 101 ff.

488 Mazzolini: Summa, pars 2, De Restitutione III, n. 2, S. 371.

489 Ulrich von Strassburg: De summo bono, lib. 6, tract. 3, cap. 5, n. 10, S. 157.

Damit war die weitere Entwicklung bereits vorgezeichnet. Dem Erfolg der scotischen Restitutionslehre zum Trotz, ist ab dem frühen 16. Jahrhundert zu beobachten, dass bestimmte Teile dieses Systems nur noch selten aufgegriffen wurden. Während sich die Idee einer Restitution durch das Gesetz der Talion und geistliche Werke noch bei einigen Gelehrten hält,[490] verschwinden die für Duns Scotus typischen Begriffe wie *placatio*, *consolatio* und *dolor* weitgehend aus dem wissenschaftlichen Sprachgebrauch.

2. Die thomistische Lehre

Wie ihr prominenter Erfolg in der *Summa Silvestrina* bereits prophezeit, wird sich die Lehre vom objektiven Ausgleich zu Beginn des 16. Jahrhunderts als vorherrschend herausbilden. Das gilt vor allem für den Bereich von Körperverletzungen, wo sie nicht auf verletzte Gefühle reagiert, sondern einen streng rechtsgutbezogenen Ansatz verfolgt. Meistens wird sie mit Thomas von Aquin in Verbindung gebracht, der sie in seinen einflussreichen Schriften ja auch ausgebreitet hat. Aber die *Summa Silvestrina* zeigt mit ihrem Hinweis auf Ulrich von Straßburg, dass auch andere Denker wichtige Beiträge auf diesem Gebiet geleistet haben.

Ulrich von Straßburg war, ebenso wie Thomas, Schüler bei Albertus Magnus. In seinem Hauptwerk *De summo bono* befasst er sich unter anderem auch mit Fragen der Restitution. Dabei beschränkt er seine Überlegungen hauptsächlich auf die Restitution von Vermögensgütern bei Diebstahl und in damit verwandten Fällen. Er befasst sich jedoch auch mit der Frage, auf welche Weise der verletzte Ruf wiederhergestellt werden muss.[491] Vor allem aber ist er bekannt für seine bereits angesprochene allgemeine Formel zur Restitution von irreparablen Schäden:

[…] mutilatio membri et stuprum et similia, in quibus damnum nec in se nec in aequivalenti restitui potest. Satisfiet per recompensationem faciendam ad arbitrium boni viri.[492]	[…] bei Verstümmelung, Unzucht und ähnlichen Fällen, in denen der Schaden nicht an sich und nicht durch etwas Gleichwertiges restituiert werden kann, leiste man Wiedergutmachung durch eine Kompensation nach dem Urteil eines rechtschaffenen Mannes.

490 Vgl. etwa Hadrian VI.: In Quartum Sententiarum, De restitutione, fol. 98ra. Siehe dazu im Einzelnen unten S. 200 ff.

491 Ulrich von Strassburg: De summo bono, lib. 6, tract. 3, cap. 5, n. 8, S. 156.

492 Ders.: De summo bono, lib. 6, tract. 3, cap. 5, n. 10, S. 157.

Den Erfolg dieses Lehrsatzes hat Ulrich wahrscheinlich seinem Schüler Johannes von Freiburg († 1314) zu verdanken. Aus seiner Hand stammt eine weitverbreitete *Summa confessorum*, die seinem Autor schon zu Lebzeiten große Bekanntheit eintrug.[493] Die um 1298 fertiggestellte Schrift lehnt sich an die Summe des Raimund von Penyafort[494] an und soll den praktischen Umgang mit ihr vereinfachen. Sie gilt als hervorragende Synthese der Scholastik des 13. Jahrhunderts, da sie für die Literaturgattung der Beichtsumme eine Vereinigung der kanonistischen und der theologischen Strömung erreicht.[495] In seinem Werk gibt Johannes die Formel seines Lehrers Ulrich von Straßburg wörtlich wieder.[496] Auch macht er die Beobachtung, dass Thomas von Aquin in seiner *Summa theologica* dieselbe Ansicht vertrete.[497] Johannes wendet die Regel seines Lehrers auch auf den Fall an, dass der gute Ruf nicht wiederhergestellt werden kann.[498]

Auch Bartholomaeus von Pisa († 1347) gibt diesen Lehrsatz mit Hinweis auf Ulrich von Straßburg wörtlich wieder und stellt erst danach fest, dass sich etwas Ähnliches auch bei Thomas von Aquin findet.[499] Seine 1338 verfasste *Summa de casibus conscientiae*, die auf dem Werk des Johannes von Freiburg aufbaut, erfreute sich im 14. und 15. Jahrhundert großer Beliebtheit.[500] Ulrichs Lehre wird im 15. Jahrhundert auch von Bernhardin von Siena sowie Antoninus von Florenz aufgegriffen. Sie findet sich noch zu Beginn des 16. Jahrhundert bei Silvester Mazzolini.[501] Mit der *Summa Silvestrina* erreicht der Lehrsatz Ulrichs aber neben seinem Höhepunkt zugleich auch das Ende seiner Rezeptionsgeschichte. Silvester zitiert bei der gegenständlichen Frage noch in erster Linie Ulrich. Die Spätscholastiker beziehen sich nicht mehr auf ihn, sondern auf Thomas von Aquin.

Doch Thomas' Erfolgsgeschichte beginnt schon früher. Bereits bei Scholastikern des 13. Jahrhunderts findet man Elemente, die große Ähnlichkeit zu seinen Gedanken aufweisen. Zu ihnen gehört Papst Innozenz V. († 1276), mit bürgerlichem Namen Pierre de Tarentaise, der die lombardischen Sentenzen nur wenig später als Thomas kommentiert hat, seinen Kommentar unter dessen Einfluss

---

493 Zu Werk und Autor siehe SCHULTE: Geschichte der Quellen, Bd. 2, 419 ff.; MICHAUD-QUANTIN: Sommes de casuistique, 43 ff.; TRUSEN: ZRG (KA) 57 (1971), 97; BOYLE: Summa Confessorum.

494 Siehe dazu oben S. 71.

495 So MICHAUD-QUANTIN: Sommes de casuistique, 47.

496 JOHANNES VON FREIBURG: Summa confessorum, lib. 2, tit. 5, q. 80, fol. 67va.

497 Johannes bezieht sich auf STh II-II, q. 62, a. 2 ad 1. Vgl. oben S. 100.

498 JOHANNES VON FREIBURG: Summa confessorum, lib. 2, tit. 5, q. 201, fol. 80vb.

499 BARTHOLOMAEUS VON PISA (DE SAN CONCORDIO): Summa, fol. 279ra.

500 SCHULTE: Geschichte der Quellen, Bd. 2, 428 f.; MICHAUD-QUANTIN: Sommes de casuistique, 60 ff.; TENGE-WOLF: Bartholomäus von Pisa.

501 Vgl. oben Fn. 480, 483 und 488.

aber noch einmal überarbeitet haben soll.[502] Innozenz V. spricht bei der Restitution für Verstümmelungen davon, dass man nicht etwas Gleichwertiges, sondern etwas Mögliches restituieren müsse.[503] Es gehe um die Versöhnung mit dem Verletzten. Beides erinnert an Thomas' Rückgriff auf die aristotelische Philosophie über Freundschaftsbeziehungen.[504]

Etwas später lässt sich der Rekurs auf Freundschaft und Versöhnung auch bei dem Dominikaner Durandus von St. Pourçain († 1334) beobachten,[505] und zwar obwohl sein Sentenzenkommentar als dezidiert antithomistisch gilt.[506] Sogar bei dem Franziskaner Richard von Mediavilla († um 1308) finden sich Thesen, die eher dem Werk des Dominikaners Thomas als dem seines Ordensbruders Duns Scotus entnommen sein dürften. Richard will nämlich Körperteile nach dem Urteil eines Rechtschaffenen restituieren und dabei auch die Möglichkeiten des Schädigers berücksichtigen. Duns Scotus wollte bei der Bemessung nur auf die Würde des Verletzten schauen,[507] während man nach Thomas die Verhältnisse beider Beteiligten in Betracht ziehen muss.[508] Ferner meint Richard, dass auch bei Rufschädigungen eine anderweitige Kompensation in Frage kommt[509] – eine Ansicht, die sich nur bei Thomas von Aquin findet.[510]

Solche Bezugnahmen auf die thomistische Lehre erschöpften sich freilich meistens in der bloßen Wiedergabe ihres Inhalts. Das ändert sich erst an der Schwelle zum 16. Jahrhundert, als Thomas' *Summa theologica* langsam aber sicher die Sentenzen des Lombarden als Standardlehrbuch der Theologie ablöste. 1509 gab der flämische Gelehrte Pieter Crockaert († 1514), ein Schüler John Majors, an der Pariser Universität eine Vorlesung über die *Secunda secundae* der *Summa theologica*.[511] Bei Pieter Crockaert studierte ab 1508 der Dominikaner Francisco de Vitoria († 1546), der ab 1516 am Konvent Saint-Jacques auch eine eigene Lehrtätigkeit ausübte.[512] Er gilt als Vater der Schule von Salamanca und ist für ihre

502 Siehe dazu Lottin: RTAM 2 (1930); ders.: RTAM 13 (1946).

503 Pierre de Tarentaise (Innozenz V.): In IV Librum Sententiarum, lib. 4, dist. 5, q. 2, a. 3, S. 165.

504 Vgl. oben S. 95 ff.

505 Durandus von St. Pourçain: In sententias, lib. 4, dist. 15, q. 1, n. 5, fol. 285v.

506 Bautz: Durandus.

507 Vgl. oben S. 108, im Text bei Fn. 427.

508 Vgl. oben S. 100 ff., im Text bei Fn. 396.

509 Richard von Mediavilla: Super IV libros sententiarum, lib. 4, dist. 15, a. 5, q. 3, Conclusio, S. 219.

510 Vgl. oben S. 100 f.

511 Zahnd: Genesis of a Genre, 149 m.w.N. Siehe auch bereits Michelitsch: Kommentatoren, 2.

512 Für einen Überblick über Leben und Werk Vitorias siehe Horst: Leben und Werke

Ausrichtung von besonderer Bedeutung. Denn als er 1526 in sein neues Amt als Professor für Theologie an der salmantiner Universität eingeführt wurde, legte er seinem Unterricht neben den Sentenzen des Lombarden bald vorrangig Thomas von Aquins *Summa theologica* zugrunde. Sein als Vorlesung überlieferter Kommentar zur *Secunda secundae* liefert eine sehr detaillierte Restitutionslehre, vor allem im Bereich von Persönlichkeitsgütern. Der erste vollständige Kommentar zur *Summa theologica* stammt jedoch von Giacomo de Vio Gaetano, besser bekannt als Thomas Cajetan († 1534).[513] Sein zwischen 1508 und 1523 in vier Bänden erschienener Summenkommentar war von großem Einfluss auf die Spätscholastik.

Die Arbeiten zur Restitutionslehre erweitern sich in der Folge spürbar und zwar sowohl in der Bandbreite der behandelten Einzelfragen als auch in der Tiefe der wissenschaftlichen Auseinandersetzung. Das gilt auch für den Teilbereich, der sich mit der Verletzung von Persönlichkeitsgütern befasst. Cajetan kommentiert die zu diesem Zeitpunkt bereits häufig rezipierte Stelle aus der *Secunda secundae* (STh II-II q. 62 a. 2) zwar nicht explizit im Hinblick auf die Frage nach einer Geldentschädigung für Verletzungen an Körper und Ruf. Er befasst sich in seinem Summenkommentar aber mit den sonstigen Modalitäten der Restitution für derlei Schädigungen. Hingegen breitet Francisco de Vitoria in seinen salmantiner Vorlesungen solche Fragen in allen ihren Facetten aus. Dabei greift er nach eigenen Angaben auf seine Erfahrungen aus Paris zurück und erarbeitet differenzierte Lösungen zu einer Vielzahl von Einzelfragen.

Während bei Thomas von Aquin jedenfalls auf den ersten Blick nicht deutlich ist, ob er zwischen einer Entschädigung für das verlorene Rechtsgut selbst und materiellen Folgeschäden differenzieren will, trennen die Spätscholastiker die wirtschaftlichen deutlich von den nichtwirtschaftlichen Folgen einer Körperverletzung.[514] Bei Verstümmelungen unterscheidet Vitoria den Vermögensschaden (*detrimentum temporale*) von dem Schaden am Körperteil selbst (*detrimentum membri amputati*).[515] Auch letztere will er einer Kompensation in Geld zuführen,

513 Zu Leben und Werk siehe Decock: Thomas Cajetan. Zum Einfluss seines Summenkommentars siehe Lanza, Toste: Commentary Tradition, 14 m.w.N.

514 Siehe exemplarisch Báñez: De Iustitia et Iure, q. 62, a. 2, S. 114a: »Notandum est, quod duo mala possunt considerari in huiusmodi laesionibus. Alterum est ipsa laesio secundum se, scilicet, occisio, vel abscissio manus. Alterum est, quod consequitur, videlicet, expensae faciendae in curatione, lucrum cessans, damnum emergens.« Vgl. auch Azpilcueta: Enchiridion, cap. 17, n. 90, fol. 212r; Petrus de Navarra: De ablatorum restitutione, lib. 4, cap. 1, n. 66, S. 374; Ledesma: In IV sententiarum. Secunda Quartae, q. 18, a. 2, fol. 241vb; Aragón: In Secundam Secundae, q. 62, a. 2, S. 179b; Salón: De Iustitia et Iure, q. 62, a. 2, controversia 4, S. 203b; Lugo: De Iustitia et Iure, disp. 11, sect. 1, n. 1, S. 303b.

515 Vitoria: Codex Ottobonianus MXV, q. 62, a. 2, n. 6, S. 220.

und zwar selbst dann, wenn die Körperverletzung überhaupt keinen Vermögensschaden nach sich zieht. Das kann etwa bei Adeligen der Fall sein, die ohnehin keiner Erwerbstätigkeit nachgehen und deshalb auch keinen Verdienstausfall zu beklagen haben. Dabei beruft sich Vitoria neben Thomas zwar auch auf Duns Scotus. Die Abwesenheit sonstiger markanter Elemente der scotischen Lehre kann jedoch als eindeutiges Bekenntnis zur thomistischen Tradition gewertet werden. Typische Schlagworte aus Duns Scotus' Schriften wie *dolor* oder *placatio* finden sich bei Vitoria nicht. Damit wird er zum Vorbild für zahlreiche Spätscholastiker, die ihm in diesem Punkt folgen. Zu ihnen zählt neben seinem Schüler Domingo de Soto vor allem auch Luis de Molina. Trotz vielseitiger Unterschiede im Detail verbindet sie alle die Bereitschaft, nichtwirtschaftliche Schäden durch den dauerhaften Verlust eines Rechtsguts zu bestimmen und sie bei Unmöglichkeit tatsächlicher Wiederherstellung auch durch Geld zu kompensieren.

3. Gegner des immateriellen Schadensersatzes

Bei allen Unterschieden der theologisch-philosophischen Scholastik im Vergleich zum gelehrten Recht darf nicht vergessen werden, dass diese Lehre zwar einen universellen Wahrheitsanspruch erhob, ihr praktischer Anwendungsbereich aber von vornherein auf das *forum conscientiae* beschränkt war. Dass man an der juristischen Fakultät bis in die frühe Neuzeit die finanzielle Kompensation von Verstümmelungen oder Schmerzen ablehnte, dürfte auch den Theologen nicht entgangen sein, zumal sie sich in ihren Traktaten ja ausdrücklich auf bestimmte Regelungen des kanonischen und römischen Rechts zum Schadensersatz beriefen. Sie setzten sich aber über die römischen Quellen hinweg, die es ablehnen, den menschlichen Körper gegen Geld aufzuwiegen.

Doch auch unter Theologen gab es Stimmen, die eine finanzielle Kompensation nichtwirtschaftlicher Verluste ablehnten. Ein prominenter Kritiker in diesem Bereich ist der Franziskaner Petrus Johannis Olivi († 1298), der vor allem wegen seines Beitrags zum ökonomischen Denken bekannt ist.[516] Das letzte Kapitel seines *Tractatus de contractibus* handelt hauptsächlich von der Restitution infolge von Wucher. Olivi geht aber auch auf allgemeine Aspekte der Restitutionslehre ein. Dazu stellt er Folgendes klar:

516 Zu Leben und Werk siehe FRANCO: Wirtschaftsethik, IX–XXXVII.

Intellige autem predicta de dampnis reparabilibus seu restituibilibus. Nam hominis occisio vel membri eius mutilacio non est eidem restituibilis. Expense tamen quas in suorum vulnerum sanacione fecisset, possunt et debent restitui sibi.[517]

Beziehe das Gesagte aber nur auf die ersetzbaren und restituierbaren Schäden. Die Tötung eines Menschen oder die Verstümmelung eines seiner Körperteile sind ihm nämlich nicht restituierbar. Aber die Aufwendungen, die er für die Heilung seiner Wunden getätigt hat, können und müssen ihm restituiert werden.

Eine der überlieferten Handschriften ist insofern noch deutlicher: es heißt dort nicht *dampnis reparabilibus*, sondern *dampnis temporalibus*.[518] Die Restitutionslehre soll also nur für zeitliche Schäden gelten. Als Beispiel für Körperverletzungen nennt Olivi den Verlust einer Hand. Für diesen Fall diskutiert er neben dem Ersatz der Behandlungskosten auch den Verdienstausfall. Immer aber spricht er bloß von der Restitution der zeitlichen Güter, die das Opfer ohne die Verletzung hätte erwirtschaften können (*temporalia que ex usu predictorum membrorum acquireret*).[519] Eine Kompensation für den verlorenen Körperteil selbst zieht er nicht in Betracht.

Auch Jean Gerson († 1429) nimmt in dieser Hinsicht eine eher kritische Sichtweise ein. Er meint, dass man für körperlichen Mord und körperlichen Diebstahl wesentlich einfacher Restitution leisten könne als für geistigen Mord und geistigen Diebstahl.[520] Mit letzterem meint er die Verleumdung, da man den Ehrträger gewissermaßen seines guten Rufs beraube. Während man bei Mord oder Diebstahl den zugefügten Schaden schätzen könne, sei dies bei Verleumdungen nicht der Fall. Gerson dürfte hier einen materiellen Schadensbegriff zugrunde legen. Während man den Schaden beim Diebstahl im Wert der Sache und beim Mord etwa im Hinterbliebenenunterhalt bemisst, ist bei Rufschädigungen schwer abzusehen, inwiefern dem Betroffenen dadurch Nachteile erwachsen werden.

Auf diese Weise ist Jean Gerson auch von Gabriel Biel († 1495) verstanden worden. Biel meint, dass die Rufschädigung umso schwerer wiege, je bedeutender der Name des Verletzten ist und je mehr Reichtümer mit ihm verbunden sind. Denn wegen einer Verleumdung könne man viele geistliche und zeitliche Vorteile verlieren.[521] Gerade deshalb habe Gerson gemeint, dass die Restitution für

---

517 Olivi: Tractatus de contractibus, pars 3, de restitucionibus, a. 1, regula 2, n. 7, S. 250.

518 Vgl. Ders.: Tractatus de contractibus, 250, Anm. zu n. 7.

519 Dies.: Tractatus de contractibus, pars 3, de restitucionibus, a. 1, regula 2, n. 11, S. 254.

520 Er spricht von »homicidio corporali & furto« und »homicidio & furto spirituali«. Vgl. Gerson: Responsa ad quaestiones quatuor, Sp. 466.

521 Biel: Collectorium, lib. 4, dist. 15, q. 16, a. 2, concl. 1, S. 335.

Rufschädigungen besonders schwerfalle. Gabriel Biel erweist sich hier insofern als Anhänger der scotischen Lehre, als auch Duns Scotus (anders als Thomas) bei der Rufschädigung keine Geldentschädigung in Betracht gezogen hat.

Dass nur für Körperverletzungen, nicht aber für Rufschädigungen eine Geldentschädigung in Frage kommen soll, lässt sich auch der *Summa Silvestrina* entnehmen. Silvester Mazzolini erörtert dort, ob jemand auch dann zur Restitution des guten Rufs verpflichtet ist, wenn er dadurch seinen Tod riskiert. Die Frage, ob man zur Restitution eines niederen Guts verpflichtet ist, ein höheres Gut aufs Spiel zu setzen, war eine viel diskutierte Frage.[522] Praktische Relevanz erhält dieses Problem beispielsweise, wenn ein Angeklagter durch das Abstreiten eines wahren Verbrechens den Ruf des Anklägers in Mitleidenschaft zieht, er bei einem Geständnis aber die Todesstrafe zu befürchten hat. Silvester Mazzolini meint, dass der Schädiger dann etwas Gleichwertiges für den verletzten Ruf leisten müssen, nicht aber Geld:

> [...] tamen credo, quod sicut qui pecuniam restituere non potest, non potest recompensare in fama, quae non est eiusdem generis: ita neque econverso.[523]

> [...] ich glaube aber, dass jemand, der kein Geld zurückgeben kann, nicht mit dem Ruf kompensieren kann, da er nicht derselben Ordnung angehört; und ebensowenig umgekehrt.

Wenn man kein Geld habe, könne man nicht mit seinem Ruf bezahlen. Also könne man auch kein Geld hingeben, wenn man den Ruf nicht restituieren kann. Denn – so legt Silvester hier nahe – es sei nicht möglich, mit Gütern einer fremden Ordnung zu restituieren. Gerade das hatte aber Thomas von Aquin behauptet, auf den sich Silvester im allgemeinen Abschnitt zur Restitution auch bezieht.[524] Den offenen Widerspruch kann man nur dann vermeiden, wenn man davon ausgeht, Silvester interpretiere Thomas' Idee einer Geldentschädigung so, als seien damit nur materielle Folgeschäden gemeint.

Mit einer derartigen Thomas-Interpretation wäre Silvester nicht allein. Spätscholastische Autoren, die eine finanzielle Kompensation von Persönlichkeitsgütern ablehnten, sich aber auch nicht in Widerspruch zu Thomas stellen wollten, legten seine Texte auf diese Weise aus. Domingo Báñez († 1604) meint, dass Thomas richtigerweise so zu verstehen sei, als meine er in der berühmten Stelle aus

---

522 Siehe dazu unten S. 144 f.

523 Mazzolini: Summa, pars 1, De Detractione, n. 5, S. 248.

524 Vgl. oben S. 120.

der *Secunda Secundae* (STh II-II q. 62 a. 2) nur den materiellen Folgeschaden einer Körper- oder Rufverletzung.[525] Gabriel Vázquez († 1604) schließt sich dem an und behauptet, dass auch viele seiner Zeitgenossen so darüber urteilten.[526] Auch Martín de Azpilcueta († 1586)[527] und Petrus de Navarra (16. Jh.)[528] vertreten diese Auslegung. Letzterer schließt sich sogar ausdrücklich der Meinung Silversters an. Nicht zuletzt galt den Spätscholastikern auch John Major († 1550) als ein Gelehrter, der die finanzielle Kompensation ideeller Schäden ablehnte.[529]

525 Báñez: De Iustitia et Iure, q. 62, a. 2, dub. 4, S. 115b lit. E.

526 Vázquez (Bellomontanus): Tractatus de restitutione, cap. 3, § 2, dub. 6, n. 22, S. 75 f.

527 Azpilcueta: Enchiridion, cap. 17, n. 90, fol. 212r.

528 Petrus de Navarra: De ablatorum restitutione, lib. 2, cap. 3, n. 416, S. 434.

529 Siehe dazu unten S. 202 ff., 225 ff., 248 ff.

Zweites Kapitel: Persönlichkeitsgüter und ihr restitutorischer Schutz

Geht man von der für den spätscholastischen Diskurs maßgeblichen, thomistischen Traditionslinie aus, liegt der Restitution von Vermögens- und Persönlichkeitsgütern ein einheitliches Prinzip zugrunde. Während im ersten Fall frühere Eigentums- und Besitzverhältnisse wiederhergestellt werden sollen,[530] will man auch bei Persönlichkeitsgütern die Verletzung nach Möglichkeit ungeschehen machen. Wo entsprechende Wege offenstehen, ist das Rechtsgut *in natura* wiederherzustellen. Nur wenn dies nicht möglich ist, wird eine Kompensation in Geld oder durch andere Güter diskutiert. Dass man die Geldkompensation für die Verletzung des Eigentums bei vermögensmäßiger Betrachtung einen wirklichen Ausgleich nennen kann, dieselbe Behauptung bei der Verletzung von Persönlichkeitsgütern aber schwerer fällt, ist erst ein Problem der Kommensurabilität. Für das hier interessierende Prinzip, das die Unverletzlichkeit eines bestimmten Guts garantieren will, sind solche Bedenken noch ohne Belang.

Schon bei Thomas von Aquin ist die Restitutionslehre als ein »Institut zum Schutz der individuellen Rechtssphäre von Menschen« angelegt.[531] Um diese Sphäre zu beschreiben und die Reichweite ihres Schutzes nach außen zu umreißen, bediente sich auch Thomas des Konzepts vom *dominium*. Für einige Spätscholastiker schien es deshalb offenbar konsequent, in ihren Kommentaren zur *Secunda secundae* von deren Aufbau abzuweichen und vor dem Kapitel über die Restitution zunächst das *dominium* zu behandeln.[532] Auch Francisco de Vitoria baute seine Vorlesung entsprechend auf und bemerkte, dass jede Restitution in der individuell geschützten Sphäre des Rechtsgutinhabers fuße: *omnis restitutio fundatur in dominio*.[533]

---

530 Jansen: Theologie, Philosophie und Jurisprudenz, 36.

531 Ebd., 34.

532 So etwa Vitoria: Codex Salmantinus XLIII, q. 62, a. 1, n. 4: »Sed antequam materiam de restitutione aggrediamur, loquendum est de dominio, cum maxime hoc ad restitutionem conducat [...]«. Vgl. auch Soto: De Iustitia et Iure, lib. 4, q. 1–2, S. 278 ff.; Báñez: De Iustitia et Iure, q. 62, Praeambulum de dominio, S. 73 ff. Siehe dazu Jansen: Theologie, Philosophie und Jurisprudenz, 35.

533 Vitoria: Codex Salmantinus XLIII, q. 62, a. 1, n. 6, S. 8. Zum Verhältnis von *dominium* und Restitution siehe Grossi: La proprietà, 130 f.; Brett: Liberty, right and nature, 124 ff.; Jansen: Theologie, Philosophie und Jurisprudenz, 33 ff.

Damit war freilich noch nichts über die wertungsmäßige Frage gesagt, wie weit der Schutz solcher Rechtssphären gehen soll und welche Interessen man überhaupt garantiert. Auch aus dem Begriff *dominium* allein ergab sich das noch nicht. Dieser hatte im theologischen Lager nicht immer die selbe Bedeutung wie bei den Juristen und unterlag auch in der Scholastik dem Wandel.[534] Bonaventura († 1274) hatte ihn zur Bestimmung der Freiheit herangezogen. Frei sei, wer die Herrschaft, also das *dominium* über sein Handeln habe.[535] Thomas von Aquin nannte den Menschen *dominus suorum actuum*.[536] Es ging dabei also zunächst um die Fähigkeit, über sein eigenes Handeln frei zu bestimmen. Diese Fähigkeit, die den Menschen vom Tier unterscheide, bilde dann aber auch die Grundlage für die Herrschaft über die Außenwelt. Der Mensch könne sich kraft seiner Vernunft und seines Willens die äußeren Dinge aneignen und *dominium* an ihnen begründen.[537] Im Zuge der Kolonialisierung Mittel- und Südamerikas verwendeten die Spätscholastiker diese Theorie als Argument gegen diejenigen Tendenzen, die den indigenen Völkern das Eigentum an ihrem Land absprechen wollten, um so die Raubzüge der europäischen Herren zu rechtfertigen.[538] Zwar stritt man anfangs noch darüber, ob es sich bei den Indios wirklich um Menschen handelte. Doch nachdem Papst Paul III. diesen Streit 1537 mit seiner Bulle *Sublimis Deus* beendet und für alle Gläubigen verbindlich die Vernunftbegabung und das Menschsein der Indios festgestellt hatte, konnte man ihnen das *dominium* an ihrem Land jedenfalls auf theoretischer Grundlage nicht mehr absprechen.

---

534 Siehe dazu ausführlich Brett: Liberty, right and nature. Einen Überblick bieten Tellkamp: Rights and dominium, 127 ff.; Simmermacher: Eigentum, 9 ff.

535 Bonaventura: In secundum librum sententiarum, dist. 25, a. 1, q. 1 co., S. 593: »Unde illa sola potentia dicitur esse libera, quae dominium habet plenum tam respectu obiecti, quam respectu actu proprii.«

536 Thomas von Aquin: STh II-II, q. 64, a. 5, ad 3, S. 72; ders.: STh I-II, q. 1, a. 1, co., S. 6; q. 6, a. 2, ad 2, S. 58.

537 Siehe dazu Seelmann: Dominium, 76 ff.; ders.: Selbstherrschaft, 43 ff.; Schermaier: ZRG (RA) 134 (2017), 57 ff.

538 Vgl. Vitoria: De Indis, Sectio Prima, n. 15, S. 402: »Et quidquid sit de hoc, sit quarta proposito: Nec ex hac parte impediuntur barbari, ne sint veri domini. Probatur, quia secundum rei veritatem non sunt amentes, sed habent pro suo modo usum rationis.«; Suárez: De Iustitia et Iure, q. 16, S. 77: »Dicere autem generaliter in aliqua regione aut provincia omnes homines nasci monstrosos et contra naturalem dispositionem incredibile est. […] Nullus hominum iure aliquo divino est incapax dominii absolute et simpliciter.« Siehe dazu Giers: Gerechtigkeitslehre, 126 ff.; Deckers: Gerechtigkeit und Recht, 226 ff.; Hafner, Loretan, Spenlé: Naturrecht und Menschenrecht; Seelmann: Selbstherrschaft, 44 f.; Tellkamp: Vitorias Weg; Spindler: Vernunft, Gesetz und Recht, 58 ff.; Simmermacher: Eigentum, 32, 174 ff.

I. Rechtsgüter …

Mit *dominium* meinten die Theologen aber von Anfang an mehr als bloß Eigentum an körperlichen Gegenständen. Von juristischer Seite legte die berühmte Definition Bartolus de Saxoferratos dies zwar nahe.[539] Als Scholastiker konnte man aber auch im politischen Bereich vom *dominium iurisdictionis* eines Herrschers sprechen.[540] Und die Spätscholastiker diskutierten auch die Frage, ob und inwiefern der Mensch das *dominium* an seinem Ruf und seinem Körper innehat.[541] Auch wenn Einzelheiten hier umstritten waren, beschäftigte die Spätscholastiker das Verhältnis von *dominium* und *ius*, weshalb man dieses Konzept regelmäßig in Verbindung mit der modernen Kategorie von subjektiven Rechten bringt.[542] Eine Restitutionslehre, die auf dieser Idee aufbaut, versteht sich deshalb nicht zuletzt als Institut zum Schutz solcher individuellen Rechtspositionen. Das gilt geradezu exemplarisch auch für den Bereich von Persönlichkeitsgütern. Hier ist sogar zu beobachten, dass man Restitution unter Umständen auch dann nicht versagte, wenn man das *dominium* des Menschen an dem betroffenen Rechtsgut aus theologischen Gründen nicht anerkannte. Das gilt etwa für das menschliche Leben. Obwohl man den Menschen wegen des Selbsttötungsverbots nicht für den *dominus* über sein Leben hielt, erwog man dennoch die Pflicht zu einer geistlichen Restitution gegenüber dem Verstorbenen.[543] Auch diskutierte man, ob den Angehörigen am Leben des Getöteten Rechte zustehen, die zu Ansprüchen auf Unterhalt oder gar zu einer Restitutionspflicht für den Verlust eines Menschen selbst führen.[544] Schließlich gibt es aber auch Lebensbereiche, deren rechtlicher

539 Bartolus de Saxoferrato: In Primam Digesti Novi Partem, ad D. 41,2,17, fol. 84v: »Quid ergo est dominium? Responde, est ius de re corporali perfecte disponendi, nisi lege prohibeatur.« Freilich kannte auch Bartolus einen weiteren Begriff vom *dominium*, zu dem er auch Nießbrauchs- und obligatorische Rechte zählte.

540 Tellkamp: Rights and dominium, 148 ff.; Simmermacher: Eigentum, 105 ff., 115.

541 Vgl. Vitoria: Codex Salmantinus XLIII, q. 62, a. 1, n. 50–53, S. 90 ff.; Molina: De Iustitia et Iure, tract. 3, disp. 1; ders.: De Iustitia et Iure, tract. 4, disp. 2. Siehe dazu sogleich.

542 Vgl. Seelmann: Dominium, 161 ff.; Brett: Liberty, right and nature, 49 ff., 123 ff.; Seelmann: Selbstherrschaft; Varkemaa: Individual Rights, 77 ff.; Jansen: Theologie, Philosophie und Jurisprudenz, 39; Tellkamp: Rights and dominium; Repgen: De restitutione (Vitoria), XXXV ff.; Simmermacher: Eigentum, 30 ff., 65 ff.; Jansen: Einleitung: Lessius' Lehren, XXXVI ff.

543 Diese Idee wurde vor allem von Duns Scotus geprägt. Vgl. Duns Scotus: Ordinatio IV (Vaticana), dist. 15, q. 3, n. 238, S. 119 f. Siehe dazu oben S. 105 ff. Vor allem Vitoria nahm demgegenüber einen kritischen Standpunkt ein, vgl. Vitoria: Codex Salmantinus XLIII, q. 62, a. 2, n. 11, S. 112. Siehe dazu noch unten S. 200 ff.

544 Siehe dazu unten S. 200 ff.

Schutz uns heute selbstverständlich erscheint, die aber im scholastischen Diskurs nicht durch das Konzept *dominium* gewährleistet wurden. Das gilt etwa für die sexuelle Selbstbestimmung, die man nicht mit restitutorischem Schutz versah, obwohl man ihre Missachtung durchaus für Unrecht hielt.[545]

1. Das *dominium* an Persönlichkeitsgütern

Rechtsgutverletzungen, bei denen im scholastischen Diskurs regelmäßig die Frage aufkommt, ob neben wirtschaftlichen Folgeschäden auch ideelle Einbußen zu kompensieren sind, betreffen das Leben, den Körper, den Ruf und die Ehre. Hier war aus verschiedenen, vor allem theologischen und sittlichen Gründen jeweils streitig, inwiefern der Mensch über diese Güter frei disponieren konnte. Im unmittelbaren Zusammenhang damit stand die Frage nach dem *dominium* des Menschen an Persönlichkeitsgütern.

Weitgehende Einigkeit bestand im Hinblick auf das Rechtsgut Leben, über das der Mensch aus theologischen Gründen nicht als *dominus* herrschen und verfügen konnte. Dass nicht dem Menschen, sondern Gott das *dominium* über das Leben zustehe, gehörte bei den Scholastikern zum *common sense*.[546] Man konnte dies offenbar überzeugend damit begründen, dass es dem Menschen nach ungeteilter Meinung verboten war, sich selbst zu töten. Dieses Verbot findet sich bereit bei Augustinus[547] und man konnte es letztlich auch auf zahlreiche biblische Aussagen stützen. In diesem Kontext immer wieder vorgetragene Stellen lauten etwa »Du hast Gewalt über Leben und Tod«[548] und »Ich bin es, der tötet und der lebendig macht«[549] – was offenbar so zu verstehen war, dass nur Gott, nicht aber der Mensch über das Leben verfügen darf. Auch das in den zehn Geboten enthaltene Tötungsverbot untersage nicht nur die Tötung anderer, sondern auch den Selbstmord.[550] Nach Thomas von Aquin liegt das Unrecht dabei nicht nur in dem

545 Dazu sogleich S. 136 ff.

546 Vgl. Cajetan: Summa, Homicidium per se, fol. 131r; Vitoria: De homicidio, n. 23, S. 484; Soto: De Iustitia et Iure, lib. 4, q. 2, a. 3, S. 291b; Báñez: De Iustitia et Iure, q. 62, Praeambulum de dominio, S. 80a; Gómez de Amescúa: Tractatus de potestate in se ipsum, lib. 1, cap. 1, n. 9–11, S. 4; cap. 5, n. 4, S. 36; Gregor von Valencia: Commentarii theologici, tomus 3, disp. 5, q. 8, punct. 2, Sp. 1319; Molina: De Iustitia et Iure, tract. 3, disp. 1, n. 1, Sp. 510; Suárez: De iustitia Dei, Sectio 2, n. 11, S. 531b; Lessius: De Iustitia et Iure, lib. 2, cap. 4, dub. 10, S. 300 ff.

547 Vgl. Aug. civ. 1,17 und *passim*.

548 Weish 16,13 EÜ.

549 Dt 32,39 EÜ.

550 Siehe exemplarisch Gómez de Amescúa: Tractatus de potestate in se ipsum, lib. 1, cap. 5, n. 3, S. 36.

Umstand, dass man Gott etwas wegnimmt, das nur ihm gehört.[551] Der Suizident begehe nämlich nicht nur eine Sünde gegen die *iustitia*, sondern er verstoße darüber hinaus auch gegen die *caritas*.[552] Dass man nämlich seinen Nächsten lieben soll wie sich selbst, beinhalte eben auch die Mahnung, sich selbst zu lieben.[553]

Das bedeutete freilich nicht, dass dem Menschen die Verfügungsgewalt über sein Leben völlig entzogen wäre. Trotz allem war der Mensch nach Thomas von Aquin kraft seines freien Willens Herr über sich selbst (*dominus sui ipsius per liberum arbitrium*).[554] Vor allem Baltasar Gómez de Amescúa ging deshalb der Frage nach, welche Reichweite die Verfügungsgewalt des Menschen über sich und seinen Körper (*potestas in se ipsum*) haben könne.[555] Und auch Luis de Molina fragte nicht nur nach dem *dominium*, sondern allgemein nach den Rechten des Menschen an seinem Leben und seinen Gliedern.[556] Gott behalte sich zwar das *dominium* über das Leben vor, überlasse dem Menschen aber den Gebrauch und Nutzen (*usus*) daran und setze ihn als Hüter (*custos*) und Verwalter (*administrator*) seines Lebens ein.[557] Deshalb könne der Mensch den Gebrauch seiner Glieder gegen Geld anbieten und sich vertraglich zur Verrichtung von Arbeit verpflichten.[558] Zu erlaubten Zwecken dürfe er sein Leben sogar Gefahren aussetzen[559] und sich bei Krankheit auch faule Körperteile amputieren lassen, um das Leben als Ganzes zu retten.[560] Vor allem aber führe bereits das Innehaben ei-

---

551 Das war freilich auch für Thomas selbstverständlich, vgl. Thomas von Aquin: STh II-II, q. 59, a. 3, ad 2, S. 23.

552 Ders.: STh II-II, q. 64, a. 5, ad 1, S. 72.

553 Ders.: STh II-II, q. 25, a. 5, co., S. 201.

554 Ders.: STh II-II, q. 64, a. 5, ad 3, S. 72.

555 Vgl. Gómez de Amescúa: Tractatus de potestate in se ipsum. Siehe dazu ausführlich Testuzza: »Ius corporis quasi de corpore disponendi«.

556 Molina: De Iustitia et Iure, tract. 3, disp. 1, Sp. 510: »quantum iuris homo habeat in propriam vitam, & in propria membra«.

557 Ders.: De Iustitia et Iure, tract. 3, disp. 1, n. 2 f., Sp. 511.

558 Ders.: De Iustitia et Iure, tract. 3, disp. 1, n. 5, Sp. 512: »homo locare possit operas suas, usumque suorum membrorum, atque ad id se obligare.« Damit folgt Molina in abgeschwächter Form einem Gedanken Konrad Summenharts († 1502), dem zufolge der Mensch sich sogar in die Sklaverei verkaufen kann. Vgl. Summenhart: Septipertitum opus de contractibus, tract. 3, q. 74, fol. 278vb: »Modo persona libera potest fieri servilis, et hoc dupliciter scilicet invita et etiam volens [...]«. Siehe dazu Varkemaa: Individual Rights, 90 ff.; Simmermacher: Eigentum, 28 ff.

559 Vgl. auch Gómez de Amescúa: Tractatus de potestate in se ipsum, lib. 2, cap. 1–5, S. 229 ff. Siehe dazu Testuzza: »Ius corporis quasi de corpore disponendi«, 255 ff. Vgl. ferner Soto: De Iustitia et Iure, lib. 5, q. 1, a. 6, S. 396 ff., 397a. Siehe dazu Toste: Self-Preservation and Self-Sacrifice, 379 f.

560 Molina: De Iustitia et Iure, tract. 3, disp. 1, n. 6, Sp. 512.

nes Nutzungsrechts dazu, dass man bei Verletzung des Lebens oder des Körpers nicht nur Gott als Inhaber des *dominium*, sondern auch dem Menschen Unrecht und Schaden zufüge.[561] Ein Verstoß gegen die *iustitia* bestehe also auch im Verhältnis zum Verletzten selbst.

In enger Verknüpfung zum Leben standen auch Fragen, die den menschlichen Körper betreffen. Weil der Körper gewissermaßen die Grundlage des irdischen Lebens bilde, hat der Mensch laut Molina auch daran kein *dominium*, sondern nur ein Nutzungsrecht.[562] Dieser Standpunkt ließ sich nicht nur mit theologischen Erwägungen absichern, sondern man konnte ihn auch auf Quellen des römischen Rechts stützen. Bereits Ulpian hatte nämlich behauptet, dass bei Körperverletzungen eine direkte Anwendung der *lex Aquilia* ausscheide, weil niemand *dominus* seiner Glieder sei.[563] Hadrian VI. pflichtete dem bei.[564] Jedoch meinte er, dass eine Klage deshalb nur nach positivem Recht ausgeschlossen sei, man von Naturrechts wegen aber trotzdem zur Restitution verpflichtet sei. Denn infolge einer Körperverletzung sei es eben doch der Verletzte, der den Schaden davontrage. Obwohl die Restitutionspflicht letztlich im *dominium* wurzele, versagte man hier dennoch nicht den restitutorischen Schutz. Im Ergebnis kam es nicht darauf an, ob man dem Menschen das *dominium* zusprach oder nicht. Zu keinen wesentlich anderen Schlüssen kam deshalb auch Vitoria, der entgegen vieler anderer Stimmen behauptete, dass der Mensch zwar *dominus* seiner Glieder sei, seinen Körper allerdings nur zu erlaubten Zwecken verwenden dürfe.[565] Hingegen bezeichnete man aus verschiedenen Gründen vor allem Frauen als Herrinnen ihres eigenen Körpers (*domina sui corporis*). Dadurch räumte man einerseits dem unverheirateten Mädchen die Dispositionsbefugnis über ihren Körper ein und verhinderte so, dass es sich bei vorehelichem Geschlechtsverkehr ihrem Vater restitutionspflichtig machte.[566] Ferner konnte man mit demselben Argument auch für die Wirksamkeit von Verträgen zwischen Prostituierten und

---

561 Ders.: De Iustitia et Iure, tract. 3, disp. 1, n. 4, Sp. 512.

562 Ders.: De Iustitia et Iure, tract. 3, disp. 1, n. 3, Sp. 511: »homo dominus non sit propriae vitae, atque adeo neque suorum membrorum, ex quibus homo totus, integraque illis vita, coalescit.« So auch Lessius: De Iustitia et Iure, lib. 2, cap. 4, dub. 10, S. 302.

563 Ulp. 18 ad ed. D. 9,2,13 pr.: »Liber homo suo nomine utilem Aquiliae habet actionem: directam enim non habet, quoniam dominus membrorum suorum nemo videtur. fugitivi autem nomine dominus habet.«

564 Hadrian VI.: In Quartum Sententiarum, fol. 98rb.

565 Vitoria: Codex Ottobonianus MXV, q. 62, a. 1, n. 52, S. 214: »Ergo est dominus suorum membrorum, est liber. […] licet fecerit nos dominos nostri, non tamen ad omnes usus, sed ad licitos […]«

566 Siehe dazu unten S. 240 ff.

ihren Freiern streiten und damit den Anspruch der Frau auf die ihr versprochene Vergütung absichern.[567]

Bei den Rechtsgütern des guten Rufs und der Ehre war man unterschiedlicher Ansicht. Hier schränkte vor allem Cajetan die Dispositionsbefugnis des Menschen erheblich ein. Laut Cajetan ist es dem Menschen nicht erlaubt, unter Folter ein falsches Geständnis abzulegen, weil er dadurch seinem Ruf schade.[568] Und John Major zufolge darf man auf die Restitution seines verletzten Rufs nicht verzichten, weil davon auch Interessen der Öffentlichkeit betroffen seien.[569] Molina weist aber darauf hin, dass trotz dieser Einwände weder Cajetan noch Major dem Menschen das *dominium* an Ruf und Ehre per se abgesprochen haben.[570] Tatsächlich hält Cajetan den Menschen sogar ausdrücklich für den *dominus* seines Rufs.[571] Laut Molina habe auch Thomas von Aquin diese Ansicht vertreten.[572] Denn solange dadurch keine Dritten zu Schaden kommen, stelle er es dem Urteil des Menschen anheim, ob er auf eine Rufschädigung reagiert oder sie duldsam auf sich beruhen lässt.[573] Einschränkungen gab es deshalb nur, wenn der schlechte Ruf eines Prälaten oder sonstiger Repräsentanten auch den Ruf der Untergebenen in Mitleidenschaft zog.[574] Letztlich war hier ebenso wie bei den anderen Rechtsgütern die Inhaberschaft des *dominium* von der Frage zu trennen, inwieweit der Mensch im Einzelfall über sein Gut disponieren darf. Bei Rufschädigungen betraf dies auch die Befugnis, gegen Geld auf die Restitution zu verzichten.[575] Während aber beim Leben und beim Körper die Stellung des Menschen als unbeschränkter *dominus* abgelehnt wurde und man ihm dennoch grundsätzliche Handlungsfreiheit einräumte, erkannte die Mehrheit der spätscholastischen Autoren[576] das *dominium* des Einzelnen an seinem Ruf und seiner Ehre an und setzten der Freiheit nur im Einzelfall Grenzen.

567 Siehe dazu unten S. 173 ff.

568 Cajetan: ComSTh II-II, ad q. 73, a. 2, n. V., S. 134 f. Siehe dazu noch unten S. 177.

569 Major: In quartum sententiarum (1516), dist. 15, q. 16, fol. 83ra.

570 Molina: De Iustitia et Iure, tract. 4, disp. 2, n. 2, Sp. 1188.

571 Cajetan: ComSTh II-II, ad q. 73, a. 2, n. V., S. 134: »sicut homo est dominus aliarum suarum rerum exteriorum ita et suae famae [...]«.

572 Molina: De Iustitia et Iure, tract. 4, disp. 2, n. 3, Sp. 1188.

573 Vgl. Thomas von Aquin: STh II-II, q. 73, a. 4, ad 1, S. 137: »Et tunc sui arbitrii est detrimentum suae famae pati, nisi hoc vergat in periculum aliorum«.

574 Vgl. Báñez: De Iustitia et Iure, q. 62, a. 2, dub. 11, S. 124; Lessius: De Iustitia et Iure, lib. 2, cap. 11, dub. 24, S. 418 ff.

575 Siehe dazu ausführlich unten S. 175 ff.

576 Hadrian VI.: In Quartum Sententiarum, fol. 97va; Vitoria: Codex Ottobonianus MXV, q. 61, a. 1, n. 53, S. 94 ff.; Ledesma: In IV sententiarum. Secunda Quartae, q. 18, a. 2, fol. 245rb; Soto:

Noch stärker von theologischen Kontroversen gezeichnet war die Frage nach dem *dominium* des Menschen an geistlichen Gütern (*bona spiritualia*).[577] Auch hier ging es letztlich um die Beziehung des Menschen zu Gott, weshalb man dem Einzelnen das *dominium* an übernatürlichen geistlichen Gütern wie der göttlichen Gnade nicht ohne Weiteres zugestehen wollte.[578] Anders verhielt es sich mit den natürlichen geistlichen Gütern, die der Mensch durch eigenen Fleiß erwerben konnte. Dazu rechnete man beispielsweise wissenschaftliche Kenntnisse, geistige Fähigkeiten und Tugenden. Den Menschen als *dominus* über diese Güter zu behandeln, war vor allem für Vitoria einleuchtend.[579] Auch Suárez teilte diese Auffassung,[580] obgleich er insofern in Thomas von Aquin einen Kritiker vermutete.[581] Für die Restitutionslehre war dies nicht ohne Belang, weil eine Pflicht zur Wiedergutmachung auch bei Verletzung von *bona spiritualia* in Frage kam, etwa für einen schlechten Rat oder das Verkünden falscher Lehren.[582]

2. Ein *numerus clausus* geschützter Rechtsgüter

Trotz der Hintergrunddebatte um das *dominium* an einzelnen Rechtsgütern ging man dennoch sowohl bei Schädigungen des Lebens und am Körper als auch bei Ruf- und Ehrverletzungen von einer Restitutionspflicht des Schädigers aus. Obwohl Vitoria also für die Restitutionslehre als Ganze im *dominium* eine syste-

---

Relectio de ratione tegendi et detegendi secretum, membrum primum, q. 3, S. 222; DERS.: De Iustitia et Iure, lib. 4, q. 2, a. 3, S. 293a; lib. 4, q. 6, a. 3, S. 344b; AZPILCUETA: Enchiridion, cap. 18, n. 46, fol. 280v; BÁÑEZ: De Iustitia et Iure, q. 62, Praeambulum de dominio, S. 80b; SUÁREZ: De iustitia Dei, Sectio 3, n. 21, S. 557 f.; GREGOR VON VALENCIA: Commentarii theologici, tomus 3, disp. 5, q. 6, punct. 5, Sp. 1204; MOLINA: De Iustitia et Iure, tract. 4, disp. 2, n. 4, Sp. 1188; LESSIUS: De Iustitia et Iure, lib. 2, cap. 4, dub. 11, S. 302.

577 Siehe dazu GIERS: Gerechtigkeitslehre, 133 ff.

578 Siehe etwa SUÁREZ: De Iustitia et Iure, q. 12, S. 35: »In gratiam […] dominium habemus, non tamen ita proprium, verum et absolutum; quare verius diceremur talium rerum usufructuarii quam domini.« Ferner SOTO: De Iustitia et Iure, lib. 4, q. 2, a. 3, S. 294b.

579 VITORIA: Codex Salmantinus XLIII, q. 62, a. 1, n. 50, S. 90.

580 SUÁREZ: De Iustitia et Iure, q. 12, S. 35.

581 DERS.: De Iustitia et Iure, q. 12, S. 33. Das ergebe sich aus THOMAS VON AQUIN: STh I-II, q. 73, a. 9, ad 2, S. 34.

582 HADRIAN VI.: In Quartum Sententiarum, De restitutione, fol. 92vb; VITORIA: Codex Salmantinus XLIII, q. 62, a. 2, n. 32 ff., S. 154 ff.; SOTO: De Iustitia et Iure, lib. 4, q. 6, a. 3, S. 334; LEDESMA: In IV sententiarum. Secunda Quartae, q. 18, a. 2, fol. 239ra; ARAGÓN: In Secundam Secundae, q. 62, a. 2, S. 179a; VÁZQUEZ (BELLOMONTANUS): Tractatus de restitutione, cap. 8, dub. 1, n. 5, S. 173b; GREGOR VON VALENCIA: Commentarii theologici, tomus 3, disp. 5, q. 6, punct. 5, Sp. 1205 ff.; LESSIUS: De Iustitia et Iure, lib. 2, cap. 8, dub. 2, S. 66 ff.

matische Grundlage erkannte, sah man über dieses Erfordernis bei bestimmten Persönlichkeitsgütern offenbar aus Wertungsgesichtspunkten hinweg. Dennoch führte dies nicht zu einem Ausufern von Restitutionspflichten. Im Gegenteil scheint für die Begründung einer Restitutionspflicht neben der Inhaberschaft eines Rechts vor allem auch die Frage wichtig gewesen zu sein, ob ein bestimmtes Interesse überhaupt als Rechtsgut anerkannt war. Dafür war es erforderlich, dass man den in Frage stehenden Lebensbereich einer der gängigen Güterkategorien zuordnen konnte und wollte. Der letztlich von Aristoteles herrührende und unter anderem von Thomas aufgegriffene Dreiklang unterschied *bona externa*, *bona corporis* und *bona spiritualia*.[583] Im Einzelnen variierten die Bezeichnungen dieser Kategorien und es ist auch nicht immer eindeutig, wo man etwa den Ruf und die Ehre zu verorten hat. Jedenfalls war durch die Erfassung von *bona spiritualia* sogar das Seelenleben geschützt, und wie bereits berichtet diskutierte man auch, ob und inwiefern sich jemand restitutionspflichtig macht, wenn er einen anderen durch unvorsichtigen Rat oder falsche Lehren zu einer Sünde verleitet.[584]

Auf der anderen Seite blieben aber gewisse Interessen vom Katalog der restitutorisch geschützten Positionen ausgeschlossen. Bei ihnen tat man sich schwer, sie als eigenständige Rechtsgüter (*bona*) anzuerkennen. Dazu gehörte unter anderem die sexuelle Selbstbestimmung, der man offenbar weitaus weniger Wert beimaß als der Jungfräulichkeit. Welche Form der Restitution der Verführer einer Jungfrau zu leisten hat, ist eine Frage, die bereits im Alten Testament begegnet und auch von Juristen besprochen wurde.[585] Doch obgleich eine eigene Diskussion dazu bestand, ob der Verführer die Frau gegen seinen Willen heiraten muss und ob er die volle Mitgift oder nur die notwendige Aufstockung leisten soll,[586] so handelte es sich dabei lange Zeit bloß um Bemühungen, den finanziellen Schaden für die Familie des Mädchens möglichst zu begrenzen. Der Wille der Frau blieb dabei nebensächlich. Erst bei den Theologen des 16. Jahrhunderts ist in diesem Bereich eine Änderung zu beobachten. Sie lehnten die Restitutionspflicht des Mannes ab, wenn die Jungfrau aus eigenem Entschluss in den Geschlechtsverkehr eingewilligt hat. Zu dieser Einwilligung befähigte man sie, da das Mädchen nicht im Besitz ihres Vaters stehe (*virgo non est possessio patris*)[587],

583 Vgl. Aristot. eth. Nic. 1,8 [1098b]; Thomas von Aquin: Super Sententiis, lib 4, dist. 15, q. 1, a. 4, co., n. 140, S. 662.

584 Siehe oben Fn. 582.

585 Vgl. Ex 22,16–17 (= Ex 22,15–16 EÜ) = X 5,16,1. Siehe dazu oben S. 61.

586 Zur Höhe der Restitutionspflicht siehe Jansen: Theologie, Philosophie und Jurisprudenz, 100 ff.

587 Molina: De Iustitia et Iure, tract. 3, disp. 106, n. 2, Sp. 1173.

sondern selbst Herrin über ihren Körper sei (*puella est domina sui corporis*).[588] Der voreheliche Geschlechtsverkehr bedeutete deshalb zwar eine Sünde gegen die Keuschheit, nicht aber gegen die Gerechtigkeit.[589] Weil die Jungfräulichkeit nämlich kein Gut des Vaters ist, gereicht ihm deren Verlust auch nicht zum Schaden. Weder das Mädchen noch der Verführer schuldeten deshalb den Eltern Restitution.

Freilich ging es auch hier zunächst bloß um die wirtschaftlichen Einbußen, die dem Mädchen und seiner Familie entstanden, weil man sie nicht mehr als Jungfrau verheiraten konnte. Eine Restitutionspflicht des Mannes kam nur dann in Frage, wenn er das Mädchen mit Gewalt zum Geschlechtsverkehr gezwungen oder sie über seine Heiratsabsichten getäuscht hatte.[590] Molina ging hier jedoch einen Schritt weiter. Er stellte die Frage, ob sich der Mann auch dann restitutionspflichtig mache, wenn er zwar Gewalt oder Täuschung anwendet, es aber zu keinem wirtschaftlichen Schaden kommt. Denn es dürfte ja vorgekommen sein, dass der Geschlechtsverkehr geheim blieb und das Mädchen als scheinbare Jungfrau auch ohne Erhöhung der Mitgift heiraten konnte. Für diesen Fall – so meinte Molina – müsse der Mann dennoch Restitution leisten, und zwar für die verlorene Jungfräulichkeit selbst, die das Mädchen gegen seinen Willen verloren hat.[591] Einen solchen Schutz genossen allerdings nur Jungfrauen. Wenn dasselbe Schicksal ein nicht mehr jungfräuliches Mädchen oder eine verheiratete Frau ereilte, konnte sie auch bei gewaltsam erzwungenem Geschlechtsverkehr keine Restitution verlangen.[592] Denn wenn sie nicht mehr Jungfrau war, fehlte es an

---

588 So formulierte als erster wohl Soto: In IV Sententiarum, disp. 18, q. 2, a. 4, S. 869a: »nam puella est domina sui corporis in illo usu sicuti puer.« Vgl. auch Vázquez (Bellomontanus): Tractatus de restitutione, cap. 3, § 2, dub. 4, n. 12, S. 84a. Siehe dazu ausführlich Knebel: FZPhTh 61 (2014), 147 ff. Dass die Verfechter dieser These eigentlich aber der Ansicht waren, dass dem Menschen das *dominium* an seinem Körper gerade nicht zustehe, offenbart, dass es mehr um die Suche nach interessegerechten Lösungen ging, als um einen strengen Umgang mit Begrifflichkeiten.

589 Báñez: De Iustitia et Iure, q. 62, a. 2, dub. 7, S. 119a: »qui admiserit stuprum cum illa volente, non peccat contra iustitiam, neque ipsa neque stuprator: sed contra castitatem.« Siehe dazu Knebel: FZPhTh 61 (2014), 145 f.

590 Báñez: De Iustitia et Iure, q. 62, a. 2, dub. 7, S. 119a: »Qui per vim aut fraudem stupravit virginem, tenetur restituere & virgini & patri omnia damna quae consequuta sunt ex stupro, tam in honore quam in bonis temporalibus.«

591 Molina: De Iustitia et Iure, tract. 3, disp. 106, n. 6, Sp. 1177 f. Dagegen Petrus de Navarra: De ablatorum restitutione, lib. 2, cap. 3, n. 450, S. 204. Auch Báñez erörtert nur die Restitutionspflicht für die Misshandlung einer Jungfrau, vgl. Fn. 590.

592 Molina: De Iustitia et Iure, tract. 3, disp. 106, n. 10 f., Sp. 1179: »pro sola iniuria copulae nihil debetur ante latam sententiam, eo quod illa solum fuerit iniuria absque damno.«

einem geschützten Rechtsgut und damit an einem zu restituierenden *damnum*. Die Vergewaltigung bedeute zwar eine *iniuria copulae*, kraft derer man zu einer gerichtlichen Klage befugt sei. *Foro conscientiae* schulde man dafür aber nichts.[593]

Dass der Verlust der *virginitas* dabei als Verletzung eines *bonum corporis* behandelt wurde,[594] war der Begründung ihres Schutzes sicherlich nützlich – auch wenn sittliche Motive letztlich die größere Rolle gespielt haben dürften. Molina war deshalb auch bereit, die Schönheit des Körpers als ein Rechtsgut anzuerkennen und für Narben und Entstellungen restitutorischen Schutz zu gewähren.[595] Dass hingegen die von fremden Einmischungen geschützte Rechtssphäre des Opfers für sich betrachtet nicht restitutorisch geschützt war, ist ein Phänomen, dass auch der betrogene Ehegatte teilt. Der Verführer einer verheirateten Frau hatte unter Umständen zwar den beschädigten Ruf des Ehegatten zu restituieren. Das Eindringen in eine fremde Ehe und die fortdauernde Unannehmlichkeit galten aber nur als *iniuria*.[596] Denn die ungestörte eheliche Gemeinschaft war kein Rechtsgut, dessen Verletzung eine eigene Restitutionspflicht ausgelöst hätte.[597] Ebenso löste auch eine Ohrfeige keine Restitutionspflicht für die Verletzung der körperlichen Integrität aus. Wenn es zu keinem dauerhaften Schaden am Körper gekommen war, begriff man derlei Misshandlungen als bloße Ruf- oder Ehrverletzung.[598]

---

593 Hingegen will Gregor von Valencia bei Vergewaltigungen auch die Injurie kompensieren, die im Bruch des entgegenstehenden Willens liegt, vgl. unten S. 244 f.

594 Siehe bereits Albertus Magnus: In III Sententiarum, dist. 38, a. 6, S. 720b: »[...] haec enim sunt quae sic sunt in anima, quod statum habent in corpore, sicut virginitas.« Vgl. auch Petrus de Palude: In IV sententiarum, dist. 15, q. 2, fol. 65rb: »Secunda conclusio est de bonis corporis: puta de muliere virgine et virginitate.« Ferner Molina: De Iustitia et Iure, tract. 3, disp. 106, n. 6, Sp. 1178: »Cum enim apertio illa claustri virginitatis, damnum in se corporale sit pretio aestimabile [...]«; Báñez: De Iustitia et Iure, q. 62, a. 2, dub. 7, S. 119a: »Etenim natura ipsa ordinavit membrum foeminae ad illum usum, ergo si adest voluntas personae, nullum est involuntarium in apertione membri foeminei.« Siehe dazu Knebel: FZPhTh 61 (2014), S. 154 Fn. 84 m.w.N. Kritisch hingegen Lessius: De Iustitia et Iure, lib. 2, cap. 10, dub. 1, n. 3, S. 262: »[...] verius esse, nullam fieri rupturam, ut peritissimi medici docent.«

595 Molina: De Iustitia et Iure, tract. 3, disp. 88, n. 4, Sp. 1034: »Ratio autem est, quoniam pulchritudo ac decentia corporis bonum quoddam est corporale pretio aestimabile [...]«. Siehe dazu noch unten S. 236 ff.

596 Ders.: De Iustitia et Iure, tract. 4, disp. 46, n. 5, Sp. 1398.

597 Vgl. Salón: De Iustitia et Iure, q. 62, a. 2, controversia 4, concl. 3, S. 206a: »[...] honestas enim coniugalis non est bonum naturale, sed bonum tantum morale virtutis.«

598 Vitoria: Codex Salmantinus XLIII, q. 62, a. 2, n. 29, S. 150; Molina: De Iustitia et Iure, tract. 3, disp. 88, n. 5, Sp. 1034.

3. Der Begriff des *damnum permanens*

Die Probleme um das geschützte Rechtsgut sind letztlich eng verwandt mit dem Begriff des *damnum* als Voraussetzung der Restitutionspflicht. Kennzeichen der thomistischen Restitutionslehre ist, dass nur für den dauerhaften Verlust eines Guts eine Geldkompensation geleistet werden muss. Während Johannes Duns Scotus noch erwogen hatte, ob man einem Verletzten für die Schmerzen während des Heilungsprozesses Restitution zu leisten habe,[599] finden sich solche Überlegungen bei Thomas nicht. Die Lehre der Spätscholastiker liest sich sogar als Ablehnung einer solchen Form der Restitution. Geht es um die Frage, ob bei Körperverletzungen auch über die wirtschaftlichen Einbußen hinaus Restitution zu leisten ist, bediente man sich meistens dem Exempel abgetrennter Gliedmaßen (*mutilatio*) oder ausgerissener Augen.[600] Deshalb ist für Molina klar, dass man bei einer Körperverletzung zwar die Behandlungskosten zu erstatten hat, nach vollständiger Verheilung aber keine Restitution für die Verwundung selbst zu leisten ist.[601] Eine Geldkompensation kommt nur für den dauerhaften Verlust des Körperteils in Frage. Schmerzen spielen ebenso wenig eine Rolle wie der Umstand, dass der Geschädigte für längere Zeit verwundet und im Gebrauch seines Körpers eingeschränkt war. Dasselbe gilt, wenn der Schädiger durch Widerruf seiner falschen Anschuldigungen den Ruf des Verletzten vollständig wiederhergestellt hat. Dass das Opfer in der Zwischenzeit in Verruf war, begründe keine weitergehende Restitutionspflicht.[602] Denn der Schaden sei ja bereits behoben. Man könne für die Zwischenzeit auch keinen Schaden konstruieren, indem man ihn an der Untergliederung der Zeit bemesse, die letztlich das ganze Leben bestimme. Dasselbe gelte, wenn der Geschädigte seinen guten Ruf auf andere Weise wiedererlangt.[603]

Was sich auch bei anderen Spätscholastikern als Prinzip beobachten lässt, definiert Molina begrifflich als *damnum permanens*.[604] Darunter versteht er einen blei-

599 Siehe dazu oben S. 113 ff.

600 Vitoria: Codex Salmantinus XLIII, q. 62, a. 2, n. 9, S. 106: »quantum valeat manus vel oculus ablatus«; Soto: De Iustitia et Iure, lib. 4, q. 6, a. 3, S. 339: »Amputavit quis manum alteri, aut eruit oculum«; Ledesma: In IV sententiarum. Secunda Quartae, q. 18, a. 2, fol. 241vb: »si quis amputavit manum«; Báñez: De Iustitia et Iure, q. 62, a. 2, dub. 4, S. 114: »abscisio manus«; Vázquez (Bellomontanus): Tractatus de restitutione, cap. 2, § 3, dub. 6: »pro cicatrice relicta, vel membro abscisso«.

601 Molina: De Iustitia et Iure, tract. 3, disp. 88, n. 3, Sp. 1033.

602 Ders.: De Iustitia et Iure, tract. 4, disp. 42, n. 1, Sp. 1384.

603 Ders.: De Iustitia et Iure, tract. 4, disp. 40, n. 5, Sp. 1376.

604 Ders.: De Iustitia et Iure, tract. 3, disp. 88, n. 3, Sp. 1033.

benden Schaden, also den dauerhaften Verlust eines Rechtsguts, dem die reparable Verletzung als bloße *nuda iniuria* gegenübersteht. Obgleich jeder Eingriff in ein Rechtsgut insofern restitutionspflichtig macht, als die Integrität desselben möglichst in Natur wiederhergestellt werden muss, löst nur ein *damnum permanens* die Pflicht aus, für das beschädigte Gut notfalls auch auf andere Weise Kompensation zu leisten. Letztlich wird damit begrifflich erfasst, was Thomas von Aquin in STh II-II q. 62 a. 2 als den irreparablen Schaden beschreibt, der nicht durch etwas Gleiches restituiert werden kann (*non est restituibile per aliquid aequale*).[605]

Der Begriff des *damnum* ist in diesem Sinne gleich auf zweifache Weise von der *iniuria* abzugrenzen. Einerseits bedeutet *damnum*, dass nicht bloß das rechtswidrige Handeln sanktioniert wird, sondern die Restitutionspflicht den Eingriff in eine fremde Rechtssphäre voraussetzt. Daran fehlt es beispielsweise, wenn man verleumderischen Worten keinen Glauben schenkt oder wenn die betroffene Person bereits derart in Verruf war, dass es zu keiner weiteren Verschlechterung dieses Zustands kam.[606] Andererseits genügt aber auch die Verletzung einer fremden Rechtssphäre noch nicht zur Begründung einer Restitutionspflicht. Vielmehr muss der Geschädigte sein Rechtsgut anhaltend einbüßen. Wird der Schaden behoben, entfällt die Pflicht zur Restitution. Eine Kompensation in Geld ist immer bloß Antwort auf die irreparable Beschädigung eines Rechtsguts und versteht sich deshalb als objektiver Ausgleich für den Verlust desselben. Kann der Schaden auf andere Weise tatsächlich wieder in Ordnung gebracht werden, werden die in der Zwischenzeit entstandenen Unannehmlichkeiten ebenso wenig in Geld kompensiert wie Schmerzen oder Trauer. Solche Belange stellen nur eine *iniuria* dar, die der Verletzte gerichtlich verfolgen kann. Im Gewissensforum schuldet man dafür aber keine Restitution:

> Dolor quippe ac vulnus perpessa, & molestia ea de causa suscepta, ad iniuriam pertinent, & non ad damnum permanens: sicut molestia ac afflictio quam aliquis ex eo patitur, quod aliquid furto ab eo sit ablatum [...][607]

> Denn der Schmerz und die zugefügte Verletzung sowie die daraus entstandene Unannehmlichkeit gehören zur *iniuria* und nicht zum bleibenden Schaden. Ebenso wie die Unannehmlichkeit und Trauer, die jemand erleidet, weil man ihm etwas durch Diebstahl entzogen hat.

---

605 Vgl. oben S. 100.

606 Soto: De Iustitia et Iure, lib. 4, q. 6, a. 3, S. 340b; Molina: De Iustitia et Iure, tract. 4, disp. 40, n. 1, Sp. 1373 f.; Gregor von Valencia: Commentarii theologici, tomus 3, disp. 5, q. 6, punct. 5, Sp. 1201..

607 Molina: De Iustitia et Iure, tract. 3, disp. 88, n. 3, Sp. 1033.

Die scholastische Restitutionslehre ist deshalb jedenfalls in ihrer thomistischen Ausprägung nur begrenzt vergleichbar mit dem im *Usus modernus* auftretenden *pretium doloris*[608] oder dem modernrechtlichen Schmerzensgeld.[609]

II. … und ihre Ordnung

Das Beispiel der *virginitas* hat bereits gezeigt, dass die Zugehörigkeit eines Interesses zu einer der tradierten Güterkategorien unabdingbar für den restitutorischen Schutz war. Von Bedeutung für die Restitutionslehre war aber auch das Rangverhältnis, in dem sich die Rechtsgüter zueinander verhalten. Dazu hatte sich in der Nikomachischen Ethik bereits Aristoteles geäußert, der von einer Dreiteilung der Güter ausging. Ihm zufolge unterscheide man äußere Güter, körperliche Güter und seelische Güter.[610] Über deren Rangverhältnis hatte Aristoteles zunächst nicht mehr gesagt, als dass die seelischen von allen Gütern die hervorragendsten seien. Ausgehend vom 13. Jahrhundert wird diese Lehre in der lateinischen Kommentarliteratur aufgegriffen und auch in die scholastische Restitutionslehre integriert.

Thomas von Aquin präzisiert in seinem Kommentar zur Nikomachischen Ethik, was man unter der jeweiligen Güterkategorie zu verstehen habe.[611] Zu den äußeren Gütern (*bona exteriora*) zählt er Reichtümer (*divitiae*), Ehren (*honores*) und Freunde (*amici*). Die Güter der Seele und des Körpers bündelt er unter der Überkategorie der inneren Güter (*bona interiora*) und geht damit über das aristotelische Vorbild hinaus.[612] Zu den zum Körper gehörenden Gütern (*pertinent ad*

608 Vgl. STRUVE: Jurisprudentia romano-germanica, lib. 3, tit. 23, § 20, S. 533: »si vulneratus quis sit, non solum mercedes Medicis & operae, quibus quis caruit aut cariturus est ob vulnus, in hanc aestimatione venire solunt, sed & doloris & cicatricum atque deformitas ratio habetur, si id nominatim petat vulneratus«; STRYK: Specimem Usus Moderni Pandectarum, ad D. 9,2, § 10, S. 153: »in certam pecuniam pro pensando dolore zu einem gewissen Schmertzen-Gelde condemnetur«; MÜLLER, RUMPEL: De pecunia doloris. Siehe dazu WIELING: Interesse, 140f.; HOFSTETTER: Schmerzensgeld, 15ff. sowie unten S. 280ff.

609 So auch NUFER: Restitutionslehre, 33f.; UNTERREITMEIER: Schmerzensgeldanspruch, 70; JANSEN: Theologie, Philosophie und Jurisprudenz, 118f.

610 ARISTOT. eth. Nic. 1,8 [1098b]. Siehe auch ARISTOT. pol. 7,1 [1323a].

611 THOMAS VON AQUIN: Sententia Ethic., lib. 1, lectio 12, ad 1098b12, S. 42, Z. 47ff.

612 Durch die Unterscheidung von *bona exteriora* und *bona interiora* wird die gängige Zweiteilung erreicht. Damit folgt Thomas seinem Lehrer Albert, der auf diese Weise bereits in seinem eigenen Kommentar zu Nikomachischen Ethik der Kritik an Aristoteles begegnet war, dass eine Dreiteilung nach der Lehre des Boethius unzulässig sei. Vgl. ALBERTUS MAGNUS: Super Ethica, lib. 1, lectio 9, n. 45, S. 45, Z. 31ff., 62ff.

corpora) rechnet er die Körperkraft (*robur corporis*), die Schönheit (*pulcritudo*) und die Gesundheit (*sanitas*). Als Beispiele für die zur Seele gehörenden Güter (*pertinent ad animam*) nennt er das Wissen (*scientia*) und die Tugend (*virtus*). In Albertus Magnus' Ethik-Kommentar findet man bereits Ähnliches.[613] Ferner – so Thomas – sei es unter den Anhängern der aristotelischen Lehre unumstritten, dass die Güter der Seele die höchste Position einnehmen. Denn ebenso wie es die Materie wegen der Form und das Werkzeug wegen des Tätigen gebe, so seien die äußeren Dinge für den Menschen da, der Körper aber für die Seele. Nur die Stoiker seien insofern anderer Meinung gewesen. Ihnen zufolge seien die äußeren Güter nicht für den Menschen da.

Bei Thomas heißt es auch in der *Summa theologica* an zahlreichen Stellen, dass die Güter des Menschen dreigeteilt seien.[614] Zuweilen bringt Thomas neben den *bona exteriora* aber auch *bona temporalia* ins Spiel, wobei es sich manchmal, aber nicht immer um zwei verschiedene Namen für dieselbe Kategorie handelt.[615] Thomas nennt etwa den guten Ruf (*fama*) das höchste der zeitlichen Güter.[616] Auch im Ethik-Kommentar sollten ja jedenfalls die Ehren (*honores*) zu den *bona exteriora* gehören. An anderer Stelle rechnet Thomas aber auch das körperliche Leben des Menschen zu den zeitlichen Gütern und erwähnt es neben weltlichen Besitztümern und dem guten Ruf.[617] Insofern dient ihm die Bezeichnung als

---

613 Vgl. Ders.: Super Ethica, lib. 1, lectio 9, n. 45, S. 45, Z. 16 ff.

614 Thomas von Aquin: STh I-II, q. 87, a. 7, co., S. 129: »Cum autem sint plura hominis bona, scilicet animae, corporis, et exteriorum rerum [...]«; Ders.: STh II-II, q. 73, a. 3, co., S. 135: »Cum autem sit triplex bonum hominis, scilicet bonum animae et bonum corporis et bonum exteriorum rerum [...]«; Ders.: STh II-II, q. 104, a. 3, co., S. 387: »Sunt autem tria genera bonorum humanorum quae homo potest contemnere propter Deum: quorum infimum sunt exteriora bona; medium autem sunt bona corporis; supremum auten sunt bona animae [...]«; Ders.: STh II-II, q. 152, a. 2, co., S. 200: »Est autem triplex hominis bonum, ut dicitur in I Ethic.: unum quidem quod consistit in exterioribus rebus, puta divitiis; aliud autem quod consistit in bonis corporis; tertium autem quod consistit in bonis animae [...]«.

615 Siehe etwa Thomas von Aquin: STh I-II, q. 87, a. 7, ad 2, S. 129: »[...] bona temporalia et corporalia sunt quidem aliqua bona hominis, sed parva [...]«;

616 Ders.: STh II-II, q. 73, a. 2, co., S. 133: »Auferre autem alicui famam valde grave est: quia inter res temporales videtur fama esse pretiosior, per cuius defectum homo impeditur a multis bene agendis.« So auch Albertus Magnus: Ethicorum Libri X, tract. 2, cap. 2, n. 49, S. 298b: »Exteriora autem bona ad civiles actus relata, non sunt nisi vel bona fortunae, vel potentatus, vel honor. [...] Maximum autem inter haec est honor [...]«; vgl. auch Ders.: In IV Sententiarum, lib. 4 dist. 15, a. 42, S. 528b.

617 Thomas von Aquin: STh II-II, q. 11, a. 4, co., S. 101: »Aliud autem est bonum quod secundario respicit caritas, scilicet bonum temporale: sicuti est vita corporalis, possessio mundana, bona fama, et dignitas ecclesiastica sive saecularis.«

bona temporalia zur Abgrenzung von überzeitlichen, seelischen Gütern.[618] Auch die Freundschaft oder Dienste nennt er zuweilen zeitliche Güter.[619] Offenbar galten ihm alle *bona exteriora* auch als *bona temporalia*, nicht aber alle *bona temporalia* auch als *bona exteriora*.

Allerdings sind solch unterschiedliche Bezeichnungen stets in ihrem jeweiligen Kontext zu lesen. Die Diskussion über die verschiedenen Güter und ihr Verhältnis zueinander war nämlich keineswegs auf den Bereich der Restitutionslehre beschränkt. Von einer allgemeinen Güterlehre kann deshalb nicht die Rede sein. Vielmehr ging es dabei auch um Fragen, die bereits in der antiken Philosophie behandelt worden waren, nun aber im Lichte scholastischer Theologie einen neuen Grad an Bedeutung erfuhren. Aus moraltheologischer Sicht war etwa das bereits angesprochene Problem zu lösen, inwiefern der Mensch über die verschiedenen Güter frei disponieren kann.[620] Dies betraf aber nicht nur besonders sensible Bereiche wie das Leben und den eigenen Körper, sondern war auch für Vermögensgüter von Relevanz. Die sich aus dem *dominium* ergebende allgemeine Dispositionsfreiheit musste in ein rechtes Verhältnis zu Maßlosigkeit und Verschwendung gesetzt werden, die aus religiösen Gründen verboten waren.[621] Dabei konnte man teilweise an antike Vorbilder anknüpfen, beispielsweise an das zwischen Stoikern und Peripatetikern umstrittene Verhältnis von Glück und Reichtum.[622]

Für die Restitutionslehre war die Rangordnung der Güter vor allem deshalb von Bedeutung, weil sie der Restitutionspflicht im Einzelfall Grenzen setzte. Bereits Duns Scotus hatte behauptet, dass aus moraltheologischer Sicht kein Restitutionsschuldner verpflichtet sei, sich bei Insolvenz wegen zeitlicher Güter in die Sklaverei zu begeben.[623] Denn das Rechtsgut der Freiheit sei den äußeren Gütern übergeordnet. Damit war bereits angedeutet, was Cajetan später als allgemeine Regel formulierte. Ihm zufolge sei zur Restitution eines Guts niederer Ordnung

618 Thomas stellt die *bona temporalia* teilweise den *bona spiritualia*, teilweise aber den *bona aeterna* gegenüber, vgl. DERS.: Super Sententiis, lib. 4, dist. 15, q. 1, a. 3, qc. 4, co., n. 107, S. 657 und DERS.: Super Sententiis, lib. 4, dist. 20, q. 1, a. 3, qc. 3, co., n. 105, S. 1030.

619 THOMAS VON AQUIN: Super Sententiis, lib. 4, dist. 25, q. 3, a. 3, co., S. 914b.

620 Siehe dazu oben S. 132 ff.

621 Siehe dazu etwa THOMAS VON AQUIN: STh II-II, q. 129, S. 465 ff.

622 Siehe dazu etwa BURIDAN: In decem libros ethicorum, lib. 1, q. 8, S. 25 ff.

623 DUNS SCOTUS: Reportatio IV-A (Wadding/Vivès), lib. 4, dist. 15, n. 38, S. 246: »nullus tenetur se vendere in servitutem propter rem aliquam temporalem injuste ablatam, de qua non potest satisfacere, quia libertas est pretiosissima res, et nobilissima, quae est in anima« = DERS.: Reportatio IV-A (Bychkov/Pomplun), dist. 15, n. 94, S. 624.

niemand verpflichtet, sich an einem Gut höherer Ordnung zu schädigen.[624] Um diese abstrakte Regel auf den konkreten Fall anzuwenden, musste man die verschiedenen Güter generell in eine Rangordnung setzen. Aristoteles hatte die Seelengüter an die Spitze gestellt. Bei den mittelalterlichen Scholastikern traf dies auf Zuspruch. Zur Eingruppierung der restlichen Güter war das schon bei Thomas berichtete Argument beliebt,[625] dass manche Güter im Dienst anderer stünden, alle aber auf ein höchstes Ziel ausgerichtet seien. Bringt man – wie etwa Johannes Buridan († ca. 1358) – die aristotelische Lehre von der Glückseligkeit als höchstes Lebensziel in Verbindung mit dem christlichen Konzept einer auf die Anschauung Gottes (*contemplatio Dei*) angelegten Menschennatur,[626] so war es naheliegend, auch die Tugendhaftigkeit als besonders hohes, weil unmittelbar darauf ausgerichtetes Gut zu betrachten. Die Körpergüter seien wiederum den Seelengütern nachgeordnet, weil sie diesen unmittelbar dienten, das Endziel aber nur mittelbar förderten. Eine gute Gesundheit sei etwa hilfreich, um die Tugend der *sapientia* zu erwerben.[627] Aber auch die Schönheit (*pulchritudo*) erwähnt Buridan als eigenes Rechtsgut, weil sie dem Ansehen und der Beliebtheit nützlich sei und damit letztlich dazu führen könne, dass das eigene tugendhafte Verhalten bei den Menschen größere Wirkung erreicht.[628] Die äußeren Güter schließlich förderten das körperliche Leben des Menschen und stünden deshalb im Rang hinter den Körpergütern.[629] Besondere Möglichkeiten zu tugendhaftem Verhalten würden durch sie manchmal auch erst eröffnet.[630]

Bei spätscholastischen Autoren kann man trotz einzelner Abweichungen im Detail häufig eine Einteilung der Güter in vier Ordnungen beobachten: Seelengüter (*bona animae*), Körpergüter (*bona corporis*), Ruf und Ehre (*fama* und *honor*) sowie je nach Bezeichnung äußere oder Vermögensgüter (*bona exteriora* oder *fortunae*).[631] Ferner war allgemein akzeptiert, dass die Seelengüter an obers-

624 Cajetan: ComSTh II-II, q. 62, a. 6, n. VIII, S. 56: »Et ratio me movens est quia ob restitutionem bonorum inferioris ordinis non tenetur aliquis, ex vi debiti, ad damnificandum se in rebus superioris ordinis.«

625 Vgl. auch Thomas von Aquin: Super Iob, cap. 2, S. 18, Z. 178 ff..: »Cum enim temporalia bona et corporalia non sint amanda nisi propter spiritualia et aeterna […]«.

626 Buridan: In decem libros ethicorum, lib. 1, q. 16, S. 54.

627 Ders.: In decem libros ethicorum, lib. 1, q. 16, S. 55.

628 Ders.: In decem libros ethicorum, lib. 1, q. 16, S. 55.

629 Siehe auch Thomas von Aquin: Super Iob, cap. 2, S. 17, Z. 96 ff.: »exteriora enim bona ad conservationem vitae quaeruntur, ut sint in subsidium victus et vestitus et aliorum huiusmodi quibus vita hominis commode conservatur.«

630 Buridan: In decem libros ethicorum, lib. 1, q. 16, S. 60.

631 Siehe exemplarisch Azpilcueta: Enchiridion, cap. 18, n. 47, fol. 281r: »Quia quatuor sunt bo-

ter Stelle zu verorten waren. Ihnen folgten die Körpergüter und diesen wiederum die äußeren Güter. Den guten Ruf und die Ehre ordnete man zwischen den *bona corporis* und den *bona exteriora* ein.[632] Dazu stützte man sich häufig auf biblische Sprichwörter, wonach der gute Ruf wertvoller sei als weltliche Reichtümer.[633] Nicht immer eindeutig zu beantworten war die Frage, ob auch Körper, Ruf und Ehre zu den zeitlichen Gütern zu rechnen sind.[634] Soto zählt auch den Verstand und das Wissen als Unterfälle der *bona animae* zu den Gütern mit zeitlicher Natur.[635] Sogar das Leben nennt er ein *quoddam temporale bonum*, das man notfalls auch für ein überzeitliches Ziel wie ewige Glückseligkeit aufs Spiel setzen könne.[636] Für die Rangordnung der Güter und damit für die Restitutionslehre war dies jedoch letztlich ohne Belang. Hier galt allgemein die Abstufung von Seelengütern über Körpergüter zu Ruf und Ehre und schließlich zu Vermögensgütern.[637]

Anhand dieses Stufenverhältnisses konnte man Grenzen der Restitutionspflicht ermitteln. Die bereits erwähnte Regel Cajetans besagte, dass niemand zur

---

norum ordines, videlicet, animae, corporis, famae aut honoris, & pecuniae: & bona primi ordines sunt potiora bonis secundi, & secundi, potiora tertij, & tertij potiora quarti […]«. Ihm folgt LESSIUS: De Iustitia et Iure, lib. 2, cap. 9, dub. 15, n. 86, S. 380. Weniger eindeutig sind die Ausführungen von SOTO: De Iustitia et Iure, lib. 4, q. 6, a. 3, S. 334a, 337b. Er unterteilt *bona mortalia* in Seelengüter, Körpergüter und anderen äußere Fähigkeiten. Andererseits unterteilt er die *bona temporalia* aber in Körpergüter sowie äußere Fähigkeiten und verortet dazwischen den guten Ruf und die Ehre. Hingegen unterscheidet VITORIA: Codex Salmantinus XLIII, q. 62, a. 1, n. 50, S. 90 zwischen *bona naturae, fortunae* und *animae*. Den guten Ruf und die Ehre rechnet er zu den *bona fortunae*.

632 Siehe exemplarisch SOTO: De Iustitia et Iure, lib. 4, q. 6, a. 3, S. 337b; LEDESMA: In IV sententiarum. Secunda Quartae, q. 18, a. 2, fol. 248va.

633 Prov 22,1: »melius est nomen bonum quam divitiae multae super argentum et aurum gratia bona.« Ebenso beliebt war auch Sir 41,15 (= Sir 41,12 EÜ): »curam habe de bono nomine / hoc enim magis permanebit tibi quam mille thesauri magni pretiosi«. Siehe dazu THOMAS VON AQUIN: STh II-II, q. 73, a. 2, co., S. 133.

634 MAZZOLINI: Summa, pars 1, De detractione, n. 2, S. 247 zählt Ruf und Ehre zu den *bona temporalia*. BÁÑEZ: De Iustitia et Iure, q. 62, a. 2, dub. 4, S. 114a zählt dazu auch Körpergüter. Vitoria nennt den guten Ruf und die Ehre *bona fortunae*, vgl. oben Fn. 631.

635 SOTO: De Iustitia et Iure, lib. 4, q. 6, a. 3, S. 334a.

636 DERS.: De Iustitia et Iure, lib. 5, q. 1, a. 6, S. 398a: »Vita nihil alius est quam quoddam temporale bonum, quod non est supremus finis in quo nostra consistit foelicitas: sed est tantum medium ad ipsam consequendum & conservandum: bonum autem utile licitum est in defensionem alterius boni exponere […]«. Siehe dazu TOSTE: Self-Preservation and Self-Sacrifice, 380.

637 SOTO: De Iustitia et Iure, lib. 4, q. 6, a. 3, S. 337b; AZPILCUETA: Enchiridion, cap. 17, n. 89, fol. 211v; cap. 18, n. 47, fol. 281r; MOLINA: De Iustitia et Iure, tract. 3, disp. 84, n. 3, Sp. 1013; LESSIUS: De Iustitia et Iure, lib. 2, cap. 11, dub. 15, n. 86, S. 380.

Restitution eines Guts niederer Ordnung unter Inkaufnahme eines Schadens an einem Gut höherer Ordnung verpflichtet sei. Konkret bedeutete dies, dass etwa niemand den Ruf eines anderen restituieren musste, wenn er sich dadurch in Lebensgefahr brachte.[638] *A fortiori* war demnach auch niemand verpflichtetet, zur Restitution von Vermögenswerten sein Leben aufs Spiel zu setzen. Diese Regelung nahm sich vor allem des gefährlichen Schicksals der Ehebrecherin an. Sie machte sich nämlich ihren legitimen Kindern restitutionspflichtig, wenn deren Erbteil durch ein uneheliches Kind anteilig vermindert wurde. Gleichzeitig konnte das Offenbaren des Ehebruchs aber ihren Tod bedeuten. Dieses Problem stellte einen Standardfall innerhalb der spätscholastischen Restitutionslehre dar, der oft zugunsten der Ehebrecherin entschieden wurde: bei Lebensgefahr war sie von ihrer Restitutionspflicht entbunden.[639]

Es wurde aber auch die weniger dramatische Frage diskutiert, ob bereits eine Gefahr für den guten Ruf von der Pflicht befreit, einen Geldbetrag zu restituieren. In ihrer Allgemeinheit musste Cajetans Regel auch hier zu einer Entscheidung zugunsten des Schuldners führen. Wenn durch die Restitution eines entwendeten Gegenstands die Aufdeckung der Tat drohte und damit eine Rufschädigung des Schuldners zu befürchten war, so könne er statt der Sache notfalls auch deren Schätzwert restituieren und sich dazu eines Mittelsmanns bedienen, ohne sich selbst zu erkennen zu geben.[640] Cajetan stellt zwar hohe Anforderungen an diese Ausnahme. Die Rufschädigung müsse auch dann drohen, wenn der Gegenstand durch einen Dritten zurückgegeben wird oder man statt der Sache selbst wenigstens einen vergleichbaren Gegenstand leistet. Im Ergebnis hält er die verdeckte Restitution des Schätzwerts und damit den faktischen Zwangsverkauf des Restitutionsgegenstands aber für das geringere Übel im Vergleich zu einer Rufschädigung des Schuldners. Damit hält Cajetan konsequent an dem Dogma fest, dass der gute Ruf einer höheren Güterordnung angehöre als Vermögenswerte. *Me-*

---

638 Petrus de Navarra: De ablatorum restitutione, lib. 2, cap. 4, n. 17, S. 317; Vitoria: Codex Salmantinus XLIII, q. 62, a. 2, n. 27, S. 144 ff.; ders.: Codex Ottobonianus MXV, q. 62, a. 2, n. 27, S. 244. Siehe dazu auch Jansen: Theologie, Philosophie und Jurisprudenz, 108 f.

639 Siehe bereits Duns Scotus: Ordinatio IV (Vaticana), dist. 15, q. 2, n. 208, S. 111; Olivi: Tractatus de contractibus, pars 3, de restitucionibus, a. 4, n. 65, S. 297. Ferner Azpilcueta: Enchiridion, cap. 16, n. 44, fol. 179v, cap. 17, n. 90, S. 212v; Vázquez (Bellomontanus): Tractatus de testamentis, cap. 5, § 1, n. 8 ff., S. 329 f.; Lessius: De Iustitia et Iure, lib. 2, cap. 10, dub. 7, n. 52 f., S. 306. Restriktiver hingegen Vitoria: Codex Salmantinus XLIII, q. 62, a. 6, n. 14, S. 102 ff. Für das kanonische Recht siehe X 5,38,9 und dazu Innozenz IV.: Super libros quinque Decretalium, ad X 5,38,9, fol. 544r.

640 Cajetan: ComSTh II-II, q. 62, a. 6, n. VIII, S. 56.

lius est nomen bonum quam divitiae multae.[641] Auf dieses vielzitierte Sprichwort stützt auch Cajetan seine Ansicht.[642]

Allerdings konnte dieses Konzept hier offenbar nicht gleichermaßen überzeugen wie im Fall der Ehebrecherin. Denn dass man seine Schulden auch unter Inkaufnahme eigener Schmach bezahlen musste, war auf den ersten Blick einleuchtend und konnte wohl auch mit der scholastisch konzipierten Güterrangordnung kaum widerlegt werden. Dennoch verwarf man das Konzept auch in diesen Fällen nicht von vornherein, sondern bemühte sich auf anderen Wegen um eine Lösung des Problems. Einen bedeutenden Schritt in diese Richtung machte Francisco de Vitoria. In seiner salmantiner Vorlesung machte Vitoria kein Geheimnis daraus, dass er die Ansicht Cajetans jedenfalls in ihrer Allgemeinheit für falsch hielt (*universaliter loquendo conclusio Caietani falsa est*).[643] Der gute Ruf sei zwar prinzipiell kostbarer als zeitliche Güter. Das gelte aber nicht in jedem Einzelfall. Der Ruf eines Wasserträgers sei nämlich keinesfalls so viel wert wie tausend Dukaten. Auch könne der Wert eines Erstgeburtsrechts durchaus den Ruf einer einfachen Frau (*muliericula*) übersteigen. Was Vitoria mit diesen recht bemerkenswerten Beispielen sagen möchte, betrifft die schwierige Frage, ob einzelne Güter über die Grenzen ihrer jeweiligen Ordnung hinweg miteinander vergleichbar sind und man sie gegeneinander aufwiegen kann. Es geht um die Frage der Kommensurabilität.

641 Prov 22,1, vgl. oben Fn. 633.

642 Cajetan: ComSTh II-II, q. 62, a. 6, n. VIII, S. 56.

643 Vitoria: Codex Salmantinus XLIII, q. 62, a. 6, n. 14, S. 104.

Drittes Kapitel: Kommensurabilität als ethisches und als metaphysisches Problem

Cajetan formuliert in seinem Summenkommentar die bereits angesprochene allgemeine Regel, wonach niemand unter Inkaufnahme eines Schadens an einem Gut höherer Ordnung zur Restitution eines Guts niederer Ordnung verpflichtet sei.[644] Die Gefahr, sich durch die Restitution eines Vermögensgegenstands in Verruf zu bringen, soll deshalb sogar verhindern, dass der Schuldner in Verzug gerät.[645] Es ginge jedoch zu weit, dahinter eine rein kollektivistische Position zu vermuten, wonach die Restitution eines Schadens immer dann ausgeschlossen wäre, wenn dem Schuldner dadurch ein größerer Schaden an eigenen Gütern entsteht. Die Ausnahme greift nach Cajetan nur bei Schäden an Gütern höherer Ordnung. Droht dem Schuldner hingegen ein Schaden an Gütern derselben Ordnung, kann er sich zumindest laut Cajetan nicht auf die Ausnahme berufen, auch wenn der drohende Schaden den zu restituierenden übersteigt.[646]

Im von Cajtean vorgetragenen Fall bedeutet dies, dass der Restitutionsschuldner bei der Vornahme der Restitution eines Gegenstands aus der Ordnung der *bona exteriora* nicht seinen Ruf schädigen muss. Für sich betrachtet ist dies nur wenig aufschlussreich für die Frage nach der grundsätzlichen Kommensurabilität von Gütern verschiedener Ordnungen. Denn Cajetans Regel bedeutet zunächst bloß, dass der Schaden an einem Gut niederer Ordnung niemals den Verlust eines Guts höheren Rangs rechtfertigt. Hingegen steht nicht in Frage, ob man statt der Rückgabe des vermögenswerten Gegenstands auch Restitution leisten kann,

---

644 Cajetan: ComSTh II-II, q. 62, a. 6, n. VIII, S. 56: »Et ratio me movens est quia ob restitutionem bonorum inferioris ordinis non tenetur aliquis, ex vi debiti, ad damnificandum se in rebus superioris ordinis.«

645 Ders.: ComSTh II-II, q. 62, a. 8, n. IV, S. 61.

646 Ders.: ComSTh II-II, q. 62, a. 8, n. IV, S. 61: »Nam recta ratio postulat ut ita indemnis in huiusmodi bonis debitor servetur, ut magis indemnis in eiusdem ordinis bonis servaretur creditor.« Noch schädigerfreundlicher hingegen Ledesma: In IV sententiarum. Secunda Quartae, q. 18, a. 2, fol. 243vb: »[...] nullus tenetur restituere aliquid, cum notabili maiori iactura quam intulit.«; Molina: De Iustitia et Iure, tract. 4, disp. 41, n. 2, Sp. 1380: »Quoniam quando quis damnum iniuste alii dedit, tenetur id illi restituere cum suo aequali aut etiam cum aliquantulo maiori suo damno [...]«. Vgl. auch ders.: De Iustitia et Iure, tract. 2, disp. 754, n. 2, Sp. 488. Restriktiver allerdings Vitoria: Codex Salmantinus XLIII, q. 62, a. 6, n. 14, S. 104: »Id est, si non potest fieri restitutio nisi cum maiori damno, nihilominus tenetur restituere.« Siehe dazu Jansen: Theologie, Philosophie und Jurisprudenz, 108, Fn. 387.

indem man dem Gläubiger öffentlich Ehren erweist und dadurch seinen Ruf fördert. Diese Überlegung hatte Silvester Mazzolini für abwegig erklärt.[647] Näher an den Lebensrealitäten dürfte sich ohnehin die umgekehrte Frage orientieren, ob nämlich anstatt der Wiederherstellung des guten Rufs *in natura* auch Restitution durch Zahlung einer Geldentschädigung möglich ist. Auch Vitorias Kritik an Cajetan zielt letztlich auf dieses Problem ab.[648] Denn wer sich nicht gefallen lassen will, dass der Gläubiger auf große Vermögenswerte verzichten muss, bloß weil der Ruf eines gesellschaftlich randständigen Schuldners bedroht ist, der spricht das sich aufdrängende Problem bereits an. In Frage steht letztlich, wie hoch der Ruf eines Menschen in Geld zu veranschlagen ist.

Diesen Widerstand mag Cajetan bei der Formulierung seines Grundsatzes bereits geahnt haben. Er untermauert seine Ansicht deshalb mit autoritativen Formeln ganz unterschiedlicher Herkunft. Sein erstes Standbein ist das biblische Sprichwort, wonach ein guter Name kostbarer sei als viele Reichtümer.[649] Aber er bezieht sich auch auf einen Lehrsatz aus Äsops Fabel vom Hund und vom Wolf. Dort lässt sich der hungernde Wolf keine Kette um den Hals legen, auch nicht für den verlockenden Komfort, den das Leben als Hofhund verspricht. Die Moral von der Geschichte gibt Cajetan in den Worten einer Versbearbeitung dieser Fabel aus dem 12. Jahrhundert wieder: *Non bene pro toto libertas venditur auro.*[650] Frei übersetzt: Auch nicht für alles Geld der Welt ist die Freiheit feil. Über die Reichweite solcher ethischen Verhaltensgebote ließ sich sicherlich streiten. Die Moral aus Äsops Fabel begründet Cajetan aber auch mit einem römischen Text aus dem Titel *De diversis regulis iuris antiqui* (D. 50,17). Dort bezeichnet der Jurist Paulus die Freiheit als ein unschätzbares Gut (*libertas inaestimabilis res est*).[651] Löst man diese Regel aus ihrem juristischen Hintergrund und lässt sie bloß für

---

647 Mazzolini: Summa, pars 1, De Detractione, n. 5, S. 248. Siehe oben S. 127. Der selbe Gedanke findet sich bei Soto: De Iustitia et Iure, lib. 4, q. 6, a. 3, S. 344a.

648 Siehe oben S. 148.

649 Prov 22,1. Vgl. oben S. 146, Fn. 633.

650 Cajetan: ComSTh II-II, q. 62, a. 6, n. VIII, S. 56. Dieser Lehrsatz findet sich erstmals im *Anonymus Neveleti*, einer mittelalterlichen Sammlung aesopischer Fabeln aus dem 12. Jahrhundert, benannt nach dem ersten Herausgeber Isaak Nicolaus Nevelet. Als Bestandteil des Kanons *Auctores octo* gehörte der Text bis ins 16. Jahrhundert zur standarmäßigen Unterrichtslektüre, dessen Kenntnis Cajetan voraussetzen konnte. Siehe dazu Nöcker: Volkssprachiges Proverbium, 3 ff. Die Fabel samt Lehrspruch ist abgedruckt bei Nevelet: Mythologia aesopica, 524 f. Das Sprichwort findet sich in anderem Kontext etwa auch bei Soto: De Iustitia et Iure, lib. 4, q. 2, a. 2, S. 289a. Es war offenbar derart populär, dass auch Cervantes es in der Vorrede zum Don Quijote als allgemein bekannt voraussetzte, vgl. Cervantes: Don Quijote, 10.

651 Paul. 2 ad ed. D. 50,17,106.

sich sprechen, klingt sie wie ein Wahrheitssatz mit universeller Geltung. Dass die Freiheit nicht geschätzt werden kann, gilt nach Cajetan auch für den Ruf.[652]

Ob Cajetan mit seinen Erwägungen aber wirklich sagen wollte, dass auch für die Verletzung eines Rechtsguts höheren Rangs eine Geldkompensation ausgeschlossen ist, bleibt zweifelhaft. In seinem Kommentar zur *Summa theologica* äußert er sich dazu nicht eindeutig.[653] Jedoch vertritt er in seinem Beichthandbuch die Ansicht, dass nicht nur Schäden an der Freiheit und am guten Ruf, sondern auch am Körper, der Gesundheit und der Ehre durch andere Güter nach dem Urteil eines Rechtschaffenen wiedergutzumachen seien.[654] Er lässt zwar offen, ob damit auch eine Geldentschädigung gemeint ist. Grundsätzlich wäre ja auch eine Kompensation mit anderen Gütern denkbar – ähnlich wie beim Mord, der ja manche zu der Überlegung verleitete, das *damnum vitae* durch geistliche Werke (*bona spiritualia*) zu restituieren.[655] Die aus der Warte der Beichtpraxis drängendere Frage betraf aber zweifelsohne die Geldentschädigung. Molina vertrat deshalb den Standpunkt, dass die Güterrangordnung bei der Restitution zwar grundsätzlich zu berücksichtigen sei, man aber jedenfalls so viel von einem Gut niederer Ordnung geben könne, wie nach dem Urteil eines verständigen Mannes erforderlich ist, um den Schaden an einem Gut höherer Ordnung auszugleichen.[656]

Anders als noch bei Thomas kam diese Argumentation ohne den Hinweis auf die aristotelische Philosophie zu Freundschaftsbeziehungen aus, wonach im Verhältnis zu Freunden, den Eltern und den Göttern nicht das Gebührende, sondern bloß das Mögliche verlangt werde.[657] Molina spricht nicht nur von einer Wiedergutmachung, soweit sie eben möglich ist, sondern von einem wirklichen

---

652 Cajetan: ComSTh II-II, q. 62, a. 6, n. VIII, S. 56.

653 Dort, wo man entsprechende Ausführungen vermuten könnte, findet sich zu dieser Frage nichts Konkretes, vgl. ders.: ComSTh II-II, q. 62, a. 2, S. 43 ff.

654 Ders.: Summa, Restitutio, cap. 2, fol. 200r. Siehe dazu noch unten S. 204.

655 Insbesondere Duns Scotus hatte das erwogen. Siehe dazu oben S. 105 ff. Kritisch äußerte sich dazu vor allem Vitoria: Codex Salmantinus XLIII, q. 62, a. 2, n. 10–13, S. 110 ff.

656 Molina: De Iustitia et Iure, tract. 3, disp. 84, n. 3, Sp. 1013: »Secundo quoniam licet bona corporis ex suo genere pretiosiora sint, quam bona externa, & honoris ac famae: nihilominus tantum addi potest de bonis inferioris ordinis, ut prudentis arbitrio ad aequalitatem compensetur damnum in bono superioris ordinis iniuste datum.« Vgl. auch Suárez: De iustitia Dei, Sectio 2, n. 53, S. 548a, der dieses Prinzip in Verbindung mit dem Vergleich anspricht: »[…] si pactum novum fiat, et secundum communem aestimationem aequivalens pecunia detur, aequalitas justitiae perficietur; sic enim potest qualitas unius rei melioris ordinis quantitate alterius etiam inferioris compensari […]«.

657 Zu Thomas siehe oben S. 95 ff.

Schadensausgleich durch Güter anderer Ordnung (*ad aequalitatem compensetur damnum*). Die Lehre Vitorias war insofern sogar noch radikaler, da er nicht lediglich Rufschädigungen und Körperverletzungen in Geld kompensieren wollte, sondern dem Restitutionsschuldner auch die durch Cajetans Regel verbürgten Ausnahmen versagte. Der Ruf sei zwar an sich ein höheres Gut als die *bona exteriora*. Der zu restituierende Vermögensschaden könne aber ein Ausmaß annehmen, das den guten Ruf einer Person im Einzelfall übersteige. Auch Domingo de Soto schloss sich diesem Standpunkt an. Denn ebenso wie Gold prinzipiell wertvoller sei als Silber, eine große Menge Silber aber den Wert einer kleinen Menge Gold übersteige, so könnte auch eine große Summe Geld wertvoller sein als ein guter Ruf.[658] Umgekehrt könne der Ruf einer vornehmen Familie derart bedeutend sein, dass ein Schädiger zur Restitution dieses Rufs sogar sein Leben aufs Spiel setzen muss.[659] Aber auch dabei lässt Soto es nicht bewenden, sondern nennt das Geld frei heraus den Preis aller Dinge: *pecunia pretium omnium rerum*.[660]

I. *Pecunia pretium omnium rerum*

Der Satz aus Domingo de Sotos Feder ist ebenso prägnant wie verblüffend, bedenkt man, dass es sich bei seinem Autor um einen katholischen Theologen des 16. Jahrhunderts handelt:

Enimvero cum pecunia pretium sit omnium rerum, illa aestimatur & honor & fama.[661]	Weil das Geld in der Tat der Preis aller Dinge ist, bewertet man mit ihm auch die Ehre und den Ruf.

In ihrer Kürze war diese These offenbar so überzeugend, dass Hugo Grotius († 1645) sie sich in seinem Werk *De iure belli ac pacis* zu eigen machte.[662] Aller-

658 Soto: De Iustitia et Iure, lib. 4, q. 6, a. 3, S. 343b: »Secundo, quanvis metaphysicam rationem inire velimus, & si fama genere suo praestantior sit quam pecunia, tamen tantum potest aeris accumulari, ut cumulus ille multo sit pretiosior fama tua. Est quidem aurum suo genere argento pretiosius, sed tamen tantum esse potest argenti pondus, ut multo aestimetur pluris, quam minus auri.«

659 Ders.: De Iustitia et Iure, lib. 4, q. 6, a. 3, S. 343b. Vgl auch Vitoria: Codex Salmantinus XLIII, q. 62, a. 2, n. 27, S. 146. Azpilcueta kritisiert dies als hartherzig und ungewöhnlich (»durum & novum«). Vgl. Azpilcueta: Enchiridion, cap. 17, n. 91, fol. 212v.

660 Soto: De Iustitia et Iure, lib. 4, q. 6, a. 3, S. 344a.

661 Ders.: De Iustitia et Iure, lib. 4, q. 6, a. 3, S. 344a.

662 Grotius: De iure belli ac pacis, lib. 2, cap. 17, § 22, S. 434. Siehe dazu auch Herrmann: Schutz der Persönlichkeit, 37; Unterreitmeier: Schmerzensgeldanspruch, 81 f.

dings nahm er stillschweigend eine Korrektur vor, indem er das Geld nicht den Wertmesser aller, sondern nur aller nützlichen Gegenstände nannte (*rerum utilium mensura*). Das hielt ihn freilich nicht davon ab, für die Verletzung des guten Rufs und der Ehre eine Geldkompensation zu gewähren. Anders hatten dies unter anderem Azpilcueta, Báñez und Lessius gesehen, denen zufolge das Geld nur das Maß aller käuflichen Dinge ist (*mensura rerum venalium*).[663] Eine Kompensation von Persönlichkeitsgütern in Geld lehnten sie grundsätzlich ab.

Solche Überlegungen zur Reichweite und Funktion des Geldes passen im weiteren Sinne zum Ringen der Spätscholastiker um eine liberale Wirtschaftsethik, die im Einklang mit den Geboten der christlichen Religion steht. Dabei konnten sie sich auch hier auf die Vorarbeit antiker und mittelalterlicher Autoren stützen. Nicht nur Cajetan bediente sich aus diesem Fundus, als er die Freiheit und den guten Ruf gegen das Joch der Schuldknechtschaft verteidigte. Auch der äußerst liberal anmutende Standpunkt Sotos ist älterer Herkunft. Die weitreichende Funktion, die er dem Geld zumisst, findet sich bereits bei Aristoteles angedeutet. Vermittelt durch die mittelalterliche Geldphilosophie, die vor allem Thomas von Aquin und Johannes Buridan prägten, war dies auch von Einfluss auf die Spätscholastik.[664]

1. Aristotelische Hintergründe

Als Domingo de Soto gegen Kardinal Cajetans starre Anwendung der Güterrangordnung ausholte, warf er ihm vor, sich zu sehr in metaphysischen Erwägungen zu verlieren, anstatt das Problem moralphilosophisch anzugehen.[665] Zwar sind auch einige Thesen Sotos im Nachhinein als unmoralisch bezeichnet worden, weil er etwa den Wert des Lebens mit dem Wert des guten Rufs aufwog. Das dürfte Soto mit moralphilosophisch aber gerade nicht gemeint haben. Vielmehr sprach er damit zwei widerstreitende Standpunkte an, die in der Debatte um die Kommensurabilität von Geld mit Persönlichkeitsgütern bereits in der Hochscholastik zu beobachten sind und bis weit in die frühe Neuzeit aktuell blieben. Während die einen darauf beharrten, dass Güter verschiedener Ordnungen inkommensurabel seien, behaupteten die anderen, dass Geld alles vergleichbar mache.

---

663 Azpilcueta: De cambiis, n. 11, fol. 66rb; Báñez: De Iustitia et Iure, q. 62, a. 2, dub. 4, S. 116; Lessius: De Iustitia et Iure, lib. 2, cap. 11, dub. 16, n. 93, S. 386. Ähnlich hatte auch Thomas formuliert, vgl. unten S. 158. Siehe auch Weber: Geld und Zins, 62 f. m.w.N.

664 Siehe zu dieser Tradition bereits Weber: Geld und Zins, 61 ff.

665 Soto: De Iustitia et Iure, lib. 4, q. 6, a. 3, S. 343a: »Regulas autem huiusmodi ex visceribus metaphysicae expressas, multo plus nimio Caietanus ad morum philosophiam accomodavit, quae ideo non possunt esse fallaces.«

Beide Lager konnten sich auf Lehrsätze der aristotelischen Philosophie beziehen, die scheinbar in Widerspruch zueinander standen. In Sotos Worten könnte man die einen als Moralphilosophen, die anderen aber als Metaphysiker bezeichnen. Denn während Anhänger der Kommensurabilitätsthese mit ihrer Argumentation an Ideen aus der Nikomachischen Ethik anknüpften, finden sich bei ihren Gegnern Gedanken aus der aristotelischen Metaphysik.

In der Nikomachischen Ethik bestimmt Aristoteles das Geld als notwendiges Mittel, um in einer arbeitsteiligen Gesellschaft Gerechtigkeit im Austauschverkehr herbeizuführen.[666] Da die Gesellschaft nicht nur aus Ärzten bestehe, sondern auch aus Bauern, Baumeistern und Schustern, sei es wichtig, Vergleichbarkeit zwischen den Leistungen herzustellen. Weil es ohne Kommensurabilität weder Tausch noch Gemeinschaft gebe, habe man das Geld erfunden. Seinen griechischen Namen *νόμισμα* (*nomisma*) trage das Geld, weil es nicht von Natur aus, sondern aufgrund einer Abmachung zum Vertreter der Bedürfnisse geworden sei. Damit erweist sich Aristoteles weder als Anhänger der metallistischen Position, die der Silber- oder Goldmünze einen inhärenten Wert zuspricht, noch ist er reiner Nominalist, dem zufolge sich der Wert des Geldes allein aus einer gesellschaftlichen Vereinbarung ergäbe. Der Wert des Geldes resultiert nach Aristoteles zwar aus einer Abmachung, diese werde jedoch aufgrund eines gesellschaftlichen Bedürfnisses getroffen und garantiere somit eine relative Stabilität des Geldes.[667] Im Vordergrund der Nikomachischen Ethik stehen die gesellschaftliche Funktion des Geldes und seine Rolle als Tauschmittel, Wertmesser und Wertspeicher.[668] Nach Aristoteles ist das Geld dazu bestimmt, alles, wovon es Tausch gibt, vergleichbar zu machen:

> Daher muß alles, was untereinander ausgetauscht wird, gewissermaßen quantitativ vergleichbar sein, und dazu ist nun das Geld bestimmt, das sozusagen zu einer Mitte wird. Denn das Geld mißt alles und demnach auch den Überschuss und den Mangel; es dient also z.B. zur Berechnung, wie viel Schuhe einem Haus oder einem gewissen Maß von Lebensmitteln gleichkommen.[669]

---

666 Aristot. eth. Nic. 5,8 [1133a]. Siehe dazu ausführlich Wittreck: Geld als Instrument der Gerechtigkeit, 211 ff.

667 Siehe dazu Fritz: AGP 62 (1980), 255 f.; Wittreck: Geld als Instrument der Gerechtigkeit, 212, 237 ff., 244 f.; Helmer: CEP 72 (2017), 12, 15 f.

668 Siehe Wittreck: Geld als Instrument der Gerechtigkeit, 218 m.w.N. Ferner Weber: Geld und Zins, 61 f.

669 Aristot. eth. Nic. 5,8 [1133a] (Übersetzung von Eugen Rolfes).

Der Zweck des Geldes als allgemeiner Wertmesser schien jedoch in einem Spannungsverhältnis zu Aussagen zu stehen, die Aristoteles in seiner Metaphysik trifft. Dort beschäftigt sich Aristoteles ganz allgemein mit der Bestimmung des Maßes.[670] Er nennt das Maß zunächst ein Eines und ein Unteilbares. Am genauesten sei das Maß der Zahl, da man die Eins als unzerlegbar annehmen könne. In anderen Fällen müsse ein solches Maß erst nachgebildet werden. Die dritte Bestimmung liegt nach Aristoteles darin, dass das Maß mit dem Gemessenen – je nach Übersetzung des griechischen *συγγενής*[671] – verwandt oder gattungsgleich sein muss. Verwandtschaft und Gattungsgleichheit sind vor dem Hintergrund der scholastischen Güterlehre allerdings zwei durchaus unterschiedliche Attribute. Setzt man voraus, dass das Maß und das Gemessene einer gemeinsamen Gattung angehören, liegt die Inkommensurabilität von Geld und Persönlichkeitsgütern nahe. Und tatsächlich begründeten viele frühneuzeitliche Scholastiker ihre Ablehnung gegenüber der Geldentschädigung für Körperverletzungen und Rufschädigungen damit, dass diese Güter nicht derselben Gattung angehörten.[672] Dieses Argument überrascht insofern, als die mittelalterliche Standardübersetzung das griechische *συγγενής* mit *cognatum* wiedergibt und die lateinischen Vokabeln *genus* oder *ordo* dort nicht auftauchen.[673] Auch maßgebliche deutsche Übersetzungen weichen an der entscheidenden Stelle (Aristot. metaph. 10,1 [1053a24–27]) voneinander ab. Rolfes übersetzt:

> Immer aber ist das Maß dem Gemessenen verwandt; denn Maß der Größen ist die Größe, und im einzelnen ist Maß der Länge die Länge, der Breite die Breite, Maß der Laute der Laut, der Schwere die Schwere, der Einheiten die Einheiten.[674]

Hingegen heißt es in der Übetragung von Bassenge:

670 Aristot. metaph. 10,1 [1052b].

671 Aristot. metaph. 10,1 [1053a24].

672 Vgl. Vázquez (Bellomontanus): Tractatus de testamentis, cap. 5, § 1, n. 9, S. 330: »[...] nam fama est alterius generis, ut habeat valorem alium alterius generis, non appretiabilem pecunia [...]«; Azpilcueta: Enchiridion, cap. 17, n. 90, S. 212r: »Et quod altioris ordinis sunt bona famae, quam pecuniaria, & quod non potest conferri pretium boni pecuniarij, cum pretio famae, quod nullum est [...]«; Báñez: De Iustitia et Iure, q. 62, a. 2, dub. 10, S. 123b: »Sed in oppositum est, quod qui non potest debitum pecuniarum solvere in proprio genere, non tenetur restituere in fama, vel honore, vel sacrificiis: ergo haec genera bonorum non sunt commensurabilia adinvicem.«; Petrus de Navarra: De ablatorum restitutione, lib. 2, cap. 4, n. 415, S. 434: »[...] si in eodem genere restitui non potest, scilicet famam reddendo non puto teneri ad restitutionem pecuniae [...]«.

673 Siehe dazu sogleich S. 156 ff.

674 Aristot. metaph. 10,1 [1053a] (Übersetzung von Eugen Rolfes).

> Das Maß ist immer mit dem Gemessenen gattungsgleich: das Maß für Größen ist eine Größe – und im einzelnen das Maß für Längen eine Länge, für Breiten eine Breite, für Laute ein Laut, für Schweren eine Schwere und für Einsen eine Eins.[675]

Die Kommensurabilität von verschiedenen Gütern unter Rückgriff auf ihre fehlende Gattungsgleichheit abzulehnen, ist ein frühneuzeitliches Argument, das erst vor dem Hintergrund der lateinischen Aristoteles-Rezeption im Mittelalter verständlich wird. Dasselbe gilt auch für die Gegenposition. Denn während die Stelle aus der Metaphysik eher zur Zurückhaltung verleitet, konnte man die Aussagen der Nikomachischen Ethik als Argument für weitreichende Kommensurabilität von Persönlichkeitsgütern mit Geld verstehen. Beide Gedanken tauchen in der mittelalterlichen und frühneuzeitlichen Diskussion immer wieder auf.

2. Rezeption im Mittelalter

Die mittelalterlichen Kommentare zu den aristotelischen Schriften stützen sich auf lateinischen Übersetzungen, die im 13. Jahrhundert entstanden sind. Während Robert Grosseteste († 1253) die maßgebliche Übertragung der Nikomachischen Ethik besorgte, stammt die verbreitete lateinische Fassung der Metaphysik von Wilhelm von Moerbeke († 1286).

Zu der soeben wiedergegebenen Stelle in der Nikomachischen Ethik (Aristot. eth. Nic. 5,8 [1133a]), die sich mit der Funktion des Geldes befasst, bietet Robert Grosseteste den mittelalterlichen Scholastikern folgende Übersetzung an:

Propter quod omnia comparata oportet aliqualiter esse, quorum est commutacio. Ad quod nummisma venit, et fit aliqualiter medium. Omnia enim mensurat.[676]	Deshalb muss alles, was Gegenstand von Austausch ist, auf irgendeine Weise eine Relation bilden können. Dazu gibt es das Geld, das gewissermaßen eine Mittlerfunktion einnimmt. Denn es misst alles.

Das *Omnia enim mensurat* schließt Robert mit einem Punkt ab und macht es damit zu einem eigenständigen Satz mit einiger Aussagekraft. In der von Wilhelm von Moerbeke überarbeiteten Version dieser Übersetzung, die unter anderem auch Thomas zugrunde legt, wird der Satz mit dem darauffolgenden Satzteil zwar

---

675 Aristot. metaph. 10,1 [1053a] (Übersetzung von Friedrich Bassenge).

676 Robert Grosseteste: Liber Ethicorum. Recensio pura, V,8, S. 237, Z. 9 ff. Vgl. auch die deutsche Übersetzung oben bei Fn. 669.

durch ein Komma verbunden.[677] Der Charakter dieser Stelle scheint dadurch jedoch nicht an Prägnanz eingebüßt zu haben.

Bei den mittelalterlichen Kommentatoren rückt die Funktion des Geldes als Wertmesser dann auch tatsächlich stärker ins Zentrum. Das gilt bereits für Albertus Magnus, der in seinem ersten Kommentar zur Nikomachischen Ethik sogar *nomos* mit *mensura* gleichsetzt.[678] Bei ihm findet sich auch die Forderung, der Wert des Geldes müsse möglichst sicher und stabil sein.[679] Thomas schließt sich dem im Wesentlichen an.[680] Die plakative Aussage, dass Geld alles messe (*omnia enim mensurat*), weiß er in seinem Kommentar zu ARISTOT. eth. Nic. 5,8 [1133a] jedoch zu kontextualisieren. Er bezieht dies lediglich auf diejenigen Gegenstände, mit denen Austausch und Handel getrieben wird:

[...] oportet quod omnia illa quorum potest esse commutatio sint aliqualiter ad invicem comparabilia, ut scilicet sciatur quid eorum plus valeat et quid minus. Et ad hoc inventum est nummisma [...][681]	Alles, was man handeln kann, muss sich auf irgendeine Weise vergleichen lassen, damit man nämlich weiß, was mehr wert ist und was weniger. Und dazu ist das Geld erfunden worden.

An anderer Stelle meint Thomas, dass sich der Nutzen des Geldes vor allem auf die zeitlichen Güter beziehe:

Quia [...] pecunia habet universalem utilitatem respectu omnium bonorum temporalium.[682]	Denn Geld hat einen allgemeinen Nutzen im Bezug auf alle zeitlichen Güter.

Weitere Aussagen zur Reichweite des Geldes finden sich auch in seinen moraltheologischen Werken. In seinem Sentenzenkommentar schreibt er, dass alle zeitlichen Güter in Geld gemessen werden können:

677 DERS.: Liber Ethicorum. Recensio recognita, V,8, S. 463, Z. 6 f.: »Omnia enim mensurat, quare et superhabundanciam et defectum.«

678 ALBERTUS MAGNUS: Super Ethica, lib. 5, lectio 7, n. 406, S. 345, Z. 63 ff. Siehe dazu WITTRECK: Geld als Instrument der Gerechtigkeit, 283 ff., der zeigt, dass sich Albert dabei von der Fehlübersetzung eines anonymen byzantinischen Kommentators hat beeinflussen lassen.

679 Siehe dazu WITTRECK: Geld als Instrument der Gerechtigkeit, 287 ff.

680 Ebd., 370 ff.

681 THOMAS VON AQUIN: Sententia Ethic., lib. 5, lectio 9, ad 1133a19, S. 294, Z. 21 ff. Vgl. auch die Übersetzung von Perkams in DERS.: Sententia Ethic. Lateinisch-Deutsch, Buch 5, Abschnitt 9, n. 979, S. 139.

682 THOMAS VON AQUIN: Sententia Ethic., lib. 1, lectio 5, S. 20, Z. 195 ff.

Omnis [...] temporalis commodi pretium potest numismate mensurari [...][683]	Der Preis jedes zeitlichen Interesses kann in Geld gemessen werden.

Dass die Bestimmung der zeitlichen Güter bei Thomas zuweilen problematisch ist, wurde bereits erwähnt.[684] In seinem Sentenzenkommentar macht er dazu im Abschnitt über die Simonie nähere Erläuterungen. Simonie begehe, wer ein geistliches Gut für einen zeitlichen Vorteil gebe. Als zeitlicher Vorteil kommen dabei nicht nur *bona exteriora* in Frage:

Bonum autem temporale [...] vel est ex parte animae, sicut amicitia aut favor aliquis [...] vel ex parte corporis, sicut aliquis actus corporaliter exercitus, vel obsequium aliquod exhibitum [...] vel est aliquid exteriorum bonorum [...][685]	Ein zeitliches Gut ist aber [...] entweder etwas seelisches, wie Freundschaft oder Anerkennung [...], oder etwas körperliches, wie eine körperlich ausgeführte Tätigkeit, oder ein erwiesener Dienst [...], oder ein äußeres Gut [...]

In der *Summa theologica* schreibt er, dass man *bona spiritualia* hingegen nicht für Geld erwerben könne:

[...] pecunia possunt haberi omnia venalia, non autem spiritualia, quae vendi non possunt.[686]	Mit Geld lässt sich der Besitz aller käuflichen Dinge erlangen, nicht aber der geistlicher Güter, die unverkäuflich sind.

Thomas weist auch darauf hin, dass man im antiken Rom die Ehre nicht mit Geld bezahlt habe.[687] Ferner meint er unter Bezugnahme auf das römische Recht, dass die Person eines Freien jede Schätzung in Geld übersteige.[688] Konkret geht es Thomas dabei um die Frage, ob es einem in Verlegenheit geratenen Schuldner

683 Ders.: Super Sententiis, lib. 4, dist. 25, q. 3, a. 3, co., S. 914b.

684 Siehe oben S. 143.

685 Thomas von Aquin: Super Sententiis, lib. 4, dist. 25, q. 3, a. 3, co., S. 914b.

686 Ders.: STh I-II, q. 2, a. 1, ad 2, S. 17. Ähnlich heißt es bei Henricus de Segusio (Hostiensis): Summa, lib. 3, De rerum permutatione, n. 2, fol. 151v: »spiritualia cum temporalibus permutari non possunt.«

687 Thomas von Aquin: Quodlibet, X, q. 6, a. 1, co., S. 142: »Unde dicit Maximus Valerius, quod honores qui uirtuti debentur, sicut triumphi et alia huiusmodi, apud Romanos antiquos nulla pecunia emi poterant.«

688 Ders.: STh II-II, q. 189, a. 6, ad 3, S. 547: »Propter pecuniam autem persona liberi hominis, secunda iura civilia, non obligatur, sed solum res: quia persona liberi hominis superat omnem aestimationem pecuniae«.

erlaubt ist, in eine Ordensgemeinschaft einzutreten, auch wenn er sich dadurch der Möglichkeit zur Begleichung seiner Schuld dauerhaft beraubt. Dazu bezieht auch er sich auf eine Digestenstelle, der zufolge die Freiheit ein unschätzbares Gut ist (*libertas inaestimabilis res est*).[689] Dadurch löst er die römische Rechtsregel aus ihrem ursprünglichen Kontext und erhebt sie in den Rang eines absoluten Wahrheitssatzes.[690] In ähnlicher Weise beruft sich später auch Cajetan auf diese Stelle.[691]

Einen ganz anderen Umgang pflegt Thomas hingegen mit dem römischrechtlichen Grundsatz *liberum corpus nullam recipit aestimationem*.[692] An der entscheidenden Stelle in der *Summa theologica*, die sich mit der Restitution für Verstümmelungen befasst, fehlt es an einem Hinweis auf den Digestentext:

> Et ideo quando id quod est ablatum non est restituibile per aliquid aequale, debet fieri recompensatio qualis possibilis est. Puta, cum aliquis alicui abstulit membrum, debet ei recompensare vel in pecunia vel in aliquo honore, considerata conditione utriusque personae, secundum arbitrium probi viri.[693]

> Und wenn also das, was weggenommen wurde, nicht durch etwas Gleichwertiges restituierbar ist, muss man nach Möglichkeit kompensieren. Wenn etwa jemand einem anderen ein Körperteil abgetrennt hat, so muss er in Geld oder in Ehrungen kompensieren und zwar unter Berücksichtigung der Verhältnisse beider Personen nach dem Urteil eines rechtschaffenen Mannes.

Anstatt eine Geldentschädigung für Verstümmelungen durch Hinweis auf das römische Recht kurzerhand abzulehnen, wie es zeitgleich in Legistik und Kanonistik zu beobachten ist,[694] begründet Thomas das Gegenteil mit einem umständlichen Rückgriff auf die aristotelische Philosophie zu Freundschaftsbeziehungen. Weil man im Verhältnis zu Freunden, den Eltern und den Göttern das Gebührende oft kaum leisten könne, komme es bloß auf das Mögliche an.[695] Ebenso wie der Schüler seinem Lehrer niemals einen angemessenen Preis bezah-

---

689 Paul. 2 ad ed. D. 50,17,106.

690 Siehe dazu auch Aubert: Le droit romain dans l'œuvre de Saint Thomas, 57 ff. Zu Thomas' Umgang mit dem römischen Recht im Allgemeinen siehe ferner Mayer-Maly: Die Rechtslehre des heiligen Thomas von Aquin; Thönissen: Recht und Gerechtigkeit, 40 ff.

691 Vgl. oben S. 150, Fn. 651.

692 Vgl. Gai. 7 ad ed. provinc. D. 9,1,3; Gai. 6 ad ed. provinc. D. 9,3,7; Ulp. 23 ad ed. D. 9,3,1,5.

693 Thomas von Aquin: STh II-II, q. 62, a. 2, ad 1, S. 43. Siehe dazu bereits oben S. 99 ff.

694 Siehe dazu oben S. 49 ff.

695 Siehe dazu oben S. 95 ff.

len könne, weil die Würde des Lehrers in Geld nicht schätzbar sei,[696] müsse man auch bei unwiederbringlich zerstörten Rechtsgütern jedenfalls soweit es möglich ist mit Geld restituieren.[697] Unter Aussparung des entgegenstehenden römischen Rechtsgrundsatzes erweitert Thomas damit die Möglichkeiten des Geldersatzes.

Ein so ambivalentes Verhältnis zu juristischen Prinzipien wirft die Frage auf, ob Thomas die Kommensurabilität von Gütern verschiedener Ordnungen im Einzelfall bloß für sittlich verboten oder aber für tatsächlich unmöglich hielt. Letzteres hätte sich auf Argumente stützen lassen, die sich aus der aristotelischen Metaphysik ergeben. Thomas' Kommentar bringt an der entscheidenden Stelle (Aristot. metaph. 10,1 [1053a]) dazu jedoch keine neuen Erkenntnisse. Es heißt dort lediglich, dass das Maß und das Gemessene dieselbe Natur oder Beschaffenheit (*eiusdem naturae*) haben müssen.[698] Um die Vergleichbarkeit konkreter Güter geht es nicht.[699]

Ein anderes Bild zeichnet sich hingegen bei dem Philosophen Johannes Buridan ab. In seinem Kommentar zur Nikomachischen Ethik, der auch den frühneuzeitlichen Scholastikern bekannt war, entwickelt er eine Theorie des Geldes, die in der modernen Forschung als besonders fortschrittlich gilt.[700] Doch noch bevor Buridan in seinem Ethik-Kommentar eine Charakterisierung des Geldes unternimmt, geht er in einem gesonderten Kapitel der Frage nach, ob alle

696 Thomas von Aquin: Sententia Ethic., lib. 9, lectio 1, ad 1164a1, S. 501, Z. 46 ff.; ad 1164a33, S. 502, Z. 169 ff.

697 Ungenau ist es hingegen, wenn Wittreck: Geld als Instrument der Gerechtigkeit, 380 diese Form der Restitution in Zusammenhang mit Anselm von Canterburys Satisfaktionslehre bringt, wonach Christus sein Leben für die Sünden der Menschheit gegeben hat. Thomas geht an anderer Stelle (Thomas von Aquin: STh III, q. 48, a. 4, co., S. 467) zwar auf diese Lehre ein und äußert ausdrücklich, dass Christus nicht wie gewöhnlich mit Geld, sondern mit seinem Leben Satisfaktion geleistet habe. Mit einer solchen Geldzahlung spielt Thomas aber nicht auf eine Geldentschädigung im Wege der Restitution an, sondern auf Almosen als Form der Satisfaktion. Diese dienen aber nicht dem Ausgleich eines zugefügten Schadens nach dem Maßstab der Gerechtigkeit, sondern dem Abtragen von Schuld.

698 Thomas von Aquin: In XII Libros Metaphysicorum, lib. 10, lectio 2, n. 1954, S. 467a: »semper debet esse cognatum, scilicet eiusdem naturae vel mensurae, cum mensurato […]«.

699 Dass es sich bei diesem Verhältnis von Maß und Gemessenen aber um ein allgemeineres Prinzip handelt, zeigt Thomas bei der Bestimmung des Gesetzesbegriffs und dem Verhältnis des Menschen zum Gesetz. Auch hier bezieht er sich auf die zitierte Stelle aus der aristotelischen Metaphysik, vgl. ders.: STh I-II, q. 96, a. 2, co., S. 181: »Respondeo dicendum quod, sicut iam dictum est, lex ponitur ut quaedam regula vel mensura humanorum actuum. Mensura autem debet esse homogenea mensurato, ut dicitur in X Metaphys.: diversa enim diversis mensuris mensurantur.« Siehe dazu Böckenförde: Rechts- und Staatsphilosophie, 245 f.

700 Wittreck: Geld als Instrument der Gerechtigkeit, 721 ff. m.w.N.

Tauschgüter durch ein einheitliches Maß vergleichbar sind (*Utrum omnia commutabilia sunt eadem mensura commensurabilia?*).[701] Dazu kombiniert er Aussagen aus der Nikomachischen Ethik mit solchen aus der Metaphysik. Zu Beginn des Kapitels referiert Buridan ein ontologisches Argument: Die Inkommensurabilität von Gütern könne sich daraus ergeben, dass sie verschiedenen Ordnungen angehören – denn Güter verschiedener Ordnungen hätten nicht dasselbe Maß. Aristoteles stelle in der Metaphysik nämlich die Voraussetzung auf, dass das Maß derselben Ordnung angehören muss wie das Gemessene.[702] Dazu fügt Buridan die entscheidende Stelle (Aristot. metaph. 10,1 [1053a]) in der Übersetzung von Wilhelm von Moerbeke ein. Dort heißt es:

Semper autem cognatum est metrum.[703]	Immer aber ist das Maß [dem Gemessenen] verwandt.

Von Gattungsgleichheit ist hier noch nicht die Rede, sondern bloß von Verwandtschaft. Das griechische *συγγενής* übersetzt Wilhelm nämlich mit *cognatum*. Wie also kommt Buridan zu dem Ergebnis, dass das Maß und das Gemessene nicht nur verwandt, sondern gattungsgleich sein müssen? Damit seine eingangs aufgestellte These mit der Moerbeke-Übersetzung zusammenpasst, muss er einen Umweg gehen. Dazu bezieht er sich auch auf den muslimischen Gelehrten Averroes († 1198), den er den *commentator* nennt und dessen Worte den Begriff der Gattung ins Spiel bringen. Denn Averroes habe in seinem großen Kommentar zur aristotelischen Physik geschrieben, dass das Maß und das Gemessene derselben Gattung angehören. Freilich bezieht sich Buridan dabei auf die lateinische Übersetzung von Averroes' auf Arabisch verfassten Kommentar. Die entscheidende Stelle gibt er wie folgt wieder:

mensura non est extra genus mensurati[704]	Das Maß liegt nicht außerhalb der Gattung des Gemessenen.

Die Stelle aus Averroes' Physik-Kommentar bezieht Burdian auf die Bestimmung des Maßes, wie sie sich in der Metaphysik findet. Dadurch wird das Kriterium

701 Buridan: In decem libros ethicorum, lib. 5, q. 15, S. 426.

702 Vgl. Aristot. metaph. 10,1 [1053a].

703 Wilhelm von Moerbeke: Metaphysica, X,1, S. 198, Z. 87 f.

704 Buridan: In decem libros ethicorum, lib. 5, q. 15, S. 426. Vgl. Averroes: Aristotelis de physico, lib. 4, n. 133, fol. 205rb: »[…] mensura in quolibet non est extra genus mensurati, sed totum mensuratum est plures mensurae.«

der Verwandtschaft zum Erfordernis der Gattungsgleichheit. In Buridans eigenen Worten heißt es:

> [...] quia commensurabilia debent esse eiusdem generis, eo quod oportet mensuram esse ejusdem generis cum mensurato [...][705]
>
> Denn was kommensurabel ist, muss aus derselben Gattung sein. Denn das Maß muss derselben Gattung angehören wie das Gemessene.

Das *cognatum* aus der Metaphysik in Zusammenhang mit dem Erfordernis von Gattungsgleichheit zu bringen, ist ein Vorgehen, das sich bereits vor Johannes Buridan bei anderen Scholastikern beobachten lässt.[706] Buridans Besonderheit liegt jedoch darin, dass er diese Überlegungen im Kommentar zur Nikomachischen Ethik anstellt. Die abstrakte Bestimmung des Maßes, wie man sie in der aristotelischen Physik und Metaphysik für räumliche und zeitliche Messung beobachtet, überträgt Buridan damit auf die Frage, wie man Waren und Tauschgüter miteinander vergleichen kann. Buridans Suche nach einem allgemeinen Maß für den Austauschverkehr ist auf seine Geldtheorie hin ausgerichtet und bereitet sie vor.

Aus dem Erfordernis der Gattungsgleichheit folgert Buridan, dass etwa *bona animae* nicht mit *bona exteriorum vel corporis* kommensurabel seien.[707] Dasselbe gelte für das Leben, denn niemand mit gesundem Verstand lasse sich für Geld den Kopf abschlagen.[708]

Im weiteren Verlauf des Kapitels stellt Buridan aber auch näher an der Praxis orientierte Erwägungen an. Er unterscheidet zwei Betrachtungsweisen.[709] Einmal könne man nämlich die Frage nach der Kommensurabilität bloß mit Rücksicht auf die Beschaffenheit (*substantia*) einer Sache stellen. In manchen Fällen könne man dann beobachten, dass von einem geringeren Gegenstand so viel hinzugefügt wird, dass er einem wertvolleren Gegenstand gleicht. Bei anderen

---

705 Buridan: In decem libros ethicorum, lib. 5, q. 15, S. 426.

706 Siehe exemplarisch Duns Scotus: In XII Libros Metaphysicorum, lib. 10, summa prima, cap. 1, n. 15, S. 372f.

707 Buridan: In decem libros ethicorum, lib. 5, q. 15, S. 428: »Et quia sunt in genere boni diversorum generum, haec quidem honesta, haec autem utilia; diversorum autem generum non est eadem mensura.« Buridan weist hier auch darauf hin, dass man zur Inkommensurabilität solcher Güter viel in den Briefen Senecas an Lucilius lesen könne.

708 Ders.: In decem libros ethicorum, lib. 5, q. 15, S. 427.

709 Ders.: In decem libros ethicorum, lib. 5, q. 15, S. 427: »Videtur mihi distinguendum esse sic; quod commutabilia considerari possunt uno modo secundum rationes suas speciales, vel absolutas; alio modo secundum quod veniunt in usum humanum.«

Objekten sei dies hingegen nicht möglich. Denn ein Pferd ist im Hinblick auf seine Beschaffenheit als Lebewesen (*animatum*) immer mehr wert als ein Stein, ganz gleich wie viele Steine man auch anhäuft. Die zweite Betrachtungsweise betrifft hingegen nicht die Beschaffenheit der Sache, sondern stellt die Frage der Kommensurabilität mit Blick auf den menschlichen Umgang damit (*humanum usum*).[710] Hier müsse man unterscheiden, ob der Tausch bestimmter Güter erlaubt ist oder nicht. Güter, deren Tausch erlaubt ist, seien allesamt durch ein einheitliches Maß miteinander vergleichbar (*omnia sunt una mensura commensurabilia*).[711] Buridan begründet dies mit dem von Aristoteles bekannten Bedürfnis der menschlichen Gemeinschaft nach Arbeitsteilung, die nur durch Vergleichbarkeit der Leistungen sichergestellt werden könne.[712]

Die Gegenstände, deren Austausch verboten ist, unterscheidet Buridan wiederum in zwei Gruppen:

De his autem quae juste commutari non possunt, dicendum est, quod illorum sunt dua genera: quaedam enim commutari non possunt quia lege prohibita, alia autem secundum conditionem suae naturae ea commutari nunquam licet: primum autem genus, circumscripta prohibitione, est ejusdem modi cum his quae commutari possunt juste: ideo de his dicendum est sicut de illis. De secundo autem genere videtur esse dicendum, quod ipsa cum his quae juste commutari possunt nulla eadem mensura sunt mensurabilia, quod sic

Aber über das, was man nicht rechtmäßig tauschen kann, ist zu sagen, dass es davon zwei Arten gibt. Denn manche können nicht getauscht werden, weil es gesetzlich verboten ist, andere wiederum darf man ihrer Natur wegen niemals tauschen. Aber die erste Art, die Gegenstand eines begrenzten Verbots ist, unterliegt derselben Regel wie die Güter, die rechtmäßig ausgetauscht werden können. Deshalb ist von diesen dasselbe zu sagen wie von jenen. Über die zweite Art scheint man aber sagen zu müssen, dass sie und die Güter, die rechtmäßig getauscht werden können, nicht mit demselben Maß messbar sind. Das scheint man folgendermaßen beweisen zu

710 Ders.: In decem libros ethicorum, lib. 5, q. 15, S. 427: »De commutabilibus autem consideratis secundum quod veniunt in humanum usum, distinguendum est sic; quod aliqua sunt quae juste permutari possunt, & alia quae non, eo quod eorum permutatio esset contra leges, aut contra bonos mores; verbi gratia, si quis permutaret alteri uxorem, aut corporale membrum, aut aliquid tale.«

711 Ders.: In decem libros ethicorum, lib. 5, q. 15, S. 427.

712 Ders.: In decem libros ethicorum, lib. 5, q. 15, S. 427: »Quod sic probatur; Illud oportet esse sine quo salvari non posset humana civilitas & communicacio, & sine quo non posset humana sustentari natura: sed non posset salvari si commutabilia non esset commutabilia [...]«.

videtur posse probari. Nam si essent commensurabilia possent eis adaequari, & sic possent juste commutari; quod est contra positum.[713]

können: Wenn sie nämlich messbar wären, könnten sie mit ihnen verglichen werden. Und so könnten sie rechtmäßig ausgetauscht werden, was dem Vordersatz widerspricht.

Beispielshaft meint Buridan, dass sich niemand rechtschaffener Weise wünschen könne, für ein äußeres Gut auf sein Leben zu verzichten oder seine Ehefrau hinzugeben. Wenn dies erlaubt wäre, dürfte man diese Güter rechtmäßig tauschen. Dies sei aber nicht der Fall. Im Grunde geht es hier um eine Begrenzung der Vertragsfreiheit. Dennoch gehen Unzulässigkeit und Unmöglichkeit dadurch letztlich ineinander auf.

Buridan gibt der Inkommensurabilität damit eine metaphysische und eine ethische Dimension. Dazu passen seine Aussagen zum Charakter des Geldes, bei der er den Bedürfnissen der Menschen (*indigentia humana*) eine nicht unerhebliche Rolle einräumt. Denn der Wert einer Sache richte sich nach dem jeweiligen Bedürfnis an ihr,[714] sodass auch der Wert des Geldes am Bedürfnis der Menschen bestimmt werden müsse.[715] Deshalb sei es ungerecht, wenn der König durch Prägung festlegt, dass eine Münze dem Wert einer bestimmten Menge Wein entspricht. Denn Wein könne an einem Ort mehr wert sein als an einem anderen.[716] Schließlich schlussfolgert Buridan aus der Bestimmung des Geldwerts am Bedürfnis der Menschen, dass alle Tauschgüter anhand ihres Verhältnisses zum Geldwert gemessen werden können.[717]

Unter dem Gesichtspunkt der Nützlichkeit (*humanum usum*) und des Bedürfnisses (*indigentia*) gewährt Buridan Ausnahmen von der metaphysischen Trennung der Güterkategorien. Beispielsweise macht er ein vorsichtiges Zugeständnis für den Fall, dass ein armer Mensch geschlagen wird und es dadurch zu

713 Ders.: In decem libros ethicorum, lib. 5, q. 15, S. 428.

714 Ders.: In decem libros ethicorum, lib. 5, q. 16, S. 431: »Dico igitur quod indigentia humana mensurat commutabilia secundum similitudinem proportionis, non secundum aequationem quantitas. Nam secundum quod plus vel minus indigemus, secundum hoc res est pluris vel minoris valoris [...]«. Siehe dazu auch Grice-Hutchinson: The School of Salamanca, 27 f.

715 Buridan: In decem libros ethicorum, lib. 5, q. 17, S. 433: »Oportet igitur primo quod valor pecuniae indigentia humana mensuretur [...]«.

716 Ders.: In decem libros ethicorum, lib. 5, q. 17, S. 433: »posito enim quod Rex diceret, valeat denarius quartam vini, hoc non esset justum, quia unum vinum est melius alio, & in uno loco quam in alio.« Siehe dazu auch Wittreck: Geld als Instrument der Gerechtigkeit, 722 f.

717 Buridan: In decem libros ethicorum, lib. 5, q. 17, S. 433 f.: »cum igitur valor pecuniae mensuratus fuerit secundum proportionem ad humanam indigentiam, omnia commutabilia poterunt appreciari secundum proportionem ad pecuniam [...]«.

keinen bleibenden Verletzungen kommt. Dann könne Restitution per Zahlung eines Geldbetrags erfolgen, durch den Schaden und Bereicherung in Ausgleich gebracht würden.[718] Dem Armut leidenden Geschädigten sei Geld nämlich mehr wert als eine verheilte Verletzung.[719] Letztlich führt Buridan diesen Schluss auf das Bedürfnis des Menschen nach Geld zurück. Ebenso begründet er mit dem Nutzen der menschlichen Gesellschaft am Handel die Kommensurabilität von Gütern, die ihrer Natur nach nicht vergleichbar sind.[720]

3. Ansichten der Spätscholastiker

Das Argument der Bedürftigkeit, auf das sich Buridan zur Begründung der Geldentschädigung für Körperverletzungen stützt, taucht auch bei Vitoria und Soto auf. Vitoria zufolge sei es für einen Armen besser, auf einen Teil seines Rufs zu verzichten und dafür keinen Mangel zu leiden.[721] Und Soto meint, dass ein armer Mann der Wiederherstellung seines guten Rufs vernünftigerweise die Zahlung eines Geldbetrags vorziehen dürfte.[722] Unter Bezugnahme auf die insofern maßgebliche Stelle bei Thomas formuliert Soto ganz allgemein, dass der gute Ruf mit Geld kommensurabel sei:

Nam potest commutari fama cum bonis alterius generis, ut dicit S.Tho.22. q. 62 art. 2 ad secundum.[723]	Man kann nämlich den Ruf mit Gütern anderer Ordnung austauschen, wie der Heilige Thomas in STh II-II q. 62 a. 2 ad 2 sagt.

Daran ändere auch der Umstand nichts, dass der Ruf für sich betrachtet ein höheres Gut als Geld sei:

Quamvis fama & honor sint praestantiora bona suapte natura, quam pecunia & facultates, nihilominus magna copia pecuniae in civili aestimatione	Obgleich der Ruf und die Ehre ihrer Natur nach vortrefflichere Güter sind als Geld und Reichtümer, übertrifft eine große Menge Geld nach bürgerlicher Einschät-

718 Ders.: In decem libros ethicorum, lib. 5, q. 15, S. 429 f.

719 Ders.: In decem libros ethicorum, lib. 5, q. 15, S. 430: »Corpus etiam vel non est laesum vel salvabitur, & sic nihil amisisse videtur, nisi pro modico tempore, pro quo sibi laesio & inhonoratio inferuntur: nullum autem istorum est sibi tanti praecii, quanti pecunia, propter indigentiam.«

720 Ders.: In decem libros ethicorum, lib. 5, q. 15, S. 430.

721 Vitoria: Codex Salmantinus XLIII, q. 73, a. 2, n. 12, S. 89.

722 Soto: Relectio de ratione tegendi et detegendi secretum, membrum primum, q. 3, S. 222.

723 Ders.: Relectio de ratione tegendi et detegendi secretum, membrum primum, q. 2, S. 212

praevalet alicui famae: quemadmodum, licet aurum praestet argento, nihilominus magnum pondus argenti praevalet parvo auro. Quis dubitet decem millia ducatorum pluris aestimanda esse, quam famam privatae personae?[724]	zung nichtsdestotrotz irgendeinen Ruf. Ebenso wie Gold zwar besser ist als Silber, eine große Menge Silber aber eine kleine Menge Gold übertrifft. Wer würde bezweifeln, dass zehntausend Dukaten höher zu schätzen sind als der Ruf einer Privatperson?

Dasselbe Beispiel findet sich auch in Vitorias salmantiner Vorlesung über Gerechtigkeit und Recht. Auch er wiegt den guten Ruf gegen Geld auf:

Aliqua pecunia est tanta, quod maior est quam aliqua fama.[725]	Irgendein Geldbetrag ist so groß, dass er mehr wert ist als ein Ruf.

Etwas mehr Zurückhaltung lassen Vitoria und Soto bei den *bona corporis* walten. Wegen der Rolle, die der Körper als Träger des diesseitigen Lebens einnimmt, dürfte es hier deutlich anstößiger gewesen sein, ihn mit Geld oder Reichtümern aufzuwiegen. Dennoch ist Soto der Ansicht, dass man das Leben zur Restitution eines besonders vortrefflichen Rufs aufs Spiel setzen müsse.[726] Und dass auch eine Entstellung in Geld zu kompensieren sei, ist für ihn selbstverständlich.[727] Auch Vitoria verlangt für den Verlust eines Körperteils eine Restitution in zeitlichen Gütern.[728] Molina spricht insofern sogar von einem Preis der körperlichen Schönheit – und zwar unabhängig von Heiratsaussichten sowohl bei Frauen als auch bei Männern:

Ratio autem est, quoniam pulchritudo ac decentia corporis bonum quoddam est corporale pretio aestimabile […][729]	Der Grund aber ist, dass die Schönheit und die Zierde des Körpers gewissermaßen ein Gut sind, das sich mit einem Preis bewerten lässt.

---

724 Ders.: Relectio de ratione tegendi et detegendi secretum, membrum primum, q. 3, S. 222.

725 Vitoria: Codex Salmantinus XLIII, q. 62, a. 2, n. 19, S. 126. Siehe auch Ledesma: In IV sententiarum. Secunda Quartae, q. 18, a. 2, fol. 249va: »Nempe quod licet genere suo fama sit praestantius bonum bonis fortunae, tanta tamen poterit esse pecunia quod excedat famam […]«.

726 Vgl. oben S. 152, Fn. 659.

727 Soto: De Iustitia et Iure, lib. 4, q. 6, a. 3, S. 339.

728 Vitoria: Codex Salmantinus XLIII, q. 62, a. 2, n. 8, S. 106; ders.: Codex Ottobonianus MXV, q. 62, a. 2, n. 8, S. 222.

729 Molina: De Iustitia et Iure, tract. 3, disp. 88, n. 4, Sp. 1034. Vgl. auch Aragón: In Secundam Secundae, q. 62, a. 2, S. 179a.

Ihre kompakteste Form finden derlei Erwägungen in Sotos Diktum, wonach das Geld der Preis aller Dinge sei (*pecunia pretium omnium rerum*).[730] Dabei ist die Verwandtschaft zu Robert Grossetestes Übersetzung von Aristot. eth. Nic. 5,8 [1133a] (*omnia enim mensurat*) nicht von der Hand zu weisen.[731] Martín de Ledesma († 1574) übernimmt Sotos Formulierung wörtlich.[732]

Aber nicht alle Spätscholastiker teilten diesen Standpunkt. Molina hält die Kompensation von Schäden an Persönlichkeitsgütern in Geld zwar für möglich. Wenn ein Gut höherer Ordnung nicht restituiert werden kann, könne man etwas von einem Gut niederer Ordnung dazugeben. Das müsse aber nicht notwendigerweise Geld sein.[733] Denn das Geld sei nicht aller Dinge Maß:

> Ratio autem est, quoniam pecunia est instituta, ut sit mensura, pretium, ac valor, rerum externarum: non vero est instituta, ut sit mensura, pretium, ac valor vitae, membrorum, honoris, aut famae, quae sunt res altioris ac superioris ordinis, quam sint pecunia & caeterae res externa [...][734]

> Der Grund dafür ist aber, dass das Geld als Maß, Preis und Wert der äußeren Güter eingeführt wurde, nicht aber als Maß, Preis und Wert des Lebens, der Körperglieder, der Ehre oder des Rufs, die Güter einer höheren Ordnung sind als Geld und andere äußere Güter.

Einige Autoren waren noch strenger und behaupteten, dass Geld und Persönlichkeitsgüter verschiedenen Ordnungen angehören und deshalb generell nicht kommensurabel seien. Hier findet sich häufig das von Johannes Buridan bekannte Argument: *commensurabilia debent esse eiusdem generis*.[735] Martín de Azpilcueta betont, dass jedenfalls *bona spiritualia* nicht für Geld gekauft werden könnten.[736] Ferner hält er gegen Vitoria und Soto daran fest, dass man zur Restitution eines Guts niederer Ordnung nicht verpflichtet sei, eine Verletzung an einem Gut höherer Ordnung in Kauf zu nehmen. Dies gelte auch in Fällen besonders hoher Geldschulden. Denn man könne den Wert eines geldwerten Guts nicht mit dem

730 Vgl. oben S. 152.

731 Vgl. oben S. 156.

732 Ledesma: In IV sententiarum. Secunda Quartae, q. 18, a. 2, fol. 247va: »cum pecunia sit praecium omnium rerum, illa aestimatur & honor, & fama.«

733 Molina: De Iustitia et Iure, tract. 3, disp. 84, n. 7, Sp. 1017: »[...] necessarium non esse, fieri eam restitutionem in pecunia [...] sed satis esse si ad aequalitatem modo, quo fieri possit, id damnum compensetur, sive in pecunia, sive in aliquo alio.«

734 Ders.: De Iustitia et Iure, tract. 3, disp. 84, n. 7, Sp. 1017.

735 Vgl. oben S. 162.

736 Azpilcueta: De cambiis, n. 32, fol. 72v.

Wert des guten Rufs vergleichen, der einer höheren Ordnung angehöre.[737] Der gute Ruf habe keinen Preis. Das Argument, dass ja auch eine große Menge Silber den Wert einer kleinen Menge Gold übersteigen könne, hält er auf das Verhältnis von Geld und Ruf nicht übertragbar. Denn Gold und Silber seien ihrer Natur nach beide in Geld schätzbar, was aber auf den Ruf, das Leben, die Gesundheit und die Freiheit nicht zutreffe.[738]

Diesen Standpunkt vertritt auch Domingo Báñez, der dazu auf die bekannte Digestenstelle verweist, wonach Narben und Entstellungen nicht in Geld bemessen werden (*quia liberum corpus nullam recipit aestimationem*).[739] Gleiches denkt er auch über den guten Ruf. Denn der Ruf und die Ehre seien Güter verschiedener Ordnungen, die mit Geld nicht kommensurabel seien.[740] Die Rolle des Geldes beschränke sich darauf, das Maß aller käuflichen Dinge zu sein.[741] Leonardus Lessius schließt sich dem an.[742] Er stützt sich ebenfalls auf die Digesten und meint, dass sich daraus nicht bloß der Ausschluss einer entsprechenden Klage vor weltlichen Gerichten ergebe. Vielmehr wiesen diese Stellen darauf hin, dass der Körper seiner Natur nach unschätzbar sei (*natura sua sint supra omne pretium*).[743]

Dieser Wortlaut findet sich auch bei Petrus de Navarra, der damit die Unschätzbarkeit des guten Rufs unterstreicht.[744] Wer ein Gut nicht innerhalb derselben Güterordnung restituieren kann, sei zu einer Restitution in Geld nicht verpflichtet. Petrus bezeichnet den Ruf als ein unteilbares Gut.[745] Darin liege

---

737 Ders.: Enchiridion, cap. 18, n. 90, fol. 212r: »Et quod altioris ordinis sunt bona famae, quam pecuniaria, & quod non potest conferri pretium boni pecuniarij, cum pretio famae, quod nullum est [...]«.

738 Ders.: Enchiridion, cap. 17, n. 91, fol. 212v: »Sed fama non est res pecunia aestimabilis, sicut nec etiam vita, salus & libertas.«

739 Báñez: De Iustitia et Iure, cap. 62, a. 2, dub. 4, S. 114b. Vgl. Gai. 6 ad ed. provinc. D. 9,3,7 pr.

740 Ders.: De Iustitia et Iure, q. 62, a. 2, dub. 10, S. 123b: »Sed in oppositum est, quod qui non potest debitum pecuniarum solvere in proprio genere, non tenetur restituere in fama, vel honore, vel sacrificiis: ergo haec genera bonorum non sunt commensurabilia adinvicem.«

741 Ders.: De Iustitia et Iure, q. 62, a. 2, dub. 4, S. 116.

742 Lessius: De Iustitia et Iure, lib. 2, cap. 11, dub. 16, n. 93, S. 386. Siehe auch Azpilcueta: De cambiis, n. 11, fol. 66r.

743 Lessius: De Iustitia et Iure, lib. 2, cap. 9, dub. 23, n. 142, S. 242.

744 Petrus de Navarra: De ablatorum restitutione, lib. 2, cap. 4, n. 415, S. 434: »[...] quia fama sicut & vita non est pretio aestimabilis, sed supra omne pretium [...]«.

745 Ders.: De ablatorum restitutione, lib. 2, cap. 4, n. 369, S. 419: »Quare eo ipso quod quis de uno crimine est infamatus, revera virtus in eo esse non iudicatur, sed simpliciter malus. Quid ergo refert ex alia parte augere, si semper malus est reputandus. Ac per consequens nunquam bona eius fama restitui potest, nisi illud ipsum in specie refarcitur, ac reparetur. Secus est de pecunia,

der Unterschied zum geldwerten Vermögen, das nicht auf der Gesamtheit seiner Teile basiere, sondern wovon auch jeder Teil für sich betrachtet von Vorteil ist. Wenn man eine Geldschuld nicht vollständig begleichen könne, solle man deshalb wenigstens so viel zahlen, wie möglich ist. Beim guten Ruf sei dies aber nicht möglich. Damit spielt Petrus auf die berühmte Stelle in der *Secunda secundae* an, bei der Thomas eine Restitution des Möglichen fordert, wo das Gebührende unmöglich ist (STh II-II q. 62 a. 2). Petrus de Navarra zufolge passt dies nicht beim guten Ruf. Leonardus Lessius schließt sich dem an und meint, dass man weder für den Ruf als Ganzes, noch für einen Teil des Rufs einen Preis schätzen könne.[746]

Gabriel Vázquez vertritt eine ähnliche Meinung. Dass der gute Ruf nicht in Geld schätzbar sei, stützt er auf das biblische Sprichwort, wonach der Name wertvoller ist als viele Reichtümer.[747] Das bedeute, dass eben auch *viele* Reichtümer den Wert des guten Rufs nicht übersteigen:

Melius est nomen bonum quam divitiae multae. Si enim melius est, quam multae divitiae: ergo quantumcumque crescant divitiae, non possunt aequare bonum nomen: ibi enim divitiae multae ponuntur numero indeterminato, pro quacumque divitiarum multitudine, & ita non dixit Sapiens: *quam divitiae*, sed *quam divitiae multae*.[748]	*Ein guter Name ist mehr wert als viele Reichtümer.* Wenn er mehr wert ist als viele Reichtümer, kann man die Reichtümer folglich beliebig erhöhen, ohne dass sie den guten Namen jemals erreichen. Viele Reichtümer steht dort nämlich für eine unbestimmte Anzahl, also eine beliebige Vielzahl von Reichtümern. Denn er sagt ja nicht: *als Reichtümer*, sondern *als viele Reichtümer*.

Selbstverständlich schätze man auch die Jungfräulichkeit nicht in Geld.[749] Und auch das menschliche Leben sei wertvoller als jedes andere zeitliche Gut, da es

quae in locum ablatae, subrogari potest & damnum omnino reparare. Non enim bonum pecuniae ex totalitate resultat omnium partium: sed quaevis pars pecuniae etiam sine alia utilis est. Quae vero utilitas erit quem furem affirmas, aut Sodomiticum, & forsan falso, si dicas eum eleemosynas facere, ieiunia servare, &c.« Siehe dazu unten S. 257.

746 Lessius: De Iustitia et Iure, lib. 2, cap. 11, dub. 16, S. 386: »[...] nec tota fama, nec pars pretio aestimatur ex aequo.«

747 Prov 22,1. Vgl. oben bei S. 146, Fn. 633.

748 Vázquez (Bellomontanus): Tractatus de testamentis, cap. 5, § 1, n. 9, S. 330.

749 Ders.: Tractatus de restitutione, cap. 3, § 2, dub. 2, n. 8, S. 83: »[...] damnum enim, quod postulat restitutionem, non est defloratio secundum se, quia illa non est restituibilis, ut ita dicam, nec pretio est aestimanda [...]«.

ja die Grundlage aller Güter sei.[750] Daran ändere auch Sotos Vergleich von Gold und Silber nichts, da sich die Inkommensurabilität aus dem Umstand ergebe, dass das Leben, der Ruf und das Geld verschiedenen Güterordnungen angehörten.[751]

Die Gegner der Kommensurabilitätsthese konnten ihre Ansicht auf einen reichen Schatz biblischer, juristischer und sprichwörtlicher Autoritäten stützen. Doch ganz gleich ob man das Geld nun als gemeinsames Maß aller Dinge oder bloß aller käuflichen Gegenstände anerkannte – einer Tatsache mussten offenbar alle Autoren ins Auge sehen: Es entsprach einer gängigen Praxis, sich bei Körperverletzung und Rufschädigung mit dem Schädiger zu vergleichen und auf die Zahlung eines Geldbetrags zu einigen.[752]

II. Kommerzialisierung im Rechtsverkehr

Gegner der weitreichenden Kommensurabilitätsthese haben Soto entgegengehalten, dass Geld nur das gemeinsame Maß aller käuflichen Dinge sei. Dieser Standpunkt scheint die aristotelische Lehre auf seiner Seite zu haben, wonach Geld alles kommensurabel mache, wovon es Tauschgeschäfte gebe.[753] Auch Johannes Buridans Rekurs auf die Bedürfnisse der Menschen und ihre Gepflogenheiten im Handel mit Waren passt hierher. Er zeigt, dass man die Kommensurabilität verschiedener Güter letztlich mit Rücksicht auf die Erfordernisse des Austauschverkehrs bewertete. Dies wiederum spielte aber auch Soto in die Karten, denn in der Praxis kaufte man gegen Geld nicht nur Gegenstände des täglichen Bedarfs, sondern auch körperliche, geistige und sogar sexuelle Dienste. Wurden die *scientia* eines Gelehrten und das *corpus* einer Posituierten dadurch also doch zu Waren mit einem bestimmten Marktwert? Und wie war es zu bewerten, wenn der Geschädigte seine Verletzung durch eine gütliche Einigung mit dem Schädiger kapitalisierte? Gab er seinem guten Ruf, auf dessen Wiederherstellung er gegen eine Geldentschädigung verzichtete, dann letztlich nicht doch einen Preis? Die Rolle der Theologen als Ratgeber in Alltagsfragen drängte sie zu einer ausführlichen Auseinandersetzung auch mit diesen Problemen.

---

750 Ders.: Tractatus de testamentis, cap. 5, § 1, n. 10, S. 330.

751 Ders.: Tractatus de testamentis, cap. 5, § 1, n. 9–11, S. 330.

752 Báñez: De Iustitia et Iure, q. 62, a. 2, dub. 4, S. 114a: »Secundo arguitur, ex more Reipublicae etiam Christianae. Etenim qui laesus in bonis corporis [...] pactum saepe facit cum laesore de aliqua pecunia recipienda pro laesione, quod quidem pactum nemo condemnat: sed omnes iustum arbitrantur [...]«. Dazu auch Jansen: Theologie, Philosophie und Jurisprudenz, 116.

753 Aristot. eth. Nic. 5,8 [1133a].

1. Austauschverträge

In der *Summa theologica* widmet sich Thomas von Aquin in einem eigenen Artikel der Frage, ob ein Anwalt für seinen Rechtsbeistand Geld verlangen kann.[754] Dass diese Praxis im täglichen Leben damals wie heute zur Normalität gehörte, stellt Thomas nicht ernsthaft in Frage. Auch für ihn ist klar, dass der Arzt für seinen medizinischen Rat und der Rechtsanwalt für seine juristischen Dienste ein Honorar annehmen darf.[755] Dennoch sieht sich Thomas hier zu einer Auseinandersetzung mit dem Problem veranlasst, inwiefern sich dieses Ergebnis mit dem Verbot vertrage, Geistiges für Zeitliches zu geben. Denn für Thomas ist klar, dass Rechtskenntnisse zu den *bona spiritualia* gehören, die man gegen Geld nicht erwerben kann. Thomas löst das Problem, indem er nicht die Rechtskenntnisse selbst als Vertragsgegenstand betrachtet, sondern die körperliche Leistung, durch die jene erbracht werden. Der Anwalt verkaufe nicht die *scientia*, sondern vermiete bloß seine Mühen.[756]

Dieses Argument traf auf Zuspruch. Dass man die Arbeit seines Körpers für Geld verkaufen könne, meinte im 14. Jahrhundert auch Nikolaus von Oresme († 1382).[757] Seine Gedanken zur Geldtheorie waren im Spätmittelalter von vergleichbarer Bedeutung wie die seines Meisters Johannes Buridan und seine Äußerungen in diesem Punkt finden sich im 15. Jahrhundert wörtlich bei Gabriel Biel.[758] Zu Beginn des 16. Jahrhunderts vertritt auch der schottische Philosoph und Theologe John Major einen ähnlichen Standpunkt. Auch er sieht sich dabei zu einer differenzierenden Klarstellung veranlasst. In seinem Kommentar zu Nikomachischen Ethik arbeitet Major deutlich heraus, was genau bei Geschäften

754 Thomas von Aquin: STh II-II, q. 71, a. 4, S. 125f.

755 Ders.: STh II-II, q. 71, a. 4, co., S. 125f., q. 100, a. 3 ad 3, S. 359. Siehe dazu Wittreck: Geld als Instrument der Gerechtigkeit, 377.

756 Thomas von Aquin: STh II-II, q. 71, a. 4, ad 2, S. 126: »[...] etsi scientia iuris sit quiddam spirituale, tamen usus eius fit opere corporali. Et ideo pro eius recompensatione licet pecuniam accipere: alioquin nulli artifici liceret de arte sua lucrari.« Siehe auch ders.: STh II-II, q. 100, a. 3, ad 3, S. 359: »Ille autem qui habet scientiam, et non suscepit cum hoc officium, ex quo obligetur aliis usum scientiae impendere, licite potest pretium suae doctrinae, vel consilii accipere, non quasi veritatem, aut scientiam vendens, sed quasi operas suas locans [...]«.

757 Oresme: De mutatione monetarum, cap. 6, S. 42f.: »Nam si quis dat panem suum, vel laborem proprii corporis pro pecunia, cum ipse eam recipit, ipsa est sua, sicut erat panis vel labor corporis qui erat in ejus potestate libera, supposito quod non sit servus.«

758 Biel: De potestate et utilitate monetarum, dub. 1: »Nam cum quis dat panem suum: vel proprij corporis laborem pro pecunia, cum eam receperit sua est: sicut panis & labor suus fuit & in eius libera potestate.«

mit Arbeits- und Dienstleistungen eigentlich Vertragsgegenstand ist. Beispielsweise gebe der Lehrer seinem Schüler für dessen Geld nicht das geistliche Gut der *scientia*, sondern er biete ihm lediglich die Arbeit, die der Unterricht für ihn bedeutet.[759] Zwar heiße es im Buch Kohelet, dass alles dem Geld gehorche,[760] und tatsächlich entspreche es auch der *opinio stultorum*, dass man für Geld alle weltlichen Verlockungen erwerben könne. Das gelte aber nicht für *bona spiritualia*, denn Weisheit könne man nicht kaufen.[761] Dieses Prinzip überträgt Major auch auf körperliche Arbeit:

[…] corpus hominis non potest nummismate mensurari […] homo dat corporis sui usum indigenti liberaliter aut pro pecunia, & non corpus suum.[762]	Der menschliche Körper kann nicht in Geld bemessen werden. Ein Mensch gibt einem Bedürftigen kostenlos oder für Geld den Gebrauch seines Körpers, nicht aber seinen Körper.

Major zieht aus diesem Grundsatz weitreichendere Konsequenzen als Thomas. Denn anders als dieser, schweigt Major über eine Kompensation von Körperverletzungen mit Geld.[763]

Indem man den jeweiligen Vertragsgegenstand scharf herausarbeitete, konnte man praktische Fälle in den Griff bekommen. Ein Beispiel von Johannes Buridan zeigt aber, dass das Problem damit auf theoretischer Ebene noch nicht gelöst war. Denn – so fragt Buridan – wenn Sokrates seine Ehefrau mit deren Einverständnis für zehn Silberpfund dem Platon überlässt, damit dieser mit ihr Unzucht treibe, wer von beiden erleidet dann einen Schaden?[764] Sagt man, dass beide bereichert sind, begeht keiner von ihnen eine Ungerechtigkeit. Geht man davon aus, dass beide daran Schaden nehmen, besteht ebenfalls Ausgeglichenheit. Soll man also annehmen, dass nur einer schädige und nur der andere geschädigt werde? Das sei vollkommen absurd (*haec omnino sunt absurda*). Wie aber ist das Problem

---

759 Major: Ethica Aristotelis, lib. 4, cap. 1, fol. 56r.

760 Ecl 10,19: »in risu faciunt panem ac vinum ut epulentur viventes et pecuniae oboedient omnia«. Siehe auch Publil. sent. P,9: »Pecunia regimen est rerum omnium.«

761 Major: Ethica Aristotelis, lib. 1, cap. 4, fol. 5v: »Pecuniae obediunt omnia. Respondetur quod opinione stultorum nummo omnia parent saltem corporalia, & eius illecebrae, non tamen spiritualia. Proverbiorum decimoseptimo Quid prodest stulto divitias habere cum sapientiam emere non posset?« Vgl. Prov 17,16.

762 Ders.: Ethica Aristotelis, lib. 4, cap. 1, fol. 56r.

763 Siehe dazu unten S. 225.

764 Buridan: In decem libros ethicorum, lib. 5, q. 15, S. 428 f.

zu lösen? Auch Buridan antwortet darauf nur ausweichend, indem er auf den Schaden hinweist, den man dadurch der Gemeinschaft zufüge. Dieser folge auch daraus, dass man durch solche Taten sich selbst und den anderen an den Seelengütern (*bona animae*) verletze. Ob und, wenn ja, wer von beiden im Hinblick auf Vermögenswerte bereichert bzw. entreichert ist, vermag er aber nicht zu sagen. Obwohl es sich um ein verbotenes Geschäft handelt, scheint zwischen Leistung und Gegenleistung gewissermaßen Ausgeglichenheit zu herrschen.

Solche Fragen hatten freilich viel mehr mit der Realität zu tun, als es der fiktive Rahmen aus Burdians Beispiels suggeriert. Ob eine Prostituierte das für ihre Dienste erhaltene Geld behalten darf, ist eine Rechtsfrage, die bereits römische Juristen beschäftigte. Ulpian berichtet von der Rechtsansicht der Juristen Labeo und Marcellus, denen zufolge die Prostituierte ihren Lohn nicht zurückgeben muss. Der Freier könne das Geld nicht kondizieren, weil nur das Geben, nicht aber das Nehmen des Geldes sittenwidrig sei.[765] In der hochscholastischen Moraltheologie kam man mit unterschiedlicher Begründung zu ähnlichen Ergebnissen.[766] Dabei war man sich einig, dass Prostitution moralisch verwerflich ist und gegen die Gebote verstößt. Dennoch meinte Thomas von Aquin, dass es einen Unterschied mache, ob man einen Geldbetrag nicht leisten darf, weil die Leistung selbst verboten ist, oder aber, weil man damit nur einen unsittlichen Zweck verfolgt. Im ersten Fall müsse man die Sache zurückgeben, im zweiten nicht. Er grenzte die Prostitution von der Simonie ab, indem er diese zum ersten Fall, jene aber zum zweiten rechnet. Anders als bei der Simonie dürfe die Prostituierte das Geld also behalten.[767]

Mit einer anderen Begründung kam auch Johannes Petrus Olivi zu diesem Ergebnis. Obgleich es sich bei der Prostitution um ein sündhaftes Geschäft handele, sei der Vertrag zwischen einer Prostituierten und ihrem Freier gültig. Denn die Prostituierte gebe mit ihrem Körper etwas hin, das ebenso ihr selbst gehöre, wie das Geld dem Freier.[768] Spätscholastische Autoren gingen sogar noch weiter.

765 Ulp. 26 ad ed. D. 12,5,4,3.

766 Siehe zum Ganzen ausführlich Decock: Contract Law, 419 ff.

767 Thomas von Aquin: STh II-II, q. 62, a. 5, ad 2: »alio modo aliquis illicite dat, quia propter rem illicitam dat, licet ipsa datio non sit illicita, sicut cum quis dat meretrici propter fornicationem; unde et mulier potest sibi retinere, quod ei datum est […]«

768 Olivi: Tractatus de contractibus, pars 3, de restitucionibus, a. 1, reg. 4, n. 16, S. 258 »Quamvis autem in contractu mercedis pro meretricio sit materia meretricii viciosa, et voluntas ad meretricium et ad contractum sue mercedis movens, forma tamen contractus habet in se aliquid veri iuris, quia sicut meretrix concedit lenoni corpus personaliter et naturaliter ac civiliter suum, sic ille pro corpore meretricis sibi concesso dat aliquid vere suum.« Siehe dazu Decock: Contract Law, 429 f.

Laut Francisco de Vitoria habe die Prostituierte nach Erbringung ihrer Dienste sogar einen Anspruch auf die Vergütung, und zwar nicht nur vertraglich, sondern auch aus ungerechtfertigter Bereicherung.[769] Im frühen 17. Jahrhundert war dieser Standpunkt herrschend.[770]

Ins Zentrum solcher Überlegungen geriet deshalb bald auch die Frage nach dem gerechten Preis für sexuelle Dienstleistungen. Denn Leistung und Gegenleistung mussten sich im Sinne ausgleichender Gerechtigkeit die Waage halten. Juan de Medina († 1547) meinte zwar, dass die sexuellen Dienste einer Prostituierten keinen Wert hätten und der Vertrag wegen des Ungleichgewichts keine Wirkung entfalte. Die Prosituierte dürfe die Vergütung deshalb nur dann behalten, wenn der Klient sie ihr aus Freigiebigkeit schenkt, da eine Schenkung auch ohne Gegenleistung wirksam sei.[771] Dieser Standpunkt konnte jedoch weder im kanonischen,[772] noch im spätscholastischen Diskurs überzeugen, wo ihm vor allem die Autorität Domingo de Sotos entgegenstand. Soto zufolge haben auch sündhafte Dienste einen Preis, und zwar kraft der gegenseitigen Übereinkunft der Parteien:

> At vero de peccatis, licet ratione culpae non solum vilia sint nulloque pretio digna, imo abhorrenda & execranda nihilo minus ratione consensus illius, qui suas locant operas, rationeque voluptatis illius qui conducit, quatenus ad humanos usus accommodantur, possunt mercede & pretio redimi.[773]

> Was aber sündhaftes Verhalten betrifft, so kann auch dieses für eine Vergütung und einen Preis gekauft werden, sofern es dem Nutzen der Menschen günstig ist, und zwar aufgrund der Zustimmung desjenigen, der seine Dienste anbietet, und aufgrund des Genusses, den der daran findet, der diesen Dienst in Anspruch nimmt – auch wenn solches Verhalten nicht nur wertlos und keines Preises würdig, sondern sogar verabscheuenswert ist.

---

769 Vitoria: Codex Salmantinus XLIII, q. 62, a. 5, n. 9, S. 44 ff.: »Secundo dico, quod si vir fecit pactum cum scorto, ex vi pacti tenetur dare aliquid, ut si promisit pecuniam, tenetur dare, quia est pactum et non est irritum iure. Ergo tenetur dare. Tertio dico, quod non solum ex vi pacti, sed ratione actus, etiamsi non facerent pactum: Quia virtualiter videntur facere, tenetur vir dare stipendium aliquod […]«

770 Decock: Contract Law, 421.

771 Medina: De poenitentia, restitutione et contractibus, Codicis de rebus restituendis, q. 20, Et per haec, S. 133. Siehe dazu Decock: Contract Law, 439 ff., 446.

772 Siehe dazu Decock: Contract Law, 452 ff.

773 Soto: De Iustitia et Iure, lib. 4, q. 7, a. 1, S. 359b. Siehe dazu Decock: Contract Law, 449 ff.

Laut Soto ist der Konsens der Parteien imstande, auch an sich unverkäuflichen Dingen einen materiellen Preis zu geben. Der Kanonist Diego de Covarruvias y Leyva ging sogar noch einen Schritt weiter und nannte den Gebrauch des Körpers, wenn nicht gar den Körper selbst einen käuflichen Gegenstand (*materia vendibilis*).[774] Heute können solche Äußerungen irritieren. Dennoch darf nicht vergessen werden, dass es dabei letztlich auch um die Interessen der Prostituierten ging, die für ihre Arbeit offenbar nicht leer ausgehen sollte. Für Covarruvias handelte es sich deshalb auch nicht nur um ein vertragliches Problem. Auch ohne Vertrag sei der Freier durch die sexuellen Dienste bereichert, sodass er kraft der ausgleichenden Gerechtigkeit zur Zahlung des *iustum pretium* verpflichtet sei. Sex war so zu einer Ware mit Marktwert geworden.[775]

2. Vergleich und Verzicht

Ein ähnliches Muster lässt sich für die gütliche Streitbeilegung zwischen Schädiger und Geschädigtem beobachten. Nach gemeinem Recht stand es dem Geschädigten *foro externo* frei, auf die Erhebung der *actio iniuriarum* gegen Zahlung eines Geldbetrags zu verzichten.[776] Und offenbar entsprach es auch guter seelsorgerischer Praxis, auf eine einvernehmliche Einigung zwischen den Parteien hinzuwirken. Bereits Thomas von Aquin hatte formuliert, dass es bei der sakramentalen Satisfaktion auf die Versöhnung mit dem Nächsten und mit Gott ankomme.[777] Hadrian VI. rät dem Schädiger deshalb, sich mit dem Geschädigten möglichst zu vergleichen.[778] Bei Rufschädigungen sei dies manchmal sogar der sicherere Weg für das Seelenheil des Schädigers, der unter Umständen das Scheitern der Restitution befürchten muss, weil man dem öffentlichen Widerruf

---

774 Covarrubias y Leyva: In regulam peccatum, Pars 2, § 2, n. 1, S. 476a: »Deinde quamvis fornicatio prava sit, & iure divino vetita, ipsa tamen meretrix domino est sui corporis, & materia vendibilis est, nec ipsa venditio actus venerij illicita censetur: & licet actus venereus ex seipso malus sit, eius tamen venditio non est prohibita, nec illicita ratione materiae […]«. Das war der entscheidende Unterschied zwischen Prostitution und Simonie. Bei letzterer handelte es sich nämlich um ein unverkäufliches Gut. Siehe dazu Decock: Contract Law, 457, 460.

775 Zur Bestimmung des gerechten Preises siehe Decock: Contract Law, 449 ff., 473 ff.

776 Vgl. dazu Paul. 3 ad ed. D. 2,14,17,1 und exemplarisch Molina: De Iustitia et Iure, tract. 3, disp. 46, n. 14, Sp. 816. Umstritten war jedoch, inwiefern nach kastilischem Partikularrecht trotzdem eine Bestrafung des Schädigers von Amts wegen möglich war. Siehe dazu ders.: De Iustitia et Iure, tract. 3, disp. 47, Sp. 822 ff.

777 Thomas von Aquin: Super Sententiis, lib. 4, dist. 15, q. 1, a. 5, qc. 2 co., S. 668: »per satisfactionem oportet quod homo sicut Deo, ita proximo reconcilietur.« Siehe auch oben S. 95.

778 Hadrian VI.: In Quartum Sententiarum, De restitutione, fol. 95r.

seiner falschen Behauptung nicht glaubt. Auf diese Weise konnte man auch letzte Ungewissheiten über die Frage ausräumen, ob man von Seiten der Gerechtigkeit wirklich zu einer Kompensation von Persönlichkeitsgütern in Geld verpflichtet war oder nicht. Denn Vertreter beider Lager hielten die jeweilige Gegenansicht teilweise ja durchaus für vertretbar.[779]

Dass man gegen Geld auf die Restitution eines Persönlichkeitsguts verzichten kann, hat für Soto etwas mit Kommensurabilität zu tun. In seiner Vorlesung über das Hüten und Aufdecken von Geheimnissen geht er der Frage nach, ob es dem Menschen erlaubt sei, durch das Offenbaren einer geheimen Sünde seinen eigenen Ruf zu schädigen.[780] Für Soto ergibt sich daraus kein Verstoß gegen die Gerechtigkeit, da der Mensch *dominus* seines Rufs sei und es ihm deshalb freistehe, rufschädigende Geheimnisse zu offenbaren. Dabei geht Soto von einer umfangreichen Dispositionsbefugnis des Menschen aus. Eines seiner Argumente lautet, dass große Geldbeträge den Wert des Rufs übersteigen könnten. Wenn der Mensch aber über Geldbeträge frei disponieren könne, die mehr Wert sind als Ruf und Ehre, dann müsse ihm auch über diese das *dominium* zustehen.[781] Dass der Mensch diese Freiheit habe, könne man auch bei der gütlichen Einigung beobachten. Für einen Armen sei es sogar ratsam, gegen Geld auf die Restitution seines guten Rufs zu verzichten. Deshalb stehe es auch im Belieben des Menschen, ohne Gegenleistung auf die Wiederherstellung des Rufs zu verzichten. Die Vergleichspraxis bei Rufschädigungen setzt Soto also voraus und zieht sie als Argument für das *dominium* des Menschen an seinem Ruf heran. In seinem Hauptwerk *De iustitia et iure* verteidigt er das *dominium* des Menschen an seinem Ruf und folgert daraus, dass man auf dessen Restitution verzichten könne.[782] Die Möglichkeit des Verzichts und das *dominium* am guten Ruf stehen bei Soto in wechselseitiger Beziehung zueinander.

Allerdings war es aus theologischen Gründen durchaus problematisch, auf die Restitution seines Rufs gegen Geld zu verzichten. Ein viel zitiertes biblisches Sprichwort mahnt dazu, auf seinen guten Namen zu achten und ihn nicht für

---

779 Vgl. etwa Soto: De Iustitia et Iure, lib. 4, q. 6, a. 3, S. 344a; Báñez: De Iustitia et Iure, q. 62, a. 2, dub. 10, S. 123b; Lessius: De Iustitia et Iure, lib. 2, cap. 11, dub. 26, n. 136, S. 428.

780 Soto: Relectio de ratione tegendi et detegendi secretum, membrum primum, q. 3, S. 216 ff.

781 Ders.: Relectio de ratione tegendi et detegendi secretum, membrum primum, q. 3, S. 222. Dem hielt Petrus von Navarra entgegen, dass man mit dieser Argumentation letztlich auch die Erlaubnis zur Selbstverstümmelung begründen könnte. Denn konsequenterweise müsse man dann auch davon ausgehen, dass eine große Menge Geld wertvoller ist als ein Körperteil. Vgl. Petrus de Navarra: De ablatorum restitutione, lib. 3, cap. 4, n. 119, S. 341.

782 Soto: De Iustitia et Iure, lib. 4, q. 2, a. 3, S. 291 ff.; lib. 4, q. 6, a. 3, S. 344 ff.; lib. 5, q. 10, S. 488b.

Geld preiszugeben: *curam habe de bono nomine.*[783] Deshalb behauptet Cajetan in seinem Summenkommentar, dass man seinen Ruf auch in Ausnahmesituationen nicht vernachlässigen dürfe. Zwar hielt auch er den Menschen für den *dominus* seines Rufs.[784] Als Christ stehe der Mensch aber nicht bloß für sich allein, sondern er sei Teil eines Ganzen, nämlich der Kirche. Weil der eigene Verruf auch der Kirche zum Schaden gereiche, dürfe man selbst unter Folter oder aus Todesangst kein falsches Geständnis abgeben.[785] Denn durch die Schädigung des eigenen Rufs verstoße man gegen die *iustitia*. Dasselbe gelte ja auch für den Suizidenten, der durch seinen Tod der *civitas* einen Teil entreiße.[786] Zudem begehe man dadurch auch eine Sünde gegen die *caritas*, kraft derer man auch angehalten sei, sich selbst zu lieben.[787] Am guten Ruf festzuhalten und dafür die Gesundheit und das Leben aufs Spiel zu setzen, schien zwar gegen die von Cajetan selbst verfochtene Güterrangordnung zu verstoßen. Auch er meint, dass man das Leben mehr lieben solle als den guten Ruf. Es sei aber etwas anderes, durch fremde Hand das Leben, die Gesundheit oder die Freiheit zu verlieren, als sich selbst in Verruf zu bringen. Denn ersteres bedeute, ein Übel zu erleiden, letzteres aber, ein Übel zuzufügen.[788]

Einen ähnlich restriktiven Standpunkt vertritt auch John Major. Den Verzicht auf die Restitution des guten Rufs hält er für verboten, weil er besonderen Wert auf die tatsächliche Rehabilitierung in der Öffentlichkeit legt. Denn ein guter Ruf

---

783 Sir 41,15 (= Sir 41,12 EÜ): »curam habe de bono nomine / hoc enim magis permanebit tibi quam mille thesauri magni pretiosi«.

784 Cajetan: ComSTh II-II, ad q. 73, a. 2, n. V., S. 134: »sicut homo est dominus aliarum suarum rerum exteriorum ita et suae famae [...]«. Siehe dazu bereits oben S. 135, bei Fn. 571.

785 Ders.: ComSTh II-II, q. 73, a. 2, n. V, S. 135: »Ergo infamare seipsum metu mortis vel propter tormenta, etc., est peccatum mortale. Et tenet consequentia: quia nec metus mortis nec tormenta excusant actum ex suo genere peccatum mortale ab hoc quod est esse peccatum mortale; alioquin per tormenta liceret fornicari, et alia huiusmodi facere.« Siehe auch ders.: Summa, Detrahere, fol. 49v. Ausdrücklich dagegen etwa Ledesma: In IV sententiarum. Secunda Quartae, q. 18, a. 2, fol. 246vb. Differenziert Lessius: De Iustitia et Iure, lib. 2, cap. 11, dub. 7, S. 336 ff.

786 Cajetan: ComSTh II-II, ad q. 73, a. 2, n. V, S. 135: »Et quia iniuriatur saltem Ecclesiae, cuius est pars, infamando partem illius iniuste: sicut occidens seipsum offendit civitatem, cuius est pars, et propterea punitur, quod careat sepultura.«

787 Siehe dazu Knebel: Casuistry; Toste: Self-Preservation and Self-Sacrifice.

788 Cajetan: ComSTh II-II, ad q. 73, a. 2, n. V, S. 135: »Et licet teneatur magis diligere propriam vitam quam propriam famam, et magis curam habere de privatione vitae quam de privatione famae: tenetur tamen magis curam habere ne apponat sibi infamiam quam ne auferatur ab eo vita et integritas et sanitas et quies libertas: quoniam hoc consistit in mala pati, quod non est malum, illud vero est male facere, quod est malum.«

gehe nicht nur seinen Träger etwas an, sondern er berühre auch die Belange der Gemeinschaft:

[...] fama non est necessaria homini propter seipsum solum: sed etiam propter proximi edificationem.[789]	Der gute Ruf ist nicht nur für den einzelnen Menschen selbst notwendig, sondern auch für die Erbauung seines Nächsten.

Diese Meinung ließ sich auf zwei Kanones aus dem *Decretum Gratiani* stützen, die auf Augustinus zurückgehen.[790] Dieser hatte behauptet, dass der gute Ruf dem Nächsten nützlich sein soll und es grausam sei, seinen Ruf zu vernachlässigen. Major zufolge genügt es deshalb nicht, wenn der Schädiger bloß um Verzeihung bittet und der Geschädigte sie ihm gewährt. Denn wenn die Öffentlichkeit involviert ist, liege es nicht in der Hand des Geschädigten, auf die Wiederherstellung seines Rufs zu verzichten.[791] Wenn sich zwei Personen verleumden, könne man die wechselseitigen Restitutionspflichten deshalb auch nicht einfach gegeneinander aufheben.[792] Vielmehr müssten beide ihre Schmähungen widerrufen:

[...] uterque tenetur retractare male dictum quia non solum peccatur in personas ipsas: sed etiam in communitatem quando infamia hincinde est publica. Peccatum boni scandalisat vehementer indoctam plebem et vehementer diminuit fidem et bonam vitam in alijs.[793]	Jeder muss eine Schmähung zurücknehmen, denn man sündigt nicht bloß gegen die Person selbst, sondern auch gegen die Gemeinschaft, wenn der Verruf fortan öffentlich ist. Die Sünde eines Rechtschaffenen ist ein großes Ärgernis für das ungebildete Volk und verringert entschieden die Glaubwürdigkeit und das Ansehen der rechtschaffenen Lebensführung bei anderen Menschen.

Mit dieser Frage setzte sich etwa zeitgleich auch Hadrian VI. auseinander. Er bezieht sich sowohl auf die Stellen im *Decretum Gratiani* als auch auf John Major, lehnt dessen Standpunkt aber ab. Er meint, dass der gute Ruf nur seinem Träger gehöre, sodass sein Verzicht auch von der Restitutionspflicht befreie:

---

789 Major: In quartum sententiarum (1516), dist. 15, q. 18, fol. 85ra = ders.: In Quartum Sententiarum (1519), dist. 15, q. 18, fol. 114va.

790 C. 11 q. 3 c. 56: »Conscientia nobis, fama proximis necessaria est.«; C. 12 q. 1 c. 10: »Conscientia necessaria est tibi, fama proximo tuo. Qui fidens conscientiae negligit famam suam, crudelis est.«

791 Major: In quartum sententiarum (1516), dist. 15, q. 16, fol. 83rb.

792 Siehe dazu noch sogleich S. 186 ff.

793 Major: In quartum sententiarum (1516), dist. 15, q. 16, fol. 83ra.

Fama est bonum eius qui apud homines integer aestimatur & inculpatus, non aliorum [...] Ex hoc sequitur quod soli diffamato tenemur ad aestimationis vel famae reparationem [...] Et per consequens ad solutionem quaesiti sufficit sola remissio diffamati [...][794]

Der Ruf ist ein Gut desjenigen, der bei den Menschen für redlich und unschuldig gilt, und nicht der anderen. [...] Daraus folgt, dass wir den Schätzwert oder die Wiederherstellung des Rufs nur dem Verleumdeten schulden. [...] Folglich genügt der Erlass des Verleumdeten zur Erfüllung des Geschuldeten.

Man habe zwar auch im Hinblick auf eigene Güter gewisse Pflichten gegenüber seinem Nächsten. Ebenso wie es verboten sei, Reichtümer zu verschwenden, die man den Armen geben könnte, seien ähnliche Pflichten gegenüber Dritten auch beim guten Ruf denkbar. Diese Pflichten bestünden jedoch nur *ex caritate* und nicht *ex iustitia*, sodass man sich durch einen Verstoß nicht restitutionspflichtig mache. Auch für Francisco de Vitoria klang das offenbar überzeugend. Er meint ebenfalls, dass der Verzicht des Geschädigten von der Restitutionspflicht entbinde. Entsprechende Argumente von Hadrian VI. übernimmt er teilweise wörtlich:

Fama istius hominis privati est bonum proprium temporale ipsius et non aliorum. Ergo potest negligere illam. Non ergo est mortale peccatum, etiamsi ex mera negligentia perdam famam meam.[795]

Der gute Ruf eines Privatmannes ist sein eigenes zeitliches Gut und nicht das der anderen. Er kann ihn also vernachlässigen. Deshalb ist es keine Todsünde, selbst dann nicht, wenn ich meinen Ruf aus reiner Nachlässigkeit verlöre.

Francisco de Vitoria und Domingo de Soto treten für diesen Standpunkt mit besonderem Nachdruck und einer Vielzahl von Argumenten ein. Dazu beziehen sie sich unter anderem auf eine Stelle bei Thomas von Aquin, in der es um die Frage geht, ob bereits das protestlose Anhören verleumderischer Worte eine Sünde ist (STh II-II q. 73 a. 4).[796] Thomas bejaht dies, da man aus dem Schweigen

---

794 Hadrian VI.: In Quartum Sententiarum, De restitutione, fol. 97va. Siehe auch ders.: Quaestiones quodlibeticae, q. 11, fol. 64ra. Anders hingegen bei der Restitution von *bona animae*, vgl. ders.: In Quartum Sententiarum, De restitutione, fol. 93va.

795 Vitoria: Codex Salmantinus XLIII, q. 62, a. 2, n. 21, S. 132. Zur Thematik des Schulderlasses im Allgemeinen siehe auch ders.: Codex Salmantinus XLIII, q. 62, a. 8, n. 9 ff., S. 172 ff.

796 Vitoria: Codex Salmantinus XLIII, q. 62, a. 2, n. 23, S. 138; ders.: Codex Ottobonianus MXV, q. 62, a. 2, n. 23, S. 240; Soto: Relectio de ratione tegendi et detegendi secretum, membrum

Zustimmung folgern könne, sodass sich der Hörer die verleumderischen Worte zu eigen mache.[797] Anders sei es, wenn die Verleumdung dem Geschädigten selbst zu Ohren kommt. Denn dann handele es sich nicht eigentlich um eine Verleumdung (*detractio*), die sich auf einen Dritten bezieht, sondern um eine *contumelia*, die gegenüber dem Betroffenen selbst geäußert wird. Hier gelte also dasselbe, wie in Zweipersonenverhältnissen: es ist dem Ehrträger anheimgestellt, ob er die Beleidigung zurückweist oder sie gelassen auf sich beruhen lässt.[798] Etwas anderes gelte nur, wenn Dritten daraus ein Schaden erwächst. Ähnlich hatte dies bereits Gregor der Große († 604) in einer Homilie formuliert, auf die sich Thomas bezieht.[799] Soto zieht sogar den Prozess Jesu als Beispiel heran. Denn Christus antwortete nicht, als Pilatus ihn fragte: »Hörst du nicht, was sie dir alles vorwerfen?«[800] Dass man seinen Ruf durch das Offenbaren einer Sünde in Mitleidenschaft ziehen und insofern frei disponieren könne, ließe sich auch bei den Kirchenvätern beobachten. Denn auch Augustinus, Ambrosius und Hieronymus hätten in ihren Werken zur Unterrichtung der Gläubigen auf eigene Verfehlungen hingewiesen.[801]

Nach Martín de Ledesma könne Cajetans Ansicht in ihrer Allgemeinheit schon deshalb nicht stimmen, weil man laut Thomas von Aquin unter Umständen sogar sein Leben für einen Freund hingeben könne.[802] Nach Thomas sei der Mensch ferner kraft seines Willens Herr über sich selbst (*dominus sui ipsius per liberum arbitrium*).[803] Umso mehr müsse man also für bestimmte Zwecke auch auf seinen Ruf verzichten können.

---

primum, q. 3, S. 224; DERS.: De Iustitia et Iure, lib. 4, q. 6, a. 3, S. 344b.

797 THOMAS VON AQUIN: STh II-II, q. 73, a. 4 co., S. 137: »[...] si aliquis detractiones audiat absque resistentia, videtur detractori consentire: unde fit particeps peccati eius.«

798 DERS.: STh II-II, q. 73, a. 4, ad 1, S. 137: »Et tunc sui arbitrii est detrimentum suae famae pati, nisi hoc vergat in periculum aliorum, ut supra dictum est.« Zur *contumelia* siehe DERS.: STh II-II, q. 72, a. 3, S. 130. Hier ging es letztlich um das rechte Verhältnis zwischen Prov 26,4 (»ne respondeas stulto iuxta stultitiam suam ne efficiaris ei similis«) und Prov 26,5 (»responde stulto iuxta stultitiam suam ne sibi sapiens esse videatur«).

799 Vgl. GREGOR DER GROSSE: In Hiezechihelem, Homilia IX, 17, S. 132: »De qua re sciendum est quia linguas detrahentium sicut nostro studio non debemus excitare ne ipsi pereant, ita per suam malitiam excitatas debemus aequanimiter tolerare, ut nobis meritum crescat«.

800 Mt 27,13 EÜ. Vgl. SOTO: Relectio de ratione tegendi et detegendi secretum, membrum primum, q. 3, S. 224.

801 DERS.: Relectio de ratione tegendi et detegendi secretum, membrum primum, q. 3, S. 228.

802 LEDESMA: In IV sententiarum. Secunda Quartae, q. 18, a. 2, fol. 245va. Er bezieht sich auf THOMAS VON AQUIN: STh II-II, q. 26, a. 4, ad 2. Vgl. Io 15,13.

803 LEDESMA: In IV sententiarum. Secunda Quartae, q. 18, a. 2, fol. 245vb. Er bezieht sich auf THOMAS VON AQUIN: STh II-II, q. 64, a. 5, ad 3.

Dem Gebot aus dem Buch Jesus Sirach, wonach man auf seinen Namen achten soll, da er mehr wert sei als viele Reichtümer,[804] soll man laut Soto durch Tugendhaftigkeit gerecht werden.[805] Denn der gute Ruf sei der Schatten, den die Tugendhaftigkeit werfe. Und da Aristoteles der Ansicht gewesen sei, dass die Ehre eher eine Angelegenheit des Ehrenden als des Geehrten sei,[806] müsse man sich um seinen guten Namen nicht zu sehr sorgen. Deshalb habe auch Paulus wenig Wert daraufgelegt, wie die Menschen über ihn richteten.[807] Auch Augustinus sei es nur darauf angekommen, vor Gott ein reines Gewissen zu haben.[808]

Soto untersucht auch das von Augustinus stammende Wort, das in diesem Zusammenhang regelmäßig als Argument gegen die Dispositionsfreiheit des Menschen über seinen Ruf in Stellung gebracht wurde: Der Ruf des Einzelnen sei auch für seinen Nächsten wichtig und wer seinen Ruf vernachlässige, der handele grausam.[809] Nach Soto habe Augustinus damit aber nicht gesagt, dass das *dominium* am guten Ruf nicht bei den Menschen liege.[810] Vielmehr folgere daraus nur, dass man dem Gemeinwesen durch seinen Ruf nützen müsse, wo dies notwendig ist – nicht anders als beispielsweise mit Geld. Deshalb sei es Personen mit besonderen Ämtern verboten, den eigenen Ruf zu vernachlässigen, wenn dadurch das Gemeinwesen zu Schaden komme. Denn ansonsten verhalte man sich wie ein Vater, der seine Familie zu ernähren habe, aber sein Vermögen im Fluss versenke.[811] Einem Prälaten könne es deshalb unter Umständen verwehrt sein, auf die Restitution seines Rufs zu verzichten.[812] Weil aber der Ruf – so Vitoria – ein zeitliches Gut sei, könne eine Privatperson ihn vernachlässigen, wenn ihr die Sorge um Dritte nicht obliegt.[813]

---

804 Sir 41,15 = Sir 41,12 EÜ. Vgl. oben S. 146, Fn. 633 und S. 177, Fn. 783.

805 Soto: De Iustitia et Iure, lib. 4, q. 6, a. 3, S, 345a.

806 Vgl. Aristot. eth. Nic. 1,3 [1095b].

807 Vgl. 1 Cor 4,3; 2 Cor 6,8. Siehe dazu auch Vitoria: Codex Salmantinus XLIII, q. 62, a. 2, n. 23, S. 138; ders.: Codex Ottobonianus MXV, q. 62, a. 2, n. 23, S. 240.

808 Vgl. C. 11 q. 3 c. 51: »Senti de Augustino quicquid libet: sola me in oculis Dei conscientia non accuset.«

809 Vgl. oben S. 178, Fn. 790.

810 Soto: De Iustitia et Iure, lib. 4, q. 6, a. 3, S. 345b. Ähnlich Ledesma: In IV sententiarum. Secunda Quartae, q. 18, a. 2, fol. 245rb.

811 Soto: De Iustitia et Iure, lib. 5, q. 10, a. 2, S. 489.

812 Ders.: De Iustitia et Iure, lib. 4, q. 6, a. 3, S. 345b. Ähnlich Thomas von Aquin: STh II-II, q. 72, a. 3, co., S. 130 mit Hinweis auf Gregor der Grosse: In Hiezechihelem, Homilia IX, n. 18, S. 132: »Hi etenim quorum vita in exemplum imitationis est posita debent, si possunt, detrahentium sibi verba compescere, ne eorum praedicationem non audiant qui audire poterant, et, in pravis moribus remanentes, bene vivere contemnant.«

813 Vitoria: Codex Salmantinus XLIII, q. 62, a. 2, n. 21, S. 130; ders.: Codex Ottobonianus MXV, q. 62, a. 2, n. 21, S. 234.

Die Kontroverse um den Vergleich bei Rufschädigungen hatte ihren Grund also weniger im Problem der Kommensurabilität, als in der umstrittenen Frage, ob man auf die Restitution des Rufs überhaupt verzichten dürfe. Die Frage stand in engem Zusammenhang mit der Inhaberschaft des *dominium* am guten Ruf sowie dem Streit darüber, ob es dem Menschen erlaubt sei, sich selbst in Verruf zu bringen. Die liberale Ansicht Hadrians VI. und Domingo de Sotos erfreute sich dabei größerer Beliebtheit.[814] Martín de Azpilcueta stellt sie unter den Schutz des kanonischen Rechts und meint, das der Ruf in erster Linie seinem Träger und nicht der Gemeinschaft gehöre.[815] Der Verzicht auf die Restitution sei nur dann unzulässig, wenn auch das Aufdecken der eigenen Sünden verboten ist. Dazu bildet er vier Fälle: die Gefährdung der eigenen oder einer fremden Seele, des eigenen oder eines fremden Lebens, der Ehre oder der Güter Dritter. Besteht insofern keine Gefahr, könne man auf die Restitution verzichten. Domingo Báñez hält den Verzicht auf die Restitution des Rufs bei Privatpersonen für stets zulässig, da der Mensch das *dominium* über seinen Ruf habe.[816] Wenn aus dem Verruf des Prälaten aber auch ein Schaden der Untergebenen folgt, sei es ihm von Seiten der Gerechtigkeit verboten, auf die Restitution zu verzichten. Der Verzicht entfalte im Verhältnis des Schädigers zu den Untergebenen keine Wirkung, da der Prälat nicht auf Rechte Dritter verzichten könne.[817] Aber auch wenn der Verruf die Untergebenen nicht berühre, könne es dem Prälaten aufgrund seiner Vorbildfunktion verboten sein, die Restitutionspflicht zu erlassen.

Luis de Molina kommt zu einem ähnlichen Ergebnis. Was die Betroffenheit Dritter anbelangt, differenziert Molina zwischen *damnum* und *iniuria*. Wenn der Verruf für andere nur eine *iniuria* bedeutet – also eine Unannehmlichkeit unterhalb der Schwelle eines Schadens –, dann könne man auf die Restitution des Rufs verzichten. Der Erlass befreie den Schädiger dann auch im Gewissensforum. Das gelte selbst für eine öffentliche Person, deren Verruf auch das Gemeinwesen und die Untertanen betrifft. Denn der Mensch sei *dominus* über seinen Ruf und seine Ehre.[818] Dennoch könne ein Verzicht auf die Restitution im Einzelfall durchaus

---

814 Vgl. etwa die ausführliche Erörterung bei LEDESMA: In IV sententiarum. Secunda Quartae, q. 18, a. 2, fol. 245rb ff. Siehe ferner PETRUS DE NAVARRA: De ablatorum restitutione, lib. 2, cap. 4, n. 385, S. 424; GREGOR VON VALENCIA: Commentarii theologici, tomus 3, disp. 5, q. 6, punct. 5, Sp. 1204.

815 AZPILCUETA: Enchiridion, cap. 18, n. 28, S. 277r, n. 46, S. 280v. Er stützt sich auf die Gl. *Restituatur* ad VI. 5,13,4 [Sp. 787].

816 BÁÑEZ: De Iustitia et Iure, q. 62, a. 2, dub. 11, S. 124b f.

817 Ähnlich LEDESMA: In IV sententiarum. Secunda Quartae, q. 18, a. 2, fol. 245rb.

818 MOLINA: De Iustitia et Iure, tract. 4, disp. 48, n. 1, Sp. 1402.

eine schwere Sünde darstellen, jedoch nur, wenn die Restitution des Rufs notwendigerweise mit einem Gut derselben Ordnung zu erfolgen habe, etwa um ein öffentliches Ärgernis (*scandalum*) zu verhindern, und die Restitution durch den Schädiger nicht zu einem ähnlichen Problem führen würde.[819] Wenn die Wiederherstellung *in natura* aber ohnehin nicht möglich ist, etwa weil das aufgedeckte Verbrechen wahr ist, könne man auf eine Kompensation in anderen Gütern verzichten. Molina setzt hier bereits voraus, dass eine Restitution des Rufs in Geld möglich ist.

Ein besonderer Fall der Rufschädigung konnte eintreten, wenn ein Mann wegen des Ehebruchs seiner Gattin öffentlich an Ansehen verlor. Hier auf die Restitution des Rufs gegen Geld zu verzichten und aus dem Ehebruch Gewinn zu schlagen, erregte den Anschein von Zuhälterei. Nach justinianischem Recht war der Abschluss eines Vergleichs bei Ehebruch deshalb verboten.[820] Molina hält fest, dass der Ehebruch auch nicht mit einer Privatstrafklage geahndet werden könne, sodass nur der Weg über ein öffentliches Strafverfahren eröffnet sei.[821] Trotzdem hält er es für zulässig, ohne Mitwirkung der öffentlichen Organe einen geheimen Privatvergleich zu schließen. Solche Vereinbarungen seien im Gewissensforum weder unrechtmäßig noch ungültig. *Foro conscientiae* werde das Verbot des *ius commune* durch eine entgegenstehende Gewohnheit verdrängt. Ferner sei auch der Obrigkeit diese Praxis bekannt und werde von ihr geduldet.[822] Vor weltlichen Gerichten könne man den per Vergleich vereinbarten Betrag allerdings nicht einklagen. Vielmehr müsse der Ehemann dann befürchten, wegen Kuppelei bestraft zu werden.[823]

---

819 Ders.: De Iustitia et Iure, tract. 4, disp. 48, n. 2, Sp. 1403.

820 Diocl./Maxim. C. 2,4,18 (*a.* 293): »Transigere vel pacisci de crimine capitali excepto adulterio non prohibitum est. in aliis autem publicis criminibus, quae sanguinis poenam non ingerunt, transigere non licet citra falsi accusationem.« Vgl. ferner Ulp. 4 de adult. D. 48,5,30,3: »Qui quaestum ex adulterio uxoris suae fecerit, plectitur: nec enim mediocriter deliquit, qui lenocinium in uxore exercuit.« Siehe dazu Lehmann: Ehebruch und Unzucht, 103 ff., 125 f.

821 Molina: De Iustitia et Iure, tract. 4, disp. 46, n. 2, Sp. 1395.

822 Ders.: De Iustitia et Iure, tract. 3, disp. 47, n. 10, Sp. 832 f.: »Neque id est hodie in conscientiae foro condemnandum: eo quod sciente id republica, ministrisve eius publicis, ac tacentibus & permittentibus fiat: eaque consuetudo derogaverit iuri communi ea in parte, ut de transactione simili circa adulterium facta mox dicemus: neque in foro conscientiae eiusmodi transactiones sint iniustae at invalidae [...]«.

823 Ders.: De Iustitia et Iure, tract. 3, disp. 47, n. 11, Sp. 833: »In foro tamen exteriori non admitteretur, ut de eiusmodi transactione & remissione non gratuita fieret scriptura publica. Et multo minus concederetur in foro exteriori actio ad petendum, quod ob ejusmodi remissionem esset marito promissum: quin potius puniretur maritus, qui tale quid in foro exteriori, attentaret, leonicinij circa proximi uxorem [...]«.

Weniger kontrovers war hingegen die Frage, ob man sich auch bei Körperverletzung mit dem Schädiger vergleichen konnte. Öffentliche Belange und Interessen Dritter waren hier offenbar nicht ebenso betroffen wie bei falschen Beschuldigungen und Skandalen repräsentativer Amtsträger. Ohnehin war die Wiederherstellung des verlorenen Körperteils regelmäßig unmöglich. Wenn es um die Restitution der nichtwirtschaftlichen Verluste infolge von Verstümmelungen geht, rät Molina deshalb ausdrücklich zu einer Restitution im Wege des Vergleichs.[824] Dadurch entgehe man der Schwierigkeit, den *ex iustitia* tatsächlich geschuldeten Betrag durch Schätzung zu ermitteln. Denn außer einigen Bemessungsfaktoren könne man dafür keine sichere Regel finden.[825] Der Weg über einen Vergleich versprach also auch mehr Sicherheit für das Seelenheil des Geschädigten. Nach Hadrian VI. steht dem Verzicht auch nicht entgegen, dass der Mensch seiner Ansicht nach nicht *dominus* seines Körpers sei. Es genüge, dass der Mensch *dominus* der *obligatio* sei, kraft derer ihm Restitution geschuldet werde.[826]

Führt der Vergleich aber dazu, dass man dem verlorenen Körperteil einen Preis gibt? Im Unterschied zu Dienstverträgen ist die Problemstellung beim Vergleich insofern eine andere, als man sich diesem Anschein nicht durch eine scholastische Distinktion entziehen kann. Denn John Major hatte zwar klargestellt, dass ein Arbeiter nicht seinen Körper, sondern bloß den Nutzen seines Körpers verkaufe. Eine Geldentschädigung für Verstümmelungen lehnte er aber ab. Diese Entscheidung könnte durch die Schwierigkeit motiviert sein, die Kapitalisierung einer Körperverletzung dem *usus corporis* zuzurechnen. Denn anders als bei Austauschverträgen scheint es hier nicht um den Preis für die Arbeit und den Nutzen des Körpers zu gehen, sondern um den Preis für den Körper selbst. Es macht den Eindruck, als sei das metaphysische Argument der Inkommensurabilität von Gütern verschiedener Ordnungen hier widerlegt. Von der Möglichkeit des Vergleichs auf die Kommensurabilität des Körpers mit Geld zu schließen, war

---

824 Ders.: De Iustitia et Iure, tract. 3, disp. 88, n. 1, Sp. 1032: »Multo autem melius eiusmodi restitutio fit, facta conventione cum persona ipsa, cui id damnum est datum, aliquoque remittente, aut contenta quantitate, in qua fuerit facta conventio, quam confessario, aut quocunque alio viro prudente, definiente usque ad ultimum indivisibile, quantum restituendum sit [...]« Dasselbe rät er auch bei Rufschädigungen, vgl. ders.: De Iustitia et Iure, tract. 4, disp. 46, n. 3, Sp. 1397.

825 Molina: De Iustitia et Iure, tract. 3, disp. 88, n. 1, Sp. 1032: »Neque certa alia regula hac de re statui potest.«

826 Hadrian VI.: In Quartum Sententiarum, De restitutione, fol. 97va: »[...] nemo est dominus membrorum suorum & tamen remissio eius cui est membrum sublatum absque dubio liberat. Sufficit ergo hominem dominum esse obligationis natae ex hoc quod aliquid bonorum alterius est ablatum.«

ein Schritt, den Major offenbar nicht gehen wollte. Auch Gabriel Vázquez scheint diesem Rückschluss nicht zu trauen. Er fragt deshalb ganz praktisch danach, wie man den Verlust eines Körperteils in Geld bemessen soll, wenn der Geschädigte gerade keinen Vergleich abschließen will:

[...] quomodo ergo fieri potest haec satisfactio? Dices cum Soto, & alius suae partis, quod arbitrio boni viri prout cum laeso possit convenire. Sed fac, quod laesus nullam faciat conventionem, & remissionem, sed velit sibi solui quidquid in conscientia debitum est [...] quid ergo in hoc casu pro vita hominis est restituendum?[827]	Wie kann also diese Wiedergutmachung geschehen? Mit Soto und anderen wirst du sagen: so, wie man es nach dem Urteil eines rechtschaffenen Mannes mit dem Verletzten vereinbart. Stell dir aber vor, der Verletzte trifft keine Vereinbarung und gewährt keine Vergebung, sondern er will, dass man ihm zahle, was man vor seinem Gewissen schuldet. Was ist in diesem Fall für das Leben des Menschen zu restituieren?

Vázquez will die These von der Inkommensurabilität trotz der Vergleichspraxis nicht preisgeben. Der Preis der Wiedergutmachung könne sich zwar aus einer vertraglichen Vereinbarung ergeben, er sei der Verletzung aber nicht inhärent. Ohne einen Vergleich könne man die Höhe der geschuldeten Entschädigung nicht eindeutig bestimmen, sondern stets behaupten, dass ein noch höherer Geldbetrag erforderlich sei. Da aber das, was man aus Gründen der Gerechtigkeit schulde, immer etwas ganz Bestimmtes sei, schulde man für derlei Verletzungen *ex iustitia* nichts.[828]

Juan de Medina sieht dies anders. Er meint, dass ein Vergleich immer nur dann rechtmäßig sei, wenn der vereinbarte Geldbetrag nicht über den tatsächlich erlittenen Schaden hinausgeht. Ansonsten mache sich der Empfänger restitutionspflichtig.[829] Denn er verkaufe dann etwas, das nicht ihm, sondern der Obrigkeit gehört. Ihr obliege es nämlich, Verbrechen öffentlich zu bestrafen. Dem hält Molina entgegen, dass man den Schaden (*damnum*) hier streng von dem erlittenen Unrecht (*iniuria*) trennen müsse.[830] Letzteres gebe dem Geschädigten das Recht, den Schädiger anzuklagen. Dieses Recht könne er sich für einen gerechten Preis

827 Vázquez (Bellomontanus): Tractatus de restitutione, cap. 2, § 3, dub. 6, n. 19, S. 75.

828 Ders.: Tractatus de restitutione, cap. 2, § 3, dub. 6, n. 19, S. 75: »Et sic fiet in infinitum additio, & ita nulla quantitas ex iustitia erit debita, quod enim debitum est ex iustitia determinatum est.«

829 Medina: De poenitentia, restitutione et contractibus, Codicis de rebus restituendis, q. 29, Erat secundum, S. 186.

830 Molina: De Iustitia et Iure, tract. 3, disp. 47, n. 13, Sp. 834.

abkaufen lassen, der der zu erwartenden Strafe, nicht aber dem Schätzwert des Schadens entsprechen müsse. Medina sei nur insofern zuzustimmen, als jemand, der überhaupt kein eigenes Unrecht verfolgt, auch für das Absehen von einer Klage kein Geld verlangen könne. Molinas Auffassung lässt sich mit dem Verständnis erklären, das er von der *actio iniuriarum* hat. Nach seiner Lesart werden durch diese Klage sowohl die *iniuria* als auch das *damnum* kompensiert.[831] Bei der Bemessung des gerechten Vergleichsbetrags komme es deshalb nicht allein auf den Wert des Schadens an.

Etwas versteckt und weniger ausdrücklich finden sich ähnliche Überlegungen auch bei Francisco Suárez. Bei der Herstellung von Gerechtigkeit durch vertragliche Vereinbarung misst er dem freien Willen der Kontrahierenden große Bedeutung bei, lässt ihn aber offenbar nicht als alleiniges Kriterium gelten. Auch wenn man einen Schaden eigentlich *in natura* restituieren müsste, weil eine Geldentschädigung zur Wiederherstellung der ausgleichenden Gerechtigkeit nicht genügt, könne man dieses Ergebnis durch den Abschluss eines Vertrags erreichen. Suárez setzt aber die Vereinbarung einer Geldsumme voraus, die dem zugefügten Schaden nach allgemeiner Ansicht entspricht.[832] Auf diese Weise könne man auch dort Gerechtigkeit herstellen, wo sie ansonsten kaum möglich ist. Dies gelte selbst für das Verhältnis des Menschen zu Gott, dem man das Gebührende im strengen Sinne nicht geben könne. Durch eine Vereinbarung mit Gott könne der Mensch aber ein wirkliches Recht darauf erwerben, dass ihm die Strafe für seine Sünden gegen eine angemessene Wiedergutmachung erlassen werden.[833]

3. Aufrechnung

Ähnliche Fragen wie beim Vergleich ergaben sich auch für den Fall, in dem sich zwei gleichartige Restitutionspflichten gegenüberstanden. Hatten sich zwei Personen gegenseitig in Verruf gebracht, schien es pragmatisch, die wechselseitigen

---

831 DERS.: De Iustitia et Iure, tract. 3, disp. 88, n. 2, Sp. 1033: »Quoniam ea poena censeretur sufficienter compensatum. […] Quoniam poena illa a iudice fuisset adiudicata in compensationem damna ac iniuriae illatae.« Vgl. auch DERS.: De Iustitia et Iure, tract. 3, disp. 42, n. 3, Sp. 764.

832 SUÁREZ: De iustitia Dei, Sectio 2, n. 53, S. 548a: »[…] si pactum novum fiat, et secundum communem aestimationem aequivalens pecunia detur, aequalitas justitiae perficietur […]«.

833 DERS.: De iustitia Dei, Sectio 6, n. 10, S. 580b: »[…] quia sicut servus, supposita voluntate et pacto domini, potest acquirere dominium, ita et nos, ex pacto cum Deo, possumus aliquod verum jus acquirere, ut nobiscum fiat commutatio condigni praemii pro merito, vel remissionis poenae pro satisfactione. Et ad hoc jus reddendum potest Deus suo modo obligari, vel potius ex naturali rectitudine suae justitiae determinari […]«.

Restitutionspflichten gegeneinander aufzuheben. Ein ähnlicher Mechanismus war aus dem Digestentitel *De compensationibus* (D. 16,2) bekannt. Anders als im klassischen Recht galt die Aufrechnung in der gemeinrechtlichen Tradition seit den Glossatoren nicht bloß als prozessuale Einrede, sondern als materiellrechtliches Zahlungsäquivalent.[834] Zudem gingen die mittelalterlichen Juristen von einer Verrechnung der Forderungen *ipso iure* aus, zu der es keines konstitutiven Eingreifens des Richters bedurfte.[835] Diese Lehre reicht aus der legistischen Tradition des Mittelalters über den Humanismus und das Naturrecht bis in moderne Kodifikationen.[836] Die Theologen erkannten darin ein System, das sich am Maßstab der Gerechtigkeit orientierte und das man deshalb auch für das Gewissensforum einsetzen konnte. Als Akt ausgleichender Gerechtigkeit schien die Restitution überflüssig, wenn durch gegenseitige Schadenszufügung ohnehin Ausgeglichenheit bestand. Auch hier sprach man deshalb von der *compensatio* wechselseitiger Restitutionspflichten.[837]

Wiederum nicht überzeugt von dieser Idee zeigten sich aber John Major und Thomas de Vio Cajetan. Denn hier waren letztlich dieselben Argumente einschlägig, die man bei Rufschädigungen auch gegen Verzicht und Vergleich in Stellung gebracht hatte. Für John Major ging es dabei insbesondere um die Bedeutung, die der gute Ruf für das Gemeinwesen habe. Dies ließ sich auf die Autorität des Kirchenvaters Augustinus stützen, die Eingang ins *Decretum Gratiani* gefunden hatte.[838] Zwar könne man Restitutionspflichten grundsätzlich gegeneinander aufrechnen, etwa wenn sich zwei Personen gegenseitig bestehlen und sich der Schaden die Waage hält. Wenn aber Sokrates über Platon behauptet, er halte sich eine Konkubine, und Platon sodann Sokrates beschuldigt, ein Ehebrecher zu sein, dann gehe dies nicht nur die beiden etwas an, sondern vor allem auch die Öffentlichkeit. Man könne deshalb nicht einfach gegeneinander aufrechnen, sondern beide müssten ihre Anschuldigungen widerrufen.[839]

---

834 Vgl. Pichonnaz: La compensation, 286 ff., 321 ff.

835 Vgl. ebd., 295 ff., 308, 327 ff.

836 Vgl. den Überblick bei Zimmermann: HKK §§ 387–396, Rn. 11 m.w.N.

837 Mit der Anwendung der *compensatio* auf gegenseitige Injurien beschäftigte sich bereits Benedictus de Ysernia: Summae, De compensationibus, S. 73.

838 C. 11 q. 3 c. 56 und C. 12 q. 1 c. 10. Vgl. oben S. 178, Fn. 790.

839 Major: In quartum sententiarum (1516), dist. 15, q. 16, fol. 83ra. Vgl. oben S. 178. Hingegen ließ Major bei gegenseitigen Körperverletzungen die Verrechnung der Restitutionspflichten zu. Das erklärt sich jedoch vor dem Hintergrund, dass nach seiner Lehre nur Restitution für Behandlungskosten und Verdienstausfall zu leisten ist. Vgl. ders.: In quartum sententiarum (1516), dist. 15, q. 19, fol. 86rb.

Nach Cajetan gilt dasselbe sogar, wenn ein Beklagter vor Gericht seine Tat leugnet und der Kläger seine wahren Beschuldigungen nicht beweisen kann. Der Kläger begehe ein Unrecht, weil er etwas behauptet, aber keinen hinreichenden Beweis anbietet. Und der Beklagte begehe ebenfalls ein Unrecht, weil er den Kläger als einen Verleumder dastehen lässt. Cajetan zufolge kann man die Sache nicht auf sich beruhen lassen, sondern beide müssen wechselseitig Restitution leisten:

Cum igitur uterque, actor scilicet er reus, erraverit, neuter alterius iniuriam excusat. Nec est hic compensatio iniuriarum ad invicem, sed uterque tenetur ad restitutionem famae, diversimode tamen: quia actor, qui iniuste, non tamen falso infamavit, tenetur dicere quod iniuste fecit; reus autem, qui falso infamavit, tenetur dicere se falso illum criminatorem dixisse.[840]	Weil also beide, Kläger und Beklagter, irrten, entschuldigt keiner das Unrecht des anderen. Und hier findet auch keine gegenseitige Aufrechnung des Unrechts statt, sondern beide sind zur Restitution des Rufs verpflichtet, allerdings auf unterschiedliche Weise. Denn der Kläger, der unrechtmäßig, nicht aber fälschlich den Ruf schädigte, muss sagen, unrecht gesprochen zu haben. Der Beklagte aber, der fälschlich den Ruf schädigte, muss sagen, jenen fälschlich einen Verleumder genannt zu haben.

Ebenso wie beim Verzicht, konnte sich diese restriktive Auffassung allerdings auch bei der Aufrechnung nicht durchsetzen. Vielmehr hatte das gegnerische Lager auch hier die Autorität Hadrians VI. auf seiner Seite. Bei gegenseitigen, gleich schwerwiegenden Verleumdungen war laut Hadrian keiner von beiden zur Restitution verpflichtet:

Etiam paria crimina mutua compensatione tolluntur. cap. tua fraternitas de adul. & stu. ergo si Ioannes diffamavit Petrum quantum econtrario Petrus Ioannem, erit iniuriarum compensatio hincinde. & neuter manet alteri famae reparationem obligatus.[841]	Ferner heben sich gleichwertige gegenseitige Verbrechen gegenseitig auf (X 5,16,7)[842]. Wenn also Johannes den Petrus ebenso sehr verleumdet wie umgekehrt Petrus den Johannes, so kommt es zur Aufrechnung der Beleidigungen und keiner bleibt dem anderen zur Wiederherstellung des Rufs verpflichtet.

840 Cajetan: ComSTh II-II, q. 62, a. 2, n., S. 44.

841 Hadrian VI.: In Quartum Sententiarum, De restitutione, fol. 97va.

842 In der zitierten Stelle aus dem *Liber Extra* geht es um gegenseitigen Ehebruch.

Kein wirkliches Hindernis schien dabei die Mahnung des Apostels Paulus zu sein, Böses nicht mit Bösem zu vergelten.[843] Zwar war es nach allgemeiner Ansicht verboten, für eine Verletzung Rache zu nehmen. Die Rache grenzte man aber einerseits von der erlaubten Notwehr und andererseits von der Aufrechnung ab. Der römische Grundsatz, wonach man sich gegen Gewalt mit Gewalt verteidigen dürfe (*vim vi repellere*),[844] war auch bei den Theologen anerkannt.[845] Deshalb durfte man im Wege der Notwehr einen Rufschädiger an seinem eigenen Ansehen schädigen, damit man seinen Worten keinen Glauben schenkt.[846] Je nach innerer Willensrichtung ähnelt dies der auch heute noch bekannten Retorsion.[847] Von Rache, Wiedervergeltung und Notwehr unterschied man aber auch den an der Gerechtigkeit orientierten Ausgleich. Molina stellt zwar fest, dass der Verruf des anderen die eigene Rufschädigung nicht behebe und es in jedem Fall verboten sei, sich für eine Beleidigung zu rächen.[848] Allerdings sind sich Molina und Vitoria offenbar einig, dass vor dem Primat der ausgleichenden Gerechtigkeit moralische Gebote ebenso zurücktreten müssen wie das Verbot der Selbstjustiz. Denn die Restitution diene der Herstellung von Ausgeglichenheit und verliere ihren Zweck, wenn diese bereits gegeben ist. Zwar soll man keine Rache nehmen. Doch ist sie einmal geschehen, so heben sich die Verletzungen dennoch gegenseitig auf. Vitoria meint dazu:

Argumentum igitur probat, quod non debeo diffamare diffamantem,	Das Argument beweist also, dass ich den Verleumder nicht verleumden darf, um Rache zu

843 Vgl. Rm 12,17.

844 Ulp. 69 ad ed. D. 43,16,1,27.

845 X 5,12,18: »[…] vim vi repellere omnes leges et omnia iura permittant; quia tamen id debet fieri cum moderamine inculpatae tutelae, non ad sumendam vindictam […]«; Thomas von Aquin: STh II-II, q. 64, a. 7, co. S. 74:»[…] nam secundum iura, vim vi repellere licet cum moderamine inculpatae tutelae.« Auch das Konzil von Trient erkannte ihn an, vgl. Wohlmuth (Hrsg.): Conciliorum Oecumenicorum Decreta, Bd. 3, Konzil von Trient, Sessio XIV, Decretum de reformatione, Canon VII, S. 717, Z. 11 f. Siehe ferner exemplarisch Molina: De Iustitia et Iure, tract. 3, disp. 11, Sp. 561 ff.

846 Lessius: De Iustitia et Iure, lib. 2, cap. 11, dub. 25, n. 131, S. 422 ff. Siehe auch Molina: De Iustitia et Iure, tract. 4, disp. 49, n. 1, Sp. 1404.

847 Vgl. § 199 StGB. Zur Retorsion im gemeinen Recht siehe Weber: Ueber Injurien und Schmähschriften, Bd. 2, 49 ff. Zum kanonischen Recht siehe Schmalzgruber: Crimen fori ecclesiastici, Bd. 5,2, ad X 5,36, § 1, De iniuria, n. 41 ff., S. 93. Siehe ferner Ciprotti: De iniuria ac diffamatione, 93 ff. mit Nachweisen zum alten Recht und Regelungen im CIC/17.

848 Molina: De Iustitia et Iure, tract. 4, disp. 49, n. 1, Sp. 1404 f.

ut sumam vindictam. Sed si diffamavi, tunc non teneor ad restitutionem, licet bene peccaverim.[849]

nehmen. Aber wenn ich ihn verleumdet habe, dann bin ich nicht zur Restitution verpflichtet, obgleich meine Tat eine Sünde war.

Die Aufrechnung wurde aber nicht nur bei wechselseitigen Rufschädigungen erwogen. Auch bei nicht gattungsgleichen Restitutionspflichten zog man sie in Betracht, beispielsweise wenn die Pflicht zur Restitution eines beschädigten Rufs einer Geldschuld gegenüberstand. Die fehlende Gattungsgleichheit ergab sich hier aus dem Umstand, dass der gute Ruf nach verbreiteter Auffassung zunächst *in natura* wiederhergestellt werden sollte und eine Geldentschädigung nur unter besonderen Umständen in Frage kam. Auch Juristen gingen mit dem Kriterium der Gattungsgleichheit nicht allzu streng um.[850] In Rom galt ohnehin das Prinzip der Geldkondemnation. Die Glossatoren hielten die Aufrechnung auch bei Gattungsschulden für anwendbar, ja sogar bei der *rei vindicatio*, wenn die Sache wegen Unmöglichkeit nicht herausgegeben werden konnte. Dann verrechnete man die Geldforderung mit dem Schätzwert der Sache.

Für die Scholastiker war diese Frage wiederum mit dem Problem der Kommensurabilität verbunden. Pedro de Aragón sah die Aufrechnung hier kritisch[851] und auch Vitoria gestand in diesem Punkt nicht unerhebliche Zweifel ein.[852] Dennoch hielt er es für wahrscheinlicher, dass auch hier die wechselseitigen Pflichten durch *compensatio* erlöschen. Entschlossener als Vitoria äußert sich auch Molina in diese Richtung. Wenn der Schädiger die Restitution des Rufs schuldig bleibt, könne der Geschädigte einen Ausgleich herstellen, indem er eine Geldforderung des Schädigers nicht befriedigt.[853] Molina stützt sich dabei auf die Lehre von Martín de Ledesma. Dieser hatte behauptet, dass der Geschädigte nicht bloß dann eine Geldentschädigung für den verletzten Ruf fordern könne, wenn Naturalrestitution unmöglich ist, sondern auch bei einer entsprechenden Weigerung des Schädigers.[854] Molina zufolge ist es dann nur gerecht, wenn der

849 Vitoria: Codex Salmantinus XLIII, q. 62, a. 2, n. 24, S. 142. Siehe auch Molina: De Iustitia et Iure, tract. 4, disp. 49, n. 1, Sp. 1404 f.

850 Pichonnaz: La compensation, 312 f., 333.

851 Aragón: In Secundam Secundae, q. 62, a. 2, S. 188b f.

852 Vitoria: Codex Salmantinus XLIII, q. 62, a. 2, n. 26, S. 142: »Respondeo primo, quod de isto casu ego dubito.« Siehe auch ders.: Codex Ottobonianus MXV, q. 62, a. 2, n. 26, S. 242.

853 Molina: De Iustitia et Iure, tract. 4, disp. 49, n. 5, Sp. 1405 f.

854 Ledesma: In IV sententiarum. Secunda Quartae, q. 18, a. 2, fol. 245ra: »[…] si Paulus non posset restituere famam Petro in propria specie, posset Petrus accipere pecuniam Pauli: ergo etiam si non vult restituere famam.«

Geschädigte einen dem Schädiger gebührenden Geldbetrag einbehält. Hingegen äußert sich Molina nicht zu der Frage, ob der Gläubiger einer Geldforderung, der seinen Schuldner sodann an dessen Ruf schädigt, ebenfalls berechtigt ist, die Restitution des Rufs mit Hinweis auf seinen eigenen Anspruch abzulehnen. Dem stand wohl entgegen, dass der Rufschädiger nach Molinas Lehre nicht aus eigenem Entschluss zu einer Kompensation in Geld befugt ist. Eine Geldentschädigung kommt ihm zufolge nur dann in Betracht, wenn andere Wege nicht offenstehen oder der Geschädigte sie wünscht. Das Problem ist in Molinas Lehre also kleiner als es zunächst scheint. Möglicherweise hat er ihm deswegen keine explizite Behandlung gewidmet.

Von geringer Bedeutung dürfte dabei hingegen das bereits angesprochene Verbot der Selbstjustiz gewesen sein. Die Aufrechnung von Geldschulden mit Rufschädigungen will Vitoria nämlich sogar für den Fall gelten lassen, in dem einer den anderen verleumdet und der andere ihm daraufhin Geld stiehlt.[855] Nach römischen Recht war die Aufrechnung deliktischer Forderungen zwar grundsätzlich zulässig[856] und auch im Mittelalter hielt man daran fest.[857] Eine Ausnahme machten die Juristen aber seit jeher, wenn jemand zur Befriedigung einer eigenen Forderung fremden Besitz ergriff. Bereits Justinian hatte für diesen Fall die Aufrechnung versagt.[858] Und aus der kanonischrechtlichen Spolienklage[859] schlossen die Juristen bis zum *Usus modernus*, dass die Aufrechnung bei Diebstahl ausgeschlossen sei.[860] Hingegen zeigt sich an Vitorias liberaler Einstellung einmal mehr, dass die aristotelische Gerechtigkeitslehre die Augustinus-Parömie aussticht, wonach die Sünde des Diebes nur bei Rückgabe des Gestohlenen nachgelassen wird.[861] Was in der thomistischen und frühneuzeitlichen Restitutions-

---

855 Vitoria: Codex Salmantinus XLIII, q. 62, a. 2, n. 26, S. 144: »Si quis ergo infamavit me et ego furatus sum illi centum aureos et ipse non vult restituere famam meam, quae est maior quam pecunia sua, utrum ergo tenear restituere ei pecuniam suam? Respondeo ergo, quod non possum intelligere, quo pacto ego tenear restituere, si alius non vult mihi restituere famam meam.«

856 Ulp. 63 ad ed. D. 16,2,10,2: »Quotiens ex maleficio oritur actio, ut puta ex causa furtiva ceterorumque maleficiorum, si de ea pecuniarie agitur, compensatio locum habet: idem est et si condicatur ex causa furtiva. sed et qui noxali iudicio convenitur, compensationem opponere potest.« Dazu Pichonnaz: La compensation, 106 f.

857 Ebd., 315.

858 Iust. C. 4,31,14,2 (*a.* 531): »Possessionem autem alienam perperam occupantibus compensatio non datur.«

859 Zu dem Grundsatz »spoliatus ante omnia est restituendus« siehe Coing: Europäisches Privatrecht, Bd. 1, 285 f.; Pichonnaz: La compensation, 365 f.

860 Zimmermann: HKK §§ 387-396, Rn. 59 m.w.N.

861 Aug. epist. 153,20.

lehre zählt, ist in erster Linie der Schadensausgleich. *Ex iustita* sei ein Schuldner deshalb auch dann von der Restitutionspflicht befreit, wenn ihn sein Gläubiger körperlich angeht und er dabei eine Hand verliert.[862] Das Beispiel ist hier zwar umgekehrt: Vitoria erklärt, dass der nicht leistende Schuldner das Geld behalten könne, wenn er von seinem Gläubiger verletzt wird. Er verallgemeinert dieses Prinzip aber und meint, dass immerzu derjenige von der Restitution frei werde, der größeres Übel erleidet als er selbst zugefügt hat.[863]

Das Prinzip der Selbstjustiz zur Herstellung ausgleichender Gerechtigkeit billigt Molina unter bestimmten Voraussetzungen sogar ausdrücklich. Wenn der Schädiger sich weigert, den Ruf wiederherzustellen, dürfe sich der Geschädigte im Wege der geheimen Selbsthilfe (*compensatio occulta*) an den Gütern des Schädigers befriedigen.[864] Erlaubt war dies jedoch nur, wenn obrigkeitliche Hilfe nicht weiterführte und kein öffentliches Ärgernis drohte. Soto betont, dass es sich bei der geheimen Selbsthilfe um eine Regel auf dem Gebiet des *ius externorum bonorum* handele und dadurch nicht das Recht verliehen werde, sich für eine *iniuria* zu rächen.[865] Bei diesem Mechanismus ging es also nicht um eine besondere Form der Privatrache, sondern um die private Durchsetzung von Rechtsansprüchen aus dem Bereich der Vermögensgüter. Dass Molina die *compensatio occulta* auch auf das *damnum famae* anwenden will, zeigt jedoch einmal mehr,

862 Vitoria: Codex Salmantinus XLIII, q. 62, a. 2, n. 26, S. 144: »Sic etiam, si quis debens centum aureos a creditore percussus perdidit manum, quam aestimabat ultra ducentos aureos, omnino non tenetur ad restitutionem.«

863 Ders.: Codex Salmantinus XLIII, q. 62, a. 2, n. 26, S. 144: »Et generaliter dico, quod quandocumque est maius damnum ex altera parte, qui sic patitur maius malum quam fecit, non tenetur ad restitutionem.« Eine Pflicht zur Wiederherstellung des Rufs könne sich allenfalls *ex caritate* ergeben, wenn die Restitution des Rufs ohne größere Mühen und eigenen Schaden möglich ist. Siehe dazu auch Ledesma: In IV sententiarum. Secunda Quartae, q. 18, a. 2, fol. 244vb; Molina: De Iustitia et Iure, tract. 4, disp. 49, n. 3, Sp. 1405.

864 Molina: De Iustitia et Iure, tract. 4, disp. 49, n. 5, Sp. 1405f. Zu den Voraussetzungen der *compensatio occulta* vgl. ders.: De Iustitia et Iure, tract. 2, disp. 691, Sp. 61ff. Siehe zu diesem Verfahren in Allgemeinen Decock: Secret Compensation, 269ff.; ders.: Contract Law, 101ff. Zur Selbsthilfe siehe auch Otte: Privatrecht bei Francisco de Vitoria, 142ff. Dass es sich bei der geheimen Selbsthilfe um ein verbreitetes Phänomen handelte, lässt der Codex Juris Bavarici Criminalis von 1751 vermuten, vgl. Teil 1, Kapitel 2, § 12: »Heimliche Compensation oder Selbst-Bezahlung, entschuldiget niemand von begangenen Diebstahl, es seye dann die Schuld quo ad forum externum liquid, und durch andere gewöhnliche Mittel, entweder gar nicht, oder wenigist nicht ohne grosser Beschwerniß, beyzutreiben gewest.«

865 Soto: De Iustitia et Iure, lib. 5, q. 3, a. 3, S. 423a: »Dico in ius externorum bonorum. Nam vindicare se, nullo casu liceret. Ut si iniuriam passus es, etiam si obtinere ius nequeas, nequaquam tibi licet illam privatam vindicare.« Vgl. auch Aragón: In Secundam Secundae, q. 62, a. 2, S. 198af.

dass Vermögensschäden und Schäden an Persönlichkeitsgütern zwar grundsätzlich unterschieden wurden, man sie aber demselben Prinzip der Restitution unterwarf. Eine Einschränkung macht Molina nur insofern, als der Geschädigte die materielle Kompensation zurückerstatten müsse, wenn der Schädiger den Ruf später doch noch *in natura* restituiert.[866] Denn nach Molinas Lehre war der Schädiger grundsätzlich nicht dazu verpflichtet, den Ruf in Geld oder anderen Gütern zu kompensieren.

Die Aufrechnung von Rufschädigungen mit Geldschulden zuzulassen, schien aus der Warte derjenigen Autoren konsequent, die sich ohnehin für die Kommensurabilität des Rufs mit Geld aussprachen. Aber auch bedeutende Gegner dieser These ließen sich dazu hinreißen. Leonardus Lessius lehnt es ab, den guten Ruf als ein mit Geld kommensurables Gut zu bezeichnen. Der Rufschädiger sei deshalb *ex iustitia* nicht dazu verpflichtet, für den beschädigten Ruf einen Geldbetrag zu leisten.[867] Nur aus einer gerichtlichen Verurteilung oder einer vergleichsweisen Einigung der Parteien könne eine solche Pflicht entstehen.[868] Dennoch hält er es für zulässig, die Rückzahlung einer Geldsumme zu verweigern, wenn der Schuldner von seinem Gläubiger an seinem Ruf geschädigt wurde. Das ergebe sich unabhängig von der Frage, ob man den Ruf generell für mit Geld kommensurabel hält oder nicht. Wenn man sich diesem Standpunkt anschließt – was Lessius jedenfalls für vertretbar hält – dann ergeben sich auch für die *compensatio* von Ruf und Geld keine Probleme. Doch auch bei gegenteiliger Auffassung müsse man zu demselben Ergebnis kommen. Denn wenn die Restitution möglich ist, müsse der Schädiger restituieren oder sich wenigstens um eine Einigung mit dem Geschädigten bemühen und ihm eine andere Form der Wiedergutmachung anbieten. Dann habe der Geschädigte aber auch das Recht, die Begleichung seiner eigenen Schuld zu verweigern:

[…] etsi enim fama non possit iuxta eam sententiam, pecunia aestimari, obligatio tamen illius restituendae, qua ille tenetur, & incommodum quod laesus patitur,	Denn obgleich sich der Ruf nach dieser Lehre nicht in Geld schätzen lässt, so lassen sich doch die Pflicht zur Restitution desselben, die den Schädiger trifft, und der Nachteil, den der Geschädigte erlitten hat, in Geld schätzen.

866 Molina: De Iustitia et Iure, tract. 4, disp. 49, n. 5, Sp. 1406.
867 Lessius: De Iustitia et Iure, lib. 2, cap. 11, dub. 16, S. 384 ff.
868 Ders.: De Iustitia et Iure, lib. 2, cap. 11, dub. 16, S. 388.

potest pecunia aestimari. Confirmatur, quia cum possit restituere, tenetur vel restituere, vel alia ratione ei satisfacere, ita ut ille libere acquiescat[869]	Dies wird bestätigt, weil man dem Geschädigten entweder Restitution – sofern diese möglich ist – oder auf andere Weise Wiedergutmachung leisten muss, sodass er sich von selbst beruhigt.

Etwas anderes gelte aber, wenn die Restitution des Rufs unmöglich ist. Sofern man von der Inkommensurabilität von Ruf und Geld ausgeht, entfällt die Restitutionspflicht des Schädigers dann vollständig. Er ist weder *ex iustitia* zur Zahlung einer Geldentschädigung verpflichtet, noch muss er eine solche vergleichsweise anbieten. Also ist es dem Geschädigten dann auch nicht erlaubt, die Begleichung seiner Schuld unter Berufung auf die *compensatio* zu verweigern:

Secus tamen in hac sententia, si restitutio famae esset impossibilis; tunc enim nihil pro ea exigere posses, nisi forte competeret tibi actio iniuriarum pro cuius cessione aliquid pacisci potes.[870]	Anders liegt es nach dieser Lehre jedoch, wenn die Restitution des Rufs unmöglich ist. Denn dann kannst du für sie nichts fordern, es sei denn, dir stünde vielleicht eine Injurienklage zu, auf die du für eine Gegenleistung verzichten könntest.

Dies wirft zwei Probleme auf, die auch andere Autoren beschäftigt haben. Erstens erschien es problematisch, dass die jeweiligen Rufschädigungen durch die *compensatio* ja nicht einfach aus der Welt waren. Bei Vermögensschäden konnte man das anders sehen, da die wechselseitigen Ansprüche jeweils als Aktiva und Passiva miteinander verrechnet werden konnten und es nur auf die Valuta ankam. In prominenter Weise hat darauf der Kanonist Martín de Azpilcueta hingewiesen. Er leugnete, dass die Rufschädigung des einen den Schaden des anderen aufhebt, wie es in Mod. 6 pand. D. 16,2,1 aber vorausgesetzt werde.[871] Darauf erwiderte Lessius, dass zwar nicht der Schaden aufgehoben werde, wohl aber die Pflicht zur Wiedergutmachung des Schadens.[872] Nicht anders sei es ja, wenn zwei Perso-

869 Ders.: De Iustitia et Iure, lib. 2, cap. 11, dub. 16, S. 390. Siehe dazu auch Nufer: Restitutionslehre, 39.

870 Lessius: De Iustitia et Iure, lib. 2, cap. 11, dub. 25, n. 136, S. 428.

871 Azpilcueta: Enchiridion, cap. 18, n. 46, fol. 281r: »Tum quia damnum illi illatum, per reciprocam infamiam non tollitur, sicut debitum unius per debitum reciprocam alterius, l. 1 ff. de Compensat.«

872 Lessius: De Iustitia et Iure, lib. 2, cap. 11, dub. 25, n. 135, S. 426.

nen gegenseitig ihre Häuser niederbrennen: der Schaden entfalle dadurch nicht, wohl aber die Pflicht zur Restitution.

Andererseits stellte sich deshalb auch die Frage, ob die Wirkung der *compensatio* automatisch eintrat – wie die Juristen meinten – oder dazu gegenseitiges Einverständnis erforderlich war. Domingo Báñez spricht in der Konstellation gegenseitiger Rufschädigungen nicht von Aufrechnung (*compensatio*), sondern von gegenseitigem Verzicht.[873] Für Privatleute sei dies zulässig, nicht aber für Prälaten. Gregor von Valencia sieht dies ähnlich.[874] Soto erkennt bei wechselseitigen Rufschädigungen auch ein Zurückbehaltungsrecht an. Denn man könne nicht nur durch Vereinbarung auf die gegenseitige Restitution verzichten, sondern es sei auch möglich, die Restitution zu verweigern, bis der andere leistet.[875] Lessius geht sogar bei unterschiedlich großen Restitutionspflichten von einem Zurückbehaltungsrecht aus.[876] Man erfährt jedoch nicht, was es für die Restitutionspflicht bedeutet, wenn der andere doch noch leistet. Nach Molina ist der Wegfall der Restitutionspflichten durch *compensatio* jedenfalls ausgeschlossen, wenn zwischen den Parteien die Vereinbarung besteht, dass man sich den Ruf gegenseitig wiederherstellt. Ferner scheint er der *compensatio* keine Wirkung *ipso iure* beizumessen, sondern sie letztlich auf den Willen der Parteien zu gründen. Wenn kein stillschweigender oder ausdrücklicher Konsens über die Aufrechnung besteht, könne jeder zur Restitution übergehen und dadurch erreichen, dass auch der andere Teil wieder zur Restitution verpflichtet ist. Denn in Abwesenheit einer Vereinbarung sei die *compensatio* nur unter der Bedingung zu verstehen, dass nicht einer von beiden gutgläubig restituiert, d.h. in Unkenntnis des entgegenstehenden Willens des anderen Teils doch noch leistet.[877]

---

873 Báñez: De Iustitia et Iure, q. 62, a. 2, dub. 11, S. 126.

874 Gregor von Valencia: Commentarii theologici, tomus 3, disp. 5, q. 6, punct. 5, Sp. 1204: »Nam diffamans aliquem non hoc ipso, quod vicissim ab eo diffamatur tribuit ei aliquid, atque adeo nec famam, Ergo tenetur nihilominus ei famam restituere […] Nisi (ut dixi) velint sibi mutuo restitutionem famae utrinque condonare.«

875 Soto: De Iustitia et Iure, lib. 4, q. 6, a. 3, S. 346a.

876 Lessius: De Iustitia et Iure, lib. 2, cap. 11, dub. 25, n. 134, S. 426: »[…] instar pignoris detinere potes […]«.

877 Molina: De Iustitia et Iure, tract. 4, disp. 49, n. 2, Sp. 1405: »Quando vero non intervenit mutuus tacitus vel expressus consensus in ea recompensatione, tunc uno eorum restituente alteri famam, quam ab eo iniuste abstulerat, alter tenetur illi restituere famam, quam ab eo iniuste etiam abstulerat, nihil impendiente, quod ex sua parte compensationem interdisset ac voluisset. Ratio autem est, quoniam ea compensatio, non interveniente ad illam consensu alterius, intelligebatur sub tacita conditione, nisi alter restitueret: poteratque alter bona fide restituere, nihil sciens de compensatione, quam alius intenderat […]«

Weitaus weniger diskutiert wurde die Aufrechnung bei gegenseitiger Körperverletzung. John Major, der nur materielle Folgeschäden in Geld kompensieren wollte, konnte die Aufrechnung hier ohne Weiteres für zulässig erklären.[878] Martín de Ledesma hielt die Aufrechnung aber offenbar auch wegen des primären Nichtvermögensschadens für möglich.[879]

III. Vorrang der Naturalrestitution

Obgleich sich die Spätscholastiker kontrovers mit der Kommensurabilität von Persönlichkeitsgütern und Geld auseinandersetzten, hielten die meisten Autoren im Ausgangspunkt an einem Prinzip fest, das im modernen Recht als Naturalrestitution bekannt ist.[880] Im scholastischen Vokabular bedeutet dies, dass ein verletztes Rechtsgut in erster Linie mit Gütern aus derselben Ordnung restituiert werden sollte.

Francisco Suárez zufolge kann der Pferdedieb seine Restitutionspflicht nicht einfach durch die Zahlung eines Geldbetrags erfüllen, wenn er auch das gestohlene Tier selbst zurückgeben könnte.[881] Suárez überträgt diese Regel auch auf die Restitution der Ehre. Selbst wenn man unterstellt, dass die Ehre in Geld schätzbar sei, müsse der Beleidigte keine Geldentschädigung akzeptieren. Vielmehr könne er darauf bestehen, dass ihm die Ehre tatsächlich, also in Gütern derselben Ordnung (*in specie*) wiederhergestellt wird.[882] Das römische Prinzip der Geldkondemnation galt hier gerade nicht.

Auch Molina, der die Geldentschädigung für Persönlichkeitsgüter grundsätzlich verteidigt, hält die Wiederherstellung des guten Rufs durch öffentliche Ehrerbietung oder eine Bitte um Verzeihung für den besten Restitutionsmodus.[883]

---

878 Major: In quartum sententiarum (1516), dist. 15, q. 19, fol. 86rb: »[...] si sortes ledat platonem et econverso et sic equaliter ledantur: neuter habebit recompensam ab alio [...]«.

879 Ledesma: In IV sententiarum. Secunda Quartae, q. 18, a. 2, fol. 244va: »[...] ratio est, quia tantum nocumentum intulit Petrus Paulo, quantum Paulus Petro: ergo nullus tenetur alteri ad aliquam restitutionem: sicut si mutuo sibi amputarent singulos digitos.«

880 Vgl. Jansen: Theologie, Philosophie und Jurisprudenz, 119f. Zu den moraltheologischen Hintergründen der Naturalrestitution siehe Wolter: Naturalrestitution.

881 Suárez: De iustitia Dei, Sectio 2, n. 52, S. 547b.

882 Ders.: De iustitia Dei, Sectio 2, n. 52, S. 547b: »[...] idemque est, si abstulit honorem: nam, quamvis fingamus esse pecunia aestimabilem et aequabilem, qui fuit offensus non tenetur quantamcumque pecuniam acceptare, si in specie honoris potest fieri satisfactio.«

883 Molina: De Iustitia et Iure, tract. 4, disp. 46, n. 3, Sp. 1396: »Talis enim satisfaciendi modus, si ad aequalitatem id fieri possit, est optimus: eo quod ad aequalitatem bonis eiusdem generis compenset damnum iniuste illatum.«

Nur wenn dies nicht möglich ist, soll der Schädiger mit anderen Gütern restituieren. Deshalb sei der Schädiger auf Verlangen des Beleidigten auch verpflichtet, durch eine Entschuldigung Restitution zu leisten, wenn der Beleidigte eine Geldentschädigung nicht wünscht. Dazu bezieht sich Molina auf Martín de Ledesma, der die Bitte um Entschuldigung als den verpflichtenden Restitutionsmodus für Ehrverletzungen angesehen hatte.[884] Denn – so Molina – wenn ein Schaden mit Gütern derselben Ordnung behoben werden kann und der Geschädigte darauf vernünftigerweise bestehen darf, dann müsse er sich mit einer anderweitigen Wiedergutmachung nicht zufriedengeben.[885] Einen vergleichbaren Standpunkt nimmt Petrus de Navarra ein. Selbst wenn man Persönlichkeitsgüter in Geld bemessen könnte – was Petrus ablehnt –, könnte der Geschädigte eine Restitution *in specie* verlangen.[886] Die Möglichkeit einer Geldentschädigung hängt hier also maßgeblich vom Willen des Verletzten ab.

Allerdings gab es auch Fälle, in denen der Geschädigte vernünftigerweise nicht auf die Wiederherstellung seines Rufs oder seiner Ehre *in natura* bestehen konnte. Aus einer Augustinus zugeschriebenen Ordensregel (*Regula ad servos Dei*) ergab sich zwar, dass man im Streit grundsätzlich bereit sein müsse, um Vergebung zu bitten. Wenn aber ein Prälat seinen Untergebenen über die Maßen zurechtgewiesen hat, treffe ihn diese Pflicht nicht.[887] Dies übernahm man für weltliche Verhältnisse, denn es ging offenbar zu weit, wenn ein Bauer von einem Fürsten verlangte, sich bei ihm zu entschuldigen.[888] Nach Ansicht mancher Spätscholastiker war in diesen Fällen auf andere Weise Wiedergutmachung zu leisten, etwa durch eine Geldentschädigung. Für Ehrverletzungen hatte Cajetan die Pflicht zur Bitte um Vergebung sogar allgemein geleugnet. Wenn der Schädiger die Ehre restituiert, indem er dem Geschädigten seine Ehrfurcht erweist (*reverentiam exhibendo*) oder auf andere Weise Wiedergutmachung leistet (*vel aliter*

---

884 Ledesma: In IV sententiarum. Secunda Quartae, q. 18, a. 2, fol. 250vb.

885 Molina: De Iustitia et Iure, tract. 4, disp. 46, n. 4, Sp. 1397: »Ratio autem est, quoniam satisfactio fieri debet in eodem genere bonorum, si id sit possibile, & is, cui fieri debet, contentus non sit alio genere satisfactionis, ut poterit rationabiliter nolle esse contentus.«

886 Petrus de Navarra: De ablatorum restitutione, lib. 4, cap. 1, n. 8, S. 358: »Tandem est notandum, quod honor si in specie restitui potest, tenetur detractor in eadem specie restituere, & non satisfacit pecuniam offerendo. [...] Tum etiam quia esto, possit compensari pecunia: tamen ille vult rem suam in specie, quae ab eo ablata est, & merito.«

887 Ps. Aug. reg. III 6,3: »non a vobis exigitur ut ab eis veniam postuleris, ne apud eos quos oportet esse subiectos, dum nimia servatur humilitas, regendi frangatur auctoritas.«

888 Vgl. Vitoria: Codex Salmantinus XLIII, q. 62, a. 2, n. 28, S. 150; Soto: De Iustitia et Iure, lib. 4, q. 6, a. 3, S. 343a, 346b; Báñez: De Iustitia et Iure, q. 62, a. 2, dub. 11, S. 126b; Lessius: De Iustitia et Iure, lib. 2, cap. 11, dub. 26, n. 138, S. 430.

satisfecit), dann sei eine Bitte um Vergebung nicht erforderlich.[889] Covarrubias[890] und Lessius[891] sympathisierten mit dieser These. Unumstritten war sie allerdings nicht. Vielmehr war Vitoria der Ansicht, dass der Geschädigte grundsätzlich ein Recht auf die Entschuldigung habe und eine anderweitige Wiedergutmachung nur mit seinem Einverständnis in Frage komme.[892] Wie Molina und Ledesma argumentierte auch Báñez in diese Richtung.[893]

Auf interessante Weise beleuchtet Báñez die Rolle, die das Geld auch als Mittel zur Naturalrestitution einnehmen kann. Báñez nahm eine ablehnende Haltung zur Kompensation von Persönlichkeitsgütern mit Geld ein, weil es sich dabei nicht um eine Restitution innerhalb derselben Güterordnung handelt. Allerdings unterschied er die Geldkompensation von dem Fall, in dem das Persönlichkeitsgut durch die Zahlung eines Geldbetrags selbst wiederhergestellt wird. Dies sei etwa bei Ruf- und Ehrverletzungen möglich, wenn der Beleidigte durch den Empfang eines Geldbetrags an öffentlichem Ansehen gewinnt. Im Ergebnis diene das Geld dann nur als Instrument für die Restitution des Rufs innerhalb derselben Ordnung (*instrumentum ad restituendam famam in proprio genere*).[894] Báñez zieht auch einen Vergleich zu heilbaren Körperverletzungen. Denn der Geldersatz für die Behandlungskosten stelle ein Mittel zur Restitution der Gesundheit innerhalb derselben Ordnung dar.[895] Einen ähnlichen Gedanken hatte im 13. Jahrhundert bereits Richard von Mediavilla formuliert.[896]

Auch diejenigen Autoren, die eine Geldkompensation für Persönlichkeitsgüter grundsätzlich begrüßten, hielten also am Prinzip vorrangiger Naturalrestitution fest. Nur wenn diese aus bestimmten Gründen nicht in Frage kam oder der

---

889 Cajetan: ComSTh II-II, q. 72, a. 3, n. II, S. 131.

890 Covarrubias y Leyva: Variarum resolutionum libri, lib. 2, cap. 10, S. 205b.

891 Lessius: De Iustitia et Iure, lib. 2, cap. 11, dub. 27, n. 143 f., S. 434.

892 Siehe dazu etwa Vitoria: Codex Salmantinus XLIII, q. 62, a. 2, n. 28, S. 148 f.; ders.: Codex Ottobonianus MXV, q. 62, a. 2, n. 28, S. 244 f.

893 Báñez: De Iustitia et Iure, q. 62, a. 2, dub. 11, S. 126b.

894 Ders.: De Iustitia et Iure, q. 62, a. 2, dub. 10, S. 124a: »Quando infamatus est talis conditionis respectu infamatoris, quod receptis ab illo pecunijs fit honorabilior in populo: tenetur infamator ad arbitrium boni viri facere restitutionem in pecunijs. Probatur, quia tunc facit restitutionem in eodem genere [...] sed pecuniae considerantur in isto casu velut instrumenta ad restituendam fama in proprio genere [...]«.

895 Ders.: De Iustitia et Iure, q. 62, a. 2, dub. 10, S. 123a: »Et idem est si laesio corporalis fuit contra salutem hominis reparabiliter tamen, tunc enim constat quod laesor tenetur expendere pecunias ad reparandam salutem in proprio genere.«

896 Richard von Mediavilla: Super IV libros sententiarum, lib. 4, dist. 15, a. 5, q. 2, S. 219a: »Vel aliter potest dici, & melius, quod illa auctoritas loquitur de laesione corporis, quae restituitur per medicum, unde ille qui damnum intulit solvendo expensas in medicos restituit damnum.«

Geschädigte sie wünschte, sollte der Schädiger zu einer anderweitigen Wiedergutmachung übergehen. Das konnte bei tatsächlicher oder moralischer Unmöglichkeit der Fall sein – etwa, wenn sich das Ansehen einer Person auch durch öffentliche Ehrerbietung nicht retten ließ.[897] Oder wenn eine wahre Aussage nicht widerrufen werden durfte, weil ein solcher Widerruf als Lüge verboten war.[898] Bei Körperverletzungen war die dauerhafte Verstümmelung der klassische Fall von unmöglicher Restitution, sodass sich hier die Frage nach einer alternativen Wiedergutmachung geradezu aufdrängte. Mit unterschiedlich strengen Anforderungen gestand man dem Schädiger eine Ausnahme vom Prinzip der Naturalrestitution aber auch dann zu, wenn die Restitution *in specie* für ihn lebensgefährlich[899] war oder einen unverhältnismäßig großen Schaden an eigenen Gütern[900] bedeutete.

897 Vgl. exemplarisch MOLINA: De Iustitia et Iure, tract. 4, disp 46, n. 3, Sp. 1396 f.

898 Vgl. exemplarisch DERS.: De Iustitia et Iure, tract. 4, disp. 44, n. 1, Sp. 1388. Für Thomas von Aquin und Johannes Duns Scotus siehe oben S. 100, 109.

899 Das galt etwa für die Ehebrecherin, vgl. dazu die Nachweise oben S. 147, Fn. 639.

900 So etwa LEDESMA: In IV sententiarum. Secunda Quartae, q. 18, a. 2, fol. 243vb, 248va: »[...] nullus tenetur restituere aliquid, cum notabili maiori iactura quam intulit.« Siehe dazu bereits oben Fn. 646.

Viertes Kapitel: Geldentschädigung für die Verletzung von Persönlichkeitsgütern

Wenn die Restitution eines Schadens an Persönlichkeitsgütern unmöglich ist, so war der Schädiger nach scholastischer Lehre von der Restitutionspflicht befreit. Das ergab sich aus moraltheologischen Gründen, war als Grundsatz im kanonischen Recht anerkannt und wurde auch auf das römische Recht gestützt: *nemo potest ad impossibile obligari.*[901] Umstritten war allerdings, ob diese Regel zur vollständigen Enthaftung des Schädigers führte oder ob nicht alternative Restitutionsformen in Frage kamen. Dasselbe galt, wenn der Schädiger wegen Lebensgefahr oder aus anderen Gründen von der Restitutionspflicht befreit war. Neben der Restitution durch gute Werke und geistliche Güter diskutierte man für diese Fälle auch die Möglichkeit und die Pflicht zu einer Geldentschädigung.

Die für oder wider die eine oder andere Position vorgebrachten Argumente wiederholten sich dabei nicht selten. Während Gegner des Geldersatzes sich häufig auf entsprechende Digestenstellen oder die Güterordnung beriefen, suchten Fürsprecher ihren Standpunkt mit der Autorität Thomas von Aquins zu untermauern. Für den spätscholastischen Diskurs in gedruckten Werken sah sich Petrus de Navarra ganz allgemein zu der pessimistischen Beobachtung verleitet, viele seiner Kollegen verfassten ihre Schriften nach der Maxime *mutavi stylum, feci librum, da mihi nummos.*[902] Da aber bei der Frage des Geldersatzes für Persönlichkeitsgüter gerade im 16. Jahrhundert zahlreiche innovative Gedanken ausgetauscht wurden, lohnt es sich an dieser Stelle, einige der Autoren genauer in den Blick zu nehmen.

I. Tötung

Unter den Spätscholastikern herrschte Einigkeit darüber, dass bei der Tötung eines Menschen seinen Angehörigen ihr wirtschaftlicher Schaden zu ersetzen ist.[903] Häufig wiesen sie in diesem Zusammenhang darauf hin, dass die Tötung

901 VI. 5,13,6. Ähnlich auch Cels. 8 dig. D. 50,17,185. Darauf beruft sich etwa HADRIAN VI.: In Quartum Sententiarum, De restitutione, fol. 92rb. Zu den Hintergründen dieses Prinzips in der Scholastik siehe SCHERMAIER: HKK § 275, Rn. 15.

902 PETRUS DE NAVARRA: De ablatorum restitutione, Praefatio, am Ende.

903 Vgl. HADRIAN VI.: In Quartum Sententiarum, De restitutione, fol. 98rb; MAJOR: In Quartum Sententiarum (1519), dist. 15, q. 19, fol. 116ra; SOTO: De Iustitia et Iure, lib. 4, q. 6, a. 3, S. 337b f.;

eines Edelmanns zwar die größere Sünde sei, man für den Mord an einem Handwerker aber eine höhere Restitution zu erbringen habe. Denn nur dieser erstreitet seinen Unterhalt durch Arbeit und lässt eine Familie zurück, der durch den Verlust des Vaters auch die wirtschaftliche Grundlage entzogen wird.[904] Ferner diskutierte man auch mit Blick auf das römische Recht, wie man bei der Schadensberechnung mit der Ungewissheit über die hypothetische Lebenszeit des Getöteten umzugehen habe.[905]

Neben materiellen Schäden, die den Angehörigen des Getöteten entstehen, stellte sich in der scholastischen Restitutionslehre aber auch die Frage nach der angemessenen Restitution für das genommene Leben selbst. Dass auch für das *damnum vitae*[906] ein Ausgleich zu erbringen war, hatte bereits Duns Scotus gefordert und sich dazu auf seinen später berühmt gewordenen Vergleich gestützt, dass der Mörder nicht besser stehen dürfe als jemand, der einen Hund oder ein Rind tötet.[907] Duns Scotus erwog aber keinen Geldersatz für das genommene Leben, sondern hielt die Talion für den angemessenen Ausgleich. Wo für den Mord die Todesstrafe vorgeschrieben sei, leiste man Restitution mit dem eigenen Tod. Wo die Todesstrafe nicht gelte, müsse sich der Mörder aber nicht selbst ans Messer liefern. Vielmehr sei er dann zu einer Restitution mit *bona spiritualia* verpflichtet oder er solle sein Leben im Krieg gegen die Feinde der Kirche einsetzen.[908]

Diese Auffassung findet unter frühneuzeitlichen Autoren zwar noch einige Unterstützer.[909] Viele lehnten eine Pflicht zur Restitution durch geistliche Güter

---

Azpilcueta: Enchiridion, cap. 15, n. 22, S. 164v; Petrus de Navarra: De ablatorum restitutione, lib. 4, cap. 1, n. 64 ff., S. 374; Gregor von Valencia: Commentarii theologici, tomus 3, disp. 5, q. 6, punct. 5, Sp. 1197; Molina: De Iustitia et Iure, tract. 3, disp. 83, Sp. 1003 ff. Zum Ersatz des wirtschaftlichen Schadens infolge der Tötung siehe Nufer: Restitutionslehre, 35 f.; Otte: Privatrecht bei Francisco de Vitoria, 73; Unterreitmeier: Schmerzensgeldanspruch, 62 ff.; Jansen: Theologie, Philosophie und Jurisprudenz, 113 f.; Sampson: Historical Foundations, 170.

904 Vgl. Major: In Quartum Sententiarum (1519), dist. 15, q. 19, fol. 116ra; Azpilcueta: Enchiridion, cap. 15, n. 22, S. 164v; Gregor von Valencia: Commentarii theologici, tomus 3, disp. 5, q. 6, punct. 5, Sp. 1198. Vgl. auch Molina: De Iustitia et Iure, tract. 3, disp. 84, n. 5, Sp. 1016. Siehe dazu auch Unterreitmeier: Schmerzensgeldanspruch, 65 f.

905 Siehe dazu etwa die Kritik an Macer 2 ad l. vices. hereditar. D. 35,2,68 bei Lessius: De Iustitia et Iure, lib. 2, cap. 9, dub. 20, S. 228 ff.

906 Diesen Begriff verwenden beispielsweise Vázquez (Bellomontanus): Tractatus de restitutione, cap. 2, § 3, dub. 6, n. 15, S. 74b; Molina: De Iustitia et Iure, tract. 3, disp. 84, Sp. 1012; Lessius: De Iustitia et Iure, lib. 2, cap. 9, dub. 22, n. 139, S. 240.

907 Vgl. oben S. 107.

908 Siehe dazu im Einzelnen oben S. 105 ff.

909 Vgl. Angelus Carletus (de Clavasio): Summa, Restitutio I, fol. 255ra; Hadrian VI.: In

jedoch ab[910] oder verneinten wenigstens die Pflicht des Mörders, zum Ausgleich des Schadens in den Krieg zu ziehen.[911] Gabriel Vázquez nennt es sogar lächerlich (*ridiculum*), durch geistliche Güter Restitution zu leisten, da sie alle zeitlichen Güter und somit auch das *damnum vitae* überträfen.[912]

Neben der Restitution durch geistliche Güter wurde aber auch diskutiert, ob man das *damnum vitae* durch einen Geldersatz ausgleichen kann oder sogar muss. Zwar schweigt Hadrian VI. zu dieser Frage. Das gilt aber nicht für alle Spätscholastiker.[913]

1. John Major († 1550)

John Major[914] meint im Einklang mit der scotischen Lehre, dass der Mörder durch die Todesstrafe Wiedergutmachung leiste.[915] Aus Sicht des Naturrechts

---

Quartum Sententiarum, De restitutione, fol. 98ra; Molina: De Iustitia et Iure, tract. 3, disp. 84, n. 11, Sp. 1020. Zu Molina siehe unten S. 218. Siehe auch Unterreitmeier: Schmerzensgeldanspruch, 68 f.

910 Vitoria: Codex Salmantinus XLIII, q. 62, a. 2, n. 11, S. 112: »Et cum non sit aequalitas inter spiritualia et corporalia, videtur, quod non debeat fieri talis restitutio.« Vgl. auch ders.: Codex Ottobonianus MXV, q. 62, a. 2, n. 11, S. 224. Ferner Soto: De Iustitia et Iure, lib. 4, q. 6, a. 3, S. 339b: »Quando vero nulla alia patet restituendi via, commoda restitutio est si interfector orationibus & praecationibus mortuum suum apud Deum adiuvet. Idque salutare est ut in sacramentali confessione poenitentiae loco iniungatur. Tametsi, ut verum fatear, iustitiae obligationem de huiusmodi spirituali restitutione plane non video.« Siehe auch Lessius: De Iustitia et Iure, lib. 2, cap. 9, dub. 25, n. 148, S. 250; Azpilcueta: Enchiridion, cap. 15, n. 21, S. 164v. Vgl. dazu auch Unterreitmeier: Schmerzensgeldanspruch, 67 f.

911 Mazzolini: Summa, pars 2, Restitutio III, n. 2, S. 371a; Salón: De Iustitia et Iure, q. 62, a. 2, controversia 4, concl. 2, S. 204b; Lugo: De Iustitia et Iure, disp. 11, sect. 1, n. 4, S. 304a.

912 Vázquez (Bellomontanus): Tractatus de restitutione, cap. 2, § 3, dub. 6, n. 15, S. 74b.

913 So auch Nufer: Restitutionslehre, 37. Hingegen ist Jansen: Theologie, Philosophie und Jurisprudenz, 115, Fn. 435 der Auffassung, die meisten Autoren hätten zu dieser Frage geschwiegen und eine Geldentschädigung für das Leben »damit wohl implizit abgelehnt.« Für Körperverletzungen habe man eher eine Geldentschädigung gewährt, weil es sich dabei anders als beim Leben um ein weltliches Rechtsgut gehandelt habe, vgl. ders.: Theologie, Philosophie und Jurisprudenz, 115 f. Dieser Standpunkt übersieht jedoch, dass Scholastiker auch das diesseitige Leben als *bonum temporale* auffassten, nicht anders als etwa den guten Ruf, vgl. Thomas von Aquin: STh II-II, q. 11, a. 4, co., S. 101: »Aliud autem est bonum quod secundario respicit caritas, scilicet bonum temporale: sicuti est vita corporalis, possessio mundana, bona fama, et dignitas ecclesiastica sive saecularis.« Siehe dazu bereits oben S. 143. Ähnlich auch Soto: De Iustitia et Iure, lib. 5, q. 1, a. 6, S. 398a. Siehe dazu oben S. 146, Fn. 636.

914 Zu Leben und Werk siehe Farge: John Mair.

915 Major: In Quartum Sententiarum (1519), dist. 15, q. 19, fol. 115ra: »[…] vbi homo secundum legem occiditur pro homicidio: satisfacit equanimiter ferendo mortem pro morte.«

handele es sich dabei jedoch nicht um eine zwingende Konsequenz. Denn Major hält die Talion bloß für positives menschliches Recht, sodass der Fürst von dieser Form der Bestrafung auch absehen könne.[916] Das Naturrecht schreibe bloß vor, dass der Mörder überhaupt bestraft wird, nicht aber, dass er für den Mord mit seinem eigenen Tod bezahlen muss. Wenn der Mörder die Todesstrafe über sich ergehen lässt, handele er deshalb im Einklang mit dem Gesetz und damit auch gerecht (*iuste*). Häufig sei es aber ratsam, den Mörder von der Todesstrafe zu begnadigen – etwa, wenn ein rechtschaffener Mann aus plötzlicher Erregung einen anderen tötet oder der Mörder für das Gemeinwesen besonders nützlich ist. Dann sei es nicht richtig, die Strenge des Gesetzes oder des Gewohnheitsrechts anzuwenden, denn das größte Recht werde so zur größten Ungerechtigkeit: *summum ius summa iniuria.*[917] Bleibt der Mörder von der Todesstrafe verschont, müsse er aber die Angehörigen des Getöteten um Verzeihung bitten und eine Geldentschädigung zahlen:

> Debet tamen iudex cogere homicidam ut satisfaciat parti lese: petendo veniam ab his quorum interest, & faciendo emendam pecuniariam si capere velint. nec hanc offensam remittere potest princeps. quod si pars lesa rationi obtemperare noluerit: non cogitur princeps homicidam propterea occidere.[918]

> Doch der Richter muss den Mörder zwingen, der verletzten Partei Wiedergutmachung zu leisten, indem er bei denjenigen, denen etwas daran liegt, um Verzeihung bittet und indem er eine Geldentschädigung zahlt, wenn sie es wünschen. Und von dieser Schmähung kann der Fürst nicht befreien. Wenn die verletzte Partei dieses Vorgehen aber nicht wünscht, so ist der Fürst nicht gezwungen, den Mörder zu töten.

Major spricht von einer *emenda pecuniaria* für das genommene Leben als eine von mehreren möglichen Formen der naturrechtlich erforderlichen Strafe. Dies und der Umstand, dass die Geldentschädigung vom Richter auferlegt werden

---

916 DERS.: In Quartum Sententiarum (1519), dist. 15, q. 19, fol. 115ra: »Poenam legis princeps potest interdum remittere non occidendo homicidam. Probatur, de lege nature est quod pro homicidio homo puniatur:& quod aliquam poenam subeat: sed quod hoc modo puniatur: puta lege talionis, est humanum positivum: ergo hac poenam remittere potest princeps […]«.

917 DERS.: In Quartum Sententiarum (1519), dist. 15, q. 19, fol. 115rb: »[…] servare rigorem legis scriptae vel consuetudinis communis non est recte incedere: sed summum ius tunc est summa iniuria […]«. Major weist in diesem Zusammenhang auf das alttestamentarische Rechtsinstitut der Asylstadt hin (*civitas refugii*). Er zitiert Ios 20; Nm 35; Dt 19.

918 DERS.: In Quartum Sententiarum (1519), dist. 15, q. 19, fol. 115rb.

soll, lassen im Unklaren, inwiefern Major hier von einer Gewissenspflicht des Mörders ausgeht. In älteren Druckfassungen dieser Stelle fehlt zwar das Wort *iudex*.[919] Allerdings spricht Major immerzu von der Umwandlung der Todesstrafe in eine Geldstrafe.[920] Er erregt den Anschein, hier eher die richtige Ausübung der herrschaftlichen *aequitas* zu behandeln, als die *foro conscientiae* geschuldete Restitution. Möglicherweise versuchte Major hier einen Ausgleich zwischen den Vergeltungsinteressen der Hinterbliebenen und einer strengeren Bestrafung herzustellen, die er nach dem Naturgesetz nicht für zwingend erforderlich hielt.

2. Thomas de Vio Cajetan († 1534)

Obwohl Thomas de Vio Cajetan[921] die *Summa theologica* ausgiebig kommentiert hat, fehlt es an der insofern maßgeblichen Stelle (ComSTh II-II q. 62 a. 2) an einer Auseinandersetzung mit der Frage, ob für Persönlichkeitsgüter auch eine Geldentschädigung möglich ist. An diese Frage knüpft Cajetan allerdings in seinem Beichthandbuch an. In der *Summula peccatorum* meint er, dass für das *damnum vitae* ebenso wie für Schäden am Körper, an der Gesundheit, der Freiheit, der Ehre und am guten Ruf eine Restitution mit anderen Gütern nach dem Urteil eines Rechtschaffenen zu erfolgen habe:

> Caput secundum, quid restituendum est. [...] si res aliena extat, illa restituenda est: si vero non extat, aut ex aliquo singulari casu occurente non potest reddi, restituendum est equivalens. Damna vero vite, membrorum, sanitatis, libertatis, honoris, fame, iurium, fructuum, seminum, damni emergentis vel lucri cessantis, et similium, restituenda sunt ut

> Zweites Kapitel. Was zu restituieren ist. [...] Wenn die Sache anderswo vorhanden ist, ist sie zu restituieren. Wenn sie hingegen nicht vorhanden ist oder aus einem besonderen Grund nicht zurückgegeben werden kann, so ist etwas Gleichwertiges zu restituieren. Schäden am Leben, den Gliedern, der Gesundheit, der Freiheit, der Ehre, dem Ruf, Rechten, Früchten, Samen, das *damnum emergens* und der entgangene Gewinn und ähnliches sind hingegen soweit wie möglich

---

919 Vgl. Major: Quartus sententiarum (1509), dist. 15, q. 15, fol. 92ra; Ders.: In quartum sententiarum (1516), dist. 15, q. 19, fol. 85va.

920 Major: In Quartum Sententiarum (1519), dist. 15, q. 19, fol. 115rb: »[...] poenas communes commutare in poenam pecuniariam [...]« = Ders.: In quartum sententiarum (1516), dist. 15, q. 19, fol. 85va = Ders.: Quartus sententiarum (1509), dist. 15, q. 14, fol. 92ra.

921 Zu Werk und Autor siehe Decock: Thomas Cajetan.

possibile est in bonis aliquibus loco damnorum, ita ut boni viri arbitrio satisfactum reputetur quantum ad quid pro quo [...][922]

anstelle der Schäden in anderen Gütern zu restituieren, sodass sie nach dem Urteil eines rechtschaffenen Mannes als wiedergutgemacht gelten.

Cajetan formuliert an dieser Stelle freilich nur eine sehr allgemeine Regel. Dass er neben dem Schaden am Rechtsgut Leben das *damnum emergens* und *lucrum cessans* separat herausstellt, deutet aber darauf hin, dass es ihm bei ersterem nicht nur um wirtschaftliche Einbußen geht. Dass ferner die Restitution in anderen Gütern nach dem Urteil eines Rechtschaffenen zu erfolgen habe, lässt jedenfalls Raum für eine Geldentschädigung.[923]

3. Francisco de Vitoria († 1546)

Aus Francisco de Vitorias[924] Feder stammt der prägnante Lehrsatz, dass alle Restitution ihren Ursprung im *dominium* habe.[925] Für ihn ist die Frage nach dem richtigen Restitutionsgläubiger maßgeblich davon bestimmt, wer einen Schaden an einem eigenen Recht erlitten hat. Bei der Restitution für die Tötung eines Menschen unterscheidet er deshalb zwischen dem Rechtskreis des Getöteten und dem seiner Angehörigen.

Der Getötete hat ohne Zweifel einen Schaden am Rechtsgut Leben erlitten. Die Restitutionspflicht für diesen Schaden ist laut Vitoria auch nicht per se ausgeschlossen, bloß weil man Tote nicht zum Leben erwecken und daher der ursprüngliche Zustand nicht wiederhergestellt werden kann. Denn auch bei dauerhaften Verstümmelungen komme Wiedergutmachung durch Gleichwertiges in Frage.[926] Vitoria scheint einer Kompensation des Lebens mit anderen Gütern also nicht generell abgeneigt. Das Problem liegt für ihn aber in dem Umstand, dass es an einem tauglichen Restitutionsgläubiger fehlt. Denn dem Toten kann man keine Restitution mehr leisten.[927] Lediglich geistliche Werke könnten ihn noch erreichen. Eine Restitution mit *bona spiritualia* lehnt Vitoria jedoch ab,

---

922 Cajetan: Summa, Restitutio, cap. 2, fol. 200r.

923 In diesem Sinne hat ihn etwa Gabriel Vázquez verstanden, vgl. Vázquez (Bellomontanus): Tractatus de restitutione, cap. 2, § 3, dub. 6, n. 15, S. 74b.

924 Zu Werk und Autor siehe Horst: Leben und Werke.

925 Siehe dazu die Nachweise auf S. 129, Fn. 533.

926 Vitoria: Codex Salmantinus XLIII, q. 62, a. 2, n. 10, S. 110; ders.: Codex Ottobonianus MXV, q. 62, a. 2, n. 10, S. 224.

927 Vitoria: Codex Salmantinus XLIII, q. 62, a. 2, n. 13, S. 114.

denn das hieße, Geistliches für Körperliches zu geben. Und was die Verletzung des Rechtsguts Leben angeht, so kämen auch die Erben des Verstorbenen nicht als Restitutionsgläubiger in Frage. Denn sie folgten nicht in die natürlichen Güter (*bona naturalia*) des Erblassers nach, sondern bloß in die zeitlichen Güter (*bona temporalia*). Vitoria äußert zwar gewisse Zweifel in dieser Frage, hält letztlich aber an seiner Lösung fest.[928]

Vitoria betont jedoch, dass die Angehörigen des Getöteten aus eigenem Recht Restitutionsgläubiger sind.[929] Das Unrecht treffe sie nämlich unmittelbar und nicht bloß als Erben. Das bedeutet offenbar, dass den Angehörigen der zeitliche Schaden zu ersetzen ist, der ihnen durch den Verlust des Versorgers entstanden ist. Dabei treten jedoch zwei Unklarheiten auf.

Erstens meint Vitoria in einem Abschnitt über den Grundsatz *volenti non fit iniuria*, dass diese Regel auch für den Mord gelte. Wer auf eigenen Wunsch durch fremde Hand zu Tode komme, dem geschehe kein Unrecht. Der Mörder handele deshalb zwar unrecht gegenüber Gott, nicht aber gegenüber dem Getöteten. Daraus schließt Vitoria, dass dann auch keine Restitutionspflicht entstehe – und zwar weder im Verhältnis zum Verstorbenen, noch zu dessen Erben:

> Unde sequitur, quod est notandum, quod qui occidit hominem omnino voluntarium, non tenetur heredibus ad restitutionem – sicut si quis rogaret me, quod incenderem domum eius, ego incendendo non tenerer ad restitutionem.[930]

> Daraus folgt, dass, wer einen Menschen mit dessen voller Zustimmung tötet, den Erben keine Restitution schuldet. Ebenso wie wenn mich jemand bäte, dass ich sein Haus anzünde, ich durch dies Anzünden nicht zur Restitution verpflichtet werde.

Hier scheint es, als entstünden jegliche Ansprüche der Erben zunächst in der Person des Erblassers, sofern dieser nicht verzichtet. Dies stünde aber in Widerspruch zu Vitorias These, wonach den Angehörigen nicht nur als Erben, sondern auch als Verletzte Restitution zu leisten ist.

---

928 Vitoria: Codex Salmantinus XLIII, q. 62, a. 2, n. 14–15, S. 116 ff.; ders.: Codex Ottobonianus MXV, q. 62, a. 2, n. 14–15, S. 226 ff.

929 Vitoria: Codex Salmantinus XLIII, q. 62, a. 2, n. 16, S. 120 ff.; ders.: Codex Ottobonianus MXV, q. 62, a. 2, n. 16, S. 228 ff.

930 Vitoria: Codex Salmantinus XLIII, q. 59, a. 4, n. 3, S. 76.

Zweitens ist nach Vitoria eine Restitution gegenüber den Angehörigen aber auch dann erforderlich, wenn ihnen ein Schaden an zeitlichen Gütern gerade nicht entstanden ist:

Quia in restitutione patris et viri immediate pervenit iniuria et damnum uxori vel filiis, non tamquam heredibus: Quia licet nullum esset damnum in temporalibus factum filiis, quia nulla est hereditas vel res patris, eo quod est pauper, nihilominus tamen debet illis fieri restitutio, non tamquam heredibus, sed quia factum est illis nocumentum et damnum, quia ablatus ab eis est pater. [...] Debemus ergo attendere ad iniuriam et damnum, quod fit filiis vel parentibus non inquantum heredibus, sed inquantum laesis.[931]	Denn bei der Restitution des Vaters und des Ehemanns erleiden die Ehefrau oder die Kinder unmittelbar Unrecht und Schaden, nicht bloß als Erben. Obgleich nämlich den Kindern kein Schaden in zeitlichen Gütern entsteht, weil es keine Erbschaft oder kein Gut des Vaters gibt, da dieser arm ist, so muss jenen dennoch Restitution geleistet werden: nicht als Erben, sondern weil ihnen selbst ein Nachteil und Schaden entstanden ist, denn ihnen wurde der Vater genommen. [...] Man muss also auf das Unrecht und den Schaden blicken, der den Kindern oder Eltern nicht als Erben geschieht, sondern als Verletzten.

Diese Stelle hat zu der Annahme geführt, Vitoria spreche den Angehörigen aus eigenem Recht einen Ausgleich für den nichtwirtschaftlichen Schaden zu, der ihnen durch den Verlust ihres Familienmitglieds entstanden ist. Dafür spricht, dass Vitoria insofern eine Beschränkung auf den Kreis der engsten Angehörigen vornimmt, sodass sich nur Kinder, Eltern und Ehegatten darauf berufen können, Geschwister aber nicht:

Respondeo, quod dato eis nocuerit, non tamen nocuit in re propria illorum. Filiis autem vel uxori nocuit in re propria, quia filii sunt patris et uxor viri.[932]	Ich antworte, dass, wenn man annimmt, dass er [sc. der Mörder des Bruders] sie geschädigt hat, er sie dennoch nicht in ihrem eigenen Gut geschädigt hat. Aber die Kinder oder die Ehefrau schädigt er an ihrem eigenen Gut, weil sie Kinder des Vaters und die Frau des Ehemanns sind.

931 Ders.: Codex Salmantinus XLIII, q. 62, a. 2, n. 16, S. 120.
932 Ders.: Codex Salmantinus XLIII, q. 62, a. 2, n. 16, S. 120.

Es ist nicht eindeutig, was Vitoria mit der *res propria* meint, an dem die Angehörigen durch den Tod des Familienmitglieds betroffen sind. OTTE hat die Ansicht vertreten, dass Vitoria damit gerade nicht auf Unterhaltsansprüche abstellt, »sondern darauf, daß die Familie eine Einheit bildet, in der die einzelnen Glieder gewissermaßen einander gehören, so daß durch den Tod des Vaters Frau und Kindern etwas Eigenes genommen wird.«[933] Dem zufolge beruht die Unterscheidung zwischen Eltern, Kindern und Ehegatten einerseits sowie Geschwistern und Freunden andererseits nicht auf dem jeweiligen Bestehen oder Nichtbestehen einer Unterhaltspflicht, sondern auf dem engeren Band, das eine Kernfamilie zusammenhalte, nicht aber Geschwister oder Freunde. Das erscheint jedenfalls für Geschwister unwahrscheinlich, da diese selbst nach modernen Vorstellungen zur Kleinfamilie gehören. Für die Ansicht OTTES spricht allerdings, dass die Angehörigen auch gerade dann aus eigenem Recht als Restitutionsgläubiger in Betracht kommen sollen, wenn es an einem zeitlichen Schaden fehlt. Allerdings findet sich diese Stelle (*quia licet nullum esset damnum in temporalibus factum filiis*)[934] nicht in allen Mitschriften zu Vitorias Vorlesung.[935]

Hingegen vertritt REPGEN die Ansicht, dass nach Vitoria die »Restitution [...] im Fall der vorsätzlichen Tötung also nicht für das Leben, wohl aber für die Schäden geschuldet [werde], die bei nahen Angehörigen im Sinne entgangener Unterhaltsansprüche entstehen.«[936] Für diese Interpretation spricht Vitorias Beispiel, in dem jemand seinem Bruder jährlich hundert Goldstücke gab. Wenn der Geber nun getötet werde, könne der Bruder von dem Mörder nicht Restitution der Goldstücke verlangen, weil der Getötete diese ohne Rechtspflicht gab.[937] Geht man davon aus, dass Unterhaltspflichten nicht zwischen Geschwistern, wohl aber im Eltern-Kind-Verhältnis und zwischen Ehegatten bestehen, spricht einiges dafür, dass Vitoria tatsächlich auf den verlorenen Unterhalt und damit auf materielle Einbußen abstellt. Allerdings sollte der Unterhaltsanspruch offen-

---

933 OTTE: Privatrecht bei Francisco de Vitoria, 73.

934 Vgl. oben S. 207.

935 Im *Codex Ottobonianus* fehlt sie. Zu der Stelle im *Codex Salmantinus* notiert STÜBEN zudem, dass man statt des *esset* eigentlich ein *sit* erwarte. Im näheren Umfeld dieser Stelle könnte man also auch von einem Übertragungsfehler ausgehen. Vgl. VITORIA: De iustitia. Über die Gerechtigkeit. Teil 2, S. 120, Fn. 257.

936 REPGEN: De restitutione (Vitoria), L f. So auch NUFER: Restitutionslehre, 38. Ähnlich JANSEN: Theologie, Philosophie und Jurisprudenz, 80f.

937 VITORIA: Codex Salmantinus XLIII, q. 62, a. 2, n. 16, S. 120. Im *Codex Ottobonianus* ist das Beispiel des Bruders durch das eines Freundes ersetzt. Vgl. DERS.: Codex Ottobonianus MXV, q. 62, a. 2, n. 16, S. 230.

bar dadurch bedingt sein, dass der Verstorbene gegen seinen Willen zu Tode gekommen ist.[938]

Einen Geldersatz für das *damnum vitae* sieht die Lehre Francisco de Vitorias somit nicht vor. Er schließt ihn zwar nicht grundsätzlich aus. Im Ergebnis fehlt es aber an einem passenden Restitutionsgläubiger, da nach Vitorias Verständnis als solcher nur der Verstorbene selbst in Frage käme.

4. Domingo de Soto († 1560)

Auf die Restitution infolge einer Tötung wendet Domingo de Soto[939] die thomistische Regel an, wonach bei unmöglicher Wiederherstellung des ursprünglichen Zustands wenigstens so viel zu restituieren sei, wie möglich ist – ebenso wie es auch im Verhältnis zu Gott und den Eltern gelte.[940] Den Mörder träfen insofern zwei Pflichten: er müsse für den Schaden Restitution leisten (*restitutionem facere damni dati*) und das zugefügte Unrecht wiedergutmachen (*satisfactionem de iniuria*). Jeweils seien Einzelheiten dazu *foro conscientiae* zweifelhaft. Was die Restitution für den zugefügten Schaden anbelangt, so habe der Mörder jedenfalls die wirtschaftlichen Einbußen der Hinterbliebenen zu ersetzen. Wenn der Getötete durch eigene Arbeit eine Familie ernährt habe, müsse der Mörder den Hinterbliebenen deshalb Unterhalt leisten.[941]

Einzelheiten dieser Unterhaltspflicht waren allerdings umstritten. Dabei ging es zum einen um ihre Dauer, zu deren Berechnung verschiedene Modelle vertreten wurden.[942] Andererseits ging es aber um die konkrete Höhe, die nach dem Urteil eines rechtschaffenen Mannes zu bestimmen sei. Soto will dazu nicht nur die wirtschaftlichen Verhältnisse der betroffenen Familie berücksichtigen. Vielmehr komme es auch darauf an, ob es sich bei dem Verstorbenen um eine Person von besonderer Würde handelte:

---

938 Vgl. oben S. 206.

939 Zu Autor und Werk siehe Mittelstrass: Soto; Hill: Soto; Salas: Soto.

940 Soto: De Iustitia et Iure, lib. 4, q. 6, a. 3, S. 337b: »De qua S. Tho. Ac Thologi summo consensu respondent in tali casu, quia aequivalens restitui nequit, satesse ut fiat possibilis repensatio: veluti quia Deo & parentibus reddere ad iustum non valemus […] sufficit eis reddere quantum possumus.« Vgl. oben S. 95 ff.

941 Ders.: De Iustitia et Iure, lib. 4, q. 6, a. 3, S: 337b f.: »Dicamus ergo primus de damno dato. De quo est omnium conclusio, quod si occisus familiam sudore proprio alebat, tenetur tunc homicida illud damnum compensare, alendo eandem familiam.«

942 Ders.: De Iustitia et Iure, lib. 4, q. 6, a. 3, S. 338a.

Est praeterea in hisce iniurijs considerandum quod qualitas defuncti non tantum pensari habet ex utilitate ipsius, indigentiaque suorum, verum etiam ex valore & dignitate personae. Nam qui virum ingenuum literisve aut alia ratione insignem occidit, ad maiorem multo restitutionem tenetur quam si personam inferioris classis trucidaret. Falluntur ergo qui arbitrantur ob id quod non reliquit familiam inopem non esse restitutionem necessariam: quoniam talis persona multo pluris erat quam alia.[943]

Außerdem ist bei solchen Rechtsverletzungen zu berücksichtigen, dass die Qualität des Verstorbenen nicht nur an dessen Nützlichkeit sowie der Bedürftigkeit seiner Angehörigen zu bemessen ist, sondern auch an dem Wert und der Würde seiner Person. Denn wer einen Adeligen oder einen Gelehrten oder eine aus anderen Gründen hervorragende Person getötet hat, ist zu einer viel größeren Restitution verpflichtet, als wer eine Person von niederem Stand tötet. Es irren also diejenigen, die meinen, dass eine Restitution nicht notwendig sei, wenn keine mittellose Familie zurückbleibt. Denn eine solche Person war viel bedeutsamer als die andere.

Wohlgemerkt: Soto handelt hier noch von der Restitution des *damnum datum*. Seine Ausführungen zur Buße für die *iniuria* beginnen erst an späterer Stelle.[944] Da er die Restitutionspflicht abhängig vom Stand und der Qualität des Getöteten bemessen will, begreift er sie offenbar nicht bloß als Ersatz für wirtschaftliche Einbußen, sondern als Entschädigung für das genommene Leben selbst.[945] Der entgangene Unterhalt oder die Bedürftigkeit der Hinterbliebenen sollen bei der Tötung solcher Personen ja gerade keine Rolle spielen. Soto ist sich dabei durchaus bewusst, dass er sich in Widerspruch zu anderen Autoritäten wie etwa John Major stellt, die in diesem Punkt das genaue Gegenteil behaupten: nämlich dass die Restitutionspflicht für die Tötung eines Schusters größer sein müsse als für

---

943 Ders.: De Iustitia et Iure, lib. 4, q. 6, a. 3, S. 338b.

944 Dass Soto hier von Restitution spricht, obwohl es eigentlich um Aspekte der sakramentalen Satisfaktion gehe, kritisieren Petrus de Navarra: De ablatorum restitutione, lib. 4, cap. 1, n. 93, S. 382; Vázquez (Bellomontanus): Tractatus de restitutione, cap. 2, § 3, dub. 6, S. 74b f. Von der Satisfaktion handelt Soto: De Iustitia et Iure, lib. 4, q. 6, a. 3, S. 339a. Hier geht er hauptsächlich auf geistliche Werke zugunsten des Getöteten ein. Dazu bereits oben S. 202, bei Fn. 910. Vgl. aber Unterreitmeier: Schmerzensgeldanspruch, 65, Fn. 438.

945 Etwas missverständlich ist es deshalb, dass Unterreitmeier es »ein gemeinsames Anliegen der Spätscholastiker« nennt, »den Schadensersatz bei Körperverletzungen auf Personen niedrigen Standes zu beschränken.« Zwar weist auch Unterreitmeier auf die Zurückhaltung der *illustres* hin, für Körperverletzungen Geld zu nehmen. Dennoch zeigt das Beispiel bei Soto, dass er das *damnum vitae* bei Adeligen höher bemessen wollte. Vgl. Unterreitmeier: Schmerzensgeldanspruch, 65 f.

die Tötung eines Adeligen.[946] Denn anders als bei einem Handwerker, der sich und seine Familie durch Arbeit ernährt, bedingt die Tötung eines Edelmanns weder einen Unterhaltsverlust für dessen Hinterbliebenen, noch kann von entgangenem Gewinn die Rede sein. Soto gewährt also einen Geldersatz nicht nur für die wirtschaftlichen Folgen, sondern auch für das *damnum vitae*.[947]

5. Martín de Azpilcueta († 1586)

Was die Restitution von nichtwirtschaftlichen Schäden betrifft, ist der Kanonist Martín de Azpilcueta[948] auch in seinem Beichthandbuch deutlich von den Regelungen des römischen Rechts geprägt. Unter Rückgriff auf entsprechende Digestenstellen lehnt er eine Restitutionspflicht für derlei Schäden ab. Das gilt auch für Schäden am Rechtsgut Leben. Der Mörder müsse die Behandlungskosten ersetzen, die vor dem Ableben des Verstorbenen entstanden sind, und den Gewinn restituieren, den der Verstorbene durch seine Arbeit hätte erwirtschaften können.[949] Für das Leben selbst schulde er keine Restitution:

> Qui vero liberum hominem occidit, non tenetur ad solvendum quicquam pro vita quam abstulit, quamvis sic, pro eo quod in se medicando impendit antequam obiret, & pro damno quod filij, & haeredes eius perpessi sunt, ut statim dicemus.[950]

> Wer hingegen einen freien Menschen tötet, der ist nicht gehalten, etwas für das genommene Leben zu leisten, aber doch etwas für die Behandlungskosten, die vor dem Tod entstanden sind, und für den Schaden, den die Kinder und Erben des Getöteten erleiden, wie wir sogleich sagen werden.

---

946 Vgl. oben S. 211, Fn. 904

947 Nach Unterreitmeier: Schmerzensgeldanspruch, 64 differenziert Soto noch nicht klar zwischen materiellen und immateriellen Schäden. Hingegen ist Repgen: De restitutione (Vitoria), L, Fn. 144 der Ansicht, Soto verstehe »das, was der Familie genommen wird, klar als den Unterhaltsanspruch«.

948 Zu Werk und Autor siehe Decock: Azpilcueta; Martínez Sobrino: Azpilcueta.

949 Der entgangene Gewinn wurde mit Hilfe von Ulp. 23 ad ed. D. 9,3,1 pr. auf 50 *aureos* geschätzt. Vgl. Azpilcueta: Enchiridion, cap. 15, n. 22, fol. 164v.

950 Ders.: Enchiridion, cap. 15, n. 20, fol. 164r.

6. Diego de Covarrubias y Leyva († 1577)

Diego de Covarrubias y Leyva[951] war ebenso wie sein Lehrer Azpilcueta in erster Linie Kanonist. Seine Ausführungen zum *foro conscientiae* geschuldeten Ausgleich nichtwirtschaftlicher Schäden bei Tötung und Körperverletzung haben zu uneinheitlichen Interpretationen in der modernen Literatur geführt. NUFER nannte Covarrubias' Standpunkt zur Restitution des *damnum vitae* »unklar«,[952] sieht in ihm aber jedenfalls einen Gegner des Schmerzensgeldes und des Ersatzes für Entstellungen und Narben.[953] JANSEN zählt Covarrubias hingegen zu den Autoren, die auch für Körperverletzungen eine Geldentschädigung fordern.[954] Auch bei den Spätscholastikern selbst schien insofern wenig Klarheit über die Ansichten Covarrubias' zu bestehen. Molina beruft sich auf ihn, wenn er den Ausgleich immaterieller Schäden verteidigt.[955] Pedro de Aragón, Gabriel Vázquez und Leonardus Lessius zitieren ihn als Vertreter der Gegenauffassung.[956]

Tatsächlich äußert sich Covarrubias zu dem Problem nicht eindeutig. Zur Ausgleichspflicht bei Tötung und Körperverletzung findet sich zum einen folgende Stelle in seinem Traktat zur *Regula iuris IV in VI.* (= VI. 5,13,4: *non remittetur peccatum nisi restituatur ablatum*):

Septimo ex eadem radice constat, etiam in animae iudicio cogendum fore eum, qui alterum percussit, aut occiderit, restituere aestimationem damni, quod per eam percussionem, aut homicidium dederit. text. in c. 1 de iniur. cuius intellectum in hac specie ipse adnotavi lib. 2 variar. resolut. c. 10 nu. 7.[957]

Siebtens. Aus demselben Grund ergibt sich, dass im Beichtgericht derjenige, der einen anderen geschlagen oder getötet hat, zu zwingen ist, die Schätzsumme des Schadens zu restituieren, den er durch das Schlagen oder den Mord zugefügt hat (X. 5,36,1). Das habe ich selbst in Buch 2, *Variarum resolutionum*, Kapitel 10, Nummer 7 dargestellt.

---

951 Zu Werk und Autor siehe HELMHOLZ: Covarrubias y Leyva.

952 NUFER: Restitutionslehre, 35.

953 Ebd., 33 f.

954 JANSEN: Theologie, Philosophie und Jurisprudenz, 116, Fn. 438.

955 MOLINA: De Iustitia et Iure, tract. 3, disp. 84, n. 7, Sp. 1017.

956 ARAGÓN: In Secundam Secundae, q. 62, a. 2, S. 182b; VÁZQUEZ (BELLOMONTANUS): Tractatus de restitutione, cap. 2, § 3, dub. 6, n. 20, S. 75b; LESSIUS: De Iustitia et Iure, lib. 2, cap. 9, dub. 23, n. 141, S. 242.

957 COVARRUBIAS Y LEYVA: In regulam peccatum, pars 2, § 3, n. 9, S. 481b.

Der Hinweis auf X 5,36,1 deutet darauf hin, dass nur wirtschaftliche Einbußen gemeint sind. Denn auch dort ist nur von Verdienstausfall und Behandlungskosten die Rede. An der Stelle, auf die Covarrubias sodann verweist, findet sich folgende Passage:

[...] iniuriam passum ex percussione non posse petere aestimationem damni sibi immanentis causa cicatricis, quae ex vulnere faciem deformem efficit [...][958]	Für eine Injurie wegen Schlägen kann man nicht die Schätzsumme für den der Narbe innewohnenden Schaden verlangen, der daraus hervorgeht, dass das Gesicht durch die Wunde entstellt bleibt.

Es folgen Digestenstellen, aus denen sich ergibt, dass der Körper eines Freien nicht in Geld geschätzt wird. Im Anschluss daran heißt es aber:

Huius [...] quaestionis, quam de satisfactione vulneris illati, & homicidii adduximus, longius examen poterit Lector petere a Dominic. a Soto *lib. 4 de iust. & iur. q. 6 art. 3* ubi hinc constituit regulam, ut in his, quae secundum speciem reparari nequeunt, restitutio sit ad arbitrium & prudentiam facienda.[959]	Eine Untersuchung der Frage über die Wiedergutmachung für eine zugefügte Wunde und den Totschlag kann der Leser bei Soto finden (*De iustitia et iure*, lib. 4, q. 6, a. 3), wo dieser die Regel aufstellt, dass dort, wo etwas mit Gleichem nicht wiederhergestellt werden kann, eine Restitution nach freiem Ermessen und Klugheit geschehen muss.

Sodann spricht auch Covarrubias sich für eine *compensatio iniuriae* nach dem Urteil eines Rechtschaffenen aus. Als Beispiel dafür nennt er Werke für die Seele des Verstorbenen. Er betont auch, dass der Mörder den Erben des Getöteten diese Form der Wiedergutmachung nicht schulde.

Die Unklarheiten dürften daraus resultieren, dass es Covarrubias an dieser Stelle hauptsächlich darum geht, Strafklagen von sachverfolgenden Klagen abzugrenzen. Es geht also hauptsächlich um kanonisches Recht und damit um das *forum externum*. Nur kurz behandelt er die Restitutionspflicht *foro conscientiae* und spricht sich dort für eine Ausgleichspflicht aus. Zwar schreibt er nicht von einem *damnum vitae* oder *damnum corporis*, sondern von einer *iniuria*. Dennoch spricht einiges dafür, dass es ihm hier um eine Restitutionspflicht für den

958 DERS.: Variarum resolutionum libri, lib. 2, cap. 10, n. 7, S. 142a.

959 DERS.: Variarum resolutionum libri, lib. 2, cap. 10, n. 7, S. 142a.

zugefügten immateriellen Schaden geht. Von einem spezifischen Geldausgleich ist jedoch keine Rede.

7. Martín de Ledesma († 1574)

Obgleich die Tötung in der maßgeblichen Stelle aus der *Summa theologica* (STh II-II q. 62 a. 2) anders als Körperverletzung und Rufschädigung nicht eigens erwähnt wird, erkennt Martín de Ledesma darin dasselbe Prinzip.[960] Wie im Verhältnis zu Gott und den Eltern sei, wenn das Gebührende unmöglich ist, wenigstens das Mögliche zu leisten. Allerdings sei die Restitution für das genommene Leben nicht den Hinterbliebenen zu leisten, da diese nicht in das Rechtsgut Leben nachfolgen.[961] Mit Duns Scotus plädiert Ledesma deshalb für eine Restitution mit *bona spiritualia*, die allerdings als sinnlos entfalle, wenn es sich bei dem Getöteten um einen Ungläubigen handelt. Eine Geldentschädigung für das genommene Leben erwägt er nicht.

8. Pedro de Aragón († 1592)

Der Augustiner-Eremit Pedro de Aragón geht auch in Abwesenheit eines wirtschaftlichen Schadens von einer Restitutionspflicht für das *damnum corporale* aus, und zwar nicht nur bei Körperverletzungen, sondern auch für den Verlust des Lebens. Diese Pflicht entfalle nicht wegen Unmöglichkeit, sondern müsse mit zeitlichen Gütern erfüllt werden soweit es eben möglich ist.[962] Denn auch Gott könne man das Gebührende nicht vollständig leisten, woraus man aber nicht ableiten dürfe, dass man ihm deshalb gar nichts schulde.[963] Dass es sich dabei um eine Restitution mit Gütern einer niederen Ordnung handelt, sei nicht hinderlich. Es könne auch der Körper durch menschliche Schätzung einen Preis bekommen und dadurch eine gewisse Ausgeglichenheit hergestellt werden. Und wenn schon Körperteile durch menschliche Schätzung einen Preis bekommen können, dann gelte dasselbe auch für das Leben:

960 Ledesma: In IV sententiarum. Secunda Quartae, q. 18, a. 2, fol. 241rb.

961 Ders.: In IV sententiarum. Secunda Quartae, q. 18, a. 2, fol. 242rb.

962 Aragón: In Secundam Secundae, q. 62, a. 2, S. 184a.

963 Ders.: In Secundam Secundae, q. 62, a. 2, S. 185a.

Nam, quemadmodum membrum ex humana aestimatione est factum pretio aestimabile: ita etiam, & vita.[964]

Denn wie ein Körperteil durch menschliche Schätzung zu einem Gut wird, dessen Wert man schätzen kann, so auch das Leben.

Diese Form der Restitution sei den Erben des Getöteten zu leisten. Neben der Restitution mit zeitlichen Gütern müsse man für das Leben aber auch eine Wiedergutmachung mit geistlichen Gütern erbringen.

9. Domingo Báñez († 1604)

Domingo Báñez[965] nennt das Geld nur den Wertmesser aller käuflichen Dinge. Das Leben, die Gesundheit und die Glieder eines freien Menschen seien aber nicht käuflich.[966] Seitens der *iustitia commutativa* schulde man für das Leben eines Menschen deshalb keine Entschädigung in Geld.

Dennoch meint Báñez, dass der Beichtvater im Wege der sakramentalen Satisfaktion die Zahlung einer Geldentschädigung auferlegen dürfe.[967] Dies sei denkbar, wenn der Schädiger eine Geldentschädigung ohne schwere Verluste zahlen kann. Andernfalls solle der Beichtvater davon aber absehen und eine andere Form der Wiedergutmachung bestimmen. Das dem Beichtvater eingeräumte Ermessen verdeutlicht noch einmal, dass es sich nicht um eine naturrechtliche Restitutionspflicht *ex iustita* handelt, sondern um eine Form der sakramentalen Satisfaktion.[968] Denn Báñez stellt es dem Beichtvater anheim, dem Büßer eine andere Form der Wiedergutmachung aufzuerlegen, wenn dieser sich weigert, eine Geldentschädigung zu zahlen. Zur Begründung stellt er klar:

[...] neque hac parte favemus homicidis, neque percussoribus, sed potius illorum delicta exaggeramus, quia vita, & salus, & membra

Und dadurch wollen wir nicht die Mörder und Schläger schonen, sondern vielmehr die Schwere ihrer Vergehen hervorheben. Denn das Leben, die Gesundheit und die Glieder

964 DERS.: In Secundam Secundae, q. 62, a. 2, S. 184b.

965 Zu Werk und Autor siehe BAUTZ: Báñez.

966 BÁÑEZ: De Iustitia et Iure, q. 62, a. 2, dub. 4, S. 116a.

967 DERS.: De Iustitia et Iure, q. 62, a. 2, dub. 4, S. 115b.

968 Diese Unterscheidung ist aus theologischer Perspektive wichtig und deshalb auch zentral für das Verständnis der Restitutionslehre als Institut eines moraltheologischen Naturrechts. Dass Báñez eine Pflicht zur Geldentschädigung für immaterielle Schäden *ex iustitia* ablehnt, ist teilweise nicht hinreichend deutlich gemacht worden. Vgl. JANSEN: Theologie, Philosophie und Jurisprudenz, 118.

hominis, quae illi destruunt, sunt tam excellentia bona, ut secundum se non admittant pecuniariam restitutionem, & aestimationem.[969]

des Menschen, die jene zerstört haben, sind derart hervorragende Güter, dass sie ihrer Art nach keine Restitution und Schätzung in Geld zulassen.

Eine solche Form der Satisfaktion solle deshalb auch nur unter einfachen Leuten angewendet werden, nicht aber bei Adeligen.

10. Gabriel Vázquez († 1604)

Nach Gabriel Vázquez[970] schuldet der Mörder *ex iustitia* keine Restitution für das genommene Leben. Denn wo Ausgeglichenheit unmöglich hergestellt werden kann, verpflichte die Gerechtigkeit nicht zur Restitution.[971] Dafür nennt er vor allem zwei Argumente. Erstens seien sich alle einig, dass der Mörder jedenfalls dann nicht zu einer Restitution für das genommene Leben verpflichtet sei, wenn er die Talion verbüßt.[972] Dadurch werde dem Geschädigten aber keinerlei Kompensation zuteil. Wenn der Schädiger tatsächlich *ex iustitia* Restitution geschuldet hätte, würde er davon nicht durch die Strafe frei. Denn auch bei materiellen Schäden erlösche durch die Strafe weder die Restitutionspflicht des Schädigers noch die seiner Erben. Also könne auch vor Vollstreckung der Strafe keine Restitutionspflicht *ex iustitia* für das genommene Leben bestehen.

Zweitens sei es unmöglich, für das Leben eine angemessene Geldsumme zu bemessen.[973] Zwar ermittele man in der Praxis durch vertragliche Vereinbarung einen bestimmten Betrag. Aber was gilt, wenn der Verletzte einen solchen Vertrag nicht abschließen und auch nicht vergeben, sondern lediglich genau das fordern will, was tatsächlich im Gewissensforum geschuldet ist? Dann könne man für ein genommenes Leben ebenso gut tausend wie zweitausend Goldstücke für gerecht halten. Das Leben und der Körper eines Freien hätten keinen Preis. Wohl unter Anspielung auf Duns Scotus' Vergleich meint er, dass man sich daher auch nicht wundern müsse, dass für das Leben eines Tieres oder eines Sklaven, nicht aber für das eines Freien Restitution zu leisten ist.[974]

---

969 BÁÑEZ: De Iustitia et Iure, q. 62, a. 2, dub. 4, S. 115b.

970 Zu Werk und Autor siehe KNORN: Jesuitenscholastik, 66 f. m.w.N.

971 VÁZQUEZ (BELLOMONTANUS): Tractatus de restitutione, cap. 8, dub 1, n. 19, S. 176a.

972 DERS.: Tractatus de restitutione, cap. 2, § 3, dub. 6, n. 19, S. 75a.

973 DERS.: Tractatus de restitutione, cap. 2, § 3, dub. 6, n. 20, S. 75b.

974 DERS.: Tractatus de restitutione, cap. 2, § 3, dub. 6, n. 20, S. 75b: »Unde mirandum non est si

11. Petrus de Navarra (16. Jh.)

Petrus de Navarra zufolge muss der Mörder für das *damnum vitae* keinen Geldersatz zahlen. Nicht nur aus dem römischen Recht ergebe sich, dass eine finanzielle Restitution für das Leben nicht in Frage kommt. Auch mit den gängigen moraltheologischen Argumenten sei dies nicht zu begründen. Denn zwar heiße es, dass man bei Unmöglichkeit vollständiger Restitution den Schaden wenigstens teilweise wiedergutmachen solle. Man könne aber weder behaupten, dass das ganze Leben, noch dass ein kleiner Teil des Lebens einen geldwerten Preis habe.[975] Dasselbe gelte auch für die Restitution mit geistlichen Gütern. Denn weil *bona spiritualia* nicht der Preis des Lebens seien, bestehe von Seiten der Gerechtigkeit keine Pflicht auf diese Weise Wiedergutmachung zu leisten.[976]

Dennoch sei der Mörder nicht von jeglicher Pflicht befreit:

> Non ergo negamus ullam esse restitutionem omnino faciendam pro vita, membro, vulnere, alapa, aliaque corporali iniuria: sed id contendimus ne pecuniaria compensatio ac restitutio sit de lege iustitiae debita in conscientia. Nobilior enim & proportionata satisfactio pro iniuria illata neganda non est.[977]

> Wir meinen also nicht, dass für das Leben, einen Körperteil, eine Wunde, eine Ohrfeige oder ein anderes körperliches Unrecht überhaupt keine Restitution zu leisten ist. Sondern wir behaupten bloß, dass man im Beichtgericht nach Maßgabe der Gerechtigkeit keine finanzielle Kompensation oder Restitution schuldet. Denn eine vornehmere und angemessene Wiedergutmachung für ein zugefügtes Unrecht ist nicht zu leugnen.

Für materielle Schäden müsse er deshalb aufkommen. Und schließlich habe er für seine Tat auch eine Strafe zu erwarten.

---

hominis liberum vita, aut membrum non sit restituendum; non enim id ita est, quia minus peccatum occidere hominem, quam brutum, vel servum, sed ratione dicta.«

975 Petrus de Navarra: De ablatorum restitutione, lib. 4, cap. 1, n. 87, S. 380: »Non enim dici potest, quod vita tota vel pars minima vitae sit aequalis valoris, cum soluta pecunia […]«.

976 Ders.: De ablatorum restitutione, lib. 4, cap. 1, n. 98, S. 384: »Cum enim res spiritualis & sacrae pretia vitae, honoris, aut alterius temporalis rei non sint, quomodo ex iustitiae lege ea praestare tenebitur iure restitutionis?«

977 Ders.: De ablatorum restitutione, lib. 4, cap. 1, n. 90, S. 381.

12. Gregor von Valencia († 1603)

Gregor von Valencia[978] meint, dass über den materiellen Folgeschaden hinaus auch für das genommene Leben Wiedergutmachung geleistet werden muss.[979] Die Stelle aus der *Summa theologica*, die von unheilbaren Körperverletzungen handelt (STh II-II q. 62 a. 2), wendet er auch auf die Restitution bei Tötung an. Ferner stimmt er Duns Scotus zu, dass der Mörder nicht besser stehen könne, als wer ein Rind tötet. Interessanterweise stützt er sich auch auf Ex 21,18–19. Diese Stelle handele von heilbaren Verletzungen und spreche den Schädiger nach Ersatz von Verdienstausfall und Behandlungskosten frei. Im Umkehrschluss hafte man für unheilbare Verletzungen und Tötung auch darüber hinaus. Ob die Wiedergutmachung in Geld erfolgen kann, lässt er offen. Darauf deutet jedenfalls die Bezugnahme auf STh II-II q. 62 a. 2 hin, wo von einer Restitution in Geld die Rede ist.

13. Luis de Molina († 1600)

Luis de Molina[980] hält eine Restitution des *damnum vitae* mit Geld für möglich, nicht aber für zwingend. Dass für das *damnum vitae* überhaupt eine Restitution zu erfolgen hat, steht für ihn ebenso fest wie beim *damnum corporis*. Wenn bei letzterem eine tatsächliche Wiederherstellung der Gesundheit nicht möglich ist, stehe dem Verletzten ein Wahlrecht zu, auf welche Weise die Restitution zu erfolgen habe.[981] Er könne sich mit geistlichen Gütern zufriedengeben, dürfe aber auch einen Ausgleich in Geld fordern. Bei Tötung des Geschädigten gehe das Wahlrecht aber nicht einfach auf dessen Erben über, weil diese nicht in natürliche Güter des Verstorbenen – wie das Leben – nachfolgten. Und weil bei Unmöglichkeit von Naturalrestitution ein Ausgleich in Geld zwar möglich, aber nicht zwingend sei, stehe es dem Mörder frei, dem Verstorbenen seinen Schaden mit geistlichen Gütern zu restituieren:

[…] quoniam cum bonum vitae transferibile non sit ad haeredes, neque haeredes ius ad illud habeant, &	Da das Rechtsgut Leben nicht auf die Erben übertragbar ist und die Erben daran auch kein Recht haben, ist der Mörder nicht

978 Zu Werk und Autor siehe Knorn: Jesuitenscholastik, 64 f. m.w.N.

979 Gregor von Valencia: Commentarii theologici, tomus 3, disp. 5, q. 6, punct. 5, Sp. 1199 f.

980 Zu Werk und Autor siehe Wimmer: Molina; MacGregor: Molina.

981 Molina: De Iustitia et Iure, tract. 3, disp. 84, n. 7, Sp. 1017.

homicida non teneatur restituere illud in pecunia, sed possit illud restituere in bonis spiritualibus […][982]	verpflichtet, ihnen dieses Gut mit Geld zu restituieren, sondern er kann es mit geistlichen Gütern restituieren.

Befand sich der Getötete hingegen im Stand schwerer Schuld, so entfalle jegliche Pflicht zur Restitution des *damnum vitae.*[983] Dazu bezieht sich Molina auf die Lehre Vitorias. Denn geistliche Werke seien dann nutzlos und der Getötete sei ihrer nicht würdig. Und da die Erben ja nicht in das Rechtsgut Leben nachfolgten, sei ihnen ebenfalls keine Restitution zu leisten.

Der Mörder könne sich allerdings dazu entscheiden, mit den Erben des Getöteten einen Vergleich zu schließen. Denn nach Molinas Lehre werde durch die öffentliche Strafe für den Mord auch das *damnum vitae* kompensiert. Da aber den Erben das Recht zustehe, die Anklage zu erheben, könnten sie auch gegen Geld darauf verzichten. Entscheidet sich der Mörder für diese Option, sei der Betrag deshalb den Erben des Verstorbenen auszuzahlen:

Secundo, quoniam homicida eligere potest compensare damnum vitae, quod iniuste dedit, pecunia, quia compensare non potest id damnum re alia eiusdem generis cum vita, quam abstulit: cum ergo, si eligat compensare id damnum pecunia, solvenda ea pecunia sit haeredibus interfecti loco illius […][984]	Zweitens. Da nun der Mörder wählen kann, das *damnum vitae*, das er verursacht hat, mit Geld zu kompensieren, weil er diesen Schaden nicht mit einem anderen Gut aus derselben Gattung wie das Leben kompensieren kann, das er genommen hat – deshalb ist dieses Geld, wenn er sich zur Kompensation in Geld entschließt, den Erben des Getöteten an dessen statt zu bezahlen.

Durch die Zahlung des Geldbetrags werde der Mörder von seiner Restitutionspflicht frei. Dasselbe gelte, wenn die Erben ohne Gegenleistung auf die Klageerhebung verzichten[985] oder aber die Todesstrafe[986] vollstreckt wird. Denn durch letztere werde das *damnum vitae* durch ein Gut derselben Ordnung kompensiert. Dabei mache es auch keinen Unterschied, ob es sich um eine Privatklage oder einen öffentlichen Strafprozess handelt. Denn auch wenn die Obrigkeit Klage er-

982 Ders.: De Iustitia et Iure, tract. 3, disp. 84, n. 11, Sp. 1020.
983 Ders.: De Iustitia et Iure, tract. 3, disp. 84, n. 12, Sp. 1020.
984 Ders.: De Iustitia et Iure, tract. 3, disp. 85, n. 8, Sp. 1019.
985 Ders.: De Iustitia et Iure, tract. 3, disp. 84, n. 8, Sp. 1019.
986 Ders.: De Iustitia et Iure, tract. 3, disp. 84, n. 8, Sp. 1017.

hebt, diene die Strafe nicht bloß öffentlichen Interessen, sondern sie kompensiere auch den entstandenen Schaden.

Wenn der Getötete nicht sofort verstorben ist und vor seinem Ableben dem Mörder dessen Tat verziehen hat, so sei der Mörder ebenfalls frei von der Pflicht zur Restitution des *damnum vitae.*[987] Der Wille der Erben sei dabei unbeachtlich. Etwas anderes gelte nur wegen des wirtschaftlichen Schadens: hier komme es auch für die Restitutionspflicht *foro conscientiae* darauf an, inwiefern der Erblasser auch zulasten seiner Hinterbliebenen über sein Vermögen disponieren kann. Wo das örtliche Recht es erlaube, seine Kinder zu enterben – wie etwa in Valencia – dort entbinde ein solcher Verzicht den Mörder auch gegenüber den Erben des Verstorbenen.[988]

14. Miguel Bartolomé Salón († 1621)

Der Augustiner-Eremit Miguel Bartolomé Salón spricht sich ganz ausdrücklich dafür aus, dass der Mörder für das *damnum naturale* Restitution an die Erben des Getöteten zu leisten habe. Die Wiedergutmachung könne auch durch eine Geldentschädigung geschehen.[989] Wenn die Restitution mit Gütern derselben Ordnung nicht möglich sei, entfalle die Restitutionspflicht nicht einfach, sondern man müsse dann mit Gütern einer anderen Ordnung restituieren. Das ergebe sich aus STh II-II q. 62 a. 2, wo Thomas von Aquin nicht zwischen wirtschaftlichen und nichtwirtschaftlichen Schäden unterscheide. Wenn er dort von einer Restitution in Geld spreche, meine er also auch das *damnum naturale.* Dass man das Leben nicht mit Geld schätze, sei unerheblich. Denn laut Thomas müsse man in diesen Fällen nicht bis zur Ausgeglichenheit restituieren, sondern nur soweit wie möglich. Salón weist allerdings darauf hin, dass zwischen Adeligen Geldentschädigungen für das verlorene Leben nicht gebräuchlich seien.[990]

---

987 Ders.: De Iustitia et Iure, tract. 3, disp. 85, n. 2, Sp. 1022.

988 Ders.: De Iustitia et Iure, tract. 3, disp. 85, n. 3 ff., Sp. 1022 f.

989 Salón: De Iustitia et Iure, q. 62, a. 2, controversia 4, concl. 3, S. 205b: »si homicida posset compensare damnum naturale illatum occiso in eodem generem id est restituere illi vitam teneretur: cum autem hoc non possit potest in alio nempe suffragijs, aut pecunia collata haeredibus, tenebitur ergo ad hoc ad arbitrium prudentis.«

990 Ebd.

15. Leondardus Lessius († 1623)

Leonardus Lessius[991] lehnt eine Pflicht zur finanziellen Kompensation des *damnum vitae* ab. Er meint, dass durch die Todesstrafe ein hinreichender Ausgleich geleistet werde.[992] Aber auch ohne diese Form der Bestrafung schulde man für ein genommenes Leben keine Restitution. Das leitet er aus dem römischrechtlichen Grundsatz ab, wonach für Narben und Entstellungen kein Ersatz zu leisten ist. Dasselbe müsse auch für das Leben gelten.[993] Ferner – so Lessius – haften die Erben des Mörders nicht für den Schaden am Leben. Dann könne eine solche Pflicht aber auch nicht in der Person des Mörders selbst bestehen, weil alle Restitutionspflichten auf die Erben übergehen.[994] Schließlich habe der Mörder jedenfalls dann hinreichend Wiedergutmachung geleistet, wenn er für seine Tat mit dem Tode bestraft wurde.[995] Da dem Verstorbenen dadurch aber keine Kompensation für sein verlorenes Leben zugutekomme, könne also auch vor Vollstreckung der Todesstrafe keine Restitutionspflicht bestehen.[996] Schließlich könne man auch keinen gerechten Preis für das Leben bestimmen. Außerdem müsste der Preis für ein Leben dann bei jedem Menschen gleich sein, da alle Menschen von gleicher Würde seien – das sei aber absurd.[997]

Einzig aus *caritas* und *aequitas* schulde man den Hinterbliebenen unter Umständen eine gewisse Wiedergutmachung.[998] Auf den ersten Blick mag das wie die Begründung einer Restitutionspflicht durch die Hintertür erscheinen. Tatsächlich ist diese von Nächstenliebe und Billigkeit geprägte Pflicht im scholastischen Diskurs aber streng zu unterscheiden von einer naturrechtlichen Restitutionspflicht, die nur aus Gründen der Gerechtigkeit entsteht.[999] Für Theologen war diese Unterscheidung deshalb durchaus von Bedeutung. Thomas von Aquin unterteilte die der Gerechtigkeit nahestehenden Tugenden in zwei Kategorien, wovon die einen gesetzliche Verpflichtungen (*debitum legale*), die anderen aber

---

991 Zu Werk und Autor siehe VAN HOUDT: Lessius.

992 LESSIUS: De Iustitia et Iure, lib. 2, cap. 9, dub. 22, n. 139, S. 240.

993 DERS.: De Iustitia et Iure, lib. 2, cap. 9, dub. 23, n. 141, S. 242.

994 DERS.: De Iustitia et Iure, lib. 2, cap. 9, dub. 23, n. 142, S. 244.

995 DERS.: De Iustitia et Iure, lib. 2, cap. 9, dub. 22, n. 138, S. 240.

996 DERS.: De Iustitia et Iure, lib. 2, cap. 9, dub. 23, n. 143, S. 244.

997 DERS.: De Iustitia et Iure, lib. 2, cap. 9, dub 23, n. 143, S. 244.

998 DERS.: De Iustitia et Iure, lib. 2, cap. 9, dub. 23, n. 145, S. 246. Siehe dazu NUFER: Restitutionslehre, 37 f.; UNTERREITMEIER: Schmerzensgeldanspruch, 69.

999 Siehe dazu NUFER: Restitutionslehre, 38, Fn. 35, der insofern eine fehlende Differenzierung bei FEENSTRA: Responsabilité civile, 160, kritisiert. Auch bei JANSEN: Theologie, Philosophie und Jurisprudenz, 117 f. kommt dieser Unterschied kaum zur Geltung.

nur moralische Verpflichtungen (*debitum morale*) begründen.[1000] Die Tugend der Billigkeit (*aequitas*) rechnet Lessius zu den moralischen Pflichten,[1001] die man nur für Zwecke einer größeren Sittsamkeit, nicht aber zum Erhalt der Tugendhaftigkeit befolgen muss. Der Unterschied zu einer echten Restitutionspflicht, zu der das Gesetz der Gerechtigkeit verpflichtet, ist also auch bei Lessius nicht bloß sprachlicher, sondern qualitativer Natur.[1002]

16. Juan de Lugo († 1660)

Juan de Lugo[1003] überblickt in seiner erstmals 1642 erschienenen Schrift *De iustitia et iure* den Meinungsstand der Spätscholastiker samt ihren jeweiligen Argumenten nahezu vollständig. Er setzt sich mit einer Vielzahl von ihnen auseinander und kommt zu dem Schluss, dass man im Gewissensforum zwar für materielle Folgeschäden, nicht aber für das *damnum vitae* oder *corporis* eine Geldentschädigung schulde.

Dazu stützt er sich auf Ex 21,18–19, wo es nur um materiellen Schadensersatz geht, und auf den römischrechtlichen Grundsatz,[1004] wonach der Körper eines Freien nicht in Geld geschätzt werde. Mit Báñez und Vázquez argumentiert er, dass die Restitutionspflicht für das *damnum vitae* nach allgemeiner Auffassung mit der Todesstrafe entfalle. Da dem Opfer dadurch aber kein Mehrwert zufließe und man insofern nicht von Restitution sprechen könne, bestehe eine Restitutionspflicht auch vor der Hinrichtung nicht.[1005] Dass Molina dem entgegenhält, durch die Strafe werde auch der Schaden kompensiert, unterstützt Lugo nicht. Denn auch wenn der Dieb bestraft werde, müsse das Diebesgut restituiert werden.[1006] Ebenso hält er es für widersprüchlich, dass die Erben für das *damnum vitae* nicht haften sollen. Denn wenn es sich dabei um eine Pflicht *ex iustitia* handele, müsse die Verpflichtung auf die Erben übergehen.[1007] Ferner könne man in der Praxis für ein genommenes Leben keinen gerechten Preis bemessen. Das Argument verfange auch nicht, dass man bei Unmöglichkeit wenigstens so viel

---

1000 Thomas von Aquin: STh II-II, q. 80, a. unicus, co. S. 174 f.

1001 Lessius: De Iustitia et Iure, lib. 2, cap. 47, dub. 9, n. 63 ff., S. 693 f.

1002 Insofern unterscheidet sich Lessius von Thomas von Aquin, der die Restitution für Körperverletzung und Rufschädigung als *debitum legale* auffasste, vgl. oben S. 103, bei Fn. 406.

1003 Zu Werk und Autor siehe Berger: Juan de Lugo.

1004 Vgl. Gai. 7 ad ed. provinc. D. 9,1,3; Gai. 6 ad ed. provinc. D. 9,3,7; Ulp. 23 ad ed. D. 9,3,1,5.

1005 Siehe zu diesem Argument oben S. 216.

1006 Lugo: De Iustitia et Iure, disp. 11, sect. 1, n. 7, S. 304b.

1007 Ders.: De Iustitia et Iure, disp. 11, sect. 1, n. 9, S. 305a.

geben solle, wie möglich ist, um wenigstens einen Teil der Schuld zu befriedigen. Denn durch die Geldentschädigung werde nicht einmal ein Teil des Lebens ausgeglichen.[1008] Schließlich sei es auch widersprüchlich, wenn Molina den Mörder von der Restitutionspflicht entbindet, sofern er sich mit den Erben des Getöteten vergleichsweise einigt. Denn die Restitution für das *damnum vitae* schulde man, wenn überhaupt, nur dem Getöteten.[1009]

Aus Gründen der Gerechtigkeit schuldet man deshalb auch nach Lugo für ein genommenes Leben keine Geldentschädigung. Mit Lessius meint er, dass bei Tötung nur unter dem Aspekt der *caritas* eine Pflicht zur Zahlung einer Geldentschädigung in Frage komme, aber auch nur dann, wenn die Hinterbliebenen besonders arm sind und der Schädiger es sich leisten kann. So sei auch Thomas von Aquin zu verstehen.[1010]

II. Körperverletzung

Auch bei Körperverletzungen hatte man *foro conscientiae* für die daraus entstehenden wirtschaftlichen Einbußen des Geschädigten aufzukommen. Francisco de Vitoria behauptet, dass sich insofern alle einig seien.[1011] Die Restitutionspflicht für materielle Schäden schloss den Ersatz von Behandlungskosten und Verdienstausfall ein.[1012] Als Ausgleich wirtschaftlicher Einbußen verstand man auch den Schadensersatz, den man wegen der Entstellung einer Frau zu bezahlen hatte, wenn deshalb ihre Mitgift erhöht werden musste.[1013]

1008 Ders.: De Iustitia et Iure, disp. 11, sect. 1, n. 8, S. 305a: »[…] in nostra autem casu mille nummi nec adaequant totum debitum, nec etiam partem aliquam debiti, nempe vitae ablatae, cum nulla prorsus vitae pars sit compensabilis mille nummis, ut constat.«

1009 Ders.: De Iustitia et Iure, disp. 11, sect. 1, n. 27, S. 308b f.

1010 Ders.: De Iustitia et Iure, disp. 11, sect. 1, n. 15, S. 307a.

1011 Vitoria: Codex Salmantinus XLIII, q. 62, a. 2, n. 6, S. 104. Zur Restitutionspflicht für materielle Schäden bei Körperverletzung siehe Nufer: Restitutionslehre, 32; Otte: Privatrecht bei Francisco de Vitoria, 69; Unterreitmeier: Schmerzensgeldanspruch, 62 ff.; Jansen: Theologie, Philosophie und Jurisprudenz, 113.

1012 Vgl. Hadrian VI.: In Quartum Sententiarum, De restitutione, fol. 98rb; Major: In Quartum Sententiarum (1519), dist. 15, q. 19, fol. 116ra; Azpilcueta: Enchiridion, cap. 15, n. 23, fol. 165r; Báñez: De Iustitia et Iure, q. 62, a. 2, dub. 5, S. 116a; Gregor von Valencia: Commentarii theologici, tomus 3, disp. 5, q. 6, punct. 5, Sp. 1197 f.; Molina: De Iustitia et Iure, tract. 3, disp. 87, Sp. 1028 ff.

1013 Vgl. Vázquez (Bellomontanus): Tractatus de restitutione, cap. 2, § 3, dub. 6, n. 20, S. 75b: »[…] mulier, quae deformis manet, vel membro abscisso, vel cicatrice, & ob id, vel difficilius nubit, vel matrimonium amittit, pro cicatrice est aliquid tribuendum, non pro ipsa secundum se,

Streitig war aber die Frage, ob man über die materiellen Folgeschäden hinaus auch für das *damnum corporis* Restitution zu leisten hatte. Ähnlich wie bei der Tötung drängte sich die Frage gerade in Fällen unheilbarer Verletzungen auf.

1. Hadrian VI. († 1523)

Hadrian VI.[1014] gilt den Spätscholastikern als eine Autorität, die sich zugunsten einer Geldentschädigung für Persönlichkeitsgüter ausgesprochen hat.[1015] Dies gilt auch für die Restitution für Körperverletzungen, obgleich seine Aussagen hier kürzer und auch weniger eindeutig sind als bei Ruf- und Ehrverletzungen.

Hadrian VI. setzt sich zu Beginn mit den Argumenten gegen eine Geldkompensation auseinander.[1016] Zunächst sähen das Buch Exodus und das kanonische Recht nur Schadensersatz für Behandlungskosten und Verdienstausfall vor.[1017] Ferner müsse man nur dem *dominus* eines Rechtsguts Restitution leisten, doch aus den Digesten ergebe sich, dass der Mensch nicht *dominus* seiner Glieder sei.[1018] Auf der anderen Seite falle die Körperverletzung aber unter den unfreiwilligen Rechtsverkehr, von dem Aristoteles im fünften Buch der Nikomachischen Ethik spricht, und sei deshalb Gegenstand der ausgleichenden Gerechtigkeit.[1019] Deshalb habe auch für diese Verletzung Restitution zu erfolgen.

Hadrian VI. äußert sich aber nicht unmissverständlich zu der Frage, ob neben den materiellen Folgeschäden auch das *damnum corporis* selbst in Geld auszugleichen ist. Er bezieht sich auf kanonistische Schriften, aus denen sich ergibt, dass der Verletzte bei Verzicht auf die Injurienklage trotzdem noch auf das Interesse klagen kann.[1020] Dann zitiert er Richard von Mediavilla, der bei heilbaren Verletzungen eine Pflicht zum Ersatz der Behandlungskosten angenommen

---

sed ratione damni temporalis inde sequuti.«. Offenbar hält Petrus de Navarra: De ablatorum restitutione, lib. 4, cap. 1, n. 91, S. 381 es nicht für ausgeschlossen, dass ein solcher wirtschaftlicher Schaden auch bei Männern eintritt. Vgl. auch Molina: De Iustitia et Iure, tract. 3, disp. 88, n. 4, Sp. 1034.

1014 Zu Werk und Autor siehe Stone: Traditio 61 (2006); Gielis, Gielis: Fragmenta 4 (2010); Decock: TR 81 (2013).

1015 Vgl. etwa Vitoria: Codex Salmantinus XLIII, q. 62, a. 2, n. 8, S. 106.

1016 Hadrian VI.: In Quartum Sententiarum, De restitutione, fol. 97vb.

1017 Er zitiert Ex 21,18–19 und X 5,36,1.

1018 Neben Ulp. 18 ad ed. D. 9,2,13 pr. zitiert er auch Gal 4,15.

1019 Hadrian VI.: In Quartum Sententiarum, De restitutione, fol. 98ra.

1020 Er bezieht sich auf Durantis, Johannes Andreae und Nicolaus de Tudeschis. Siehe dazu die Nachweise oben S. 63, Fn. 230–232. Vgl. ders.: In Quartum Sententiarum, De restitutione, fol. 98rb.

hat.[1021] Bei unheilbaren Verletzungen solle man hingegen den gesamten Schaden ersetzen, der das *damnum emergens* sowie das *lucrum cessans* umfasse:

Etiam credo aestimandum quanto compararet homo & vellet membrorum integritatem.[1022]	Ferner glaube ich, dass man schätzen muss, wie viel der Mensch für die Unversehrtheit seiner Glieder aufbringen würde und was sie ihm wert ist.

Hadrian VI. geht hier direkt zur Bemessungsmethode über und scheint damit zu implizieren, dass neben den wirtschaftlichen Folgen auch ein Ersatz für das *damnum corporis* zu leisten ist – allerdings nur bei unheilbaren Verletzungen. Denn obgleich der Mensch nicht *dominus* seiner Glieder sei, treffe der Schaden doch gerade ihn. Das genüge, damit die Restitution für Körperverletzung nicht nur nach positivem Recht erforderlich sei, sondern auch nach dem Naturrecht.[1023]

2. John Major († 1550)

Anders als Hadrian VI. war John Major den Spätscholastikern als ein Autor bekannt, der die Restitutionspflicht infolge von Körperverletzungen auf den Ausgleich wirtschaftlicher Folgeschäden beschränkte. Was die Restitution für Körperverletzungen angeht, ist in seinem Werk von einem Ausgleich nichtwirtschaftlicher Einbußen in Geld tatsächlich keine Rede.[1024] Er geht dort nur auf den Ersatz von Behandlungskosten und Verdienstausfall ein. Weil es ihm nur auf die materiellen Folgeschäden ankam, fordert er eine größere Restitution für die Verletzung eines Handwerkers als für die eines Adeligen.[1025]

1021 Er bezieht sich auf Richard von Mediavilla: Super IV libros sententiarum, lib. 4, dist. 15, a. 5, q. 2, S. 219a. Siehe dazu oben S. 198, bei Fn. 896.

1022 Hadrian VI.: In Quartum Sententiarum, De restitutione, fol. 98rb.

1023 Ders.: In Quartum Sententiarum, De restitutione, fol. 98rb: »Quod licet homo liber non sit membrorum suorum dominus, utique tamen ipse est qui mutilatione vel laesione est damnificatus, & hoc sufficit ut restitutio ipsi fieri debeat non positivo iure tantum, sed etiam iure naturae.«

1024 Major: In Quartum Sententiarum (1519), dist. 15, q. 19, fol. 116ra.

1025 Umstritten war die These Majors, wonach dem Kranken sein Verdienstausfall nur anteilig ersetzt werden sollte, weil er nicht arbeitet, sondern ruht. Siehe dazu etwa Vitoria: Codex Salmantinus XLIII, q. 62, a. 2, n. 7, S. 104; Ledesma: In IV sententiarum. Secunda Quartae, q. 18, a. 2, fol. 241vb; Molina: De Iustitia et Iure, tract. 3, disp. 87, n. 3 f., Sp. 1029 f.

3. Thomas de Vio Cajetan († 1534)

Es ist bereits bemerkt worden, dass Cajetan sich in seinem Kommentar zu *Summa theologica* nicht eindeutig zu der Frage verhält, ob für Persönlichkeitsgüter auch eine Geldentschädigung in Frage kommt. Aus seiner *Summula peccatorum* ergibt sich aber, dass er ebenso wie für das *damnum vitae* auch für das *damnum membrorum* eine Wiedergutmachung nach dem Urteil eines rechtschaffenen Mannes fordert.[1026]

4. Francisco de Vitoria († 1546)

Francisco de Vitoria stellt ganz explizit die Frage, ob man für eine Körperverletzung auch dann Restitution schuldet, wenn sie keinen wirtschaftlichen Schaden nach sich zieht.[1027] Er bejaht dies und beruft sich dazu unter anderem auf die einschlägigen Stellen bei Thomas von Aquin, Duns Scotus und Hadrian VI. Wenn John Major nur den materiellen Schaden ersetzen wolle, so sei dies zu wenig. Dabei legt Vitorias Argumentation nahe, dass der Ausgleich für einen verlorenen Körperteil gerade auch in Geld erfolgen kann.

Die von Vitoria beispielhaft angeführten Verletzungen sind alle dauerhafter Natur. Ungenau ist es deshalb, von einem Schmerzensgeld zu sprechen.[1028] Vielmehr schulde man den Ausgleich nicht für bloße Unannehmlichkeiten und Schmerzen, sondern für den Verlust eines Körperteils oder seiner Funktionsfähigkeit.[1029] Leichtere Misshandlungen wie Ohrfeigen oder Schläge behandelt Vitoria nicht als Körper-, sondern als Ehrverletzung.[1030]

5. Domingo de Soto († 1560)

Domingo de Soto gilt unter frühneuzeitlichen Autoren als Befürworter der Geldentschädigung für Körperverletzungen. In seiner Schrift *De iustitia et iure* findet sich jedoch eine Stelle, die auf den ersten Blick das Gegenteil vermuten lässt:

1026 Cajetan: Summa, Restitutio, cap. 2, fol. 200r. Vgl. oben S. 204.

1027 Vitoria: Codex Salmantinus XLIII, q. 62, a. 2, n. 8, S. 106; ders.: Codex Ottobonianus MXV, q. 62, a. 2, n. 8, S. 222.

1028 So aber Otte: Privatrecht bei Francisco de Vitoria, S. 71; Repgen: De restitutione (Vitoria), S. XLIX. Eine Entschädigung für Schmerzen bei heilbaren Verletzungen kannte nur die scotische Tradition, vgl. dazu oben S. 113, 115 ff.

1029 Siehe dazu oben S. 140 ff. Vgl. auch Nufer: Restitutionslehre, 33 f.; Jansen: Theologie, Philosophie und Jurisprudenz, S. 118 f.

1030 Vitoria: Codex Salmantinus XLIII, q. 62 a. 2 n. 29, S. 150.

Ex his fit consequens quod non debet aestimari pretium huiusmodi laesionum adhibitum illis qui damnum accepit. Amputavit quis manum alteri, aut eruit oculum: utrum teneatur tantum reddere quantum ipse peteret, si ante mutilationem ipse vellet vendere membrum suum? Minime gentium. Est plebeius qui pro mille aureis nollet orbari oculo: & tamen postquam avulsus ei est, non tenetur qui eum eruit tantum reddere. Non enim est eadem hic habenda ratio quae in rebus recuperabilibus. Si furto surripui equum, debeo vel ipsum reddere: vel simpliciter quantum valet: at quia membra non possunt eadem restitui, non debent tanti aestimari quanti homines illa faciunt quando habent.[1031]	Daraus folgt, dass man den Preis solcher Verletzungen nicht nach dem Ermessen desjenigen schätzen soll, der den Schaden erlitten hat. Wenn jemand einem anderen eine Hand abschneidet oder ein Auge ausreist, muss er dann soviel zurückgeben, wie der andere fordern würde, wenn er seinen eigenen Körperteil vor der Verstümmelung verkaufen wollte? Keineswegs. Angenommen ein Plebejer will sich nicht für tausend Goldstücke eines Auges berauben lassen. Wenn das Auge ihm einmal entrissen ist, so schuldet derjenige, der es entrissen hat, die tausend Goldstücke dennoch nicht.[1032] Denn hier gilt nicht dasselbe wie bei wiederbringlichen Gegenständen. Wenn ich durch Diebstahl ein Pferd entwendet habe, so muss ich entweder das Pferd selbst zurückgeben oder so viel zahlen, wie das Pferd wert ist. Aber weil Körperteile nicht auf dieselbe Weise restituiert werden können, sollen sie nicht auf den Betrag geschätzt werden, den Menschen für sie veranschlagen, wenn sie sie noch haben.

Diese Stelle hat Dondorp zu der Annahme verleitet, Soto begrenze die Restitutionspflicht bei Körperverletzung auf den wirtschaftlichen Schaden.[1033] Tatsächlich geht es Soto hier jedoch nicht um die Frage, ob für das *damnum corporis* überhaupt Restitution geschuldet wird, sondern bloß um die Bemessungsmethode. Soto will klarstellen, dass es nicht auf die Einschätzung des Verletzten ankommt, sondern auf das Urteil eines rechtschaffenen Mannes. Dazu sah er sich veranlasst, weil die gegenteilige Auffassung von Hadrian VI. unterstützt wurde und als *taxatio* auch aus dem gemeinen Recht bekannt war.[1034] Auch Francisco

1031 Soto: De Iustitia et Iure, lib. 4, q. 6, a. 3, S. 339a.

1032 Die spanische Übersetzung deutet hingegen missverständlich auf das Gegenteil: »Un plebeyo que sea, non querría verse privado de un solo ojo por mil escudos; y sin embargo una vez que se le ha arrancado, quien se lo arrancó está obligado a pagarle tanto.« ebd., Libro IV, Cuestión VI, Artículo III, S. 339.

1033 Dondorp: Crime and Punishment, 115, Fn. 56.

1034 Siehe zu Einzelheiten der Bemessung unten S. 265 ff.

de Vitoria hatte sich mit dieser Frage bereits auseinandergesetzt.[1035] Dass Soto den Ausgleich des nichtwirtschaftlichen Schadens in Geld voraussetzt und es ihm hier nur auf die Bemessung ankommt, zeigt auch der sich direkt daran anschließende Satz:

Quamvis etiam deformitas quae in mutilo restat, sit etiam repensanda.[1036]	Gleichwohl ist ebenfalls die Entstellung, die dem Verstümmelten bleibt, zu kompensieren.

Neben den wirtschaftlichen Folgeschäden ist Soto zufolge also auch für eine bleibende Verletzung Restitution zu leisten.[1037] Dennoch weist er darauf hin, dass man unter *illustres* eine derartige Restitution nicht fordere.[1038] Denn während man in edleren Kreisen Schäden (*damna*) leicht vergebe, seien es die Beleidigungen (*iniuriae*), die man nicht vergesse.

6. Martín de Azpilcueta († 1586)

In einer Begriffsbestimmung stellt Azpilcueta klar, dass man nicht nur dann von Restitution spricht, wenn jemand Geld schuldet.[1039] Da nämlich jeder Verstoß gegen das Gesetz der Gerechtigkeit zur Restitution verpflichte, sofern dadurch ein Schaden verursacht wird, könne man auch Restitution für *bona spiritualia, corporis* und *honoris* schulden.

Ob man unter Umständen aber auch eine Geldentschädigung für die Verletzung solcher Güter schuldet, war damit noch nicht gesagt. Unter frühneuzeitlichen Autoren gilt Azpilcueta in dieser Hinsicht als eine ablehnende Stimme.[1040] Tatsächlich referiert Azpilcueta in seinem Beichthandbuch ausführlich die Rechtslage nach dem *ius commune* und scheint den Grundsatz, wonach der Körper eines Freien in Geld nicht bemessen werde, auf das Gewissensforum zu übertragen.[1041]

1035 Vgl. unten S. 266, bei Fn. 1219.

1036 Soto: De Iustitia et Iure, lib. 4, q. 6, a. 3, S. 339a.

1037 So auch Olivier: Pyn en Lyding, 99 f.; Feenstra: Réparation, 416; Jansen: Theologie, Philosophie und Jurisprudenz, 116. Zurückhaltend hingegen Nufer: Restitutionslehre, 33.

1038 Soto: De Iustitia et Iure, lib. 4, q. 6, a. 3, S. 339a. Ebenso verhält es sich bei Ruf- und Ehrverletzungen, vgl. unten S. 253, Fn 1159.

1039 Azpilcueta: Enchiridion, cap. 17, n. 11, fol. 186r.

1040 Vgl. stellvertretend Molina: De Iustitia et Iure, tract. 3, disp. 84, n. 8, Sp. 1018.

1041 Vgl. Azpilcueta: Enchiridion, cap. 15, n. 19 f., fol. 163v f.

Dennoch hält JANSEN es für zweifelhaft, inwiefern sich Azpilcueta »tatsächlich für die Inkommensurabilitätsthese in Anspruch nehmen lässt«, auch wenn er seit jeher in diesem Sinne verstanden worden sei.[1042] Dass Azpilcueta sich zwar gegen eine finanzielle Kompensation des Lebens, nicht aber gegen eine Geldentschädigung für Körperverletzungen stellte, ergebe sich aus der folgenden Stelle:

[...] mutilato aliquo membro, datur aliquid, non pro pretio deperditae integritatis, quae nullum habet, sed pro damno quod ex eius defectu evenit [...][1043]	Kommt es zur Verstümmelung eines Körperteils, gibt man etwas – zwar nicht als Preis für die verlorene Unversehrtheit, weil sie keinen Preis hat, aber für den Schaden, der aus dieser Schwächung entsteht.

Obwohl Azpilcueta die körperliche Integrität einen Gegenstand ohne Preis nennt, hält JANSEN es für verfehlt, in dieser Stelle nur einen Beleg für den Ausgleich wirtschaftlicher Schäden zu sehen. Diese habe Azpilcueta nämlich bereits in einem anderen Kapitel behandelt. Allerdings spricht gegen diese Lesart, dass sich Azpilcueta auch hier auf eben dieses Kapitel bezieht. Unmittelbar im Anschluss daran schreibt er nämlich:

[...] per leges praedictas & ea quae supra cap. 15 num. 19 citata fuerunt, quorum consideratio ad haec maxime facit.[1044]	Dies ergibt sich aus den vorgenannten Gesetzen und denen, die oben in Kapitel 15, Nummer 19, zitiert wurden; deren Berücksichtigung ist hierfür sehr nützlich.

In Kapitel 15, Nummer 19 geht es um den Schadensersatz für Tötung und Körperverletzung nach dem *ius commune*, also um materielle Schäden. Dasselbe ergibt sich aus der Bezugnahme auf die *leges praedictae*. Dabei handelt es sich um kurz zuvor von Azpilcueta zitierte Digestenstellen, aus denen der Grundsatz *liberum corpus nullam recipit aestimationem* hervorgeht.[1045] Es liegt deshalb nahe, dass Azpilcueta mit dem *damnum quod ex eius defectu evenit* auch hier bloß den wirtschaftlichen Schaden meint, der mittelbar aus einer Körperverletzung folgt. Dafür spricht schließlich auch, dass er insofern einen Vergleich mit dem guten Ruf anstellt. Das Geld, das man zur Restitution einer Rufschädigung

---

1042 JANSEN: Theologie, Philosophie und Jurisprudenz, 116, Fn. 445.

1043 AZPILCUETA: Enchiridion, cap. 17, n. 90, fol. 212r.

1044 DERS.: Enchiridion, cap. 17, n. 90, fol. 212r.

1045 Nämlich Gai. 6 ad ed. provinc. D. 9,3,7 und Gai. 7 ad ed. provinc. D. 9,1,3.

zahlt, schulde man auch nicht für den Ruf selbst, der keinen Preis habe, sondern zur Kompensation des Schadens, der aus der Rufschädigung folgt.[1046]

Jansen meint ferner, dass Azpilcueta auch sonst »bei einer Verletzung von in Geld nicht bemessbaren Lebensgütern eine billige Entschädigung in Geld« fordert.[1047] Dazu gibt er folgende Stelle an:

Restituendum autem est regulariter id ipsum quod acceptum est vel debetur, si fieri potest, nisi creditor sit alia re contentus, l. Eum a quo. & l. Manifesti, C. de solut. si autem non potest, eius aestimatio, Auth. Hoc nisi, eodem titulo, si est aestimabile, qualia tamen non sunt vita, salus, libertas, honor, & fama l. Liber homo ff. ad l. Aquil. cap. Contingit de sent. excomm. l. In servorum ff. de Poen. & ideo pro eis restituendum est, quod vir bonus arbitrabitur, argum. cap. De causis. de offic. deleg. l. 1 ff de Iure delib.[1048]	In der Regel muss – wenn dies möglich ist – dasjenige restituiert werden, was genommen wurde oder geschuldet wird, sofern der Gläubiger nicht mit einer anderen Sache zufrieden ist (*C.* 8,42,16–17). Ist dies aber nicht möglich, dann den Schätzwert (Auth. ad *C.* 8,42,16), sofern der Gegenstand schätzbar ist, was jedoch auf das Leben, das Heil, die Freiheit, den guten Ruf und die Ehre nicht zutrifft (D. 9,2,13 pr; X 5,39,36; D. 48,19,10 pr.). Also muss für diese restituiert werden, was ein rechtschaffener Mann erwägen wird (X 1,29,4; D. 28,8,1).

Allein die Tatsache, dass die zu restituierende Summe durch das Urteil eines Rechtschaffenen zu bestimmen ist, bedeutet noch nicht, dass es sich dabei um den Ausgleich eines nichtwirtschaftlichen Schadens handelt. Vielmehr zieht Azpilcueta diese Bemessungsmethode auch für wirtschaftliche Schäden wie das *lucrum cessans* heran.[1049] Auch an der vorbenannten Stelle will er durch das Urteil eines Rechtschaffenen bloß den materiellen Folgeschaden bemessen. Ansonsten wäre nicht nachvollziehbar, weshalb er die Schätzbarkeit von Persönlichkeitsgütern nur einen Satz zuvor abstreitet.

In Azpilcuetas Lehre findet sich auch keine subtile Unterscheidung zwischen einem *pretium corporis* oder *famae*, den es ihm zufolge unzweifelhaft nicht gibt,[1050] und einem Schaden an diesen Gütern, den man dann aber trotzdem

1046 Azpilcueta: Enchiridion, cap. 17, n. 90, fol. 212r: »Tum quia id non datur pro pretio famae, quae nullum habet, sed pro compensatione damni quod ob eius iacturam obvenit […]«.

1047 Jansen: Theologie, Philosophie und Jurisprudenz, 116, Fn. 445.

1048 Azpilcueta: Enchiridion, cap. 17, n. 24, fol. 189v.

1049 Vgl. ders.: Enchiridion, cap. 17, n. 27, fol. 190v.

1050 Vgl. oben Fn. 1046.

in Geld kompensieren müsse.[1051] Wenn Azpilcueta von der *compensatio damni* spricht, meint er immer nur das *damnum secutum*, also den materiellen Folgeschaden. Auch die berühmte Stelle bei Thomas von Aquin (STh II-II q. 62 a. 2) will er auf diese Weise verstanden wissen. Was ihm für die Verletzung des Lebens und des Körpers selbstverständlich erscheint – nämlich, dass man nicht für das Rechtsgut selbst, sondern bloß für den Folgeschaden Restitution in Geld leistet – gelte auch für den guten Ruf:

Quarto, quod S. Doctor. 2. sec. quaest. 62. art. 2. ad primum, & secundum, eodem modo loquitur de restitutione famae, quo de restitutione vitae, aut membri, quae restitui nequeunt, nam in utroque dicit par rependi non posse, & in utroque dicit compensandum esse: & in respons. ad secundum ubi de compensatione famae loquitur, se remittit ad praedictum vers. ad primum, ubi loquitur de compensatione vitae, aut membri abscissi, dicens in famae restitutione idem esse faciendum, quod de vita ablata, & membro abscisso dixerat, per quod aperte significat famam aestimari non posse; Et quod id quod pro ea rependitur, non datur magis pro solutione, quam quod redditur pro vita erepta, aut membro abscisso, Et quod altioris ordinis sunt bona famae, quam pecuniaria, & quod non potest conferri pretium

Viertens: Der heilige Doktor spricht in STh II-II, q. 62, a. 2, ad 1 und 2 auf dieselbe Weise von der Restitution des guten Rufs wie von der Restitution des Lebens oder eines Körperglieds, die man nicht restituieren kann. Er sagt nämlich über beide, dass man nichts Gleichartiges wiederherstellen könne und kompensieren müsse. Und bei ad 2, wo es um die Kompensation des guten Rufs geht, verweist er auf ad 1, wo er von der Kompensation des Lebens oder eines abgetrennten Körperglieds spricht. Dabei sagt er von der Restitution des guten Rufs, dass sie genauso erfolgen müsse, wie die für ein genommenes Leben oder ein abgetrenntes Körperglied, wodurch er offensichtlich zu erkennen gibt, dass man den guten Ruf nicht schätzen könne. Und dass man das, was man für den Ruf bezahlt, ebenso wenig zur Erfüllung gibt wie das, was man für ein genommenes Leben oder ein abgetrenntes Körperglied gibt. Und dass Güter des Rufs einer höheren Ordnung angehören als finanzielle Güter, und dass man den Preis eines finanziellen Guts nicht mit dem Preis

1051 So Jansen: Theologie, Philosophie und Jurisprudenz, 111: »Offenbar erschien es ihm unter dem Gesichtspunkt der ausgleichenden Gerechtigkeit als inakzeptabel, eine massive Rechtsverletzung ohne eine restitutorische Antwort zu lassen. Die Zahlungsverpflichtung, so Azpilcueta, bilde also nicht einen Preis für den verlorenen guten Ruf, sondern einen Ausgleich für den zugefügten Schaden.«

boni pecuniarii, cum pretio famae, quod nullum est, sed cum damno ex eius iactura sequuto.[1052]	des Rufs vergleichen kann, den es nicht gibt, sondern nur mit dem Schaden der aus der Rufschädigung folgt.

Mit dieser Interpretation steht Azpilcueta auch nicht allein.[1053] Dass seine Lehre dennoch eine Pflicht zur Entschädigung des *damnum corporis* in Geld enthält, erscheint deshalb wenig plausibel.[1054]

7. Diego de Covarrubias y Leyva († 1577)

Die Aussagen Covarrubias' zur Geldentschädigung wegen Körperverletzung sind ebenso umstritten wie bei der Tötung. Im Ergebnis spricht einiges dafür, dass er bei Verletzung der körperlichen Integrität auch für den nichtwirtschaftlichen Verlust einen Ausgleich fordert. Dafür spricht, dass Covarrubias insofern auf Hadrian VI. verweist, dem zufolge bei Körperverletzungen eine Entschädigung nach der Einschätzung des Verletzten zu leisten ist.[1055]

8. Martín de Ledesma († 1574)

Martín de Ledesma unterscheidet bei Körperverletzung sprachlich zwischen einem *damnum corporale* und dem *damnum secutum*.[1056] Auch wenn die Körperverletzung zu keinem Vermögensschaden führt, müsse der Schädiger für das *damnum corporale* Ausgleich schaffen:

[...] tenetur ad satisfaciendum pro damno corporali [...] esto quod ex illo non incurrat damnum aliud temporale.[1057]	Er muss für den körperlichen Schaden Wiedergutmachung leisten [...] und sei es auch, dass daraus kein Vermögensschaden erwächst.

Bei der Verletzung eines Adeligen müsse man deshalb für das *damnum corporale* Restitution leisten, selbst wenn ihm kein Verdienstausfall entsteht und er genug

1052 Azpilcueta: Enchiridion, cap. 17, n. 90, fol. 212r.
1053 Vgl. unten Báñez S. 235, Fn. 1070 und unten Vázquez S. 235, Fn. 1076.
1054 Diesen Standpunkt teilen Nufer: Restitutionslehre, 33; Unterreitmeier: Schmerzensgeldanspruch, 56 ff. Unklar hingegen Sampson: Historical Foundations, 171 f.
1055 Covarrubias y Leyva: Variarum resolutionum libri, lib. 2, cap. 10, n. 7, S. 142a.
1056 Ledesma: In IV sententiarum. Secunda Quartae, q. 18, a. 2, fol. 241v.
1057 Ders.: In IV sententiarum. Secunda Quartae, q. 18, a. 2, fol. 241vb.

zum Leben hat.[1058] Dazu stützt sich Ledesma nicht nur auf scholastische Autoritäten wie Thomas von Aquin, Duns Scotus und Hadrian VI., sondern auch auf die kanonistische Haftungsgeneralklausel in X 5,36,9.[1059] Dass die Restitution des nichtwirtschaftlichen Schadens gerade auch mit Vermögensgütern möglich sein soll, macht er an verschiedenen Stellen deutlich.[1060]

9. Pedro de Aragón († 1592)

Auch Pedro de Aragón zufolge entfällt die Restitutionspflicht für das *damnum corporale* nicht einfach wegen der Unmöglichkeit, es vollständig wiederherzustellen oder auszugleichen. Der Schädiger müsse jedenfalls soweit restituieren, wie möglich, und zwar mit zeitlichen Gütern.[1061] Dass dadurch wenigstens eine gewisse Ausgeglichenheit hergestellt werden könne, ergebe sich aus der Möglichkeit des Vergleichs, bei dem sich die Parteien ebenfalls auf eine Geldsumme für die Verletzung einigen.[1062]

10. Domingo Báñez († 1604)

Auch Domingo Báñez unterscheidet den Schaden am Körper selbst von den materiellen Folgeschäden wie Behandlungskosten und Verdienstausfall.[1063] Für beide Schäden müsse man Restitution leisten. Umstritten sei allerdings, ob man den Schaden am Körper auch mit Gütern anderer Ordnungen, namentlich mit Geld ausgleichen muss. Dazu resümiert Báñez die verschiedenen Argumente beider Lager geradezu vorbildlich:[1064]

Für die Geldentschädigung spreche zunächst die bekannte Stelle bei Thomas von Aquin (STh II-II q. 62 a. 2). Außerdem zeige die verbreitete Vergleichspraxis, dass man für derlei Schäden einen gerechten Preis bemessen könne. Denn wenn dem nicht so wäre, dürfe der Verletzte für seinen Schaden gerechterweise kein

---

1058 DERS.: In IV sententiarum. Secunda Quartae, q. 18, a. 2, fol. 241vb: »[...] nihilominus nocens tenetur ad restitutionem illius nocumenti corporalis [...]«.

1059 Die mittelalterliche Kanonistik hatte daraus jedoch keine Erweiterung des Schadensbegriffs gefolgert. Vgl. oben S. 60.

1060 Vgl. etwa LEDESMA: In IV sententiarum. Secunda Quartae, q. 18, a. 2, fol. 245ra.

1061 ARAGÓN: In Secundam Secundae, q. 62, a. 2, S. 185a f.

1062 DERS.: In Secundam Secundae, q. 62, a. 2, S. 183b.

1063 BÁÑEZ: De Iustitia et Iure, q. 62, a. 2, dub. 4, S. 114a: »Alterum est ipsa laesio secundum se, scilicet occisio, vel abscisio manus. Alterum est, quod consequitur, videlicet expensae faciendae in curatione, lucrum cessans, damnum emergens.«

1064 DERS.: De Iustitia et Iure, q. 62, a. 2, dub. 4, S. 114a ff.

Geld annehmen.[1065] Wie sich aus der Nikomachischen Ethik ergebe, habe man das Geld ja auch als Maß für den menschlichen Austauschverkehr eingeführt, zu dem man auch die Wiedergutmachung für Körperverletzungen rechne. Schließlich könne sich der Mensch selbst verkaufen, sodass man die Freiheit als käufliches Gut ansehen müsse. Dasselbe könne man dann auch vom menschlichen Körper behaupten.

Andererseits ergebe sich jedoch aus den Digesten, dass der Körper eines Freien nicht in Geld geschätzt werde.[1066] Auch sei das Geld zwar das Maß der käuflichen Dinge, jedoch seien das Leben und der Körper unverkäuflich.[1067] Ferner betrachte man den Schädiger von einer weiteren Wiedergutmachung jedenfalls dann als befreit, wenn er für die Körperverletzung bereits vom Richter mit der Talion bestraft wurde. Das deute aber darauf hin, dass von Seiten der Gerechtigkeit keine Pflicht zur Restitution für das *damnum corporis* bestehen könne. Wenn eine solche bestünde, würde er davon nämlich nicht durch die Strafe frei. Denn auch ein Dieb müsse neben der Strafe noch die gestohlene Sache restituieren.

Ein ähnliches Argument ergab sich aus der teilweise vertretenen These, dass die Erben des Schädigers nicht für den durch ihn verursachten Schaden an *bona corporis* aufkommen müssten. Dieser Standpunkt geht auf Soto zurück, der offenbar behauptet hatte, die Erben des Schädigers müssten nur den wirtschaftlichen Schaden restituieren.[1068] Damit könnte er das Ziel verfolgt haben, Einklang mit dem römischen Recht herzustellen, das zwar die sachverfolgende *actio legis Aquiliae* gegen die Erben des Schädigers erlaubte, sie für die pönale *actio iniuriarum* aber nur dann haften ließ, wenn die Sache vor Ableben des Schädigers rechtshängig war. Sotos Gegner sahen darin einen Widerspruch. Denn Restitution schulde man nicht als Strafe, sondern zur Herstellung ausgleichender Gerechtigkeit. Mit dem Tod des Schädigers entfalle die Restitutionspflicht deshalb nicht einfach, sondern gehe auf dessen Erben über – ebenso wie auch die Erben eines Diebes die gestohlene Sache nicht einfach behalten können. Wenn Soto nun aber bei Körperverletzungen das Gegenteil behauptet, sei dies ein Beweis dafür, dass auch in der Person des Schädigers selbst keine naturrechtliche Restitutionspflicht *ex iustitia* bestanden habe.

1065 Ders.: De Iustitia et Iure, q. 62, a. 2, dub. 4, S. 114b: »Probatur consequentia, quoniam alias, ipse qui laesus est, non posset iuste accipere pecuniam pro laesione.«

1066 Vgl. Gai. 7 ad ed. provinc. D. 9,1,3; Gai. 6 ad ed. provinc. D. 9,3,7; Ulp. 23 ad ed. D. 9,3,1,5.

1067 Báñez: De Iustitia et Iure, q. 62, a. 2, dub. 4, S. 116a.

1068 Siehe dazu unten S. 276.

Dennoch hält Báñez beide Positionen für vertretbar (*probabilis*). Überzeugender findet er aber die Argumente gegen eine Restitution von Körperschäden mit Geld oder Gütern anderer Ordnungen.[1069] Er macht sich deshalb auch für eine Lesart von STh II-II q. 62 a. 2 stark, die darin nur einen Beleg für die Restitutionspflicht materieller Folgeschäden sieht.[1070] Ferner könne man Thomas auch so verstehen, als meine er damit keine naturrechtliche Pflicht *ex iustitia*, sondern bloß die Möglichkeit, eine Geldentschädigung im Wege der sakramentalen Satisfaktion aufzuerlegen.[1071] Schließlich könnte sich eine solche Pflicht ebenso gut nur aus *caritas* ergeben.

11. Gabriel Vázquez († 1604)

Mit ähnlichen Argumenten wie Báñez lehnt auch Gabriel Vázquez die Restitution von Körperschäden in Geld ab. Wenn der Schädiger nach Abbüßung der Talion nicht dazu verpflichtet sei, könne diese Pflicht *ex iustitia* auch davor nicht bestehen.[1072] Denn durch die Strafe fließe dem Geschädigten ja kein Mehrwert zu. Wenn diese Pflicht *ex iustitia* bestünde, müsste sie ferner auch auf die Erben übergehen, was Autoren wie Soto aber ablehnten.[1073] Also bestehe sie auch nicht in der Person des Schädigers. Gegen eine Geldkompensation spreche auch die praktische Unmöglichkeit, einen gerechten Preis für einen Körperteil zu bestimmen.[1074]

Diese Ansicht vertrete auch Martín de Azpilcueta, der sich dazu auf römisches Recht stütze.[1075] Dasselbe ergebe sich auch aus Ex 21,18–19. Da dieses alttestamentarische Gesetz im Einklang mit dem Naturrecht stehe, könne eine darüber hinausgehende naturrechtliche Pflicht nicht bestehen. Vázquez beruft sich auch auf die von Báñez vertretene Thomas-Interpretation, der zufolge man bei Körperverletzungen nur für das *damnum secutum* Restitution schulde. Diese Lesart werde auch von anderen zeitgenössischen Thomisten geteilt.[1076]

1069 Báñez: De Iustitia et Iure, q. 62, a. 2, dub. 4, S. 115a: »Verisimilior mihi est sententia, quod huiusmodi laesiones non debent necessario compensari in alio genere bonorum, scilicet, si in pecunijs aut honoribus aut precibus & sacrificijs.«

1070 Ders.: De Iustitia et Iure, q. 62, a. 2, dub. 4, S. 115b: »Sed respondetur secundo, pro nostra sententia, quod D. Thom. & alij quidam doctores intelligendi sunt de damno consequenti, & quantum ad hoc ait, faciendum esse restitutionem in alio genere bonorum [...]«.

1071 Vgl. dazu oben S. 215 und Fn. 968.

1072 Vázquez (Bellomontanus): Tractatus de restitutione, cap. 2, § 3, dub. 6, n. 19, S. 75a.

1073 Ders.: Tractatus de restitutione, cap. 2, § 3, dub. 6, n. 18, S. 75a. Zu Soto siehe unten S. 237.

1074 Ders.: Tractatus de restitutione, cap. 2, § 3, dub. 6, n. 20, S. 75b.

1075 Ders.: Tractatus de restitutione, cap. 2, § 3, dub. 6, n. 20, S. 75b.

1076 Ders.: Tractatus de restitutione, cap. 2, § 3, dub. 6, n. 22, S. 75b f.: »Circa mentem autem S.

12. Petrus de Navarra (16. Jh.)

Auch nach Petrus de Navarra muss der Schädiger nur die wirtschaftlichen Schäden ersetzen, die aus der Körperverletzung mittelbar folgen. *Ex iustitia* bestehe im Gewissensforum keine Pflicht, für den Körperteil selbst oder die Verletzung einen Geldbetrag zu restituieren.[1077] Dazu bezieht er sich auf römisches Recht, das die Schätzung von Narben verbiete und dessen Sinngehalt auf andere Körpergüter übertragbar sei.[1078] Wie Báñez und Vázquez stützt auch er sich auf Argumente zur Strafklagenkonkurrenz und zur Vererblichkeit der Restitutionspflicht.[1079] Schließlich könne man seinem Standpunkt auch nicht mit dem Argument begegnen, dass man eine Geldschuld, die man nicht vollständig begleichen kann, wenigstens teilweise erfüllen müsse. Denn das Leben oder der Körper werde durch Geld nicht einmal teilweise restituiert.[1080]

13. Luis de Molina († 1600)

Die wirtschaftlichen und die nichtwirtschaftlichen Folgen einer Körperverletzung behandelt Molina in zwei getrennten Kapiteln.[1081] Wie für alle Schäden muss nach Molina *iure naturali* auch für das *damnum corporis* Restitution geleistet werden – notfalls in Gütern anderer Ordnung. Molina spricht sich auch ausdrücklich dafür aus, dass die Restitution des *damnum corporis* in Geld erfolgen kann – allerdings nur, wenn der Geschädigte einen Ausgleich mit geistlichen Werken oder Ehrerbietung nicht wünscht.[1082]

Tho. placet advertere, Dom. Vañez loco allegato eam explicare de restitutione facienda, non pro damno corporali formaliter, sed pro damno sequuto; quae explicatio Recentioribus aliis etiam ex Thomistis probata est.«

1077 Petrus de Navarra: De ablatorum restitutione, lib. 4, cap. 1, n. 81, S. 378: »Porro quod praeter damnorum in rebus fortunae, seu temporalibus restitutionem pro corporali iniuria sive vitae, sive membri, vulneris, alapae & huiusmodi, nulla ex iustitiae rigore restitutio pecuniaria in conscientia debita sit [...]«.

1078 Ders.: De ablatorum restitutione, lib. 4, cap. 1, n. 83, S. 379.

1079 Ders.: De ablatorum restitutione, lib. 4, cap. 1, n. 83 f., S. 379. Siehe dazu im Einzelnen oben S. 233 ff.

1080 Ders.: De ablatorum restitutione, lib. 4, cap. 1, n. 86 ff., S. 380 f.

1081 Molina: De Iustitia et Iure, tract. 3, disp. 87 f.

1082 Ders.: De Iustitia et Iure, tract. 3, disp. 88, n. 1, Sp. 1032: »[...] si non vellet compensationem illius in bonis spiritualibus, aut alicuius honoris, facienda esset illi restitutio in bonis externis, ut in pecunia.«

Dagegen könne man nicht einwenden, dass der Körper in Geld nicht schätzbar sei. Auch die römischen Rechtsvorschriften will er nicht auf diese Weise verstanden wissen. Denn auch wenn der Schädiger im Wege der Injurienklage verurteilt wird und zur Kompensation des Unrechts eine Geldbuße entrichten muss, ermittele man die Höhe des Betrags durch Schätzung. Dabei berücksichtige man auch den Körperschaden. Laut Molina kompensiert die *actio iniuriarum* also auch das *damnum corporis*, weshalb letztlich auch dieses in Geld geschätzt werde.[1083] Der vornehme Einwand von der Unschätzbarkeit eines römischen Bürgers ist für ihn deshalb bei der naturrechtlichen Restitutionspflicht ohne Belang:

Neque refert, si quis dicat, ob sui magnitudinem esse inaestimale, eaque de causa restitui non posse.[1084]	Und es ist unerheblich, wenn jemand meint, er sei wegen seiner Erhabenheit unschätzbar, sodass man nicht restituieren könne.

Noch deutlicher als andere Autoren setzt Molina für die Restitution nichtwirtschaftlicher Einbußen aber voraus, dass es zu einem bleibenden körperlichen Schaden (*damnum permanens*) gekommen ist.[1085] Eine verheilte Verletzung stelle eine bloße *iniuria* dar, die keine Restitutionspflicht auslöst, sondern nur eine Strafe nach sich ziehen könne:

[...] quare cum iniuriae sumptae praecise a damno dato ac permanente, respondeat quidem poena, quae ante latam sententiam non debetur, solumque damnum permanens, quod iniuste fuit datum, fit obnoxium restitutioni ac compensationi in foro conscientiae [...][1086]	[...] weil nämlich die *iniuria*, insofern man sie als etwas vom bleibenden Schaden Verschiedenes versteht, zur Strafe gehört, die man vor Erlass eines Urteils nicht schuldet, und nur der bleibende Schaden, der unrechtmäßig zugefügt wurde, im Beichtgericht zur Restitution und Kompensation verpflichtet.

1083 DERS.: De Iustitia et Iure, tract. 3, disp. 84, n. 3, Sp. 1013 f.: »[..] sed iura civilia dant actionem ad vindicandam ad aequalitatem iniuriam, quae quando damnum corporale est datum, fuit illata, & interdum etiam dant actionem civilem ad compensandam iniuriam pecunia, quantum eam aestimaverit offensus, accedente simul arbitrio ac moderamine iudicis, in eaque iniuria includunt iura damnum corporale datum tanquam partem eius iniuriae [...] ergo damna corporis non sunt omnino inaestimabilia [...]«. Vgl. auch DERS.: De Iustitia et Iure, tract. 3, disp. 40, n. 20, Sp. 752. Schäden an Vermögensgütern fallen hingegen auch nach MOLINA unter die *actio legis Aquiliae*, vgl. DERS.: De Iustitia et Iure, tract. 3, disp. 40, n. 11, Sp. 769.

1084 MOLINA: De Iustitia et Iure, tract. 3, disp. 84, n. 3, Sp. 1013.

1085 Siehe dazu bereits oben S. 140 ff.

1086 MOLINA: De Iustitia et Iure, tract. 3, disp. 88, n. 3, Sp. 1033.

Für Schmerzen oder bloße Unannehmlichkeiten schuldet der Schädiger deshalb keine Restitution:

Dolor quippe ac vulnus perpessa, & molestia ea de causa suscepta, ad iniuriam pertinent, & non ad damnum permanens [...][1087]	Denn der Schmerz und die zugefügte Verletzung sowie die daraus entstandene Unannehmlichkeit gehören zur *iniuria* und nicht zum bleibenden Schaden.

Auch für eine körperliche Verunstaltung muss laut Molina Restitution geleistet werden, sofern der Verletzte dies wünscht – und zwar unabhängig von verschlechterten Heiratsaussichten sowohl bei Frauen als auch bei Männern. Dabei handelt es sich um den Ersatz eines nichtwirtschaftlichen Schadens, den Molina damit begründet, dass auch die Schönheit einen Preis habe.[1088]

14. Gregor von Valencia († 1603)

Nach Gregor von Valencia muss wegen einer Verstümmelung nicht nur für den wirtschaftlichen Folgeschaden Restitution geleistet werden, sondern auch für die nichtwirtschaftliche Einbuße.[1089] Seine Argumentation ist insofern dieselbe wie bei der Tötung. Er stützt sich auf Thomas von Aquin, dem zufolge bei unheilbaren Verletzungen wenigstens das Mögliche zu leisten sei, sowie auf ein *argumentum a fortiori* zu Ex 21,18–19.[1090] Wie sich aus STh II-II q. 62 a. 2 ergebe, könne die Restitution für eine Körperverletzung auch in Geld erfolgen.[1091]

15. Miguel Bartolomé Salón († 1621)

Mit Hinweis auf Thomas von Aquin will auch Salón bei Körperverletzungen den nichtwirtschaftlichen Schaden in Geld kompensieren. Denn Thomas spreche in STh II-II q. 62 a. 2 nicht allein vom materiellen Schaden, sondern auch vom

---

1087 Ders.: De Iustitia et Iure, tract. 3, disp. 88, n. 3, Sp. 1033.

1088 Ders.: De Iustitia et Iure, tract. 3, disp. 88, n. 4, Sp. 1034: »Ratio autem est, quoniam pulchritudo ac decentia corporis bonum quoddam est corporale pretio aestimabile [...]«. Vgl. oben S. 166. Siehe dazu auch Unterreitmeier: Schmerzensgeldanspruch, 71; Jansen: Theologie, Philosophie und Jurisprudenz, 119.

1089 Gregor von Valencia: Commentarii theologici, tomus 3, disp. 5, q. 6, punct. 5, Sp. 1199.

1090 Siehe dazu oben S. 218.

1091 Gregor von Valencia: Commentarii theologici, tomus 3, disp. 5, q. 6, punct. 5, Sp. 1201.

damnum naturale.[1092] Aus entgegenstehendem römischen Recht ergebe sich nur, dass Narben und Entstellungen mit Geld nicht vollständig ausgeglichen werden können. Eine Geldkompensation schließe dies aber nicht aus, da es mit Thomas hier nicht auf Vollständigkeit ankomme, sondern auf das Mögliche.

16. Leonardus Lessius († 1623)

Ebenso wenig wie für das Leben ist nach Leonardus Lessius auch für einen verlorenen Körperteil oder eine Narbe Restitution erforderlich. Dazu beruft er sich unter anderem auf Martín de Azpilcueta und Petrus de Navarra sowie auf entsprechende Digestenstellen und die Glosse zu X 5,36,1, woraus hervorgehe, dass der Körper eines Freien nicht in Geld geschätzt werden könne. Daraus ergebe sich nicht bloß, dass vor weltlichen Gerichten insofern keine Klage gewährt werde, sondern vielmehr, dass der menschliche Körper seiner Natur nach unschätzbar sei (*natura sua sint supra omne pretium*).[1093]

Wenn ein Schaden seiner Natur nach aber irreparabel sei, bestehe aus Gründen der Gerechtigkeit keine Pflicht zur Restitution. Es sei auch niemand verpflichtet, einen Schaden mit Gütern aus einer anderen Ordnung wiedergutzumachen, da insofern keine Kommensurabilität bestehe:

Septimo, quia nemo obligatur damnum sarcire ex bonis diversi ordinis, sed tantum eiusdem; haec enim sola inter se sunt commensurabilia: ergo quando non potest fieri commensuratio, non est obligatio iustitiae.[1094]	Siebtens. Niemand ist verpflichtet, einen Schaden mit Gütern einer anderen Ordnung wiedergutzumachen, sondern bloß mit Gütern derselben Ordnung. Denn nur diese sind untereinander kommensurabel. Wenn keine Kommensurabilität hergestellt werden kann, besteht also nach Maßgabe der Gerechtigkeit keine Verpflichtung.

Die Gerechtigkeit fordere eben nicht für jeden Schaden eine Kompensation.[1095] Wegen einer Körperverletzung könne man deshalb nur vor Gerichten eine Strafklage erheben und so eine Wiedergutmachung in Geld erwirken.

1092 SALÓN: De Iustitia et Iure, q. 62, a. 2, controversia 12, S. 214a.

1093 LESSIUS: De Iustitia et Iure, lib. 2, cap. 9, dub. 23, n. 142, S. 242.

1094 DERS.: De Iustitia et Iure, lib. 2, cap. 9, dub. 23, n. 144, S. 246.

1095 DERS.: De Iustitia et Iure, lib. 2, cap. 9, dub. 23, n. 145, S. 246: »[…] non enim omne damnum, ex iustitia est compensandum […]«.

17. Juan de Lugo († 1660)

Juan de Lugo lehnt die Geldentschädigung für das *damnum corporis* ab. Er behandelt das Problem zusammen mit dem *damnum vitae*, sodass seine Argumente hier nicht wesentlich andere sind. Er stützt sich auf Ex 21,18–19 sowie römisches Recht und meint, dass sich für Schäden am Körper kein gerechter Preis bestimmen lasse. Ihn überzeugt insbesondere nicht das Argument Molinas, wonach zwar grundsätzlich eine abgestufte Güterrangordnung bestehe, man aber von einem Gut niederer Ordnung so viel dazu geben kann, wie ein Rechtschaffener den Schaden an einem Gut höherer Ordnung schätzt.[1096] Dann könne man ja auch andere Güter als Geld für das Leben oder einen Körperteil hingeben, was Molina konsequenterweise auch vertrete, aber abzulehnen sei.[1097] Es sei auch bedenklich, wenn Molina dem Geschädigten insofern ein Wahlrecht einräume. Denn der Inhalt der Restitutionspflicht hänge vom Schaden ab, nicht aber vom Willen des Verletzten.[1098]

III. Die *defloratio*

Das *stuprum* bzw. die *defloratio* eines Mädchens, also der voreheliche Verlust der Jungfräulichkeit, war aus juristischer Sicht vor allem ein Problem des materiellen Schadensersatzes. Die damit einhergehende Verminderung des Ansehens war eine Gefahr für die standesgemäße Verheiratung der Frau, der ihre Familie mit einer entsprechend höheren Aussteuer begegnen konnte. Deshalb sah für diesen Fall bereits das Alte Testament (Ex 22,16–17)[1099] vor, dass der Verführer das Mädchen heiraten und das Brautgeld bezahlen soll. Diesen sogenannten Deflorationsanspruch übernahm die Kanonistik (X 5,16,1)[1100] und in abgewandelter Form später auch das säkulare Recht.[1101]

1096 Siehe oben Fn. 656.

1097 Lugo: De Iustitia et Iure, disp. 11, sect. 1, n. 12, S. 306a, n. 18, S. 307b.

1098 Ders.: De Iustitia et Iure, disp. 11, sect. 1, n. 20, S. 307b: »[…] valor enim bonorum non pendet ab eius complacentia.«

1099 Entspricht Ex 22,15–16 EÜ. Vgl. auch Dt 22,28–29.

1100 Siehe dazu oben S. 61.

1101 Siehe zum Ganzen Jansen: Theologie, Philosophie und Jurisprudenz, 101 ff.; Unterreitmeier: Schmerzensgeldanspruch, 77 f. Vgl. auch Sampson: Historical Foundations, 171. Speziell zur Behandlung des *stuprum* bei Thomas von Aquin siehe Weinzierl: Hochscholastik, 194.

Dass der Mann für den wirtschaftlichen Schaden, der aus dem Verlust der Jungfräulichkeit folgt, wegen einer naturrechtlichen Restitutionspflicht aufzukommen habe, stand auch für die Spätscholastiker dem Grunde nach fest.[1102] Von dieser Regel machten sie jedoch eine wichtige Ausnahme, wenn die Frau in den vorehelichen Geschlechtsverkehr eingewilligt hatte. Denn zwar stellte der Verlust der Jungfräulichkeit nach vorherrschender Ansicht ein *damnum corporis* dar.[1103] Aber wegen der Dispositionsbefugnis der Frau über ihren Körper verhinderte ihre Einwilligung das Unrecht der Schadenszufügung: *volenti non fit iniuria*.[1104] Da das Mädchen nicht im Besitz seines Vaters stehe (*virgo non est possessio patris*),[1105] sondern selbst Herrin über ihren Körper sei (*puella est domina sui corporis*),[1106] bedeute der voreheliche Geschlechtsverkehr zwar eine Sünde gegen die Keuschheit,[1107] jedoch keinen Verstoß gegen die Gerechtigkeit.[1108] Wo aber die Gerechtigkeit nicht verletzt ist, entstehe auch keine Restitutionspflicht – und zwar weder des Verführers noch des Mädchens. Etwas anderes galt deshalb nur, wenn die Einwilligung entweder nicht frei war, weil sie auf Täuschung oder Drohung beruht, oder aber der Mann Gewalt anwendet.[1109]

Allerdings war auch denkbar, dass der Verlust der Jungfräulichkeit keine wirtschaftlichen Einbußen nach sich zog. Wenn der voreheliche Geschlechtsverkehr

---

1102 Allerdings schuldete man *foro conscientiae* nicht die gesamte Mitgift, sondern nur den zur Aufstockung erforderlichen Betrag. Vgl. Azpilcueta: Enchiridion, cap. 16, n. 17, fol. 173r; Molina: De Iustitia et Iure, tract. 3, disp. 106, n. 5, Sp. 1177. Siehe dazu Jansen: Theologie, Philosophie und Jurisprudenz, 102 f.

1103 Siehe dazu die Nachweise oben S. 139, bei Fn. 594.

1104 Vgl. Ulp. 56 ad ed. D. 47,10,1,5; VI. 5,13,27. Für die Restitutionslehre formuliert Vitoria: Codex Salmantinus XLIII, q. 59, a. 3, n. 3, S. 76: »Iniuria ergo et restitutio fundantur in involuntario.«

1105 Molina: De Iustitia et Iure, tract. 3, disp. 106, n. 2, Sp. 1173.

1106 So etwa Soto: In IV Sententiarum, disp. 18, q. 2, a. 4, S. 869a.

1107 Gibt eine Frau ihre Jungfräulichkeit vor der Ehe preis, verstoße sie nicht nur gegen das sechste Gebot (Verbot des Ehebruchs), sondern auch gegen das fünfte (Tötungsverbot), zu dem man auch Körperverletzungen (an sich selbst) fasste. Vgl. Báñez: De Iustitia et Iure, q. 62, a. 2, dub. 7, S. 119a; Molina: De Iustitia et Iure, tract. 3, disp. 1, n. 6, Sp. 513. Ähnlich bereits Thomas von Aquin: STh II-II, q. 152, a. 1, co., S. 197.

1108 Siehe dazu bereits oben S. 136 ff. sowie ausführlich Knebel: FZPhTh 61 (2014).

1109 An die Freiwilligkeit des *consensus* stellte man nicht unerhebliche Anforderungen. Wenn die Frau aus Ehrfurcht nicht zu widersprechen wagt und der Verführer dies weiß oder wissen muss, hafte er trotz des erklärten Einverständnisses auf Restitution. Vgl. etwa Molina: De Iustitia et Iure, tract. 3, disp. 106, n. 1, Sp. 1172: »Si vero consensus foeminae eo modo non esset liber, sed solum prae verecundia, quia negare id non audet, copiam sui corporis faceret involuntaria quando consentit, utique tunc ad restitutionem tenetur illi stuprator, si id intelligeret, intelligereve debuit, quando illam defloravit.« Siehe dazu Jansen: Theologie, Philosophie und Jurisprudenz, 104 f.

nämlich geheim blieb, konnte das Mädchen ohne Aufstockung ihrer Mitgift heiraten. Dann stellte sich aber die Frage, ob für das *damnum corporis* der verlorenen Jungfräulichkeit ein Ausgleich zu leisten war. Dass die Einwilligung der Frau auch hier jegliche Ansprüche ausschloss, verstand sich von selbst. Schuldete man für diesen nichtwirtschaftlichen Verlust aber Restitution, wenn der Geschlechtsverkehr durch falsche Versprechungen erschlichen oder gar durch Gewalt erzwungen worden war? Gabriel Vázquez beobachtet, dass sich zu dieser Problematik nur wenige Autoren geäußert haben, sich einige zeitgenössische Theologen aber dafür aussprechen.[1110]

1. Francisco de Vitoria († 1546)

In den überlieferten Mitschriften von Vitorias salmantiner Vorlesungen *De iustitia et iure* findet sich – soweit ersichtlich – keine Aussage darüber, ob wegen des Verlusts der Jungfräulichkeit auch für die nichtwirtschaftliche Einbuße Restitution zu leisten ist. Jedoch berichtet Martín de Azpilcueta in seinem *Enchiridion*, dass Vitoria sich dazu geäußert habe, als die beiden gleichzeitig in Salamanca unterrichteten – Vitoria auf dem Lehrstuhl für Theologie, Azpilcueta auf dem für Kanonistik.[1111] Dort habe Vitoria den Standpunkt vertreten, dass der Mann infolge des durch Täuschung erschlichenen Geschlechtsverkehrs der Frau für den Verlust ihrer Jungfräulichkeit auch dann zur Wiedergutmachung verpflichtet sei, wenn der Vorfall geheim bleibt und sie ohne Aufstockung der Mitgift heiraten kann.[1112] Auch für den nichtwirtschaftlichen Verlust muss demnach Restitution erfolgen.

1110 Vázquez (Bellomontanus): Tractatus de restitutione, cap. 3, § 2, dub. 3, n. 7, S. 83a. Tatsächlich behandeln einige Autoren bloß die Restitutionspflicht wegen der aufgestockten Mitgift. Vgl. Soto: De Iustitia et Iure, lib. 4, q. 7, a. 1, S. 360b; ders.: In IV Sententiarum, dist. 18, q. 2, a. 4, S. 869; Ledesma: In IV sententiarum. Secunda Quartae, q. 18, a. 2, fol. 241ra. Vgl. auch Mazzolini: Summa, pars 2, Luxuria, n. 5, S. 164a.

1111 Vgl. Azpilcueta: Enchiridion, cap. 16, n. 19, fol. 173v. Auch andere Autoren beziehen sich, wenn es um Vitorias Standpunkt in dieser Sache geht, stets nur auf dessen bei Azpilcueta wiedergegebene Äußerungen. Vgl. Vázquez (Bellomontanus): Tractatus de restitutione, cap. 3, § 2, dub. 3, n. 7, S. 83a; Molina: De Iustitia et Iure, tract. 3, disp. 106, Sp. 1178; Lugo: De Iustitia et Iure, disp. 12, sect. 1, n. 16, S. 325a.

1112 Azpilcueta: Enchiridion, cap. 16, n. 19, fol. 173v: »[...] qui virginem dolo, aut importunis precibus comrrumpit [sic!], obligari ad satisfaciendum ei detrimentum ex sigilli virginitatis fractione illatum, etiamsi illa, aeque bene nuberet, ac si praefatum sigillum non amisisset [...]«.

2. Martín de Azpilcueta († 1586)

Hingegen will Azpilcueta die Ansicht Vitorias nur sehr eingeschränkt gelten lassen. Eine Restitutionspflicht des Geschlechtspartners bestehe nur, wenn der spätere Ehemann der Verführten von dem vorehelichen Geschlechtsverkehr erfährt. Das kann als Absage an einen Ausgleich für die verlorene Jungfräulichkeit selbst verstanden werden.[1113]

3. Domingo Báñez († 1604)

Auch Báñez behandelt die verlorene Jungfräulichkeit wie ein *damnum corporis*. Ebenso wie bei anderen Körperverletzungen habe man deshalb auch hier nur die wirtschaftlichen Folgeschäden zu ersetzen, nicht aber die Jungfräulichkeit selbst.[1114]

4. Gabriel Vázquez († 1604)

Gabriel Vázquez hält ebenfalls daran fest, dass man nur für die Aufstockung der Mitgift aufzukommen habe. Für die verlorene Jungfräulichkeit selbst schulde man keine Restitution:

> [...] damnum enim, quod postulat restitutionem, non est defloratio secundum se, quia illa non est restituibilis, ut ita dicam, nec pretio est aestimanda [...][1115]

> Der Schaden, der Restitution erfordert, ist nämlich nicht die verlorene Jungfräulichkeit an sich. Denn diese ist, wie gesagt, weder restituierbar noch in Geld schätzbar.

5. Petrus de Navarra (16. Jh.)

Auch Petrus de Navarra zufolge muss in Abwesenheit eines wirtschaftlichen Schadens keine Restitution für das *damnum corporale ex fractione signaculi virginalis*

1113 DERS.: Enchiridion, cap. 16, n. 19, fol. 173v.

1114 BÁÑEZ: De Iustitia et Iure, q. 62, a. 2, dub. 7, S. 119b: »Quemadmodum enim pro laesione corporali non tenetur percussor restituere quicquam pro abscissione ipsa membri secundum se, quanvis teneatur ad damna quae consequuta sunt ante sententiam iudicis. Ita dicimus de laesione corporali integritatis virginis quod non tenetur stuprator ante sententiam iudicis, nisi ad damna quae consequuta sunt.«

1115 VÁZQUEZ (BELLOMONTANUS): Tractatus de restitutione, cap. 3, § 2, dub. 3, n. 8, S. 83b.

geleistet werden.[1116] Denn ebenso wie für andere Körperschäden könne auch für den Verlust der Jungfräulichkeit kein Preis geschätzt werden, sodass von Seiten der Gerechtigkeit keine Verpflichtung zu einer Geldentschädigung bestehe.

6. Luis de Molina († 1600)

Auch Molina behandelt den Verlust der Jungfräulichkeit als *damnum corporale*, den es seiner Lehre zufolge aber auch in Abwesenheit eines wirtschaftlichen Schadens auszugleichen gilt – ebenso wie andere Körperschäden.[1117] Dieser Ausgleich war allerdings auf Jungfrauen beschränkt. Einer nicht mehr jungfräulichen oder verheirateten Frau war bei ansonsten gleichen Voraussetzungen für den durch Täuschung gewährten,[1118] ja selbst durch Gewalt[1119] erzwungenen Geschlechtsverkehr keine Restitution zu leisten, da es sich dabei nur um eine Injurie (*sola iniuria copulae*), nicht aber um ein *damnum* handele. Dieses Ergebnis geht auf die Prämisse zurück, dass eine Restitutionspflicht die Verletzung eines Rechtsguts voraussetzt, die sexuelle Selbstbestimmung jedoch als solches noch nicht anerkannt war.[1120] Wenn die Vergewaltigung keine bleibenden körperlichen Schäden nach sich zog, war der Rechtsschutz somit auf Strafklagen beschränkt.

7. Gregor von Valencia († 1603)

Wenn ein Mann eine Frau durch Gewalt oder Täuschung um ihre Jungfräulichkeit bringt, muss er laut Gregor von Valencia *foro conscientiae* für den Verlust derselben Restitution leisten, weil dies selbst einen schätzbaren Schaden darstellt (*ipsum per se est detrimentum pretio aestimabile*).[1121] Hier gelte dasselbe wie bei der Restitution von *bona corporis*. Ferner schulde er Restitution für die verringerten Eheaussichten, eine etwaige Rufschädigung und sonstige im Einzelfall

---

1116 Petrus de Navarra: De ablatorum restitutione, lib. 2, cap. 3, n. 452, S. 305: »[…] non exigit de rigore iustitiae pecuniariam restitutionem […] Haec enim pretio aestimabilia non sunt: sed solum restituendum est in his omnibus damnum, quod ex talibus iniuriis consecutum est.«

1117 Molina: De Iustitia et Iure, tract. 3, disp. 106, Sp. 1178: »Cum enim apertio illa claustri virginitatis, damnum in se corporale sit pretio aestimabile, esto nulla infamia nullumque aliud damnum ei mulieri ulterius inde sequatur, sane qui iniuste damnum illud ei dedit, tenetur illud ei restituere, quantum prudentis arbitrio in se aestimabitur […]«. Molina beruft sich dazu ausdrücklich auf die bei Azpilcueta wiedergegebene Ansicht Vitorias, vgl. oben S. 242.

1118 Ders.: De Iustitia et Iure, tract. 3, disp. 106, n. 10, Sp. 1179.

1119 Ders.: De Iustitia et Iure, tract. 3, disp. 106, n. 11, Sp. 1179.

1120 Siehe dazu bereits oben S. 136 ff.

1121 Gregor von Valencia: Commentarii theologici, tomus 3, disp. 9, q. 3, punct. 3, Sp. 2230 f.

eintretende Schäden. Interessanterweise meint Gregor, dass der Vergewaltiger darüber hinaus auch für die Injurie eine Kompensation schulde, die darin bestehe, dass er die Frau gegen ihren Willen vergewaltigt hat:

Quarto, ipsa quoque iniuria per stuprum illata Virgini (quatenus scilicet contra ipsius voluntatem violatur) debet modo aliquo iuste resarciri & compensari.[1122]	Viertens. Auch das Unrecht, dass der Jungfrau durch die Unzucht zugefügt wurde (weil sie ja gegen ihren Willen vergewaltigt wird) muss auf gerechte Weise wiedergutgemacht und kompensiert werden.

Gregor knüpft hier nicht an den Verlust der Jungfräulichkeit an, sondern an ein Unrecht durch Hinwegsetzen über den Willen der Frau. Offen bleibt, ob dies auch für Frauen gilt, die nicht mehr Jungfrau sind. Molina hatte ihnen den Schutz versagt, da es ohne den Verlust der Jungfräulichkeit an einer Rechtsgutverletzung fehle und für bloße Injurien keine Restitution erforderlich sei. Auch Gregor behandelt im Kapitel über die Restitution die sexuelle Selbstbestimmung nicht als eigenes Rechtsgut, an dem ein restituierbarer Schaden entstehen kann. Dennoch scheint er die Notwendigkeit anzuerkennen, auch die Verletzung des entgegenstehenden Willens angemessen zu kompensieren. Damit geht er über diejenigen Ansichten hinaus, die die Ersatzpflicht bei der *defloratio* nur in Zusammenhang mit dem *damnum corporis* bringen.

8. Miguel Bartolomé Salón († 1621)

Auch Miguel Bartolomé Salón meint, dass man einer Frau, die durch Gewalt oder Täuschung ihre Jungfräulichkeit verloren hat, auch für den immateriellen Schaden Restitution zu leisten habe.[1123] Denn da man sich in solchen Fällen auch per Vergleich auf eine Geldsumme einigen könne, greife das Argument der Unschätzbarkeit der körperlichen Integrität auch hier nicht.

9. Leonardus Lessius († 1623)

Leonardus Lessius erweist sich wiederum als Anhänger des restriktiveren Lagers. Wenn die Jungfrau durch Gewalt oder Täuschung zum Geschlechtsverkehr ge-

1122 Ders.: Commentarii theologici, tomus 3, disp. 9, q. 3, punct. 3, Sp. 2231.

1123 Salón: De Iustitia et Iure, q. 62, a. 2, controversia 5, concl. 5, S. 208a.

bracht wurde, sie später dennoch ohne Aufstockung der Mitgift ebenso gut heiraten konnte, schulde der Mann keinerlei Restitution:

[...] neque pro ipsa defloratione pudicitiae; ut quae irreparabilis sit, & pretio non aestimanda: neque pro damno inde secuto, cum nullum reipsa secutum sit.[1124]	Weder für den Verlust der Jungfräulichkeit, weil sie irreparabel und für sie kein Preis zu bemessen ist, noch für den Folgeschaden, weil kein solcher entstanden ist.

10. Juan de Lugo († 1660)

Dieselbe Ansicht vertritt im Anschluss an Lessius auch Juan de Lugo. Für ihn ist der Verlust der Jungfräulichkeit wie eine Körperverletzung zu behandeln. Er stelle einen Schaden dar, der nicht mit Geld kompensiert werden könne.[1125] Auch für die bloße Gefahr verminderter Heiratschancen müsse man keine Restitution leisten. Kann die Frau trotz des Verlusts ihrer Jungfräulichkeit ohne Aufstockung der Mitgift standesgemäß heiraten, schulde der Mann deshalb auch dann keine Restitution, wenn der Geschlechtsverkehr durch Gewalt, Täuschung oder Angst erzwungen wurde.

IV. Ruf- und Ehrverletzung

Bei der Verletzung von Ruf und Ehre entsprach es kanonischer und moraltheologischer Tradition, dass die Rehabilitierung des Geschädigten durch Widerruf und Abbitte zu erfolgen hatte.[1126] Die dabei zu unterscheidenden Fälle und den jeweiligen Restitutionsmodus hatten schon Thomas von Aquin und Johannes Duns Scotus bestimmt.[1127] Die spätscholastischen Autoren übernahmen diese

---

1124 Lessius: De Iustitia et Iure, lib. 2, cap. 10, dub. 2, n. 15, S. 272.

1125 Lugo: De Iustitia et Iure, disp. 12, sect. 1, n. 16, S. 325a: »Ratio ergo est, quia pro iniuria prout condistincta a damno subsequuto, non debetur restitutio: ruptio autem sigilli, si damnum est, est quidem ex illo genere, quod pecunia non compensatur, qualis est abscissio digiti, vel oculus erutus.«

1126 Siehe dazu oben S. 71 und dort die Nachweise bei Fn. 272.

1127 Thomas von Aquin: STh II-II, q. 62, a. 2, S. 42f.; Duns Scotus: Ordinatio IV (Vaticana), dist. 15, q. 4, S. 123ff. Siehe dazu oben S. 100, 108f. Vgl. auch Jansen: Theologie, Philosophie und Jurisprudenz, 106f.; Kanschik: Restitution, 465ff.

Lehre.[1128] Wurde der gute Ruf durch falsche Anschuldigungen in Mitleidenschaft gezogen, musste der Verleumder öffentlich seine Vorwürfe zurücknehmen. Schwieriger war der Fall, bei dem man ein wahres Verbrechen aufdeckte, sich dabei aber nicht an die Vorgaben der brüderlichen Zurechtweisung[1129] hielt oder vor Gericht nicht die erforderlichen Beweise erbringen konnte. Hier war ein Widerruf der wahren Behauptung aus moraltheologischen Gründen verboten, weil eine Lüge um jeden Preis zu vermeiden war. Man zog deshalb in Betracht, den Schaden durch doppeldeutige Äußerungen[1130] oder durch Lobreden und Ehrerbietung wiedergutzumachen. Bei Ehrverletzungen problematisierte man, ob Restitution immer durch eine Bitte um Verzeihung geschehen muss.[1131]

Dass Ruf und Ehre auf diese Weise aber nicht immer vollständig wiederhergestellt werden, lag auf der Hand. Deshalb erwog man die Pflicht zu einer Geldentschädigung, wenn dem Widerruf das Verbot der Lüge entgegenstand, man dem widerrufenden Schädiger nicht glaubte oder die Kränkung des Ehrträgers so erheblich war, dass auch eine Entschuldigung nicht genügte. Dass man für die materiellen Folgeschäden solcher Verletzungen aufzukommen hatte, war weitgehend unstreitig.[1132] Problematischer war, ob man auch für den davon zu trennenden Nichtvermögensschaden eine Geldentschädigung zahlen musste.

1. Hadrian VI. († 1523)

Laut Hadrian VI. kommt bei Rufschädigungen ein Ausgleich durch etwas Gleichwertiges in Frage, wenn man dem widerrufenden Schädiger nicht glaubt[1133] oder die Naturalrestitution aus anderen Gründen ausgeschlossen ist:

1128 Jansen: Theologie, Philosophie und Jurisprudenz, 107.

1129 Vgl. Aragón: In Secundam Secundae, q. 62, a. 2, S. 189a. Zur *correctio fraterna* siehe oben S. 89, Fn. 346.

1130 Gregor von Valencia: Commentarii theologici, tomus 3, disp. 5, q. 6, punct. 5, Sp. 1203: »Vel si neque sufficeret, tunc sane oporteret per aliquam verborum amphibologiam significare sine mendacio, non esse verum quod antea de diffamati crimine dictum est [...]«.

1131 Siehe exemplarisch Aragón: In Secundam Secundae, q. 62, a. 2, S. 199a f.

1132 Vgl. Nufer: Restitutionslehre, 38; Jansen: Theologie, Philosophie und Jurisprudenz, 108. Umstritten war die These Sotos, wonach bei der unrechtmäßigen Bekanntmachung eines wahren Verbrechens kein voller Ersatz geschuldet werde, vgl. Soto: De Iustitia et Iure, lib. 4, q. 6, a. 3, S. 341b. Dies kritisierten etwa Azpilcueta: Enchiridion, cap. 18, n. 46, fol. 280v; Molina: De Iustitia et Iure, tract. 4, disp. 45, n. 4, Sp. 1392.

1133 Hadrian VI.: In Quartum Sententiarum, De restitutione, fol. 95rb: »Ex quo patet quod non est satis retractasse si noverit in retractando sibi fidem non haberi [...]«

Quicunque aufert proximo famam sive existimationem bonam iniuste, tenetur eidem restituere famam, quod si non potest, tenetur ad reparationem in aequivalenti, quantum possibile fuerit.[1134]	Wer seinem Nächsten unrechtmäßig den Ruf oder das gute Ansehen nimmt, muss ihm den Ruf restituieren. Wenn er dies aber nicht kann, ist er zu einer Wiedergutmachung in Gleichwertigem gehalten, soweit dies möglich ist.

Dazu beruft er sich unter anderem auf Thomas von Aquin, dem zufolge wenigstens das Mögliche zu leisten ist. Ferner ergebe sich aus dem kanonischen Recht etwas Ähnliches für Schäden an Vermögensgütern (X 2,16,3–4).[1135] Dem Text liegt eine Entscheidung von Papst Innozenz III. zugrunde, der wegen Unmöglichkeit der Rückgabe eines Kirchenguts einen anderweitigen Ausgleich durch etwas Gleichwertiges nach dem Urteil eines Rechtschaffenen anordnete. Darauf bezog sich neben Richard von Mediavilla[1136] auch bereits Silvester Mazollini,[1137] wenn es um die Frage einer alternativen Wiedergutmachung für Persönlichkeitsgüter ging. Gerade Silvester hatte bei Rufschädigungen aber eine Restitutionspflicht in Geld abgelehnt. Hadrian VI. äußert sich nicht ausdrücklich dazu, ob der Ausgleich durch etwas Gleichwertiges (*in aequivalenti*) auch die Geldentschädigung impliziert. Der Hinweis auf STh II-II q. 62 a. 2,[1138] wo von einem Ausgleich in Geld explizit die Rede ist, legt dies aber nahe.

2. John Major († 1550)

Bei Rufschädigungen betont John Major stärker als andere Autoren die Notwendigkeit der Naturalrestitution. Weil der gute Ruf nicht nur seinem Träger etwas bedeute, sondern auch der Erbauung seines Nächsten diene,[1139] komme bei wechselseitigen Rufschädigungen weder die *compensatio* zur Anwendung, noch erlösche die Restitutionspflicht durch einen privaten Vergleich.[1140] Aus dem besonderen öffentlichen Interesse an einer tatsächlichen Wiederherstellung des gu-

1134 Ders.: In Quartum Sententiarum, De restitutione, fol. 95rb. Siehe auch ders.: Quaestiones quodlibeticae, q. 11, fol. 64va, lit. K.

1135 Hadrian VI.: In Quartum Sententiarum, De restitutione, fol. 95rb.

1136 Richard von Mediavilla: Super IV libros sententiarum, lib. 4, dist. 15, a. 5, q. 3, Conclusio, S. 219a.

1137 Mazzolini: Summa, pars 1, De detractione, n. 5, S. 248a.

1138 Hadrian VI.: Quaestiones quodlibeticae, q. 11, fol. 64v, lit. K.

1139 Major: In Quartum Sententiarum (1519), dist. 15, q. 18, fol. 114va. Vgl. oben S. 178.

1140 Sieh dazu bereits oben S. 175 ff., 186 ff.

ten Rufs ergibt sich, dass bei Major für eine Geldentschädigung von vornherein nur wenig Raum bleibt.

Dennoch erwähnt auch Major besondere Gründe, die von der Naturalrestitution entbinden. Bringt sich der Schädiger durch den Widerruf etwa in Lebensgefahr oder steht fest, dass man ihm nicht glauben wird, dann solle er sich an das Urteil eines Rechtschaffenen halten.[1141] Major lässt aber offen, was genau durch das *iudicium prudentis* entschieden werden soll und ob damit auch eine Geldentschädigung gemeint ist. Anders als bei Körperverletzung und Tötung stellt er hier jedenfalls nicht ausdrücklich auf wirtschaftliche Einbußen ab. Er erklärt aber auch nicht, ob es sich dabei um eine Zahlung an den Geschädigten handelt oder es um die *emenda iustitiae communis* geht, die er an anderer Stelle erwähnt.[1142]

3. Thomas de Vio Cajetan († 1534)

Ebenso wie bei anderen Persönlichkeitsgütern fällt auch bei Cajetans Lehre zur Restitution des guten Rufs auf, dass er in seinem Summenkommentar dazu keine eindeutige Aussage trifft. Ohne eine Geldentschädigung explizit abzulehnen zieht Cajetan im Kommentar zu STh II-II q. 62 a. 2 eine solche selbst dann nicht in Betracht, wenn durch die Naturalrestitution eine Verschlimmerung der Lage droht. Thomas hatte für den Fall der Offenbarung eines wahren Verbrechens empfohlen, öffentlich zu bekunden, dass man schlecht gesprochen habe. Denn die Wahrheit könne man nicht widerrufen, ohne dabei zu lügen. Cajetan meint zwar, dass man dabei Gefahr laufe, die Schmähung wieder in Erinnerung zu rufen. Anstatt einen Geldersatz in Betracht zu ziehen, plädiert er dafür, dass man den Ruf durch öffentliche Lobreden restituieren soll.[1143]

Neben John Major galt auch Cajetan als ein Autor, der bei Rufschädigungen in besonderer Weise an der Notwendigkeit von Naturalrestitution festhielt. Allerdings stellt er sich bei Ehrverletzung gegen einige Stimmen, die im Wege der Naturalrestitution eine Bitte um Vergebung fordern. Diese sei jedenfalls dann nicht erforderlich, wenn die Ehre bereits auf andere Weise restituiert worden ist, etwa durch Ehrerbietung (*reverentiam exhibendo, vel aliter*).[1144] Offen bleibt, ob auch Geldzahlungen möglich sind.

1141 Major: In Quartum Sententiarum (1519), dist. 15, q. 16, fol. 111rb.

1142 Ders.: In quartum sententiarum (1516), dist. 15, q. 16, fol. 83rb. In einer späteren Auflage heißt es nicht *emenda*, sondern *correctio iustitiae communis*, vgl. ders.: In Quartum Sententiarum (1519), dist. 15, q. 16, fol. 112ra..

1143 Cajetan: ComSTh II-II, q. 62, a. 2, V n., S. 44.

1144 Ders.: ComSTh II-II, q. 72, a. 3, II n., S. 131.

Ein anderes Bild zeichnet sich wiederum in Cajetans Beichthandbuch ab. Hier zählt er den guten Ruf und die Ehre neben anderen Gütern auf, für die eine Wiedergutmachung durch andere Güter in Frage komme, wenn ihre tatsächliche Wiederherstellung unmöglich ist.[1145] Dies spricht für die Möglichkeit einer Geldentschädigung bei Ruf- und Ehrverletzungen.

4. Francisco de Vitoria († 1546)

Vitoria setzt in seiner Auseinandersetzung mit der Möglichkeit von Vergleich und Aufrechnung bei Rufschädigungen an vielen Stellen voraus, dass der gute Ruf mit Geld kompensiert werden kann:

Aliqua pecunia est tanta, quod maior est quam aliqua fama. Sed in pecunia cadit remissio – ergo in fama. Confirmatur: Quia fama potest compensari aliqua pecunia.[1146]	Manche Geldbeträge sind so hoch, dass sie mehr wert sind als der Ruf. Und gewiss ist bei Geldschulden Verzicht möglich, also auch beim Ruf. Beweis: Der Ruf kann durch Geld kompensiert werden.

Gleichwohl war auch Vitoria nicht blind für die tatsächlichen Grenzen der Geldentschädigung. Die besondere Gefährlichkeit der Verleumdung liege nämlich darin, dass man seinen guten Ruf dadurch unwiederbringlich verlieren könne:

Est enim periculosum, quia damnum quod fit in aliis peccatis, potest recuperari alia via omnino; non tamen fama quae est irrecuperabilis, quia in furto et homicidio potest haberi aequivalens ad restitutionem, non tamen in detractione. Unde fama abolita non potest aliqua via recuperari.[1147]	Denn [die Verleumdung] ist gefährlich, weil der Schaden wegen sonstiger Sünden auf anderem Wege gänzlich zurückgewonnen werden kann, nicht aber der gute Ruf, der unwiederbringlich ist. Denn beim Diebstahl und beim Mord kann man etwas Gleichwertiges als Restitution ansehen, nicht aber bei der Verleumdung. Daher kann der zerstörte Ruf auf keinem anderen Wege zurückgewonnen werden.

Dass beim Mord vollständige Restitution möglich ist, ist offenbar von Seiten der wirtschaftlichen Folgeschäden zu verstehen. Wenn dies beim guten Ruf nicht

---

1145 DERS.: Summa, Restitutio, cap. 2, fol. 200r. Vgl. oben S. 204.

1146 VITORIA: Codex Salmantinus XLIII, q. 62, a. 2, n. 19, S. 126.

1147 DERS.: Codex Salmantinus XLIII, q. 73, a. 3, n. 2, S. 99.

möglich sein soll, stellt Vitoria damit wohl auf die bleibenden Zweifel der Mitmenschen ab, die rufschädigende Vorwürfe niemals ganz vergessen, sodass weder Naturalrestitution durch Widerruf, noch eine Geldkompensation vollständige Befriedigung versprechen.

Bei Ehrverletzungen geht es Vitoria zunächst um die Frage, ob es erforderlich ist, den Geschädigten um Verzeihung zu bitten.[1148] Dies sei nicht der Fall, wenn man auf Wunsch des Geschädigten für die Beleidigung einen Geldbetrag leiste. Verlange der Beleidigte hingegen eine Entschuldigung, werde der Schädiger durch eine Geldleistung nicht frei. Eine Ausnahme gelte aber für Edelleute oder Höhergestellte, von denen nicht erwartet werden könne, dass sie Untergebene um Verzeihung bitten.[1149] Ihnen sei es deshalb auch ohne das Einverständnis des Geschädigten gestattet, nach dem Urteil eines rechtschaffenen Mannes zu restituieren. Bei einer tätlichen Beleidigung – etwa durch eine Ohrfeige oder Schläge – könne eine bloße Bitte um Verzeihung hingegen unter Umständen nicht ausreichen. Wenn der Beleidigte eine solche Bitte in nicht unvernünftiger Weise ausschlägt, soll der Schädiger nach dem Urteil rechtschaffener Männer auf andere Weise kompensieren.[1150]

5. Domingo de Soto († 1560)

Domingo de Soto hat sich nicht nur in seinem Summenkommentar *De iustitia et iure*, sondern auch in seiner *Relectio de ratione tegendi et detegendi secretum* für die Kommensurabilität des guten Rufs mit Geld ausgesprochen. Zwar hält auch Soto im Grundsatz am Prinzip der Naturalrestitution des beschädigten Rufs fest und zählt dazu die verschiedenen bei Thomas von Aquin besprochenen Fälle auf.[1151] Davon macht er aber verschiedene Ausnahmen. So hält er etwa einen Edelmann nicht zum Widerruf falscher Behauptungen verpflichtet, wenn ihm dadurch ein großer Schaden an seinem eigenen Ruf droht. Er könne dann mit Geld oder auf andere Weise kompensieren, auch gegen den Willen des Geschä-

1148 Vitoria: Codex Salmantinus XLIII, q. 62, a. 2, n. 28, S. 148; ders.: Codex Ottobonianus MXV, q. 62, a. 2, n. 28, S. 244 ff.

1149 Er bezieht sich dazu auf Ps. Aug. reg. III 6,3, vgl. oben S. 197, Fn. 887. Vitoria: Codex Salmantinus XLIII, q. 62, a. 2, n. 28, S. 150; ders.: Codex Ottobonianus MXV, q. 62, a. 2, n. 28, S. 246.

1150 Vitoria: Codex Salmantinus XLIII, q. 62 a. 2 n. 29, S. 150 ff.

1151 Soto: De Iustitia et Iure, lib. 4, q. 6, a. 3, S. 341a f.

digten.[1152] Soto geht auch davon aus, dass die Kompensation des Rufs in Geld für einen Armen vorteilhafter sei als dessen Rehabilitierung.[1153]

Ganz allgemein hält Soto eine Geldentschädigung auch immer dann für angezeigt, wenn die tatsächliche Wiederherstellung des guten Rufs unmöglich ist. Zwar habe insofern auch Silvester Mazzolinis Ansicht manches für sich (*habet probabilitatis nonnihil*), wonach man den guten Ruf selbst wegen Unmöglichkeit nicht mit Geld ausgleichen müsse.[1154] Trotzdem will Soto nicht von der gegenteiligen Ansicht abweichen, die herrschend sei (*opinio regia*) und im Einklang mit Thomas, Duns Scotus und einer Glosse ad X 2,16,4[1155] stehe. Deshalb gelte:

Enimvero cum pecunia pretium sit omnium rerum, illa aestimatur & honor & fama. Et ideo per illam aut per aliud pecunia aestimabile, facienda est horum restitutio [...][1156]	Denn da das Geld der Preis aller Dinge ist, können die Ehre und der gute Ruf in Geld geschätzt werden. Und weil Ruf und Ehre in Geld schätzbar sind, muss deren Restitution auf diese Weise erfolgen.

Ähnlich äußert er sich in seiner Vorlesung über den Umgang mit Geheimnissen:

Fama potest pecuniis recompensari, ut doctores consentiunt [...][1157]	Die Gelehrten sind einer Meinung, dass der gute Ruf in Geld kompensiert werden kann.

Auch für die Restitution der Ehre hält Soto grundsätzlich an der Naturalrestitution fest, die durch eine Bitte um Vergebung zu erfolgen habe. Es kämen aber Situationen vor, in denen eine Bitte um Vergebung entweder nicht genüge oder man sie dem Schädiger nicht abverlangen könne – etwa bei besonders schweren Beleidigungen oder wenn es sich bei dem Schädiger um einen Höhergestellten handelt. Dann sei eine anderweitige Kompensation erforderlich, was offenbar die Möglichkeit einer Geldentschädigung miteinschließt.[1158]

1152 DERS.: De Iustitia et Iure, lib. 4, q. 6, a. 3, S. 343a: »[...] & ideo personae illustri satis est si quam obtenebravit alterius famam, pecunia, vel alia ratione compenset.«

1153 DERS.: Relectio de ratione tegendi et detegendi secretum, membrum primum, q. 3, S. 222.

1154 DERS.: De Iustitia et Iure, lib. 4, q. 6, a. 3, S. 344a.

1155 Vgl. Gl. *Ecclesia* ad X 2,16,4 [Sp. 672]: »Item cum res restitui non potest, in alio aequivalenti fieri debet restitutio.« Siehe dazu oben S. 248 bei Fn. 1135.

1156 SOTO: De Iustitia et Iure, lib. 4, q. 6, a. 3, S. 344a.

1157 DERS.: Relectio de ratione tegendi et detegendi secretum, membrum primum, q. 3, S. 222.

1158 DERS.: De Iustitia et Iure, lib. 4, q. 6, a. 3, S. 346b: »Quod enim non semper sufficiat, patet: nam aliquando contumelia est tanta ut id non sufficiat sed alia sit compensatio requista. Quod autem neque id requiratur, liquet ex regula beati Augustini, qui ait, non decere praelatos veniam

Wie im Kapitel über Körperverletzungen schließt Soto auch bei Ruf- und Ehrverletzungen mit einem Hinweis zu den Gepflogenheiten der *illustres*. Weil es zwischen Edelleuten nicht üblich sei, um Vergebung zu bitten, solle der Beichtvater sie dazu auch nicht zwingen. Sofern es dem Evangelium entspricht, sollen sie nach ihren Bräuchen Restitution leisten.[1159]

6. Martín de Azpilcueta († 1586)

Nach Martín de Azpilcueta sind der gute Ruf und die Ehre keine Güter, die man in Geld schätzen kann. Für die Frage der Geldentschädigung gilt insofern dasselbe wie bei Körperverletzung – zumal Azpilcueta die Restitution für diese Rechtsgüter in seinem *Enchiridion* an derselben Stelle behandelt.[1160] Dem Argument, dass doch auch der Rufschädiger zu einer Geldzahlung verpflichtet sei, hält er entgegen, dass es sich dabei bloß um den Ersatz des wirtschaftlichen Folgeschadens handele:

[...] id non datur pro pretio famae, quae nullum habet, sed pro compensatione damni quod ob eius iacturam obvenit [...][1161]	Dies gibt man nicht für den Preis des guten Rufs, der keinen Preis hat, sondern als Kompensation des Schadens, der aus dem Verlust des guten Rufs folgt.

Auch in seinem Kommentar zum Kanon *Inter verba* (C. 11 q. 3 c. 55) spricht Azpilcueta zwar von einer Kompensation (*recopensa*) des guten Rufs.[1162] Dazu sei der Schädiger aber auch dann verpflichtet, wenn der gute Ruf des Geschädigten in der Zwischenzeit bereits wiederhergestellt ist. Denn auch nach Rückgabe des Diebesguts hafte man noch auf das Interesse. Offenbar meint Azpilcueta also auch hier bloß den wirtschaftlichen Folgeschaden.[1163]

---

a subditis petere. Quare neque plebeius homo iusta ratione a viro illustri tantam humiliationem exigeret: sed aliter fieri posset restitutio.« Zu Augustinus siehe oben S. 197, Fn. 887.

1159 DERS.: De Iustitia et Iure, lib. 4, q. 6, a. 3, S. 346b: »Quin adde cum inter nobiles & illustres non fit huiusmodi venias petere, non sunt a confessoribus ad illas cogendi: sed more suo, qui tamen ab evangelico non exorbitet, eiusmodi restitutiones facere.«

1160 Siehe dazu oben S. 230.

1161 AZPILCUETA: Enchiridion, cap. 17, n. 90, S. 212r. Vgl. oben S. 231.

1162 DERS.: Commento sobre el capitulo Inter verba, n. 858 f., 863 f., S. 255 = DERS.: Commentarii in cap. Inter verba, n. 858 f., 863, fol. 59v.

1163 Hingegen geht JANSEN: Theologie, Philosophie und Jurisprudenz, 110 f. davon aus, dass sich Azpilcueta auch bei Rufschädigungen für eine Geldentschädigung stark gemacht habe. Siehe dazu oben S. 228 ff.

Die These von der Inkommensurabilität des guten Rufs mit Geld schränkt Azpilcueta jedoch bei der Frage ein, ob man zur Restitution eines Guts niederer Ordnung verpflichtet ist, einen eigenen Schaden an einem Gut höherer Ordnung in Kauf zu nehmen. Soto hatte dies bejaht, da ein Geldbetrag unter Umständen den Wert des Rufs übersteigen kann. Azpilcueta macht hier insofern ein Zugeständnis, als er den Ruf in zwei Kategorien teilt,[1164] von denen nur eine mit Geld inkommensurabel sei. Unschätzbar sei bloß der auf moralischer Tugend beruhende Ruf. Es gebe aber auch den Ruf, der auf der Nützlichkeit des Menschen beruhe und mit seinen Kenntnissen, seiner wissenschaftlichen und handwerklichen Arbeit oder seinem Fleiß zusammenhänge. Dieser Ruf sei nicht unschätzbar, sodass man gezwungen sein könne, ihn auch zur Restitution eines Guts niederer Ordnung preiszugeben.[1165] Azpilcueta äußert sich aber nicht dazu, ob für den auf Nützlichkeit beruhenden Ruf ausnahmsweise auch eine Geldentschädigung zu zahlen ist. Ein Grund für sein Schweigen könnte darin liegen, dass Schädigungen an dem auf besonderem Fleiß oder handwerklicher Geschicklichkeit beruhenden Ruf regelmäßig vor allem mit wirtschaftlichen Einbußen in Verbindung stehen dürften.

7. Diego de Covarrubias y Leyva († 1577)

Was die Geldentschädigung für Ruf- und Ehrverletzungen angeht, sind die Aussagen Covarrubias' etwas klarer als bei Tötung und Körperverletzung. Hier scheint er sich der Lehre Cajetans anzuschließen. Er hält die Bitte um Verzeihung nicht für notwendig, wenn eine andere Form der Unrechtskompensation möglich ist.[1166] Dies lässt zumindest Raum für eine Geldentschädigung, auch wenn Covarrubias sich insofern nicht eindeutig äußert.

8. Martín de Ledesma († 1574)

Auch Martín de Ledesma geht bei Rufschädigung von einer vorrangigen Pflicht zur Naturalrestitution aus. Wenn die Rehabilitierung des Geschädigten unmöglich ist, werde man von der Restitutionspflicht aber nicht einfach frei. Vielmehr entspreche es einer allgemeinen Auffassung, dass man den guten Ruf dann mit Geld kompensieren müsse:

1164 Azpilcueta: Enchiridion, cap. 18, n. 19 ff., fol. 275v.

1165 Ders.: Enchiridion, cap. 17, n. 91, fol. 213r.

1166 Covarrubias y Leyva: Variarum resolutionum libri, lib. 2, cap. 10, n. 7, S. 142b.

[...] fama, secundum omnes, quando non potest restitui in propria specie est compensabilis pecunia [...][1167]	Allen zufolge ist der gute Ruf in Geld kompensierbar, wenn er nicht in derselben Gattung wiederhergestellt werden kann.

Nach Ledesma muss auch niemand einen Schaden unter Inkaufnahme eines wesentlich größeren eigenen Schadens restituieren.[1168] Deshalb seien Höhergestellte von der tatsächlichen Wiederherstellung des Rufs befreit, wenn sie dadurch Gefahr laufen, selbst in Verruf zu geraten. Sie können dann in Geld oder auf andere Weise kompensieren.[1169]

Bei der Restitution für Ehrverletzung stellt sich Ledesma gegen Cajetan und meint, dass der Schädiger dazu verpflichtet sei, den Geschädigten um Verzeihung zu bitten.[1170] Nur Höhergestellte seien davon befreit und sollen vom Beichtvater nicht dazu gezwungen werden.[1171] Wenn die Bitte um Verzeihung wegen der Größe des Schadens nicht ausreicht, sei zusätzlich eine anderweitige Kompensation erforderlich.

9. Pedro de Aragón († 1592)

Auch Pedro de Aragón geht bei Unmöglichkeit oder Unzumutbarkeit der Naturalrestitution davon aus, dass der Schädiger dann den guten Ruf in Geld zu kompensieren habe. Ein Fürst oder Bischof müsse den guten Ruf einer einfachen Person nicht durch Widerruf restituieren, sondern könne eine Geldsumme nach dem Urteil eines Rechtschaffenen bezahlen. Denn Geld sei der Wertmesser zeitlicher Güter, mit dem man auch den Ruf schätzen könne.[1172] Wer kein Geld habe, müsse den guten Ruf aber nicht mit geistlichen Gütern restituieren. Bei der Restitution

---

1167 LEDESMA: In IV sententiarum. Secunda Quartae, q. 18, a. 2, fol. 247ra. Ebenso wie Soto beruft sich auch Ledesma auf eine Glosse ad X 2,16,4, vgl. oben S. 217. Siehe ferner DERS.: In IV sententiarum. Secunda Quartae, q. 18, a. 2, fol. 242va: »Et ad argumentum in oppositam sententiam nego quod nullo modo possit detractor restituere famam, quia ad minus poterit in pecunia vel in alijs bonis fortunae, ad iudicium prudentis viri.«

1168 LEDESMA: In IV sententiarum. Secunda Quartae, q. 18, a. 2, fol. 243vb: »[...] nullus tenetur restituere aliquid, cum notabili maiori iactura quam intulit.« Damit erweitert Ledesma Cajetans Regel nicht unerheblich. Siehe dazu oben S. 149, Fn. 646

1169 DERS.: In IV sententiarum. Secunda Quartae, q. 18, a. 2, fol. 243vb.

1170 DERS.: In IV sententiarum. Secunda Quartae, q. 18, a. 2, fol. 250vb f.

1171 DERS.: In IV sententiarum. Secunda Quartae, q. 18, a. 2, fol. 251va.

1172 ARAGÓN: In Secundam Secundae, q. 62, a. 2, S. 188b: »Pecunia enim est mensura rerum temporalium, qua etiam fama aestimari potest.« Vgl. auch DERS.: In Secundam Secundae, q. 62, a. 2, S. 198a.

des guten Rufs hält Aragón stärker an der Naturalrestitution durch die Bitte um Verzeihung fest, ohne dabei die Geldentschädigung ganz auszuschließen.[1173]

10. Domingo Báñez († 1604)

Ähnlich wie beim Problem der Geldentschädigung für Körperverletzungen stellt Báñez auch bei Rufschädigungen die Argumente beider Lager dar. Er hält wiederum die Ansicht für besser vertretbar, der zufolge auch bei Unmöglichkeit von Naturalrestitution keine Pflicht zur Kompensation des guten Rufs in Geld besteht.[1174] Dennoch sei der gegenteilige Standpunkt im Kontext von Rufschädigungen jedenfalls plausibler als bei Körperverletzungen. Denn durch den Empfang eines Geldbetrags könne der Geschädigte öffentlich an Ansehen gewinnen, sodass es sich eigentlich um einen Fall der Naturalrestitution (*in eodem genere*) handele.[1175] Das Geld diene dann nicht als Wertmesser, sondern habe den Charakter eines Werkzeugs. Ebenso sei die Situation zu bewerten, in welcher der Schädiger seine falsche Beschuldigung öffentlich widerruft und dazu Zeugen herbeizieht, die er mit Geld bezahlen muss. Schließlich leiste man auch bei heilbaren Körperverletzungen mittels eines Geldbetrags Naturalrestitution, wenn man die Kosten der medizinischen Behandlung begleicht.

Wo Naturalrestitution möglich ist, kann der Schädiger also zu deren Herbeiführung auch gezwungen sein, Geld aufzuwenden, und zwar nach dem Urteil eines rechtschaffenen Mannes. Dies gelte aber nur, wenn die tatsächliche Wiederherstellung des Rechtsguts möglich ist. Ansonsten werde das Geld nämlich nicht als Werkzeug zur Naturalrestitution eingesetzt, sondern diene als Maß des verletzten Rechtsguts:

[…] in casu antecedentis, pecuniae ancillantur ipsi famae, deserviunt enim ad media quibus reparatur fama. At vero in casu consequentis pecunia non

Im Fall des vorhergehenden dient das Geld dem Ruf selbst, denn es ist nützlich als Mittel, durch welches der Ruf wiederhergestellt wird. Hingegen diente das Geld im Fall des

1173 Aragón: In Secundam Secundae, q. 62, a. 2, S. 200a.

1174 Báñez: De Iustitia et Iure, q. 62, a. 2, dub. 10, S. 123b.

1175 Ders.: De Iustitia et Iure, q. 62, a. 2, dub. 10, S. 124a: »Quando infamatus est talis conditionis respectu infamatoris, quod receptis ab illo pecunijs fit honorabilior in populo: tenetur infamator ad arbitrium boni viri facere restitutionem in pecunijs. Probatur, quia tunc facit restitutionem in eodem genere […] sed pecuniae considerantur in isto casu velut instrumenta ad restituendam fama in proprio genere […]«.

ancillaretur famae sed esset mensura illius & dominaretur ei.[1176]	folgenden dem Ruf nicht, sondern wäre bloß dessen Maß und beherrschte ihn.

Laut Báñez sei auch Thomas von Aquin in STh II-II q. 62 a. 2 entweder so zu verstehen, dass er mit dem Geldersatz nur materielle Folgeschäden meinte oder aber die gerade beschriebene Naturalrestitution durch Geld im Sinn hatte.[1177] Auch wenn ein Edelmann für den beschädigten Ruf eine Geldsumme zahlt, anstatt öffentlich zu widerrufen, handele es sich um diese Form der Restitution *in eodem genere*.

11. Gabriel Vázquez († 1604)

Ein eigenes Kapitel zur Restitution des guten Rufs und der Ehre hatte Gabriel Vázquez zwar angekündigt, zu Lebzeiten allerdings nicht fertiggestellt.[1178] Der Autor offenbart aber an anderen Stellen seine Ablehnung gegenüber der These, man könne den guten Ruf gegen Geld aufwiegen.[1179] Auch bei den übrigen Persönlichkeitsgütern lehnt er eine Geldentschädigung mit dem Argument ab, ein Ausgleich könne nur durch Güter derselben Ordnung erreicht werden. Diese allgemeine Erwägung dürfte auf die Restitution des guten Rufs übertragbar sein.

12. Petrus de Navarra (16. Jh.)

Nach Petrus de Navarra ist man ebenso wie bei den übrigen Persönlichkeitsgütern auch bei der Verletzung des guten Rufs und der Ehre zur Naturalrestitution (*in specie*) verpflichtet. Selbst wenn man annähme, dass der gute Ruf und die Ehre in Geld kompensierbar wären, hätte der Schädiger gegen den Willen des Geschädigten kein Recht dazu, wenn die Restitution *in specie* möglich ist.[1180] Doch selbst wenn sie unmöglich ist, sei man zu einer Geldentschädigung nicht

1176 Ders.: De Iustitia et Iure, q. 62, a. 2, dub. 10, S. 124a. Siehe dazu auch Jansen: Theologie, Philosophie und Jurisprudenz, 111, der diesen Unterschied aber nicht besonders hervorzuheben scheint.

1177 Báñez: De Iustitia et Iure, q. 62, a. 2, dub. 10, S. 124a.

1178 Vgl. Vázquez (Bellomontanus): Tractatus de restitutione, S. 86b: »Caput quartum de restitutione ratione honoris & famae, in operis divisione promittit P. Gabriel Vázquez, sed dum in commodius tempus differt, a temporiis ad divinos honores translatus, neque suis, neque altorum votis potuit satisfacere: in cuius locum reliqua quo ipse ordine capita subiungemus.«

1179 Vgl. oben S. 169.

1180 Petrus de Navarra: De ablatorum restitutione, lib. 4, cap. 1, n. 8 f., S. 358.

verpflichtet, da dadurch kein Ausgleich hergestellt werde. Es könne nicht einmal von einem teilweisen Ausgleich die Rede sein, denn anders als das wirtschaftliche Vermögen, basiere der gute Ruf auf der Gesamtheit seiner Teile.[1181] Deshalb genüge es auch nicht, den Geschädigten wegen eines Verdienstes öffentlich zu loben, wenn er wegen einer ganz anderen Verfehlung in Verruf ist:

Quae vero utilitas erit quem furem affirmas, aut Sodomiticum, & forsan falso, si dicas eum eleemosynas facere, ieiunia servare, &c.[1182]	Was für einen Nutzen hätte es aber, wenn du jemanden fälschlich einen Dieb nennst oder einen Sodomiten und dann sagst, dass er Almosen gebe oder faste usw.

Wenn Restitution nicht einmal auf diese Weise möglich sei, dann erst recht nicht mit Geld. Denn für den guten Ruf könne man keinen Preis schätzen. Weil die Gerechtigkeit aber nicht etwas Unmögliches fordere, sei man zu einer Geldentschädigung nicht verpflichtet:

[...] quia fama sicut & vita non est pretio aestimabilis, sed est supra omne pretium, & ita iustitia, quae aequalitatem petit, non potest obligare ad impossibile, quod vero possibile est scilicet pecunia, nullam potest habere aequalitatem.[1183]	Denn der Ruf lässt sich ebensowenig wie das Leben mit einem Preis bewerten, sondern er steht über jedem Preis. Und die Gerechtigkeit, die nach Ausgeglichenheit strebt, kann ja nicht zum Unmöglichen verpflichten. Aber das, was möglich ist, nämlich Geld, kann keinen Ausgleich herstellen.

Dasselbe gelte auch für die Ehre.[1184] Es sei deshalb nur der materielle Folgeschaden zu restituieren. Auf diese Weise versteht er auch Thomas in STh II-II q. 62 a. 2.

1181 Ders.: De ablatorum restitutione, lib. 2, cap. 4, n. 369, S. 419: »Quare eo ipso quod quis de uno crimine est infamatus, revera virtus in eo esse non iudicatur, sed simpliciter malus. Quid ergo refert ex alia parte augere, si semper malus est reputandus. Ac per consequens nunquam bona eius fama restitui potest, nisi illud ipsum in specie resarcitur, ac reparetur. Secus est de pecunia, quae in locum ablatae, subrogari potest & damnum omnino reparare. Non enim bonum pecuniae ex totalitate resultat omnium partium: sed quaevis pars pecuniae etiam sine alia utilis est.« Siehe dazu bereits oben S. 168 f.

1182 Ders.: De ablatorum restitutione, lib. 2, cap. 4, n. 369, S. 419.

1183 Ders.: De ablatorum restitutione, lib. 2, cap. 4, n. 415 f., S. 434.

1184 Ders.: De ablatorum restitutione, lib. 4, cap. 1, n. 8 f., S. 358.

13. Luis de Molina († 1600)

Auch nach Luis de Molina muss man für den guten Ruf ja nach Art seiner Beschädigung zunächst Naturalrestitution leisten.[1185]. Bei der rechtswidrigen aber wahrheitsgemäßen Aufdeckung eines Verbrechens kann zur Vermeidung der Lüge nicht durch Widerruf restituiert werden, sodass der Geschädigte durch öffentliche Lobreden rehabilitiert werden soll. Denn es sei am besten, den Ruf mit Gütern derselben Ordnung zu kompensieren.[1186] Wird der Ruf dadurch nicht wiederhergestellt, müsse man wenigstens die Ehre des Geschädigten steigern, indem man ihm im Privaten besondere Achtung erweist. Eine Geldentschädigung komme nur als letztes Mittel in Betracht. Auch Thomas von Aquin hatte für den Fall unmöglicher Naturalrestitution bestimmt, dass der Ruf durch Ehrungen oder Geld restituiert werde (STh II-II q. 62 a. 2 ad 1 und 2). Molina ergänzt diese Lehre durch die Einführung eines abgestuften Rangverhältnisses:

Cum enim honoris bonum, affine maxime sit bono famae, quando famae eiusdem generis non potest omnino compensari, rectius accomodatiusque ad ipsam rei naturam compensabitur honore, quam aliquo alio bono. Beneficiis etiam ac pecunia compensari poterit, quando alia non occurrerit via.[1187]	Wenn der Ruf in derselben Gattung gänzlich kompensiert werden kann, so ist es richtiger und der Natur der Sache angemessener, den Rufschaden durch Ehre zu kompensieren als durch ein anderes Gut, denn das Rechtsgut der Ehre kommt dem des guten Rufs am nächsten. Durch Wohltaten oder Geld kann aber kompensiert werden, wenn keine andere Möglichkeit besteht.

Dieser Restitutionsmodus gelte auch für Personen, die vom öffentlichen Widerruf einer falschen Anschuldigung dispensiert sind – etwa, weil es sich bei ihnen um Höhergestellte handelt.[1188]

Eine Geldkompensation für Rufschädigungen erwägt Molina aber auch für Fälle, in denen der Ruf nicht dadurch geschädigt wird, dass man jemanden eines Verbrechens bezichtigt, sondern der Betroffene auf andere Weise öffentlich durch Worte oder Taten in Verruf gebracht wird. Denn auch bei ehrenrührigen Beleidi-

1185 Molina: De Iustitia et Iure, tract. 4, disp. 41, n. 1, Sp. 1379.

1186 Ders.: De Iustitia et Iure, tract. 4, disp. 44, n. 3, Sp. 1390: »Est autem hic modus compensandi famam, quando refarciri non potest melior caeteris: eo quod ad aequalitatem bono eiusdem generis compensetur.«

1187 Ders.: De Iustitia et Iure, tract. 4, disp. 44, n. 3, Sp. 1390.

1188 Ders.: De Iustitia et Iure, tract. 4, disp. 41, n. 2, Sp. 1380; disp. 44, n. 3, Sp. 1390.

gungen, Ohrfeigen oder publik gewordenen Ehebrüchen kann der Ruf nicht durch bloßen Widerruf einer Tatsachenbehauptung restituiert werden. Gerade hier sei ja auch die öffentliche Ehre des Verletzten betroffen.[1189] Zwar zieht Molina es vor, dass auch hier zunächst Restitution unternommen wird, indem sich der Schädiger dem Geschädigten unterwürfig erweist, ihn öffentlich lobt oder um Verzeihung bittet, wie es Thomas vorgeschlagen hatte (STh II-II q. 62 a. 2 ad 3).[1190] Wenn dies aber nicht möglich oder nicht ausreichend ist, solle man mit anderen Gütern restituieren. Gibt sich der Geschädigte mit einer Restitution durch geistliche Güter nicht zufrieden, müsse der Schädiger in Geld oder anderen äußeren Gütern restituieren.[1191] Will der Geschädigte aber, dass der Schädiger ihn um Verzeihung bittet, geht dieser Restitutionsmodus der Geldentschädigung vor – denn die Restitution muss innerhalb derselben Güterordnung erfolgen, sofern dies möglich ist und der Geschädigte es wünscht.[1192]

Die Pflicht zu einer anderweitigen Kompensation war auch umstritten, wenn die Naturalrestitution des guten Rufs scheitert, weil man dem widerrufenden Schädiger nicht glaubt. Laut Molina hielten einige Gelehrte den Schädiger dann für frei, weil nicht mehr er der Grund des Verrufs sei, sondern diejenigen, die dem Geschädigten seinen guten Ruf trotz des Widerrufs vorenthalten. Hingegen hatte Hadrian VI. behauptet, dass der Schädiger zu einer anderweitigen Restitution verpflichtet bleibe.[1193] Molina hält diese Ansicht für vorzugswürdig, weil der Schädiger weiterhin als der ursprüngliche Grund des Verrufs anzusehen sei.[1194]

1189 Die Ehrverletzung löst nach Molina vor allem dann eine Restitutionspflicht aus, wenn dadurch das öffentliche Ansehen des Ehrträgers herabgesetzt wird. Wegen eines geheimen Ehebruchs schulde man deshalb keine Restitution, auch nicht wegen der vernachlässigten Ehrfurcht gegenüber dem betrogenen Ehegatten. Vgl. ders.: De Iustitia et Iure, tract. 4, disp. 46, n. 6, Sp. 1398: »Quoniam pro adulterio quatenus praecise est contra honorem ac reverentiam mariti, nulla debetur restitutio [...] Unde pro adulterio cognito a solis adulteris, praeciseque sumpto ab aliis omnibus damnis, nulla restitutio debetur.«

1190 Ders.: De Iustitia et Iure, tract. 4, disp. 46, n. 1, Sp. 1394; n. 3, Sp. 1396.

1191 Ders.: De Iustitia et Iure, tract. 4, disp 46, n. 3, Sp. 1396 f.

1192 Ders.: De Iustitia et Iure, tract. 4, disp. 46, n. 4, Sp. 1397. Molina stützt sich insofern auf Martin de Ledesma, vgl. oben S. 255, Fn. 1170.

1193 Siehe dazu oben S. 247, Fn. 1133.

1194 Molina: De Iustitia et Iure, tract. 4, disp. 41, n. 4, Sp. 1379.

14. Gregor von Valencia († 1603)

Nach Gregor von Valencia muss der gute Ruf, wenn er nicht tatsächlich wiederhergestellt werden kann, in Geld kompensiert werden.[1195] Gestützt auf Thomas von Aquin stellt er sich insofern ausdrücklich gegen die Ansicht Silvester Mazzolinis, der das Gegenteil vorgetragen hatte. Es sei falsch, dass die Restitution nicht auch mit Gütern einer anderen Ordnung erfolgen könne. Nach menschlichem Gebrauch könne vielmehr auch ein Rufschaden äquivalent durch Geld ausgeglichen werden.[1196]

15. Miguel Bartolomé Salón († 1621)

Miguel Bartolomé Salón legt bei Ruf- und Ehrverletzungen keinen anderen Maßstab an als bei den übrigen Persönlichkeitsgütern. Auch hier hält er die Geldentschädigung für ein probates Mittel, etwa wenn Naturalrestitution unmöglich ist oder es einem Höhergestellten nicht zugemutet werden kann, durch Widerruf oder eine Entschuldigung zu restituieren.[1197] Beim guten Ruf sei diese Ansicht noch überzeugender als bei Körpergütern, weil es sich hier nicht um ein *bonum naturale*, sondern ein *bonum temporale* handele.

16. Leonardus Lessius († 1623)

Nach Lessius schuldet man für die Verletzung des guten Rufs auch bei Unmöglichkeit der Naturalrestitution keine Geldentschädigung, weil der gute Ruf nicht in Geld messbar sei. Das Geld sei nur das Maß aller käuflichen Dinge. Man schätze den guten Ruf aber weder seiner Natur, noch der Gewohnheit nach in Geld. Das ergebe sich auch aus Sir 41,15 und Prov 22,1.[1198] Sofern dem eine anderweitige Praxis entgegenstehe, sei dies ohne Bedeutung:

Quamvis interdum ex quorundam animi vilitate accidat, ut famam pretio exponant: sed hoc aestimationi famae non officit.[1199]	Dennoch geschieht es von Zeit zu Zeit aufgrund schlechten Charakters, dass man den Ruf für Geld preisgibt. Dies ist aber der Wertschätzung des Rufs nicht hinderlich.

1195 Gregor von Valencia: Commentarii theologici, tomus 3, disp. 5, q. 6, punct. 5, Sp. 1199.
1196 Ders.: Commentarii theologici, tomus 3, disp. 5, q. 6, punct. 5, Sp. 1200 f.
1197 Salón: De Iustitia et Iure, q. 62, a. 2, controversia 14, S. 216b f.
1198 Siehe dazu oben S. 146, Fn. 633.
1199 Lessius: De Iustitia et Iure, lib. 2, cap. 11, dub. 16, n. 93, S. 386.

Wenn man eine Schuld nicht vollständig begleichen kann, solle man zwar wenigstens einen Teil erfüllen. Wenn man aber auch einen Teil der ganzen Schuld nicht erfüllen kann, dann erlösche die Schuld. So sei es beim Ruf, denn weder für den ganzen, noch für einen Teil lasse sich ein Preis bestimmen.[1200]

Nach Lessius macht sich ein Reicher lächerlich, wenn er für seinen verletzten Ruf Geld verlangt. Denn er fordere Ersatz für etwas, woran er nicht geschädigt sei. Dasselbe müsse dann aber auch für einen Armen gelten:

Nam status eius, qui iniuriam accepit, non mutat ius, seu rationem iustitiae commutativae.[1201]	Denn der Stand dessen, dem das Unrecht zugefügt wurde, ändert nicht das Recht oder das Prinzip der ausgleichenden Gerechtigkeit.

Ebenso wie beim Totschlag könne nur aus *caritas* eine Pflicht zur Zahlung eines Geldbetrags bestehen, wenn der Geschädigte dies begehrt und der Schädiger reich ist.[1202] *Ex iustitia* entstehe eine solche Pflicht aber nur, wenn sich die Parteien im Wege des Vergleichs darauf einigen oder der Schädiger von einem Gericht zur Zahlung einer Buße verurteilt wird.[1203]

17. Juan de Lugo († 1660)

Die beim *damnum vitae* und *corporis* vorgebrachten Argumente sind für Juan de Lugo auch auf Schäden an Ruf und Ehre übertragbar. Solche Schäden müsse man innerhalb derselben Güterordnung restituieren.[1204] Wenn dies nicht möglich ist, lehnt er eine Geldentschädigung dementsprechend auch hier ab.[1205] Weil *fama* und *honor* sich nicht in Geld messen ließen und insofern unmöglich Ausgeglichenheit hergestellt werden könne, erlösche dann die Restitutionspflicht.[1206]

1200 DERS.: De Iustitia et Iure, lib. 2, cap. 11, dub. 16, n. 94, S. 386. Vgl. dazu die Argumentation bei PETRUS DE NAVARRA oben S. 257.

1201 DERS.: De Iustitia et Iure, lib. 2, cap. 11, dub. 16, n. 94, S. 388.

1202 DERS.: De Iustitia et Iure, lib. 2, cap. 11, dub. 16, n. 95, S. 388.

1203 DERS.: De Iustitia et Iure, lib. 2, cap. 11, dub. 16, n. 96, S. 388 ff. Siehe aber Lessius' Standpunkt zur *compensatio*, dazu oben S. 193 f.

1204 LUGO: De Iustitia et Iure, disp. 11, sect. 1, n. 22, S. 308a.

1205 DERS.: De Iustitia et Iure, disp. 15, sect. 2, n. 20, S. 405b: »[...] pro bonis famae non debetur compensatio in pecunia, vel alio genere bonorum, ut supra vidimus, quando in suo genere non possunt restitui [...]«; vgl. auch DERS.: De Iustitia et Iure, disp. 15, sect. 2, n. 23, S. 406a.

1206 LUGO: De Iustitia et Iure, disp. 11, sect. 1, n. 17, S. 307a: »[...] quia etiam in hoc casu procedunt eadem rationes, ob quas cessat obligatio propter impossibilitatem aequalitatis [...]«

V. Zwischenergebnis

Dass man für immaterielle Schäden eine Geldentschädigung zu zahlen hat, war in der Scholastik des 16. und frühen 17. Jahrhunderts zwar keine allgemein anerkannte, jedoch eine weit verbreitete Meinung. Namhafte Autoritäten von Hadrian VI. über Thomas de Vio Cajetan, Francisco de Vitoria, Domingo de Soto bis Luis de Molina und Gregor von Valencia haben sich dafür stark gemacht. Nicht alle stützten sich dabei wie Soto auf das radikale Argument, das Geld sei der Preis aller Dinge, sodass man damit ohne Weiteres auch Schäden an Persönlichkeitsgütern kompensieren könne.[1207] Vielmehr dringt häufig das aristotelisch-thomistische Argument durch, wonach bei irreparablen Schäden die Restitutionspflicht nicht einfach entfalle, sondern man wenigstens soviel wiedergutmachen müsse, wie möglich ist. Das schließe auch die Pflicht ein, für Schäden an Persönlichkeitsgütern notfalls eine Geldentschädigung zu entrichten. Thomas hatte noch anerkannt, dass vollständige Ausgeglichenheit auf diese Weise zwar nicht hergestellt werden könne, dazu aber dennoch eine Gewissenspflicht bestehe.[1208] Molina scheint der Kommensurabilität von Geld und Persönlichkeitsgütern noch mehr zuzutrauen, wenn er schreibt, dass man von einem Gut niederer Ordnung so viel hinzugeben könne, bis ein Gut höherer Ordnung zur Ausgeglichenheit kompensiert ist.[1209]

Die Geldentschädigung für immaterielle Schäden war für viele Autoren ein gemeinsames Prinzip, das auf verschiedene Persönlichkeitsgüter anzuwenden war. Theologen, die einen verlorenen Körperteil mit Geld kompensieren wollten, stimmten meist auch bei Ruf- und Ehrverletzungen für eine Pflicht zur Geldentschädigung.[1210] Dabei erfassten sie das Konzept des immateriellen Schadens auch begrifflich. Teilweise bezeichneten sie ihn als ein *damnum corporis* oder *damnum famae,* teilweise verwendeten sie übergreifende Begriffe wie *damnum naturale* oder *damnum morale.* Auf einen Ausgleich für Schmerzen, wie er von Johannes Duns Scotus bekannt ist, stellten die Autoren dabei nicht ab. Vielmehr verfolgten sie einheitlich das thomistische Prinzip objektiven Ausgleichs.

Gegner dieser Auffassung erhoben den Einwand, dass man einen Schaden an Persönlichkeitsgütern mit Geld nicht einmal teilweise wiedergutmachen könne. Weil Ausgeglichenheit insofern auch nicht ansatzweise herzustellen sei, sorge die

---

1207 Siehe dazu oben S. 152 ff.

1208 Siehe dazu oben S. 90 ff., 103.

1209 Siehe dazu oben S. 151 im Text bei Fn. 656, und S. 167.

1210 Siehe dazu auch Unterreitmeier: JZ 2013, 425.

Unmöglichkeit für den vollständigen Wegfall der Restitutionspflicht. Das konnte man letztlich auf das der aristotelischen Metaphysik entstammende Argument stützen, wonach Güter verschiedener Kategorien miteinander im Verhältnis der Inkommensurabilität stehen.[1211] Auch das Geld komme als Wertmesser nicht in Frage, weil das Maß mit dem Gemessenen immer gattungsgleich sein müsse. Den offenen Widerspruch zu Thomas von Aquin suchten die Vertreter dieser Auffassung zu vermeiden, indem sie die entsprechende Stelle aus der *Summa theologica* (STh II-II q. 62 a. 2) bloß vom Standpunkt materieller Folgeschäden her interpretierten. Nicht der gute Ruf oder der verlorene Körperteil selbst, sondern nur die daraus folgenden wirtschaftlichen Einbußen seien mit Geld zu kompensieren. Dafür sprachen letztlich auch Vorschriften des römisch-gemeinen und des kanonischen Rechts.[1212]

Dass sich auch auf Seiten der Kritiker einige große Namen von John Major über Domingo Báñez und Gabriel Vázquez bis Leonardus Lessius und Juan de Lugo einfinden, mag dazu beigetragen haben, dass sich dieser Standpunkt unter Theologen durchgesetzt hat. Es ist nicht unwahrscheinlich, dass man dabei den Schutz des Schädigers vor einer allzu großen Restitutionspflicht im Sinn hatte.[1213] In der Theologie späterer Jahrhunderte überwiegt die Ansicht, dass von Seiten der Gerechtigkeit keine Gewissenspflicht bestehe, für immaterielle Schäden eine Geldentschädigung zu entrichten. Bis in die Moderne ist dabei das metaphysische Argument aufzutreffen, echte Wiedergutmachung könne nur innerhalb derselben Güterordnung stattfinden.[1214]

1211 Siehe dazu oben S. 149 ff.

1212 Vgl. Gai. 7 ad ed. provinc. D. 9,1,3; Gai. 6 ad ed. provinc. D. 9,3,7; Ulp. 23 ad ed. D. 9,3,1,5; X 5,36,1. Siehe dazu oben S. 49 ff.

1213 So Jansen: Theologie, Philosophie und Jurisprudenz, 131 m.w.N.

1214 Zur Rezeptionsgeschichte in Theologie und kanonischem Recht siehe unten S. 290 ff.

Fünftes Kapitel: Modalitäten der Geldentschädigung

Bestimmte Modalitäten eines Rechtsanspruchs bieten regelmäßig Auskunft darüber, inwiefern er strafende oder sachverfolgende Charakterzüge trägt. Das gilt nicht nur für die römischen Klagen und modernrechtliche Entschädigungsansprüche, sondern auch für die moraltheologische Restitutionspflicht. Diese hatte im spätscholastischen Naturrechtssystem einen von der Strafe streng zu trennenden Charakter und diente ausschließlich dem Ausgleich des zugefügten Schadens.[1215] Für den Ersatz wirtschaftlicher Einbußen scheint dieser Ansatz konsequent verfolgt worden zu sein. Bei der Bemessung der Geldentschädigung, ihrer Vererblichkeit und ihrem Verhältnis zu zivilrechtlichen Klagen zeigt sich, ob die Spätscholastiker ihrem am Ausgleich orientierten Modell auch im Bereich von Persönlichkeitsgütern treu blieben.

I. Bemessung

Befand man sich auf dem Standpunkt, dass ein verletztes Persönlichkeitsgut nicht nur auf derselben Güterebene (*in eodem genere*), sondern auch mit Vermögensgütern und Geld restituiert werden kann, stellte sich die Frage nach der richtigen Bemessung der Entschädigung. Dies implizierte nicht nur den Kreis der maßgeblichen Bemessungsfaktoren, sondern zunächst auch die Bestimmung des richtigen Bemessungsmodells.

1. Bemessungsmodelle

Was die Art der Bemessung betrifft, kannten das römische[1216] und das gemeine[1217] Recht das Instrument der *taxatio*, bei welcher der Kläger im Rahmen

1215 Siehe stellvertretend THOMAS VON AQUIN: STh II-II, q. 62, a. 3, co., S. 48 f.; SOTO: De Iustitia et Iure, lib. 4, q. 6, a. 4, S. 351b; ARAGÓN: In Secundam Secundae, q. 62, a. 2, S. 186a. Zur Trennung von Restitution und Strafe siehe WEINZIERL: Hochscholastik, 170; NUFER: Restitutionslehre, 50 f.; JANSEN: Theologie, Philosophie und Jurisprudenz, 97 f.; THÖNISSEN: Recht und Gerechtigkeit, 343 f., 469 ff.

1216 Zu Einzelheiten der *taxatio* im römischen Injurienprozess siehe GRZIMEK: Studien zur Taxatio, 85 ff.

1217 Siehe oben S. 65.

der *actio iniuriarum* die ihm zugefügte Injurie selbst schätzt und betragsmäßig beziffert. Die vom Kläger geschätzte Kondemnationssumme wurde dann je nach den Umständen durch die *aestimatio* des Richters angepasst. Eine ähnliche Bemessungsmethode bestimmte Hadrian VI. auch für die Restitutionslehre. Ihm zufolge soll man für einen verstümmelten Körperteil so viel restituieren, wie der Verletzte für seine körperliche Integrität zu zahlen bereit wäre.[1218]

In der spätscholastischen Restitutionslehre konnte sich dieses Bemessungsmodell allerdings nicht durchsetzen. Bereits Vitoria widerspricht Hadrian VI. in diesem Punkt ausdrücklich.[1219] Soto setzt dieser Methode entgegen, ein Plebejer könne zwar behaupten, er wolle sein Auge auch für tausend Goldmünzen nicht hergeben. Wenn ihm das Auge dann aber ausgerissen wird, schulde der Schädiger diesen Betrag dennoch nicht.[1220] Denn es könne hier nicht dasselbe gelten wie bei Vermögensgegenständen. Und auch Molina meint, dass man den Schaden an einem Persönlichkeitsgut nicht danach bemessen sollte, wie hoch der Geschädigte sein Leben oder seinen Körperteil schätzt, bevor er es verliert. Es komme vielmehr darauf an, was nach der Verletzung als Kompensation gerecht erscheint.[1221] Soto verteidigt deshalb eine allgemeine Regel, wonach dort, wo die Restitution *in specie* nicht möglich ist, nach dem Urteil erfahrener Männer zu restituieren ist.[1222] Für die Restitution unheilbarer Körperverletzungen sowie Rufschädigungen hatte bereits Thomas von Aquin dieses Instrument vorgeschlagen.[1223] Eine andere Regel – so meinen Vitoria und Molina – lasse sich für diese Fälle auch nicht aufstellen.[1224] Dass die Bemessung nach dieser Methode zu erfolgen habe, war dementsprechend weit verbreitet.[1225]

1218 Hadrian VI.: In Quartum Sententiarum, De restitutione, fol. 98rb. Vgl. oben S. 225.

1219 Vitoria: Codex Salmantinus XLIII, q. 62, a. 2, n. 9, S. 108; ders.: Codex Ottobonianus MXV, q. 62, a. 2, n. 9, S. 222 ff. Siehe auch Covarrubias y Leyva: Variarum resolutionum libri, lib. 2, cap. 10, n. 7, S. 205a.

1220 Soto: De Iustitia et Iure, lib. 4, q. 6, a. 3, S. 339a. Vgl. oben S. 227.

1221 Molina: De Iustitia et Iure, tract. 3, disp. 84, n. 3, Sp. 1013: »Praesertim cum aestimatio damni post illud datum facienda sit, non quanti occisus aut mutilatus aestimaret vitam aut membrum, antequam iniuste ab eo eriperetur, sed quanti est aequum ut aestimetur postquam est ereptum, ut modo, quo iam tunc fieri possit, ad aequalitatem compensetur.«

1222 Soto: De Iustitia et Iure, lib. 4, q. 6, a. 3, S. 338b: »In his quae secundum speciem reparari nequeut, restitutio est ad arbitrium prudentium facienda.«

1223 Thomas von Aquin: STh II-II, q. 62, a. 2, ad 1, S. 43. Vgl. oben S. 100 f. Auch Albertus Magnus und Ulrich von Straßburg hielten diesen Modus für gerecht, vgl. oben S. 88 und S. 121.

1224 Vitoria: Codex Salmantinus XLIII, q. 62, a. 6, n. 14, S. 108; Molina: De Iustitia et Iure, tract. 3, disp. 88, n. 1, Sp. 1032. Vgl auch Ledesma: In IV sententiarum. Secunda Quartae, q. 18, a. 2, fol. 242ra.

1225 So auch Cajetan: Summa, Restitutio, cap. 2, fol. 200r; Ledesma: In IV sententiarum. Secunda

Gegen die Bemessung durch das *arbitrium boni viri* brachten Kritiker der Geldentschädigung vor, dass auch ein rechtschaffener und erfahrener Beichtvater kaum einen gerechten Preis für den Verlust des Lebens oder eines Auges bestimmen könne. Gabriel Vázquez zufolge kann man nicht mit Sicherheit feststellen, ob für ein Menschenleben ein paar hundert Goldmünzen mehr oder weniger angemessen sind. Vielmehr könne man die Geldsumme beliebig erhöhen, ohne dass jemals die Annahme gerechtfertigt wäre, sie übersteige den Wert des Lebens oder eines Körperteils.[1226] Aber auch Befürworter der Geldentschädigung gestehen diese Schwachstelle ein und raten deshalb dazu, sich mit dem Geschädigten nach Möglichkeit zu vergleichen.[1227] Hingegen nimmt Vitoria keinen Anstoß daran, wenn zwei Beichtväter beim Aufwiegen des guten Rufs gegen eine bestimmte Geldsumme zu unterschiedlichen Ergebnissen kommen. Denn beide Urteile könnten richtig sein, wenn sie nur gut erwogen sind.[1228]

2. Bemessungsfaktoren

Damit war allerdings noch nicht geklärt, welche Bemessungsfaktoren zu berücksichtigen sind und welche Umstände ohne Einfluss bleiben. Duns Scotus wollte bei Körperverletzungen auf die Würde des Opfers abstellen.[1229] Hingegen hatte Thomas von Aquin vorgegeben, dass die Verhältnisse von Schädiger und Geschädigtem zu würdigen seien (*considerata conditione utriusque personae*).[1230] Mit dem am Schaden orientierten Ausgleichsgedanken seiner Restitutionslehre scheint dies nicht ohne Weiteres vereinbar. Denn Thomas hatte zwar mit Aristoteles daran festgehalten, dass die Person des Geschädigten für das Ausmaß eines Schadens an Persönlichkeitsgütern mitbestimmend sein kann.[1231] Der Blick auf den Schädiger erklärt sich damit jedoch nicht.

Quartae, q. 18, a. 2, fol. 241rb f.; Gregor von Valencia: Commentarii theologici, tomus 3, disp. 5, q. 6, punct. 5, Sp. 1199 f.

1226 Vázquez (Bellomontanus): Tractatus de restitutione, cap. 2, § 3, dub. 6, n. 19 f., S. 75b.

1227 Vgl. etwa Hadrian VI.: In Quartum Sententiarum, De restitutione, fol. 95r; Molina: De Iustitia et Iure, tract. 3, disp. 88, n. 1, Sp. 1032. Zur Möglichkeit des Vergleichs bei Persönlichkeitsverletzungen siehe oben S. 175 ff.

1228 Vitoria: Codex Salmantinus XLIII, q. 62, a. 6, n. 14, S. 108: »Unde dico, quod licet duo confessores in similibus casibus differentem proferant sententiam, non ideo mali consulendum est, quia uterque bene dicit, quia uterque habet bonam considerationem, facit, quod in se est.«

1229 Duns Scotus: Ordinatio IV (Vaticana), dist. 15, q. 3, n. 244, S. 122. Vgl. oben S. 108.

1230 Thomas von Aquin: STh II-II, q. 62, a. 2, ad 1, S. 43. Vgl. oben S. 100 f.

1231 Ders.: Sententia Ethic., lib. 5, lectio 8, ad 1132b28, S. 290, Z. 51 ff. Vgl. oben S. 92.

Die thomistische Lehre setzte sich bei frühneuzeitlichen Autoren dennoch durch. Auch Vitoria will bei der Bemessung der Restitutionspflicht für Körperverletzungen nicht nur die Person des Geschädigten, sondern auch die des Schädigers berücksichtigen (*attenta qualitate utriusque personae*).[1232] Soto geht sogar noch einen Schritt weiter. Bei der Restitutionspflicht des Mörders komme es nicht nur auf die Person von Täter und Opfer an. Auch die Umstände der Tatbegehung wie Hinterlist oder besondere Grausamkeit seien in die Bemessung miteinzubeziehen.[1233] Bei der Restitution von Vermögensgütern betont er hingegen, dass es nur auf den Ausgleich des Schadens ankomme, nicht aber auf Strafe oder Vergeltung.[1234] Ähnliches findet sich bei Martín de Ledesma. Auch er will bei der Restitution von Persönlichkeitsgütern auf die Begehungsweise (*inerficiendi modus*)[1235] und den Verschuldensgrad (*quantitas culpae*)[1236] abstellen. Auf den *modus occisionis* kommt es auch laut Salón an.[1237]

Mit dieser Lehre – vor allem in ihrer Ausprägung bei Soto und Ledesma – bekommt die Restitutionspflicht einen pönalen Charakter, der ihr bei Thomas von Aquin und in der spätscholastischen Tradition eigentlich fremd ist. Die Schwere von Schuld und Unrecht soll dem Grunde nach nur mit der Strafe oder der sakramentalen Satisfaktion korrespondieren, die man aber vor Erlass eines Urteils bzw. der entsprechenden Bestimmung durch den Beichtvater nicht schuldet.[1238] Davon zu trennen ist die Restitutionspflicht, die sich allein am Ausmaß des Schadens bemisst. Petrus de Navarra, der die Geldentschädigung für Persönlichkeitsgüter ablehnt, nimmt dies zum Anlass, die Lehre Sotos zu kritisieren. Für das Ausmaß des Schadens sei es ohne Belang, ob er aus einer grausamen oder hinterlistigen Tat

---

1232 Vitoria: Codex Salmantinus XLIII, q. 62, a. 2, n. 9, S. 110. Siehe dazu auch Otte: Privatrecht bei Francisco de Vitoria, 72; Repgen: De restitutione (Vitoria), XLIX, Fn. 139. Ähnlich Salón: De Iustitia et Iure, q. 62, a. 2, controversia 4, concl. 3, S. 205b.

1233 Soto: De Iustitia et Iure, lib. 4, q. 6, a. 3, S. 338b: »Quin vero & occidendi modus, si per insidias, aut fraudem, aut per insignem atrocitatem homicidium perpetratum est. Haec omnia venire debent in consilium ut restitutio legitime fiat, dummodo haec omnia iniurius possit solvere, etiam com gravi detrimento suorum bonorum.«

1234 Ders.: De Iustitia et Iure, lib. 4, q. 6, a. 4, S. 351b.

1235 Ledesma: In IV sententiarum. Secunda Quartae, q. 18, a. 2, fol. 242ra: »Considerandus etiam est interficiendi modus, si per insidias aut fraudem, aut per aliam crudelitatem homicidium sit perpetratum.«

1236 Ders.: In IV sententiarum. Secunda Quartae, q. 18, a. 2, fol. 241va: »Secundo oportet videre quantitatem culpae, nempe an illud nocumentum sit illatum ioco an serio [...]«.

1237 Salón: De Iustitia et Iure, q. 62, a. 2, controversia 4, concl. 3, S. 205b.

1238 Jansen: Theologie, Philosophie und Jurisprudenz, 100; Thönissen: Recht und Gerechtigkeit, 343 f., 469 ff.

hervorgeht. Diese Umstände beträfen nur die Schwere der Sünde und damit die in der Beichte aufzuerlegende Satisfaktion, nicht aber die Restitution.[1239]

Etwas anders positioniert sich deshalb Molina. Zur Bemessung der Restitution für das *damnum corporis* will er nur die Person des Geschädigten, die Art der Verletzung und den betroffenen Körperteil berücksichtigen. Das gelte auch bei der Tötung, da das Leben eines mit besonderer Würde gezeichneten Opfers wertvoller sei.[1240] Darüber hinaus stellt er zwar auch auf sonstige Umstände ab (*attentis caeteris circumstantiis concurrentibus*).[1241] Die Umstände der Tatbegehung will er aber nicht berücksichtigen. Denn diese erhöhten nur die Schuld und das zugefügte Unrecht, nicht aber den Schaden.[1242] Für die Restitution sei aber allein das Ausmaß des Schadens von Bedeutung.

Pedro de Aragón will auf die Person des Geschädigten und das Ausmaß des Schadens abstellen, daneben aber auch die Möglichkeiten des Schädigers berücksichtigen.[1243]

Juan de Lugo, der einen Ausgleich von Körperschäden in Geld ablehnt, meint, dass besondere Grausamkeit den Schaden *in bonis corporis* jedenfalls theoretisch erhöhen könne.[1244] Bei Tötung könne es zur Schadensbemessung aber nicht auf den Stand des Opfers ankommen. Denn das Leben eines Armen entwickele einen besonderen Wert aus der Hoffnung, sich durch eigenen Fleiß Reichtümer und Ruhm zu erwerben. Deshalb könne man unter Umständen das Leben eines jungen und starken Menschen höher schätzen als das eines alten und schwachen.[1245]

1239 Petrus de Navarra: De ablatorum restitutione, lib. 4, cap. 1, n. 92f. S. 382: »Et cum nec maiora sint damna ob maiorem malitiam, vel animositatem, aut crudelitatem, nec minora, ob minorem atrocitatem, &c. non erit restitutio ullo modo ob eas circumstantias varianda, licet peccatum maius fuerit, imo & satisfactio etiam debet esse maior: satisfactio inquam illa non pecuniaria, sed quae inter nobiles & liberos ob corporales iniurias fieri consuevit, vel sapiens iudicabit.« Vgl. auch Vázquez (Bellomontanus): Tractatus de restitutione, cap. 2, § 3, dub. 6, S. 74b f.e

1240 Molina: De Iustitia et Iure, tract. 3, disp. 84, n. 5, Sp. 1016.

1241 Ders.: De Iustitia et Iure, tract. 3, disp. 88, n. 1, Sp. 1032: »[...] quantum arbitrio prudentis aestimabitur id damnum, attenta qualitate personae, cui id damnum est datum, & attenta qualitate membri, qualitate ac quantitate laesionis, & attenta caeteris circumstantiis concurrentibus.« Unbestimmt hingegen Gregor von Valencia: Commentarii theologici, tomus 3, disp. 5, q. 6, punct. 5, Sp. 1199: »[...] pendere id ex arbitrio boni & prudentis viri, consideratis circumstantiis.«

1242 Molina: De Iustitia et Iure, tract. 3, disp. 84, n. 5, Sp. 1016: »Etenim circumstantiae illae culpam aggravant, & iniuriam illatam: non tamen augent damnum [...]«.

1243 Aragón: In Secundam Secundae, q. 62, a. 2, S. 185a.

1244 Lugo: De Iustitia et Iure, disp. 11, sect. 1, n. 25, S. 308b.

1245 Ders.: De Iustitia et Iure, disp. 11, sect. 1, n. 24, S. 308b: »[...] pretiosior aliquando est vita homini pauperi, cui vita spem dat sua industria acquirendi divitias, & nobilitatem suis posteris,

II. Vererblichkeit

Die Vererblichkeit der Restitutionspflicht betrifft sowohl den Fall, in dem der Geschädigte stirbt und sich die Frage stellt, ob die Wiedergutmachung seinen Erben zu leisten ist (aktive Vererblichkeit), als auch die Situation, in welcher der Schädiger stirbt und zu klären ist, ob seine Erben in die Restitutionspflicht gegenüber dem Geschädigten eintreten (passive Vererblichkeit).

1. aktiv

Nach römischem Recht gingen sachverfolgende Klagen auf die Erben des Geschädigten über. Aber auch Privatstrafklagen waren grundsätzlich aktiv vererblich, sodass auch die Erben des Verletzten die *poena* gegen den Delinquenten geltend machen konnten. Eine Ausnahme bildete insofern nur die *actio iniuriarum*. Weil man sie nicht als Teil des Vermögens ansah, ging sie auf die Erben nur dann über, wenn die Klage vor dem Tod des Verletzten rechtshängig war.[1246] Hingegen konnte die *actio legis Aquiliae* ohne Einschränkungen auch von den Erben erhoben werden.

Dem Problem der aktiven Vererblichkeit nähert sich Thomas von Aquin unter der Frage, ob man immer nur demjenigen Restitution zu leisten habe, dem man geschadet hat (STh II-II q. 62 a. 5). Für den Schädiger konnte dies Bedeutung erlangen, wenn ihm die Person des Gläubigers unbekannt war und es zu klären galt, was er zur Rettung seines Seelenheils unternehmen musste. Nach Thomas kann man die Restitutionspflicht dann ausnahmsweise erfüllen, indem man den Armen ein Almosen gibt.[1247] Befindet sich der Gläubiger in weiter Ferne, komme die Hinterlegung an einem sicheren Ort in Frage. Wenn der Gläubiger hingegen verstorben ist, habe man dessen Erben zu restituieren, die gewissermaßen als eine Person mit dem Erblasser anzusehen seien.[1248]

Auch für die Spätscholastiker stand fest, dass man nach dem Tod des Gläubigers grundsätzlich dessen Erben zu restituieren hat. Das galt jedenfalls, wenn die Resti-

---

quam sit vita hominis iam divitis & nobilis. Magis fortasse consideranda esset aetas, & vires occisi, nam si iuvenis, & robustus erat, pretiosior videtur vita ablata, quam si senex, & infirmae valetudinis, qua minorem spem dabat longioris vitae.«

1246 Ulp. 34 ad Sab. D. 47,10,28; Ulp. 57 ad ed. D. 47,10,13 pr.; Gai. Inst. 4,112. Siehe dazu Hagemann: Iniuria, 239 f.

1247 Vgl. auch Thomas von Aquin: Super Sententiis, dist. 15, lib. 4, q. 1, a. 5, qc. 4, ad 1: »[...] quando incertus est dominus rerum ablatarum pauperes sunt heredes.«

1248 Ders.: STh II-II, q. 62, a. 5, ad 3, S. 51.

tutionspflicht einen wirtschaftlichen Schaden betraf.[1249] Pedro de Aragón will dies auch für das *damnum corporale*, also den immateriellen Schaden gelten lassen. Allerdings unter der Einschränkung, dass es sich um notwendige Erben handelt, die man von der Erbschaft nicht ausschließen kann. Dazu zählen Eltern, Kinder und Ehegatten. Die Restitutionspflicht für den immateriellen Schaden am Körper gehe auf diese aktiv über, weil der Mensch nicht nur sich selbst gehöre, sondern auch diesen nahen Angehörigen.[1250] Sie seien durch die Verletzung also auch selbst betroffen.

Herrschend war diese Ansicht jedoch nicht. Einige Spätscholastiker meinten, dass die Erben nicht in die natürlichen Rechtsgüter des Geschädigten nachfolgen, sodass ihnen für eine Verletzung des Lebens oder des Körpers keine Restitution zu leisten sei.[1251] In Vitorias Lehre führt dies zu einer Enthaftung des Mörders, denn es fehle an einem tauglichen Restitutionsgläubiger und zu einer Restitution in geistlichen Gütern bestehe keine Pflicht.[1252]

Etwas anders positioniert sich Molina. Auch er meint, dass man den Erben des Geschädigten bei einer Verletzung an Leben, Körper oder gutem Ruf wegen des nichtwirtschaftlichen Schadens keine Restitution in Geld schulde. Allerdings bleibe die Restitutionspflicht im Verhältnis zum Verstorbenen bestehen. Deshalb müsse man durch geistliche Werke restituieren[1253] oder – bei Rufschädigung – indem man eine kompromittierende Aussage noch nach Tod des Betroffenen widerruft.[1254] Hat man aber mit dem Geschädigten zu dessen Lebzeiten einen Vergleich abgeschlossen, müsse die vereinbarte Wiedergutmachung auch den Erben geleistet werden.[1255] Auch Lessius zufolge muss man einem Toten seinen guten Ruf restituieren.[1256]

1249 Vgl. Vitoria: Codex Salmantinus XLIII, q. 62, a. 5, n. 4, S. 36; Soto: De Iustitia et Iure, lib. 4, q. 7, a. 1, S. 362a; Báñez: De Iustitia et Iure, q. 62, a. 5, dub. 8, S, 154b; Molina: De Iustitia et Iure, tract. 2, disp. 742, n. 1, Sp. 453; ders.: De Iustitia et Iure, tract. 3, disp. 87, n. 9, Sp. 1031.

1250 Aragón: In Secundam Secundae, q. 62, a. 2, S. 184b: »Homo enim non solum est bonum suum, sed etiam est bonum uxoris, filiorum, atque parentum.«

1251 Vitoria: Codex Salmantinus XLIII, q. 62, a. 2, n. 14, S. 116ff.; Ledesma: In IV sententiarum. Secunda Quartae, q. 18, a. 2, fol. 242rb; Molina: De Iustitia et Iure, tract. 3, disp. 84, n. 11, Sp. 1020.

1252 Vitoria: Codex Salmantinus XLIII, q. 62, a. 2, n. 15, S. 118: »[...] quia heredes solum succedunt in bonis temporalibus.«

1253 Molina: De Iustitia et Iure, tract. 3, disp. 84, n. 11, Sp. 1020.

1254 Molina: De Iustitia et Iure, tract. 3, disp. 88, n. 6, Sp. 1034; ders.: De Iustitia et Iure, tract. 4, disp. 45, n. 1, Sp. 1391.

1255 Molina: De Iustitia et Iure, tract. 3, disp 84, n. 4, Sp. 1014; n. 8, Sp. 1019. Die Pflicht zur Restitution mit geistlichen Gütern entfalle aber, wenn sich der Verstorbene im Zustand schwerer Schuld befindet.

1256 Lessius: De Iustitia et Iure, lib. 2, cap. 11, dub 21, n. 114, S. 404.

Hingegen behauptet Soto, dass sich die Restitution für das Leben eines Menschen nach dessen Würde bemesse. Er trennt hier nicht scharf zwischen den wirtschaftlichen und den nichtwirtschaftlichen Folgen der Tötung und scheint die Erben des Getöteten für beide Positionen als taugliche Restitutionsgläubiger anzusehen.[1257]

2. passiv

In Rom waren Privatstrafklagen passiv unvererblich, weil die Buße gerade den Schädiger und nicht dessen Erben treffen sollte.[1258] Die *actio iniuriarum* konnte gegen die Erben des Schädigers deshalb nicht erhoben werden.[1259] Anders lag es bei der *actio legis Aquiliae*, die zwar als pönal eingestuft wurde, aber auch sachverfolgenden Charakter hatte. Ihr wurde gegen die Erben des Schädigers nur soweit stattgegeben, wie der Nachlass durch die schädigende Handlung bereichert war.[1260]

Auch bei den Glossatoren herrschte noch der Grundsatz passiver Unvererblichkeit deliktischer Klagen.[1261] Hingegen hafteten die Erben nach kanonischem Recht auch für deliktische Schulden des Erblassers.[1262] Die Haftung war auf die Höhe des Nachlasses beschränkt, hing aber nicht davon ab, dass derselbe durch das schädigende Verhalten bereichert war.[1263] Ausgehend von der Kanonistik setzte sich die passive Vererblichkeit von Deliktsklagen später auch im römisch-gemeinen Recht durch.[1264]

Für die Moraltheologie könnte man vermuten, dass die thomistische Restitutionslehre dieses Ergebnis teilt. Schließlich sollte die Restitution nach Thomas

---

1257 Soto: De Iustitia et Iure, lib. 4, q. 6, a. 3, S. 339b f. Vgl. oben S. 209 f.

1258 Platschek: HRP II § 91, Rn. 4.

1259 Ulp. 57 ad ed. D. 47,10,13 pr.

1260 Ulp. 18 ad ed. D. 9,2,23,8. Dies gilt auch für andere Privatstrafklagen, vgl. Lange: Schadensersatz, 146 f.; Wieling: Interesse, 258 f.

1261 König: Schadensrecht, 47 f.; Wieling: Interesse, 259.

1262 X 3,28,14; X 5,17,5; X 5,19,9; X 5,39,28. Vgl. auch Nicolaus de Tudeschis (Panormitanus): Commentaria, ad X 5,17,5, n. 3, fol. 147r.

1263 Gl. *In litteris* ad X 5,17,5 [Sp. 1728]: »Item haeredes tenentur ex delicto defuncti, etiam si ex illo delicto ad eos nihil pervenerit. Item nota hic arg. ex delicto defuncti haeredes non teneri ultra facultates, vel vires haereditatis defuncti.«; Gl. *Haeredes quoque* ad X 5,39,28 [Sp. 1897]: »Hic habes expresse, quod haeredes tenentur ex delicto defuncti, licet ad eos nihil pervenerit.« Siehe aber Wieling: Interesse, 260.

1264 Siehe dazu im Einzelnen Lange: Schadensersatz, 148 f.; Kaufmann: Actio legis Aquiliae, 95 ff.; Wieling: Interesse, 260 ff.; Wolter: Ius canonicum, 13; Scott: Acta Juridica 15 (1978); Jansen: Haftungsrecht, 282 f.

von Aquin in erster Linie der Herstellung ausgleichender Gerechtigkeit dienen, während bei Augustinus noch die Buße des Schädigers im Zentrum gestanden hatte.[1265] Im Kapitel der *Summa theologica*, das sich mit Restitution befasst, äußert sich Thomas zur Erbenhaftung jedoch nicht. Er stellt dort zwar die Frage, ob auch jemand zur Restitution verpflichtet sein kann, der selbst keinen Schaden zugefügt hat.[1266] Auf die Restitutionspflicht der Erben geht er aber nicht ein, sondern beschäftigt sich hauptsächlich mit dem Verursacherprinzip und der Haftung von Anstiftern und Mittätern.[1267] Thomas meint aber an anderer Stelle, dass es zur Tilgung einer Schuld im Verhältnis zu Gott möglich sei, dass nicht der Sünder selbst, sondern ein Dritter für ihn Satisfaktion leistet.[1268] Die Satisfaktion durch einen anderen war auch in der Kanonistik als Argument für die Erbenhaftung vorgebracht worden. Die Erben sollten den Schaden stellvertretend für den Delinquenten wiedergutmachen, damit ihm seine Sünde nachgelassen wird.[1269]

Für das Gewissensforum stellten Raimund von Penyafort[1270] und Petrus de Palude[1271] schon früh fest, dass die Regelung des kanonischen Rechts auch hier verbindlich ist. Dasselbe findet sich bei Silvester Mazzolini.[1272] Auch Hadrian VI. meint unter Berufung auf die Kanonistik, dass die Pflicht zur Kompensation des guten Rufs mit Vermögensgütern auf die Erben des Schädigers übergeht.[1273] Für den materiellen Folgeschaden schließen sich dem auch Martín de Azpilcueta[1274] und Gabriel Vázquez[1275] an.

Besonders Molina untersucht dieses Problem auch mit Blick auf die Lehre der Juristen. Er beklagt den Zustand im römisch-gemeinen Recht, wo nach Ansicht

---

1265 JANSEN: Haftungsrecht, 283 meint deshalb: »Denn der Grundsatz der Erbenhaftung bildete mittlerweile ein Element der öffentlichen Moral des Mittelalters, seit Thomas von Aquin ihn aus dem theologischen Kontext gelöst und in seine Theorie der Gerechtigkeit integriert hatte.«

1266 THOMAS VON AQUIN: STh II-II, q. 62, a. 7, S. 58.

1267 Siehe dazu MAIHOLD: Strafe für fremde Schuld?, 259 f.

1268 THOMAS VON AQUIN: STh III, Suppl., q. 13, a. 2, co., S. 28: »Sed quantum ad solutionem debiti, unus potest pro alio satisfacere: dummodo sit in caritate, ut opera eius satisfactoria esse possint.« Zur Satisfaktion für einen anderen siehe MAIHOLD: Strafe für fremde Schuld?, 242 ff.

1269 Vgl. Gl. *In litteris* ad X 5,17,5 [Sp. 1728]: »[...] haeredes eius monendi sunt & compellendi, ut illis quibus ille damnum dedit contra iustitiam per incendium vel alio modo, secundum facultates defuncti satisfaciant, ut sic a peccato valeat liberari.«

1270 RAIMUND VON PENYAFORT: Summa, lib. 2, tit. 5, De Raptoribus, § 24, S. 280 f.

1271 PETRUS DE PALUDE: In IV sententiarum, dist. 15, q. 2, a. 5, fol. 66ra.

1272 MAZZOLINI: Summa, pars 1, Hereditas III, n. 6, S. 473a.

1273 HADRIAN VI.: Quaestiones quodlibeticae, q. 11, fol. 64va, lit. K.

1274 AZPILCUETA: Enchiridion, cap. 18, n. 46, fol. 280v. Nach Azpilcueta schuldet man für die Verletzung des guten Rufs selbst keine Geldkompensation, vgl. oben S. 253 f.

1275 VÁZQUEZ (BELLOMONTANUS): Tractatus de restitutione, cap. 2, § 3, dub. 1, n. 4, S. 72b.

einiger Gelehrter keine Privatstrafklagen gegen die Erben erhoben werden können, es sei denn der Nachlass ist durch die schädigende Handlung bereichert. Dieser Regelung liege ein Irrtum zugrunde, weil man übersehe, dass deliktische Klagen nur insoweit pönal seien, wie die Kondemnationssumme den Wert des Schadens übersteigt. Falsch sei es deshalb, die Klage insgesamt für passiv unvererblich zu erklären.[1276] Im Naturrecht und im Gewissensforum gelte vielmehr die allgemeine Regel, dass immer dann, wenn der Delinquent einen schuldhaft verursachten Schaden zu Lebzeiten nicht ersetzt hat, die Erben dafür mit dem Nachlass aufkommen – unabhängig davon, ob die Erbschaft durch die Tat bereichert ist oder nicht.[1277] Denn der Nachlass sei mit dieser Schuld belastet und bleibe es auch nach dem Tod des Erblassers.[1278] Unter Christen – so Molina – müsse diese Regel in Zukunft auch vor weltlichen Gerichten beachtet werden, selbst wenn der Fall nach römisch-gemeinem Recht zu entscheiden ist.[1279]

Die Dringlichkeit dieser Neuerung ergibt sich für Molina aus dem Gemeinwohl, aus der notwendigen Durchsetzung der Gerechtigkeit und aus Gewissensgründen in der Person der Erben.[1280] In diesem Punkt geht Molina mit seiner naturrechtlichen Begründung einen entscheidenden Schritt über die Argumentation der Kanonisten hinaus. In den kanonistischen Glossen stand noch das Seelenheil des Delinquenten im Zentrum. Man half sich auch mit einer verbreiteten Argumentation, wonach der beichtende und bereuende Erblasser seine Rechtsnachfolger mit der Wiedergutmachung des durch ihn angerichteten Schadens noch auf dem Sterbebett ausdrücklich oder stillschweigend beauftragt. Der eigentliche Grund für die Erbenhaftung war nach Nicolaus de Tudeschis deshalb

---

1276 Molina: De Iustitia et Iure, tract. 3, disp. 43, n. 2, Sp. 774: »[...] deceptos fuisse conditores iuris civilis, dum distinguere nesciverunt, eiusmodi leges esse poenales quo ad excessum ultra damnum iniuste datum, non vero quo ad latitudinem damni infra eum excessum [...]«.

1277 Ders.: De Iustitia et Iure, tract. 3, disp. 43, n. 3, Sp. 774: »Universim quando culpa theologica defuncti damnum alicui in rebus externis iniuste est datum, neque defunctus illud compensavit, haeredes illius naturali iure atque in conscientiae foro, tenentur illud restituere ei, qui tale damnum est passus [...]«.

1278 Ders.: De Iustitia et Iure, tract. 3, disp. 43, n. 3, Sp. 775: »[...] cum ergo haereditas obligata maneat ad debita omnia defuncti [...]«.

1279 Ders.: De Iustitia et Iure, tract. 3, disp. 43, n. 4, Sp. 776. Dazu beruft er sich auf Covarrubias y Leyva: Variarum resolutionum libri, lib. 3, cap. 3, n. 7, S. 201a. Covarrubias meint, dass die Regel des kanonischen Rechts auch mit den Vorschriften der justinianischen Kodifikation vereinbar sei. Dies führt er wiederum auf Charles Dumoulin (Carolus Molinaeus) zurück, der sich dahingehend in einer Glosse zu Filippo Decius' Kommentar zum Titel *De Regulis Iuris* (D. 50,17) geäußert habe, vgl. Decius: De regulis iuris, Gl. Canonico ad D. 50,17,111,1, S. 340.

1280 Molina: De Iustitia et Iure, tract. 3, disp. 43, n. 4, Sp. 776: »[...] id postulet exoneratio conscientiarum eorundem haeredum, iustitiaeque administratio, ac bonum commune.«

nicht ein Unterschied zwischen kanonischem und römisch-gemeinen Recht, sondern der Wille des Erblassers.[1281] Diese Sichtweise kritisiert nicht nur Molina, sondern auch der Kanonist Diego de Covarrubias y Leyva.[1282] In einer naturrechtlichen Restitutionslehre, die an der Herstellung ausgleichender Gerechtigkeit orientiert ist, bedarf es keiner solchen Fiktionen. Denn hier liegt die Triebfeder für die Restitutionspflicht direkt bei den Erben, die zur Rettung ihres eigenen Seelenheils alle Schulden begleichen müssen, mit denen die Erbschaft belastet ist.

Für Molina ist deshalb klar, dass die Erben eines Mörders nicht nur für den Vermögensschaden aufkommen, sondern auch für den nichtwirtschaftlichen Schaden am Leben des Getöteten Restitution leisten müssen. Die Pflicht zur Restitution mit *bona spiritualia* gehe auf die Erben über, sodass diese mit Mitteln aus dem Nachlass zugunsten der Seele des Getöteten Opfergaben besorgen müssen. Denn dabei handele es sich nicht um eine Strafe, sondern um eine Schadensersatzpflicht, mit der der Nachlass belastet sei.[1283] Dasselbe gelte für Körperverletzungen, wenn der Schädiger stirbt, bevor er für das *damnum corporale* Restitution geleistet hat.[1284] Und auch bei Rufschädigungen hält Molina an dieser Lösung fest. Die Erben des Schädigers müssten den Ruf entweder durch Lobreden und Ehrerbietung wiederherstellen oder, wenn dies nicht möglich ist, mit Geld kompensieren.[1285]

Letzteres sieht Lessius anders. Ihm zufolge sind bei Verletzung des guten Rufs nur die materiellen Folgeschäden mit Geld zu restituieren.[1286] Diese Pflicht gehe auf die Erben des Schädigers über. Die Wiederherstellung des guten Rufs selbst sei nur durch Naturalrestitution möglich. Die Pflicht zur Rehabilitierung des Geschädigten per Widerruf treffe die Erben des Schädigers wegen ihres persönlichen Charakters aber nicht. Dasselbe gelte bei Ehrverletzungen. Dabei gehe es nämlich nicht um ein Geben, sondern ein spezielles Verhalten – ebenso wie bei einem persönlichen Gelöbnis.[1287]

1281 Vgl. Nicolaus de Tudeschis (Panormitanus): Commentaria, ad X 5,17,5, n. 3, fol. 147r: »[…] fuit absolutus ab excommunicatione secundum formam ecclesiae, ergo promissit, ex quotamen ipsum paenituit, videtur mandasse haeredibus restitutionem […] sic haeredes hic non tenentur ex puro delicto ipsius defuncti, sed ex dispositione ipsius defuncti […]«.

1282 Molina: De Iustitia et Iure, tract. 3, disp. 43, n. 3, Sp. 775; Covarrubias y Leyva: Variarum resolutionum libri, lib. 3, cap. 3, n. 7, S. 200b f.

1283 Molina: De Iustitia et Iure, tract. 3, disp. 85, n. 8, Sp. 1024: »Ducor, quoniam homicida id non debebat in poenam, sed erat debitum iure naturali ex damno iniuste dato contractum: ad quod aeque obligata manent bona illius post ipsius mortem, atque de reliqua debita ipsius.«

1284 Ders.: De Iustitia et Iure, tract. 3, disp. 88, n. 6, Sp. 1034.

1285 Ders.: De Iustitia et Iure, tract. 4, disp. 45, n. 3, Sp. 1392.

1286 Siehe dazu im Einzelnen oben S. 261 f.

1287 Lessius: De Iustitia et Iure, lib. 2, cap. 11, dub. 21, n. 112, S. 402: »Ratio est, quia haec obligatio

Anlass für Kritik war in diesem Zusammenhang die Lehre Sotos. Ihm zufolge müssen die Erben für einen vom Erblasser verursachten Schaden nur dann Restitution leisten, wenn dieser ihnen die Mittel dazu hinterlassen hat.[1288] Dabei differenziert er nicht zwischen materiellen Folgeschäden und dem Schaden am Persönlichkeitsgut selbst. Stattdessen schreibt er, dass die Erben jedenfalls für die Kompensation von Injurien nicht aufkommen, es sei denn der Erblasser sei zu Lebzeiten dazu verurteilt worden.[1289] Einige Autoren[1290] haben ihn so verstanden, als meine er mit den Injurien auch den nichtwirtschaftlichen Schaden am Persönlichkeitsgut selbst, also etwa das *damnum corporis*. Sie warfen Soto deshalb Inkonsequenz vor. Denn wenn der Schädiger *ex iustitia* Restitution schulde, dann müsse diese Pflicht auch auf die Erben übergehen. Wenn Soto aber die Restitutionspflicht der Erben verneint, dann könne sie bereits in der Person des Schädigers nicht bestehen.

III. Verhältnis zu Strafklagen

Wegen des bereits in der Antike verbreiteten Verbots der Doppelbestrafung erwies sich das Problem der Klagenkumulation seit jeher als Prüfstein für den pönalen Charakter einer Klage. Für ein einziges schädigendes Verhalten gleich mehrere Strafklagen zu gewähren und damit unter Umständen auch eine Vielzahl von *poenae* gegen den Täter zu verhängen, ließ und lässt sich mit einem verbreiteten Gerechtigkeitsverständnis nicht vereinbaren. War die Kumulation verschiedener Klagen im Einzelfall unzulässig, sprach dies deshalb für den Strafcharakter der *actio*. Dieses Problem stellt sich dann als besonders kompliziert heraus, wenn eine Klage nicht allein strafende, sondern gleichzeitig auch sachverfolgende Funktion hat, wie es bei der römischen *actio legis Aquiliae* der Fall

est mere personalis (non enim est ad aliquid dandum, sed ad aliquid agendum) ut obligatio voti personalis […]«.

1288 Soto: De Iustitia et Iure, lib. 4, q. 6, a. 3, S. 340a: »[…] utrum haeredes homicidae si ipse vivens non satisfecit, teneantur de damno in conscientia? Respondetur ipsos teneri si defunctus bona reliquit: alias minime.«

1289 Ders.: De Iustitia et Iure, lib. 4, q. 6, a. 3, S. 340a: »Iniuriam autem compensare, non item convincuntur. Nisi vivens homicida condemnatus esset transiret quod in rem iudicatam ut pro iniuria tantum solveret.«

1290 Darunter Domingo Báñez, Gabriel Vázquez und Petrus de Navarra. Siehe dazu oben S. 233 ff.

war. Bereits im Rom war deshalb umstritten, ob man sie zusammen mit der *actio iniuriarum* erheben konnte, die eindeutig pönal war.[1291]

Im moraltheologischen System der Spätscholastik fielen Persönlichkeitsverletzungen, die in Rom mit der *actio iniuriarum* geahndet wurden, unter die allgemeinen Regeln der Restitutionslehre. Die Restitution eines Schadens unterschied man aber streng von der Strafe oder Buße für das begangene Unrecht.[1292] Die Bestrafung des Täters durch die Obrigkeit führte deshalb nicht dazu, dass die naturrechtliche Pflicht zur Restitution des Schadens entfällt. Ein Dieb wird durch die Strafe nicht von der Pflicht dispensiert, das Diebesgut zu restituieren. Ebenso betont Martín de Azpilcueta deshalb die Pflicht der Erben eines hingerichteten Mörders, den wirtschaftlichen Schaden zu ersetzen, der durch den Mord entstanden ist. Denn durch die Todesstrafe werde nur das Unrecht kompensiert, das der Täter dem Gemeinwesen zugefügt hat, nicht aber der daraus entstehende Schaden Dritter.[1293] Dem stimmen Petrus de Navarra und Leonardus Lessius zu.[1294] Auch Pedro de Aragón und Gabriel Vázquez meinen, dass die Strafe nur das Gemeinwohl betrifft, nicht aber den Schadensersatz.[1295]

Allerdings betrafen diese Überlegungen allein den materiellen Schaden, der mittelbar aus der Verletzung an Körper oder Leben folgt. Ob durch die Bestrafung des Täters aber die ideellen Einbußen an Persönlichkeitsgütern kompensiert werden, war eine Frage, die schon Johannes Duns Scotus beschäftigt hatte. Durch ihn wurde die Lehre verbreitet, wonach ein Mörder für das genommene Leben am besten durch seinen eigenen Tod Restitution leiste. Dem Grunde nach hielt er die Talion auch bei Körperverletzungen nicht nur für die gerechte Strafe, sondern auch für ein taugliches Kompensationsmittel.[1296] Dem widersprach zwar Pedro de Aragón und stellte sich auf den Standpunkt, dass die Restitutionspflicht des Mörders durch die Todesstrafe nicht erlösche.[1297] Weiter verbreitet war unter den Spätscholastikern

---

1291 Siehe dazu LIEBS: Klagenkonkurrenz, 243.

1292 Siehe dazu bereits oben S. 265.

1293 AZPILCUETA: Enchiridion, cap. 15, n. 22, fol. 164v: »[...] illa punitio, quae in vindictam publicam irrogatur, est compensatio iniuriae ipsi Reipublicae illatae [...]«.

1294 PETRUS DE NAVARRA: De ablatorum restitutione, lib. 4, cap. 1, n. 91, S. 381; LESSIUS: De Iustitia et Iure, lib. 2, cap. 9, dub. 22, n. 139, S. 240.

1295 ARAGÓN: In Secundam Secundae, q. 62, a. 2, S. 180a; VÁZQUEZ (BELLOMONTANUS): Tractatus de restitutione, cap. 2, § 3, dub. 5, n. 13, S. 74a: »[...] iudex enim ob correctionem ipsius, vel propter bonum publicum punit poena corporali, & aliquando poena mortis [...]«.

1296 Vgl. oben S. 106.

1297 Offenbar soll durch die Strafe auch nicht die Restitutionspflicht für den immateriellen Schaden entfallen, vgl. ARAGÓN: In Secundam Secundae, q. 62, a. 2, S. 186a. So verstand ihn jedenfalls LUGO: De Iustitia et Iure, disp. 11, sectio 1, n. 6, S. 304b.

aber die Meinung, dass ein Schädiger, der mit der Talion bestraft werde, außer für den materiellen Folgeschaden keine weitere Restitution schulde.[1298]

Aus diesem allgemein anerkannten Grundsatz zog man aber unterschiedliche Schlüsse. Die Gegner des Geldersatzes für die Verletzung von Persönlichkeitsgüter verwendeten dies als Argument für ihren Standpunkt. Denn – so trug man vor – die Talion diene nicht der Wiedergutmachung des Schadens, sondern dem öffentlichen Interesse. Durch eine so geartete Strafe fließe dem Geschädigten kein Mehrwert zu. Wenn der Täter also nach der Bestrafung von der Restitutionspflicht frei sein soll, dann könne auch davor keine solche Pflicht bestehen.[1299]

Dem begegnet Luis de Molina, indem er bestreitet, dass durch die Strafe nur das Unrecht kompensiert werde, das der Täter dem Gemeinwesen zugefügt hat. Nach Molina haben die Privatstrafklagen des *forum externum* vielmehr auch mit Blick auf den Schaden kompensatorischen Charakter.[1300] Das gelte zunächst für die *actio iniuriarum*. Denn zwar sehe das Zivilrecht für *damna corporis* keine Klage vor,[1301] während Vermögensschäden (*damna in bonis externis*) mit der *actio legis Aquiliae* eingeklagt würden.[1302] Da die Höhe der Körper- oder Geldstrafe bei der öffentlichen oder privaten Injurienklage aber davon abhängig sei, wie groß der Schaden am Körper ausfalle, werde durch die *poena* auch die *foro conscientiae* geschuldete Restitution abgegolten. Man habe dann nur noch den wirtschaftlichen Schaden zu restituieren, nicht aber das *damnum corporis*.

Laut Molina gilt dies nicht nur für Privatstrafklagen, bei denen der Schädiger zur Zahlung eines Geldbetrags an den Geschädigten verurteilt wird. Auch durch die Todesstrafe werde nämlich das *damnum vitae* kompensiert, sodass dafür im Gewissensforum keine weitere Restitution geschuldet werde.[1303] Dies gelte unab-

---

1298 Vgl. exemplarisch Vázquez (Bellomontanus): Tractatus de restitutione, cap. 2, § 3, dub. 6, n. 19, S. 75a: »Primo, quoniam cum quis pro vita ablata poena talionis punitur, vel pro membro abscisso, vel cicatrice a iudice punitur corporaliter, quamvis teneatur damna omnia restituere, & expensas curationis, ut vidimus, sed pro vitae iactura, vel laesione satisfacit sua poena vel talionis, vel corporali, ut apertissimum est apud omnes.«

1299 Báñez: De Iustitia et Iure, q. 62, a. 2, dub. 4, S. 115a; Vázquez (Bellomontanus): Tractatus de restitutione, cap. 2, § 3, dub. 6, n. 19, S. 75a; Petrus de Navarra: De ablatorum restitutione, lib. 4, cap. 1, n. 84, S. 379f. Siehe dazu bereits oben S. 216.

1300 Siehe dazu auch Unterreitmeier: Schmerzensgeldanspruch, 60f.

1301 Molina: De Iustitia et Iure, tract. 3, disp. 40, n. 20, Sp. 752.

1302 Ders.: De Iustitia et Iure, tract. 3, disp. 42, n. 11, Sp. 769.

1303 Ders.: De Iustitia et Iure, tract. 3, disp. 84, n. 8, Sp. 1018: »Non, inquam, id item refert, quoniam falsum omnino est, in solam compensationem iniuriae reipublicae illatae interfici homicidam a publica potestate. Simul enim interficitur in poenam atque in compensationem damni vitae [...]«. Ähnlich Lessius: De Iustitia et Iure, lib. 2, cap. 9, dub. 22, n. 139, S. 240.

hängig davon, ob der Richter von Amts wegen oder auf Klage der Angehörigen hin tätig wird. Man könne dies daran erkennen, dass der Richter einen Mörder für gewöhnlich nicht mit dem Tode bestrafe, wenn die Hinterbliebenen ihm seine Tat verzeihen oder mit ihm einen Vergleich abschließen. Denn dann – und nur dann – diene die Strafe nicht der Kompensation des *damnum vitae*, sondern bloß des Unrechts am Gemeinwesen. Ähnlich hält es Molina auch bei Körperverletzungen.[1304] Auch hier werde durch die Strafe sowohl das *damnum* als auch die *iniuria* kompensiert. Zwischen Geld- und Körperstrafen unterscheidet Molina nicht. Raum für eine ergänzende Restitutionspflicht *foro conscientiae* bleibe deshalb nur, wenn das Urteil wegen der Unerfahrenheit des Richters zu milde ausfällt. Dasselbe gelte auch im Verhältnis von Strafe und Restitution für Rufschädigungen.[1305]

1304 MOLINA: De Iustitia et Iure, tract. 3, disp. 88, n. 2, Sp. 1032 f.

1305 DERS.: De Iustitia et Iure, tract. 4, disp. 46, n. 2, Sp. 1394: »Praeterea, si contumelia prius illata compensenti poena fuisset in exteriori foro punita, vel criminali vel civili, tunc damnum ea illatum non censeretur manere compensandum restitutione aut satisfactione: quoniam iam ea via esset sufficienter punitum ac compensatum. Si autem poena manifeste non aequaret damnum datum […] tunc in conscientiae foro solum esset compensandus excessus damni, ut est notissimum.«

Sechstes Kapitel: Rezeptionsgeschichte

I. *Usus modernus* und Vernunftrecht

Die Restitutionslehre der Spätscholastiker ist bei den Juristen zunächst auf beachtliches Interesse gestoßen. Vor allem Vertreter des *Usus modernus* allegierten spätscholastische Autoritäten bei zahlreichen Fragestellungen zum Delikts- und Schadensrecht – etwa bei der Haftung für *culpa levissima* und der passiven Vererblichkeit der *actio legis Aquiliae*.[1306] Konfessionelle Unterschiede zwischen den zumeist protestantischen deutschen Juristen und den katholischen Moraltheologen haben dies zunächst nicht verhindert.[1307] Eine Ausnahme bildet insofern Christian Thomasius († 1728). Er polemisierte gegen die »barbarischen Moraltheologen« aus Italien und Spanien[1308] und setzte zugleich ein Bild von Hugo Grotius († 1645) als dem Vater des säkularen Vernunftrechts durch.[1309]

Grotius hingegen bezog sich ausgiebig auf die Spätscholastiker.[1310] Das gilt auch für den Schadensersatz wegen der Verletzung von Persönlichkeitsgütern. Dabei folgt er allerdings keiner einheitlichen Linie. Seinen Ausführungen in *De iure belli ac pacis* zufolge schuldet man bei Tötung und Körperverletzung für den immateriellen Schaden keinen Ersatz. Dazu zitiert er den römischen Grundsatz, wonach das Leben eines Freien sowie Narben in Geld nicht geschätzt werden, und allegiert zudem Stellen bei Lessius und Azpilcueta.[1311] Hingegen hält er bei Ruf- und Ehrverletzungen neben verschiedenen Formen der Naturalrestitution auch eine Geldentschädigung für angezeigt, sofern der Geschädigte dies wünscht. Dazu bezieht er sich auf Soto und dessen berühmtes Wort, wonach Geld das Maß

1306 Siehe im Einzelnen Nufer: Restitutionslehre, 82 ff.; Unterreitmeier: Schmerzensgeldanspruch, 87 ff.; Jansen: Theologie, Philosophie und Jurisprudenz, 203 ff.

1307 Siehe zu diesem Verhältnis auch Jansen: ZRG (GA) 132 (2015), 65 f., 68 ff.

1308 Thomasius: Larva legis Aquiliae, § 15, S. 12: »[...] nominum barbarorum, Moralistarum videlicet vel Italorum vel Hispanorum, quibus mulieres in Indiis infantes terrere solent.«

1309 Siehe dazu Jansen: Theologie, Philosophie und Jurisprudenz, 200 ff.

1310 Zum Einfluss der Spätscholastik auf Grotius siehe Nufer: Restitutionslehre, 68 ff.; Hallebeek: Unjust Enrichment, 87 ff.; Jansen: Theologie, Philosophie und Jurisprudenz, 176 ff.; Thönissen: Recht und Gerechtigkeit, 353 f.; Kowalski: Vertragsverständnis, 59 ff. m.w.N.

1311 Grotius: De iure belli ac pacis, lib. 2, cap. 17, § 13, S. 431: »Vitae autem in libero homine aestimatio non fit. Secus in servo qui vendi potuit.«; § 14: »Qui mutilavit similiter tenebitur ad impensas et ad aestimationem eius quod iam qui mutilatus est minus poterit lucrari. Sed sicut ibi vitae, ita et hic cicatricis in libero homine aestimatio non fit.«

aller Dinge sei.[1312] In seiner *Inleiding tot de Hollandsche Rechtsgeleertheyd* meint Grotius jedoch, dass auch für Schmerzen und Entstellungen ein Geldbetrag zu leisten sei, wenn dies verlangt wird.[1313] Bei Ehrverletzungen komme eine Geldstrafe in Betracht.[1314] Die unterschiedliche Behandlung des Schmerzensgeldes in seinen beiden Hauptwerken ergibt sich aus der spezifisch holländischen Rechtstradition, auf die Grotius nur in der *Inleiding* Rücksicht nimmt. In *De iure belli ac pacis* hielt er sich hingegen an den römischrechtlichen Grundsatz. Aber auch in der *Inleiding* unterstellt er den Immaterialschadensersatz bei Körper-, Ruf und Ehrverletzungen keinem einheitlichen Prinzip. Gerade dies war aber das Charakteristikum der spätscholastischen Lehre. Von einer wirklichen Rezeption des moraltheologischen Naturrechts bei Grotius kann man in diesem Punkt also nur sehr begrenzt sprechen.

1. *Usus modernus*

In der deutschen gemeinrechtlichen Literatur des 16. Jahrhunderts findet sich das Schmerzensgeld noch nicht.[1315] Allerdings kommentiert Matthias Wesenbeck († 1586) zum Digestentitel *De his qui effuderint vel deiecerint* (D. 9,3), dass nach römischen Recht Narben und Entstellungen zwar nicht in Geld geschätzt werden, es aber nicht ungerecht wäre, auch dafür eine Kompensation zu gewähren. Die Klage werde nämlich *ex bono et aequo* gegeben.[1316]

In der forensischen Praxis des 16. Jahrhunderts mehren sich hingegen Klagen, die auf ein Schmerzensgeld gerichtet sind. Offenbar gaben die Gerichte diesen Begehren bald auch überwiegend statt.[1317] Kaufmann attestiert der Bevölke-

---

1312 Wobei Grotius dies insofern einschränkt, als das Geld nur Maß aller nützlichen Dinge (*rerum utilium*) sei, vgl. Ders.: De iure belli ac pacis, lib. 2, cap. 17, § 21, S. 434: »[...] nam illi poena respondet, huic damni reparatio quae fit culpae confessione, exhibitione honoris, testimonio innocentiae, et per ea quae his similia sunt: quanquam et pecunia tale damnum rependi poterit, si laesus velit, quia pecunia communis est rerum utilium mensura.« Siehe dazu bereits oben S. 152.

1313 Ders.: Inleiding, lib. 3, cap. 34, § 2, S. 474: »De smert ende ontciering van 't licheam, hoewel eighentlick niet en zijn vergoedelick, werden op geld geschat, soo wanneer sulcks versocht werd.«

1314 Ders.: Inleiding, lib. 3, cap. 36, § 3, S. 480: »Hier komt by seeckere geld-boete sulcks als in hoon ende onder ghelijke verklaringhe van den ghelasterde als van den ghehoonde is ghezeit.«

1315 Kaufmann: Actio legis Aquiliae, 37; Hofstetter: Schmerzensgeld, 22.

1316 Wesenbeck: Paratitla, ad D. 9,3, n. 5, S. 101. Siehe dazu Kaufmann: Actio legis Aquiliae, 40; Hofstetter: Schmerzensgeld, 30.

1317 So Nufer: Restitutionslehre, 91; Kaufmann: Actio legis Aquiliae, 30 ff. Zurückhaltender hingegen Hofstetter: Schmerzensgeld, 18 ff.

rung insofern ein »lebendiges Rechtsbewußtsein«.[1318] In Sachsen konnte man diese Erwartung auf älteres Recht stützen, das mit der Sachsenbuße bereits ein Instrument zur Anerkennung immaterieller Verluste kannte. Benedikt Carpzov († 1666) führt diese Buße auf Bestimmungen des Sachsenspiegels zurück. Ihm zufolge dient sie bei Körperverletzung der Kompensation von Schmerzen und Entstellungen.[1319] Der entgegenstehende römischrechtliche Grundsatz werde durch das sächsische Recht insofern verdrängt, als wenigstens einzelne Körperteile sowie Schmerzen einer Ästimation in Geld zugänglich seien.[1320] In der Spruchpraxis des 17. Jahrhunderts wurde bald nicht nur für Schmerzen, sondern auch für Entstellungen eine Entschädigung gewährt. Dieser Tendenz entsprechen auch die Konsilien verschiedener juristischer Fakultäten, die sich im Einzelfall auch bei rein seelischen Beeinträchtigungen für einen Geldersatz aussprachen – etwa wegen der Tötung von Familienangehörigen.[1321]

Gegen den Druck aus der Praxis wehrte sich die Wissenschaft zunächst noch vehement. Berühmt geworden ist in diesem Kontext ein Wort Heinrich Bocers († 1630). Advokaten, die vor Gericht »für Schmertzen einen Abtrag begehren«, bezeichnete er als ungelehrte Rechtsverdreher (*indocti rabulae forenses*).[1322] Auch David Mevius († 1670), der sich insofern auf Bocer bezieht, will bei Körperverletzung weder für Narben und Entstellungen, noch für Schmerzen auf eine Geldentschädigung erkennen.[1323] Johann Brunnemann († 1672) zitiert für den Ersatz von Behandlungskosten und Verdienstausfall zwar Molina. Die Geldentschädigung für Narben und Entstellungen beschränkt er aber auf unverheiratete Frauen, denen wegen der notwendigen Erhöhung ihrer Mitgift

1318 Kaufmann: Actio legis Aquiliae, 30.

1319 Carpzov: Practica nova. Pars secunda, q. 99, n. 28, S. 425: »Ad tria nempe vulnerans obligatus est, scilicet ad Emendam, Interesse, & Poenam. Primum est Emenda die Busse/ sive aestimatio mutilati membri, & corporis: quae de jure Saxonico vulnerato debetur ratione doloris, injuriaeque illatae, ac corporis lacerati.« Siehe dazu Kaufmann: Actio legis Aquiliae, 30 f.; Hofstetter: Schmerzensgeld, 15 ff.

1320 Dies veranlasst Unterreitmeier: Schmerzensgeldanspruch, 93 zu der Schlussfolgerung: »Zusammenfassend lässt sich also feststellen, dass Carpzov das Recht seiner Zeit durch und durch nach scholastischem Vorbild dogmatisch durchdrungen und ausgestaltet hat.« Vgl. auch ders.: JZ 2013, 425, 431: »Die Begründung ist eindeutig der scholastischen Lehre entnommen […].« Dies lässt sich anhand der Quellen aber kaum belegen. Es finden sich zwar strukturelle Parallelen, aber kein Beweis für einen inhaltlichen Entwicklungszusammenhang.

1321 Siehe im Einzelnen Kaufmann: Actio legis Aquiliae, 31 ff.

1322 Bocer: Disputationum, pars 1, classis 4, disp. 2, thesis 1, n. 35, S. 898.

1323 Mevius: Commentarii in jus Lubecense, pars 4, tit. 3, a. 3, n. 5 f., S. 772b.

magis moribus quam legibus ein Ersatzanspruch zustehe.[1324] Wolfgang Adam Lauterbach († 1678) lehnt den Ersatz von Entstellungen und Schmerzen generell ab.[1325]

Ein als Schadensersatz verstandenes Schmerzensgeld findet sich zum ersten Mal bei Georg Adam Struve († 1692).[1326] Ihm zufolge ist bei Körperverletzungen neben Behandlungskosten und Verdienstausfall auch für Narben, Entstellungen und Schmerzen ein Ersatz zu leisten.[1327] Dazu bezieht er sich unter anderem auf Grotius' Lehrbuch zum holländischen Recht, der sich in diesem Werk aber gerade nicht auf spätscholastische Autoritäten berief.[1328] Auch Johannes Voet († 1713) bezieht sich insofern auf die *Inleiding*.[1329] Mit Hinweis auf Carpzov und Struve spricht sich auch Samuel Stryk († 1710) für das Schmerzensgeld aus.[1330] Zwar sei der Schmerz an sich ebenso wenig in Geld bemessbar wie die Verletzung selbst. Da der Schmerz aber den Schaden des Verletzten erhöhe, sei es mit Blick auf Art. 20 der Peinlichen Halsgerichtsordnung Kaiser Karls V. nicht unbillig, eine solche Entschädigung in das richterliche Ermessen zu stellen. Neben den *mores* wird die *Constitutio Criminalis Carolina* von 1532 in der Folge häufig als Rechtsgrundlage des Schmerzensgelds angeführt.[1331] Art. 20 CCC sprach dem rechtswidrig Gefolterten eine Entschädigung für »Schmach und Schmertzen« zu.

Zahlreiche weitere Schriftsteller des *Usus modernus* bemühten sich, das deutschrechtliche Institut des Schmerzensgeldes in das gemeine Recht zu in-

---

1324 Brunnemann: Commentarius, ad D. 9,2, § 13, n. 4 f., S. 410a.

1325 Lauterbach: Collegium theoretico-practicum, ad D. 9,2, § 24, S. 660.

1326 So Wächter: Buße, 81 f.; Wieling: Interesse, 140.

1327 Struve: Jurisprudentia romano-germanica, lib. 3, tit. 23, § 20, S. 533: »[...] si vulneratus quis sit, non solum mercedes Medicis & operae, quibus quis caruit aut cariturus est ob vulnus, in hanc aestimatione venire solunt, sed & doloris & cicatricum atque deformitas ratio habetur, si id nominatim petat vulneratus.«

1328 Dennoch sieht Feenstra auch hier Sotos Einfluss, vgl. Feenstra: Deliktsrecht bei Grotius, 453; ders.: Réparation, 419. Weil sich später auch Struve auf diese Stelle bei Grotius bezieht, vermutet Unterreitmeier: Schmerzensgeldanspruch, 94 auch insofern eine Traditionslinie.

1329 Voet: Commentarius ad Pandectas, ad D. 9,2, n. 11, S. 542a.

1330 Stryk: Specimem Usus Moderni Pandectarum, ad D. 9,2, § 10, S. 153: »[...] non tantum ad impensas Medicorum, & mercedem operarum, quibus caruit & cariturus est, teneatur, sed simul in certam pecuniam pro pensando dolore zu einem gewissen Schmertzen-Gelde condemnetur [...]«.

1331 Das gilt noch für Glück: Pandecten, Bd. 10, ad D. 9,2, § 10, n. 5, S. 388. Siehe dazu Kaufmann: Actio legis Aquiliae, 39, 42; Hofstetter: Schmerzensgeld, 27; Nufer: Restitutionslehre, 91; Wieling: Interesse, 141.

tegrieren.[1332] Dabei siedelten sie es ganz überwiegend bei der *actio legis Aquiliae* an.[1333] Auf spätscholastische Autoritäten bezogen sie sich dabei allerdings nicht. Das gilt selbst für Autoren, die die Theologen in anderem Zusammenhang häufig allegierten.[1334] Wenn die Spätscholastik dennoch einen Einfluss auf die Entwicklung des Immaterialschadensersatzes im gemeinen Recht hatte, kann er sich lediglich an strukturellen Ähnlichkeiten abzeichnen. Ein solcher Nachweis ist nur schwer zu führen. Tatsächlich spricht auch nicht viel dafür, dass die Juristen des *Usus modernus* sich hier wirklich von den Theologen haben inspirieren lassen. Trotz sehr unterschiedlicher Entscheidungen in der forensischen Praxis gab es in der Wissenschaft vom gemeinen Recht lange Zeit keine »grundsätzliche Erörterung« des Problems immaterieller Schäden »unter einem einheitlichen Gesichtspunkt«.[1335] Dazu passt, dass man im 17. Jahrhundert zwar mit der *actio legis Aquiliae* Schmerzen infolge von Körperverletzungen kompensierte, die *actio iniuriarum* wegen Ruf- und Ehrverletzungen aber zunehmend unter Beschuss geriet.[1336] Offenbar gelang es nicht, ein verbindendes Element zwischen dem Ersatz für körperliche Schmerzen, rein seelisches Leid und Rufschädigungen zu finden. Bedenkt man, dass auch das Bürgerliche Gesetzbuch eine billige Entschädigung in Geld nur für die Verletzung des Körpers, der Gesundheit und der Freiheit kennt (§ 847 BGB 1900, § 253 BGB), nicht aber für die Schädigung von Ruf und Ehre, ist diese Diagnose bis in die Moderne gültig. Von der Übernahme eines umfassenden Systems restitutorischen Schutzes für Persönlichkeitsgüter, wie es sich Ende des 16. Jahrhundert etwa bei Molina findet, kann deshalb für den *Usus modernus* keine Rede sein.

Geradezu konträr zur thomistischen Restitutionslehre steht auch, dass die Juristen mit ihrer Geldentschädigung vor allem auf Schmerzen abstellen. Stryk weist in diesem Zusammenhang sogar auf die Aufgabe des Richters hin, den tatsächlichen vom simulierten Schmerz zu unterscheiden.[1337] Natürlich war das Abstellen auf körperliches Leid ein nicht unplausibles Argument gegen den

---

1332 Siehe etwa Müller, Rumpel: De pecunia doloris. Weitere Nachweise bei Hofstetter: Schmerzensgeld, 23 ff.; Nufer: Restitutionslehre, 91 f.; Wieling: Interesse, 141.

1333 Hofstetter: Schmerzensgeld, 24, 27.

1334 So auch Jansen: Theologie, Philosophie und Jurisprudenz, 205 f.

1335 Kaufmann: Actio legis Aquiliae, 42.

1336 Siehe dazu ausführlich Moosheimer: Actio injuriarum.

1337 Stryk: Specimem Usus Moderni Pandectarum, ad D. 9,2, § 10, S. 154: »Qua ratione autem dolorem ex circumstantiis aestimare, & simulatum a vero hic distinguere debeat judex […]«. Siehe auch Müller, Rumpel: De pecunia doloris, cap. 3, thesis 3: »Non raro simulatur dolor; qualem simulationem investiget judex necesse est.«

Verdacht, man gebe dem menschlichen Körper durch das Schmerzensgeld einen Preis. Der Widerspruch zum römischen Recht, das die Kompensation von Narben und Entstellungen ausdrücklich ausschloss,[1338] schien hier wohl weniger einschneidend. Für Molina war aber klar, dass es bei der Restitution gerade nicht um eine Entschädigung für Schmerzen ging, sondern um einen Ausgleich für den dauerhaft verlorenen Körperteil (*damnum permanens*).[1339] Auch den anderen Spätscholastikern ging es nicht um eine Kompensation des *dolor*, sondern um einen Ersatz für das beeinträchtigte Rechtsgut. Eine ausdrückliche Berücksichtigung von gefühlsbezogenen Elementen wie Trauer oder Schmerzen fand sich nur bei Duns Scotus, dessen Lehre sich aber in der Theologie nicht durchsetzte.[1340]

Auch bei den Modalitäten des Schmerzensgeldes fällt es schwer, Parallelen zur thomistischen Restitutionslehre auszumachen. Denn hier waren Einzelheiten bereits unter den Spätscholastikern streitig, während sich Vertreter des *Usus modernus* zu Detailfragen kaum geäußert haben. Mit Blick auf die *aequitas* will Stryk bei der Bemessung des Schmerzensgeldes den Verschuldensgrad berücksichtigen.[1341] Das entspricht beispielsweise der Ansicht von Martín de Ledesma und findet sich auch bei Soto angedeutet, es widerspricht aber der Lehre Molinas.[1342] Bei der Vererblichkeit des Anspruchs herrschte unter den Juristen des *Usus modernus* zunächst große Uneinigkeit. Die Zuweisung des Schmerzensgeldes zur *actio legis Aquiliae* hätte eine weitgehende aktive und passive Vererblichkeit nahegelegt. Dennoch wurde von vollständiger Unvererblichkeit auf beiden Seiten bis hin zu dem genauen Gegenteil fast alles vertreten.[1343] Christian Friedrich von Glück († 1831) hielt die Klage auf Schmerzensgeld für passiv voll vererblich, aber grundsätzlich für aktiv unvererblich.[1344] Das entsprach in etwa der Lehre bei Vitoria und Molina,[1345] wobei die Begründung im Einzelnen unterschiedlich ausfällt und eine direkte Rezeption hier freilich fernliegt. Was das Verhältnis zu Strafklagen angeht, heißt es in der Dissertation *De pecunia doloris* aus dem Jahr 1686, dass bei Verhängung einer Körperstrafe der Anspruch auf das Schmerzens-

---

1338 Gai. 6 ad ed. provinc. D. 9,3,7.

1339 MOLINA: De Iustitia et Iure, tract. 3, disp. 88, n. 3, Sp. 1033. Siehe oben S. 141.

1340 Siehe dazu im Einzelnen S. 114 ff. und S. 140 ff.

1341 STRYK: Specimem Usus Moderni Pandectarum, ad D. 9,2, § 10, S. 154. Siehe dazu HOFSTETTER: Schmerzensgeld, 25 f.

1342 Siehe dazu oben S. 268 ff.

1343 Siehe dazu im Einzelnen die Nachweise bei HOFSTETTER: Schmerzensgeld, 29 f.

1344 GLÜCK: Pandecten, Bd. 10, ad D. 9,2, § 705, n. 5, §. 389.

1345 Siehe dazu oben S. 270 ff.

geld erlischt.[1346] Denn dadurch werde sowohl das öffentliche Interesse als auch das des Verletzten vollständig befriedigt. Auch hierin liegt eine Ähnlichkeit zu Molina, wobei dieser nicht allegiert wird und andere Spätscholastiker insofern nicht denselben Standpunkt vertraten.[1347] Mehr als eine zufällige Parallele kann man also auch hier nicht vermuten.

Nach alldem muss man davon ausgehen, dass das Schmerzensgeld nicht nach Vorlage der Restitutionslehre, sondern im 17. Jahrhundert auf Druck der forensischen Praxis Einzug in das gemeine Recht gehalten hat.[1348] Sofern dabei Ähnlichkeiten zum scholastischen Naturrecht bestehen, mögen diese eher auf ein verbreitetes Rechtsbewusstsein zurückgehen als auf eine direkte Inspiration durch moraltheologische Schriften.[1349] Eine nicht zu leugnende Parallele findet sich zwar bei der *actio iniuriarum*, denen die Juristen des *Usus modernus* im Einklang mit Spätscholastikern wie Molina auch ein kompensatorisches Moment beilegen.[1350] Eine umfassende Systematik haben die Juristen des *Usus modernus* aber weder zum Schmerzensgeld, noch zum Immaterialschadensersatz im Allgemeinen entwickelt. Dies ist umso bemerkenswerter, als ihnen die Gedanken der Spätscholastiker durchaus bekannt waren und man sie in anderen Zusammenhängen auch bereitwillig aufgriff.

2. Vernunftrecht

Im säkularen Vernunftrecht sind im Allgemeinen weniger Einflüsse aus den spätscholastischen Lehren zu finden als im *Usus modernus*.[1351] Das gilt auch für das Problem des Immaterialschadensersatzes. Die Namen und Gedanken der Spätscholastiker finden sich zwar in Werken von Hugo Grotius, der häufig am Ausgangspunkt des säkularen Naturrechts verortet wird. Auch bei dem katholischen Naturrechtler Karl Anton von Martini († 1800) tauchen sie wieder auf. Was die

---

1346 Müller, Rumpel: De pecunia doloris, cap. 4, thesis 4.

1347 Siehe dazu im Einzelnen oben S. 276 ff.

1348 So auch Jansen: Theologie, Philosophie und Jurisprudenz, 205 f.

1349 Auch Unterreitmeier: Schmerzensgeldanspruch, 89 ff. kann insofern kaum mehr als einige Parallelen aufzeigen, die einen direkten Rückschluss auf die Rezeption der spätscholastischen Lehren kaum erlauben.

1350 Darauf hat Unterreitmeier hingewiesen, vgl. Unterreitmeier: Schmerzensgeldanspruch, 89 ff.; ders.: JZ 2013, 425, 430.

1351 Siehe dazu Jansen: Theologie, Philosophie und Jurisprudenz, 190 ff. Ferner knapp Nufer: Restitutionslehre, 94 ff.; Thönissen: Recht und Gerechtigkeit, 354 f. Zur deliktischen Haftung im Vernuftsrecht siehe auch Kiefer: Aquilische Haftung, 78 ff.

Wiedergutmachung immaterieller Schäden anbelangt, sind systematische Parallelen zur scholastischen Restitutionslehre aber auch bei ihnen kaum nachweisbar.

Samuel Pufendorf († 1694) legt einen weiten Schadensbegriff zugrunde, der auch die Verletzung des Körpers und des guten Rufs umfasst.[1352] Dennoch lehnt er die Geldentschädigung für das Leben eines Menschen ab, weil man das Leben nicht in Geld schätzen könne.[1353] Und selbst wenn man es könnte: wem solle man den Geldbetrag dann leisten? Die Angehörigen des Verstorbenen kämen als Gläubiger nämlich nicht in Betracht, da sie nicht Rechtsnachfolger für das genommene Leben seien. Zumindest der zweite Teil dieser Argumentation erinnert an Vitoria, der eine Geldentschädigung für das Leben mangels eines tauglichen Restitutionsgläubigers abgelehnt hatte.

Bei Körperverletzungen stellt Pufendorf zunächst fest, dass Ersatz für Behandlungskosten und Verdienstausfall zu leisten sei.[1354] Dann geht er bemerkenswerterweise recht ausführlich auf entsprechende Vorschriften aus dem jüdischen Recht ein. Er nennt die Stelle aus dem babylonischen Talmud, die bei Körperverletzung auch eine Entschädigung für Schmerzen und Beschämung kennt.[1355] Das Talionsprinzip wurde dort bereits durch die Geldentschädigung überwunden.[1356] Nach Darstellung des jüdischen Rechts führt Pufendorf jedoch den römischen Grundsatz ein, wonach der Körper eines Freien nicht in Geld geschätzt wird. In einer Fußnote fragt Pufendorf kritisch nach, weshalb wohl bei den Römern die Ehrverletzung (*calumnia*) einer Schätzung in Geld zugänglich war, nicht aber

1352 Pufendorf: De jure naturae et gentium, lib. 3, cap. 1, § 3, S. 299.

1353 Ders.: De jure naturae et gentium, lib. 3, cap. 1, § 7, S. 307.

1354 Ders.: De jure naturae et gentium, lib. 3, cap. 1, § 8, S. 308.

1355 Vgl. bBQ 8,1, fol. 83b (Übersetzung Goldschmidt): »Wer seinen Nächsten verletzt, hat fünf Zahlungen zu leisten: Schadenersatz, Schmerzensgeld, Kurkosten, Versäumnisgeld und Beschämungsgeld.« Auch Grotius hatte darauf hingewiesen, vgl. Grotius: De iure belli ac pacis, lib. 2, cap. 17, § 14, S. 431. Siehe dazu Jansen: Theologie, Philosophie und Jurisprudenz, 193, Fn. 329; Unterreitmeier: Schmerzensgeldanspruch, 49, 83 f.

1356 Der babylonische Talmud mildert das Talionsprinzip aus Ex 21,23–25 zugunsten einer Geldentschädigung ab. Vgl. bBQ 8,1, fol. 84a (Übersetzung Goldschmidt): »R. Simon b. Johaj sagte: Auge um Auge, eine Geldentschädigung. Du sagst, eine Geldentschädigung, vielleicht ist dem nicht so, sondern wirklich das Auge? Wie könnte man in dem Falle, wenn ein Blinder einen geblendet, ein Verstümmelter einen verstümmelt oder ein Lahmer einen lahm gemacht hat, aufrechterhalten [die Worte] Auge um Auge, wo doch die Tora sagt: einerlei Recht soll für euch gelten, das Recht soll für euch alle gleichmäßig sein!?« Siehe dazu ausführlich Kalimi: Der Kampf um die Bibel, 62 ff. Ähnlich bereits Kohler: ZVglRWiss 20 (1907), 241 f. Zum Verhältnis von jüdischem und römischem Recht im Bereich von Körper- und Persönlichkeitsverletzungen siehe Pomeranz: AJS Review 39 (2015); Kazen, Roitto: Revenge, Compensation and Forgiveness, 210 f.

der Körper. Ebenfalls in einer Fußnote weist er darauf hin, dass die forensische Praxis gestützt auf Art. 20 CCC ein Schmerzensgeld gewähre. Im Haupttext behandelt Pufendorf dann zwar nur die Geldentschädigung wegen der Entstellung einer unverheirateten Frau und begründet diese mit der notwendigen Erhöhung der Mitgift. Dann meint er aber doch, dass der Richter bei der Bemessung des Schadensersatzes auch die erlittenen Schmerzen zu berücksichtigen habe.[1357] Über die Geldentschädigung für die Verletzung des guten Rufs äußert sich Pufendorf nicht.

Christian Thomasius († 1728) meint zwar, dass die Verletzung des Körpers und des guten Rufs eine grundsätzlich zum Schadensersatz verpflichtende *laesio* sei.[1358] Allerdings äußert er sich nicht dazu, wie die Wiedergutmachung geschehen soll.[1359] Für das Leben eines Freien wollte er wohl keine Geldentschädigung gewähren und offenbar vertritt er denselben Standpunkt auch bei der Verstümmelung.[1360] Es ist wenig überraschend, dass er spätscholastische Autoren nicht zitiert.

Christian Wolff († 1754) nennt ebenso wie Buridan und Molina unter anderem auch die Schönheit (*pulchritudo*) ein körperliches Gut (*bonum corporis*).[1361] Die Ehre und den guten Ruf zählt er zu den *bona fortunae*.[1362] Er geht auch eine Vielzahl von Fällen durch, in denen man von einer Verletzung (*laesio*) dieser Rechtsgüter sprechen könne. Ferner legt er einen weiten Schadensbegriff zugrunde und meint, dass jeder einen Schaden (*damnum*) erleide, der an seinen körperlichen oder unkörperlichen Gütern verletzt werde.[1363] Darin inbegriffen seien Verletzungen des guten Rufs, der Ehre und der Gesundheit, sodass auch solche Schäden die Pflicht zur Wiedergutmachung begründeten. Weniger ausführlich behandelte Wolff hingegen die Art der Wiedergutmachung. Zu einer Geldentschädigung für Ruf und Ehre findet man bei ihm nichts.[1364] Beim Schadensersatz für Körperverletzung will er Schmerzen in die Bemessung miteinbeziehen.[1365]

1357 PUFENDORF: De jure naturae et gentium, lib. 3, cap. 1, § 8, S. 310.

1358 THOMASIUS: Institutionum jurisprudentiae divinae, lib. 2, cap. 5, §§ 5 f., S. 121 f.

1359 So auch NUFER: Restitutionslehre, 99; JANSEN: Theologie, Philosophie und Jurisprudenz, 192, Fn. 328. Siehe auch WALTER: Schmerzensgeld, 132; UNTERREITMEIER: Schmerzensgeldanspruch, 85 f.

1360 THOMASIUS: Institutionum jurisprudentiae divinae, lib. 2, cap. 5, §§ 48 f., S. 126.

1361 WOLFF: Jus naturae, pars 1, cap. 3, § 751, S. 491 f. Vgl. oben S. 145 und S. 166.

1362 DERS.: Jus naturae, pars 1, cap. 3, § 688, S. 452.

1363 DERS.: Jus naturae, pars 2, cap. 3, § 486, S. 385 f.; § 573, S. 433.

1364 So auch WALTER: Schmerzensgeld, 135.

1365 WOLFF: Jus naturae, pars 3, cap. 4, § 625, S. 433. Siehe dazu WALTER: Schmerzensgeld, 135.

Joachim Georg Darjes († 1791) unterscheidet zwischen *restitutio* und *satisfactio*. Restitution bedeutet bei ihm die Herausgabe einer weggenommenen Sache.[1366] Darauf könne der Gläubiger bestehen und müsse sich nicht mit einer Satisfaktion zufriedengeben, worunter Darjes den Geldersatz versteht. Diese komme nur in Betracht, wenn der Schaden unbehebbar ist (*damnum irreparabile*). Als Beispiel nennt er eine abgeschlagene Hand und die Verführung eines Mädchens. Für die Hand müsse man dann soviel leisten, wie der Geschädigte »durch den Mangel der Hand verlieret«, für die verschlechterten Eheaussichten habe man hingegen Unterhalt zu leisten. Offenbar beinhaltet die *satisfactio* nach Darjes in beiden Fällen nur den wirtschaftlichen Folgeschaden.[1367]

Karl Anton von Martini († 1800) unterscheidet auf die selbe Weise zwischen *satisfactio* und *restitutio*.[1368] Bei Verletzungen des Lebens, der körperlichen Integrität, des guten Rufs oder der Ehre komme nur eine *satisfactio* in Betracht. Eine Parallele zur Spätscholastik kann man hier in dem rechtsgüterbezogenen Ansatz sehen, der Gefühlselemente wie Schmerzen (*dolor*) ausspart. Martini lässt jedoch völlig offen, worin die *satisfactio* besteht und ob sie auch auf den nichtwirtschaftlichen Aspekt der Verletzung gerichtet ist.

Im Ergebnis kann man den spätscholastischen Lehren zum Immaterialschadensersatz bei Autoren des Vernunftrechts keine größere Wirkung attestieren als beim *Usus modernus*. Auch die Vernunftrechtler entwickelten an dieser Stelle noch keine umfassende Systematik, sondern sie verloren über das Problem sogar noch weniger Worte als ihre Kollegen aus dem Bereich des gemeinen Rechts. Die Rezeption spätscholastischer Ideen zu immateriellen Schäden nachzuweisen, erscheint deshalb jedenfalls bei den hier behandelten Autoren äußerst problematisch. Vielmehr scheint es, als verliefe die Entwicklung des Immaterialschadensersatzes im Vernunftrecht unter ähnlichen Vorzeichen wie im *Usus modernus*.[1369]

1366 Darjes: Natur- und Völkerrecht, P. Spec. sect. 2, cap. 1, tit. 2, § 335, S. 465 ff.

1367 Siehe dazu auch Walter: Schmerzensgeld, 138 f.; Unterreitmeier: Schmerzensgeldanspruch, 86.

1368 Martini: De lege naturali positiones, cap. 11, § 386, S. 121 f.

1369 So Walter: Schmerzensgeld, 147 m.w.N. Sofern dies.: Schmerzensgeld, 129 f. das Werk Böhmer, Schrader: De reparatione damni dati nennt und darauf hinweist, dass dort sowohl Autoren des säkularen Vernunftrechts als auch Thomas von Aquin und scholastische Lehren rezipiert werden, ist dies zutreffend. In cap. 22, 24 geht es auch um Schmerzensgeld und Geldentschädigung für Ruf- und Ehrverletzungen. Allerdings handelt es sich bei diesem Werk um eine protestantische, moraltheologische Dissertation, was bei Walter kaum zur Geltung kommt.

II. Theologie und kanonisches Recht

In der kirchlichen Sphäre reicht der Naturrechtsdiskurs um immaterielle Schäden bis in die Moderne. Das gilt besonders für die Moraltheologie. Was hier an der Schwelle vom 16. zum 17. Jahrhundert seinen Höhepunkt auf der iberischen Halbinsel fand, stieß bald auch im deutschsprachigen Raum auf Interesse. Die bekannten Autoritäten von Francisco de Vitoria bis Juan de Lugo werden hier aufgegriffen und diskutiert. Noch im 20. Jahrhundert finden sich einige ihrer Namen in einschlägigen moraltheologischen Schriften. Was die Bereitschaft angeht, immaterielle Schäden mit Geld zu kompensieren, verzeichnet die restriktive Auffassung dabei allerdings den größeren Erfolg. Es überwiegt das Argument, Güter verschiedener Ordnungen seien inkommensurabel, weshalb seitens der Gerechtigkeit keine Gewissenspflicht zur Leistung der Geldentschädigung bestehe. Darin liegt eine Absage an die Lehre des Thomas von Aquin. Diese Absage wurde offenbar selbst von Vertretern des Neothomismus getragen, der in der zweiten Hälfte des 19. Jahrhunderts erstarkte.

Die Moraltheologie war auch nicht ohne Einfluss auf das kanonische Recht. Spuren der scholastischen Restitutionslehre zu immateriellen Schäden finden sich heute auch in der Rechtsprechung der Römischen Rota, dem ordentlichen Appellationsgerichtshof der römisch-katholischen Kirche.

1. Theologie

Neben dem bereits besprochenen Jesuiten Gregor von Valencia hat auch sein Ordensbruder Paul Laymann († 1635) die spätscholastische Diskussion über den Immaterialschadensersatz nach Deutschland gebracht. Unter Bezugnahme auf Lessius, Petrus de Navarra und andere lehnt Laymann die Geldentschädigung für Schäden am Körper[1370] und am guten Ruf[1371] ab, weil niemand verpflichtet sei, einen Schaden mit Gütern aus einer anderen Ordnung wiedergutzumachen. Dasselbe gelte für den Verlust der Jungfräulichkeit, weil diese irreparabel sei und anders als erschwerte Eheaussichten nicht in Geld geschätzt werde.[1372] In ähnlicher Weise lehnt auch der Franziskaner Patrizius Sporer († 1683) bei Tötung und Verstümmelung eine Restitutionspflicht des *damnum naturale* mit spirituellen oder Vermögensgütern ab.[1373] Ein wirklicher Ausgleich sei nur zwischen Gütern

1370 Laymann: De Iustitia et Iure, sect. 5, tract. 3, pars 3, cap. 6, n. 2, S. 221a.
1371 Ders.: De Iustitia et Iure, sect. 5, tract. 3, pars 2, cap. 7, n. 3, S. 198a.
1372 Ders.: De Iustitia et Iure, sect. 5, tract. 3, pars 3, cap. 13, n. 4, S. 238a.
1373 Sporer: Theologia moralis, tomus 2, tract. 5, cap. 2, sect. 4, § 2, n. 221, S. 143.

derselben Ordnung zu erreichen. Wenn dies nicht möglich ist, erlösche die Restitutionspflicht. Ebenso sei man nicht dazu verpflichtet, den guten Ruf in Geld zu kompensieren, wenn seine tatsächliche Wiederherstellung scheitert.[1374] Auch der Jesuit Claudius Lacroix († 1714) meint ganz allgemein, dass man von Seiten der Gerechtigkeit nicht verpflichtet sei, zur Restitution eines Schadens Güter aus einer anderen Ordnung zu leisten.[1375]

Hingegen meint der Franziskaner Joahnn Georg Reiffenstuel († 1703) in seinem moraltheologischen Hauptwerk, dass der Mörder für das genommene Leben geistliche Werke zu erbringen habe.[1376] Ob diese Pflicht *ex iustitia* oder nur aus Billigkeit besteht, sei unter den Gelehrten allerdings umstritten. Bei Körperverletzungen müsse man nicht nur Behandlungskosten und Verdienstausfall, sondern auch Traurigkeit, Schmerzen und Narben in Geld kompensieren.[1377] Mit dem Rekurs auf *dolor* und *tristitia* gibt Reiffenstuel stärker als andere Autoren auch der Lehre Duns Scotus' wieder eigenes Gewicht. Ferner weist er darauf hin, dass auch Lessius in diesem Fall eine gewisse Verpflichtung aus Billigkeit anerkannt habe. Ebenfalls mit Hinweis auf Lessius lehnt Reiffenstuel es aber ab, bei Sexualdelikten auch für den nichtwirtschaftlichen Schaden Ersatz zu leisten. Wenn die Frau gleich gut heiraten kann, schulde man für den Verlust der Jungfräulichkeit keine Restitution, da der Schaden irreparabel sei und nicht in Geld geschätzt werden könne.[1378] Auch für Rufschädigungen sieht er keine Geldkompensation vor. Ist die Wiederherstellung unmöglich, sei man von der Restitutionspflicht befreit.[1379]

Der Jesuit Franz Xaver Schmalzgrueber († 1735) meint, dass der Mörder im Gewissensforum für das genommene Leben keine Restitution mit geistlichen Gütern schuldet. Denn niemand sei verpflichtet, einen Schaden mit Gütern aus einer anderen Ordnung zu ersetzen.[1380] Deshalb sei zwar unverheirateten Frauen eine Entstellung in Geld zu kompensieren, weil es sich im Falle verschlechterter

---

1374 Ders.: Theologia moralis, tomus 2, tract. 5, cap. 4, sect. 5, § 4, n. 127, S. 168. Ebenso wie bei Körperschäden bezieht sich Sporer hier unter anderem auf Azpilcueta, Petrus de Navarra, Lessius, Gabriel Vázquez, Laymann und Juan de Lugo.

1375 Lacroix: Theologia moralis, tomus 3, lib. 3, pars 2, a. 3, n. 296 ff., S. 186 ff.; a. 4, n. 312, S. 203; a. 6, n. 342, S. 224.

1376 Reiffenstuel: Theologia moralis, tract. 9, dist. 3, q. 4, n. 47 f., S. 547.

1377 Ders.: Theologia moralis, tract. 9, dist. 3, q. 4, n. 53 f., S. 548 f.

1378 Ders.: Theologia moralis, tract. 9, dist. 4, q. 3, n. 25, S. 556.

1379 Ders.: Theologia moralis, tract. 9, dist. 6, q. 5, n. 44, S. 615. Die Lehre Reiffenstuels wird insofern nur unvollständig dargestellt bei Unterreitmeier: Schmerzensgeldanspruch, 73.

1380 Schmalzgruber: Crimen fori ecclesiastici, Bd. 5,1, tit. 12, n. 271, S. 223b f.: »[...] nemo tenetur resarcire damnum ex bonis diversis generis, & ordinis, si in eodem non possit.«

Heiratsaussichten um einen schätzbaren Schaden handele. Ansonsten schulde man für Körperschäden aus Gründen der Gerechtigkeit aber keine Geldentschädigung. Diese könne höchstens als sakramentale Satisfaktion vom Beichtvater auferlegt werden. Auch bei der *actio iniuriarum* berücksichtige der Richter körperliche Verletzungen bei der Bemessung der *poena*. Für den Verlust der Jungfräulichkeit schulde man *foro conscientiae* ebenfalls keinen Ersatz, wenn die Frau eine gleich gute Ehe eingehen kann, sodass es zu einem materiellen Schaden nicht kommt.[1381]

Einen restriktiven Standpunkt vertritt auch der einflussreiche Alfonso Maria de Liguori († 1787), Ordensgründer der Redemptoristen und Kirchenlehrer mit juristischer Ausbildung. Liguori zufolge ist niemand verpflichtet, einen Schaden mit Gütern einer anderen Ordnung wiedergutzumachen, weil auf diese Weise kein Ausgleich hergestellt werden könne. Abseits von wirtschaftlichen Einbußen sei deshalb weder für den Schaden an Körper[1382] und Ruf,[1383] noch für den Verlust der Jungfräulichkeit[1384] eine Geldentschädigung zu leisten. Dazu bezieht sich Liguori unter anderem auf Leonardus Lessius, Juan de Lugo und Petrus de Navarra, aber auch auf Paul Laymann und Patrizius Sporer.

Liguoris Lehre wird bis ins 20. Jahrhundert rezipiert. Der Theologe Ferdinand Probst († 1899) bezieht sich häufig auf ihn. Von einer Geldentschädigung für Körper- oder Rufschäden ist bei ihm keine Rede.[1385] Der Redemptorist Josef Aertnys († 1915) baut seine gesamte Moraltheologie auf Liguoris Werk auf. Die Geldentschädigung für Persönlichkeitsgüter lehnt er im Einklang mit diesem ab.[1386] Auch der italienische Dominikaner Ludovico Fanfani († 1955) zitiert Liguori bei der Frage, ob man bei unmöglicher Naturalrestitution auch mit Gütern einer niederen Ordnung, also beispielsweise Geld restituieren könne.[1387] Thomas von Aquin habe das angenommen, Alfonso de Liguori es hingegen abgelehnt. Wenn es um den ideellen Schaden geht, entscheidet sich Fanfani für die Lehre Liguoris. Deshalb habe der Vergewaltiger auch den Verlust der Jungfräulichkeit nicht in Geld zu kompensieren. Auch Thomas sei so zu verstehen, als ziele der Geldersatz nur auf den wirtschaftlichen Folgeschaden.

1381 Ders.: Crimen fori ecclesiastici, Bd. 5,1, tit. 16, n. 45, S. 247b.

1382 Liguori: Theologia moralis, tomus 2, De restitutione, dub. 6, a. 3, n. 626 f., S. 335 f.

1383 Ders.: Theologia moralis, tomus 2, De restitutione, dub. 6, a. 6, n. 660, S. 363.

1384 Ders.: Theologia moralis, tomus 2, De restitutione, dub. 6, a. 4, n. 640, S. 343 f.

1385 Vgl. Probst: Katholische Moraltheologie, Bd. 1, § 128, S. 482 ff., § 129, S. 485 ff.

1386 Aertnys: Theologia moralis, Bd. 1, lib. 3, tract. 7, sect. 3, cap. 1, n. 744, S. 309 f.

1387 Fanfani: Manuale, Bd. 2, tract. 5, sect. 2, cap. 1, n. 296, dub. 2, S. 443 f.

Eine politische Dimension bekommt diese Theologie bei dem Jesuiten August Lehmkuhl († 1918). Lehmkuhl beriet die Zentrumspartei bei der Beschlussfassung zum Bürgerlichen Gesetzbuch und verfasste anschließend einen Kommentar dazu. In seinem moraltheologischen Hauptwerk bezieht er sich auf Liguoris Lehre und trägt vor, dass man für das Leben, einen Körperteil und Schmerzen keine Geldentschädigung schulde, weil diese einer höheren Güterordnung angehörten.[1388] Auch für den Körperschaden infolge einer Vergewaltigung schulde man keine Restitution.[1389] Schließlich müsse man auch eine Rufschädigung nicht mit Geld kompensieren.[1390] Allerdings – und dies ist von Bedeutung – weist Lehmkuhl darauf hin, dass Lessius es im Gewissensforum für zulässig hielt, eine Geldentschädigung als Gegenleistung für den Verzicht auf die Injurienklage zu fordern.

Diesen Gedanken greift Lehmkuhl in seinem Kommentar zum Bürgerlichen Gesetzbuch wieder auf, den er »unter Bezugnahme auf das natürliche und göttliche Recht, insbesondere für den Gebrauch des Seelsorgers und Beichtvaters« verfasste. In § 253 BGB 1900 hieß es, dass für einen Schaden, der nicht Vermögensschaden ist, nur in den gesetzlich vorgeschriebenen Fällen eine Geldentschädigung gefordert werden kann. Dazu referiert Lehmkuhl, was er in seiner Moraltheologie von Lessius übernahm:

> Damit ist jedoch nicht ausgeschlossen, dass auch bei andern Schädigungen der Geschädigte im Gewissen berechtigt ist, dem Schädiger einen Vergleich unter Auflage einer Geldsumme anzubieten und diese dann in Empfang zu nehmen, auch insbesondere auf Empfang einer Geldsumme hin auf das Klagerecht zu verzichten.[1391]

Allerdings war ein solcher Vergleich nach den Vorschriften des Bürgerlichen Gesetzbuchs jedenfalls bei Verletzungen des Körpers, der Gesundheit und der Freiheit nicht erforderlich. Denn für diese Fälle sah § 847 Abs. 1 BGB 1900 auch für den Nichtvermögensschaden einen klagbaren Anspruch auf eine billige Entschädigung in Geld vor. Einen strukturell ähnlichen Anspruch hatten Frauen im Falle von sogenannten Sittlichkeitsdelikten (§ 847 Abs. 2 BGB 1900) und der Auf-

---

1388 Lehmkuhl: Theologia moralis, Bd. 1, Theologia moralis specialis, pars 1, liber 1, sectio 1, tract. 4, cap. 3, § 3, II, n. 1178, S. 675.

1389 Ders.: Theologia moralis, Bd. 1, Theologia moralis specialis, pars 1, liber 1, sectio 1, tract. 4, cap. 3, § 4, I, n. 1186, S. 680.

1390 Ders.: Theologia moralis, Bd. 1, Theologia moralis specialis, pars 1, liber 1, sectio 1, tract. 5, cap. 2, a. 2, I, n. 1435, S. 830.

1391 Ders.: Das Bürgerliche Gesetzbuch, zu § 253, S. 73.

lösung des Eheversprechens (§ 1300 BGB 1900). Auf solche Diskrepanzen zum moraltheologischen Naturrecht weist Lehmkuhl im Vorwort seines Kommentars auch warnend hin. Dort heißt es, dass »der Katholik im Gewissen nicht all der ›Rechte‹ sich bedienen [könne], welche das Bürgerliche Gesetzbuch den Staatsbürgern beilegt [...]«.[1392] Bei der Geldentschädigung droht dem Katholiken also der Gewissenskonflikt. Darf er sie ohne einen Vergleich überhaupt einfordern? Im Kommentar zu § 847 BGB 1900 unterstreicht Lehmkuhl noch einmal, dass insofern keine naturrechtliche Pflicht des Schädigers bestehe. Er sorgt dann aber doch noch für Entschärfung und räumt ein, dass man den Schutz des positiven Rechts hier ruhigen Gewissens in Anspruch nehmen könne:

> Ohne diese gesetzliche Bestimmung liegt zwar wohl für den Verletzten ein Recht vor, eine Forderung auf weitere Entschädigung zu stellen, doch an sich nur in der Form und unter der Bedingung, auf Empfang einer bestimmten Geldsumme hin auf Klagerechte zu verzichten. In sich einklagbar wird eine über die Vermögensschädigung hinausgehende Entschädigung erst vermöge dieses positiven Gesetzes. Dasselbe entspricht jedoch durchaus der Billigkeit und darf im Gewissen von seiten des Verletzten sehr wohl in Anspruch genommen werden.[1393]

Lehmkuhls Auseinandersetzung mit dem Bürgerlichen Gesetzbuch ist aus mehreren Gründen bemerkenswert. Erstens war es gerade die Zentrumspartei, die bei den Beratungen auf eine Ausweitung des Immaterialschadensersatzes gedrängt und ohne Erfolg beantragt hatte, auch die Ehre in den Kreis der geschützten Rechtsgüter aufzunehmen.[1394] Ferner scheint Lehmkuhl mit der Gepflogenheit zu brechen, kraft derer die Diskordanz zwischen *forum internum* und *forum externum* in diesem Punkt lange Zeit geduldet wurde. Anders äußerten sich noch Autoren wie Reiffenstuel und Schmalzgrueber, deren Schriften bis ins 19. Jahrhundert neu aufgelegt wurden und in der Rechtsprechung der Römischen Rota noch heute Autorität genießen. Sie verfassten sowohl kanonistische als auch moraltheologische Werke, ohne dabei die Trennung beider Bereiche aufzuheben. Reiffenstuel ging in seinem Dekretalenkommentar weiterhin von einem rein ma-

---

1392 DERS.: Das Bürgerliche Gesetzbuch, Vorwort, S. VII.

1393 DERS.: Das Bürgerliche Gesetzbuch, zu § 847, S. 219.

1394 Der entsprechende Antrag dazu stammt von dem Abgeordneten Adolf Gröber, vgl. JAKOBS, SCHUBERT: Recht der Schuldverhältnisse III, 900 f. Siehe dazu WOLTERS: Zentrumspartei, 230 ff. Zur Kritik seitens der Kirche an der restriktiven Haltung des Gesetzgebers siehe auch HOHENLOHE: Schadenersatzpflicht in Recht und Moral, 138 f.

teriellen Schadensbegriff aus,[1395] pochte in seinen moraltheologischen Schriften aber immerhin bei Körperverletzung auf eine Kompensation von Narben und Schmerzen. Schließlich macht Lehmkuhl aber auch Politik mit einer angeblichen theologischen Wahrheit, die es, wenn man die scholastische Tradition als Ganze betrachtet, so nicht gibt. Ob man für den Nichtvermögensschaden eine Geldentschädigung schuldet, war vielmehr lange Zeit umstritten. Namhafte Theologen ersten Rangs hatten dies gefordert und auch Lehmkuhl wird dies nicht entgangen sein.[1396]

Dass er diese Ansicht in seiner Darstellung ausspart, dürfte sich aus dem Umstand erklären, dass Lehmkuhls restriktive Haltung gegenüber der Geldentschädigung für immaterielle Schäden mit dem zu seinen Lebzeiten herrschendem moraltheologischem Standpunkt übereinstimmte. Auch Giuseppe D'Annibale († 1892) erkannte bei Körperverletzung und Sexualdelikten eine Restitutionspflicht nur wegen des materiellen Schadens an.[1397] Ebenso meinte Hieronymus Noldin († 1922), dass die ausgleichende Gerechtigkeit bei Körperverletzungen nur für materielle Folgeschäden, nicht aber für Schmerzen oder für die Verstümmelung eine Restitutionsleistung erfordert.[1398] Gleiches gelte für das *bonum virginitatis*, sodass einer Frau, die durch Täuschung oder Gewalt ihre Jungfräulichkeit verloren hat, keine Restitution zu leisten ist, wenn ihr daraus kein materieller Schaden entsteht.[1399]

Diese Beobachtung scheint bis in die Gegenwart gültig zu sein. Joseph Mausbach († 1931) und Gustav Ermecke († 1987) schreiben in ihrem Handbuch der Moraltheologie:

> Soweit eine Schädigung an Ehre, Leben, Gesundheit usw. in ihrer Art ersetzt und geheilt werden kann, ist es natürlich Pflicht, diesen Ersatz zu leisten oder nach Kräften zu ermöglichen. Es fragt sich, ob statt seiner, wenn er unmöglich ist, ein Geldersatz strikte Rechtspflicht ist. Die wahrscheinlichere Ansicht verneint diese Frage. Bei solchen

---

1395 Reiffenstuel: Jus Canonicum Universum, Bd. 5, ad X 5,36, § 2, n. 37, S. 307a.

1396 Über diesen moraltheologischen Streit konnte sich Ende des 19. Jahrhunderts jedermann durch einen Blick in Ferraris: Bibliotheca, Bd. 6, Restitutio, a. 2, n. 6 ff., S. 811 ff. informieren. In seinem erstmals 1746 erschienen Lexikon stellt Ferraris den Streitstand mit den wesentlichen Argumenten zusammengefasst dar. Sein Werk wurde bis zum Ende des 19. Jahrhunderts mehrmals neu aufgelegt.

1397 D'Annibale: Summula Theologiae Moralis, pars 2, lib. 3, tract. 2, tit. 3, cap. 3, a. 2, n. 277, S. 228; cap. 3, a. 1, n. 286, S. 235.

1398 Noldin: Summa Theoligae Moralis, Bd. 2, pars 2, lib. 6, q. 3, a. 3, § 2, n. 466, S. 491.

1399 Ders.: Summa Theoligae Moralis, Bd. 2, pars 2, lib. 6, q. 3, a. 3, § 3, n. 469, S. 495.

> mehr idealen Gütern fehlt eben jeder geldliche Maßstab für den genauen Ausgleich der Werte, wie wir ihn als Kennzeichen der strikten Gerechtigkeit erkannten. Doch kann unter Umständen vom Gericht die Zahlung einer ›billigen Entschädigung‹ (BGB 847) oder vom Beichtvater die Leistung einer angemessenen ›Buße‹ auferlegt werden.[1400]

Der Immaterialschadensersatz ist hier keine Frage der Gerechtigkeit, sondern höchstens der Billigkeit. Man macht ihn zur Angelegenheit des positiven Rechts. Dieser Standpunkt ist weit verbreitet. In der ersten Auflage des Lexikons für Theologie und Kirche vertritt auch der Theologe Otto Schilling († 1956) die Ansicht, bei immateriellen Schäden »soll der Schädiger leisten, was er billigerweise zu leisten hat und zu leisten vermag; eine Rechtspflicht ist freilich nicht aufzustellen.«[1401] Der für die katholische Soziallehre im 20. Jahrhundert so bedeutsame Oswald von Nell-Breuning († 1991) meint, dass bei Nichtvermögensschäden »eine Entschädigung in wirtschaftlichen Gütern billig sein und darum vom Gesetzgeber angeordnet werden« könne. Dabei handele es sich aber um »keine Wiedergutmachung im strengen Sinne«, sondern um eine »Billigkeitsmaßnahme«.[1402] In der zweiten Auflage des Lexikons für Theologie und Kirche erwähnt Nell-Breuning bei Schäden an Persönlichkeitsgütern nur die Naturalrestitution.[1403] In der aktuellen dritten Auflage dieses Werks schimmert sogar die scholastische Güterlehre wieder durch, die letztlich auf die aristotelische Metaphysik zurückgeht und mit der man seit jeher gegen die Kommensurabilität von Persönlichkeitsgütern und Geld argumentierte.[1404] Der Moraltheologe Johannes Reiter († 2020) schreibt dort im Eintrag zur Wiedergutmachung:

> W. soll in der Regel auf derselben Güterebene geleistet werden, auf der der Schaden erfolgt ist (Geld kann nicht den verletzten guten Ruf ersetzen). Ist dies nicht möglich, kann eine andere Ebene gewählt werden. Die Modalitäten der W. sind gesetzlich geregelt (z.B. Schadensersatz im BGB). […] W. bei Schädigung personaler Werte entzieht sich – im Ggs. z. W. bei Sachwerten – dem monetären Kalkül, weil hier eine fundamentale Mißachtung der menschl. Person u. ihrer Würde vorliegt. W. – auch in Form v. Widerruf u. Schadensersatz – stößt hier an ihre Grenze. Manchmal bleibt nur die Bitte um Verzeihung.[1405]

1400 Mausbach, Ermecke: Katholische Moraltheologie, Bd. 3,2, § 51, n. II-2-c, S. 542.
1401 Schilling: Restitutionspflicht, Sp. 843.
1402 Nell-Breuning: TTR 58 (1949), 295.
1403 Ders.: Wiedergutmachung (1965), Sp. 1103.
1404 Siehe dazu oben S. 149 ff.
1405 Reiter: Wiedergutmachung, Sp. 1151.

Im 2021 erschienen Lexikon für Kirchen- und Religionsrecht schließt sich auch Christoph Ohly (* 1966) diesem Standpunkt an. Auch er ist der Auffassung, der Schaden müsse, sofern möglich, auf derselben Güterebene wiedergutgemacht werden.[1406] Ob aber bei Unmöglichkeit auch eine Gewissenspflicht zur Geldentschädigung entsteht, bleibt offen.

In jüngster Zeit hat die evangelische Theologin Ulrike Link-Wieczorek (* 1955) im Rahmen einer kritischen Auseinandersetzung mit der Satisfaktionstheorie von Anselm von Canterbury die verschiedenen Beziehungen zwischen Täter, Opfer und Gott beleuchtet, die bei der Versöhnung eine Rolle spielen.[1407] Dabei stellt sie die Bedeutung heraus, die der symbolischen Wiedergutmachung in Versöhnungsprozessen zukomme. Diese Sichtweise geht wiederum von der Prämisse aus, dass bestimmte Verletzungen durch materielle Leistungen nicht ausgeglichen werden können und unmöglich wiedergutzumachen sind: »[...] reconciliation depends on symbolic actions of restitution which have to be accepted in their actual impossibility.«[1408] Auch hier geht es vor allem um Freiwilligkeit.[1409] Von einer Gewissenspflicht ist nicht die Rede.

2. Kanonisches Recht

Für das kanonische Recht wurde bereits vorgetragen, dass Kanonisten an dem aus der römischrechtlichen Tradition übernommenen wirtschaftlichen Schadensbegriff lange Zeit festhielten. Ende des 17. Jahrhunderts erwähnte Reiffenstuel den römischen Grundsatz *liberum corpus nullam recipit aestimationem* zwar nicht eigens, setzte sich darüber aber auch nicht hinweg.[1410] Auch in seinem kanonistischen Kommentar zur *Regula iuris IV in VI.* schrieb er nichts von einer Geldentschädigung für Persönlichkeitsgüter.[1411] Wenn sich der Schadensbegriff des kanonischen Rechts mit der Zeit dennoch gewandelt hat, scheint dies zunächst weniger auf Einflüsse der Moraltheologie zurückzugehen, als auf Neuerungen im säkularen Recht, vor allem durch den *Usus modernus.* Zwar betonte Schmalzgrueber zu Beginn des 18. Jahrhunderts in seinem Dekretalenkommentar, dass nach gelehrtem Recht der Körper eines Freien nicht geschätzt werde und

1406 Ohly: Wiedergutmachung, 732.
1407 Link-Wieczorek: Wiedergutmachung statt Strafe; dies.: Symbolic Compensation.
1408 Link-Wieczorek: Symbolic Compensation, 104.
1409 Mit Hinweis auf ähnliche Ideen aus der Rechtswissenschaft siehe dies.: Wiedergutmachung statt Strafe, 147.
1410 Reiffenstuel: Jus Canonicum Universum, Bd. 5, ad X 5,36, § 2, n. 37, S. 307a.
1411 Ders.: Jus Canonicum Universum, Bd. 6, ad VI. 5,13,4, S. 20f.

für Entstellungen oder Schmerzen kein Ersatz in Frage komme. Er wies aber darauf hin, dass mancherorts eine andere Praxis herrsche und Stryk dies mit Blick auf Art. 20 CCC für gerechtfertigt hielt.[1412]

Allerdings lassen sich in der Rechtsprechung der Römischen Rota moraltheologische Einflüsse erkennen. In Entscheidungen über Schadensersatz bezieht sie sich Anfang des 20. Jahrhunerts ausdrücklich auf Thomas von Aquin und die Restitutionslehre in der *Secunda secundae*.[1413] Wenn es um den Schutz von Ruf und Ehre geht, lassen sich anhand der Regelungen des *Codex Iuris Canonici* von 1917 neben moraltheologischen aber auch privatrechtliche Einflüsse auf das kanonische Schadensrecht nachvollziehen. CIPROTTI beschäftigt sich in einer 1937 erschienenen Arbeit über Ruf- und Ehrverletzungen im kanonischen Strafrecht auch kurz mit der Klage auf Schadensersatz. Er bezieht sich auf die Definition der *bona fama* von Luis de Molina.[1414] Der Schadensbegriff in can. 2210 § 1 CIC/17 sei bei Delikten gegen Ruf und Ehre nicht nur ökonomisch, sondern auch als *damnum morale* zu verstehen.[1415] Dazu zitiert der Autor eine Stelle bei Thomas von Aquin[1416] und Literatur zum italienischen und schweizerischen Privatrecht. Was die Form des Schadensersatzes betrifft, komme je nach Art der Verletzung Wiedergutmachung durch Ehrerbietung, Abbitte und Widerruf in Frage. Darüber hinaus sei dem Geschädigten ein Geldbetrag zu leisten, der nach der Schwere des *damnum morale* zu bemessen sei, aber auch etwaige ökonomische Schäden ausgleiche. Wenn can. 2355 CIC/17 bei Rufschädigungen neben Schadensersatz auch eine *satisfactio* vorsehe, sei damit wohl der Unterschied zwischen Naturalrestitution und Geldentschädigung gemeint.

Die Vorschrift aus can. 2355 CIC/17 hat eine Vielzahl mittelalterlicher Vorbilder aus dem *Decretum Gratiani* und den Dekretalen Gregors IX., die für Rufschädigungen eine Wiedergutmachung fordern, ohne den Inhalt dieser Pflicht im Einzelnen konkret zu benennen.[1417] Auch im *Codex Iuris Canonici* von 1983 findet man in can. 1390 § 3 CIC/83 die Pflicht des Verleumders zur Wiedergutmachung (*satisfactio*). Die lange Tradition, die der Schutz des guten Rufs im kirchlichen Bereich genießt, ist damit bis in die Gegenwart nach-

1412 SCHMALZGRUBER: Crimen fori ecclesiastici, Bd. 5,2, ad X 5,36, § 2, De damno dato, n. 72, S. 98b. Zum *Usus modernus* siehe oben S. 281 ff.

1413 Siehe dazu D'ARIENZO: Riparazione del danno, 37.

1414 CIPROTTI: De iniuria ac diffamatione, 14.

1415 Ebd., 135 f.

1416 Er zitiert THOMAS VON AQUIN: STh II-II, q. 72, a. 1, ad 1, S. 127.

1417 Zu den einzelnen Quellen siehe GASPARRI: Codex Iuris Canonici, can. 2355, S. 644. Als Quelle wird unter anderem D. 46 c. 5 angegeben, siehe dazu oben S. 57.

zuvollziehen.[1418] Von einem natürlichen Recht des Menschen auf Achtung seines guten Rufs sprechen auch die Enzyklika *Pacem in terris* von 1963 und die Pastoralkonstitution *Gaudium et spes*, die aus dem Zweiten Vatikanischen Konzil hervorgegangen ist.[1419] In can. 220 CIC/83 genießen der gute Ruf und die Intimsphäre nunmehr auch grundrechtsähnlichen Schutz.[1420]

Dementsprechend wird auch die Frage des Immaterialschadensersatzes häufig nur im Zusammenhang mit dem guten Ruf besprochen.[1421] Auch CIPROTTIS Arbeit aus dem Jahr 1937 lässt offen, ob das kanonische Recht nur im Bereich von Ruf- und Ehrverletzungen oder grundsätzlich einen immateriellen Schadensbegriff (*damnum morale*) kennt. Nach Einführung des neuen *Codex Iuris Canonici* drängt sich diese Frage besonders auf, weil in can. 128 CIC/83 nunmehr eine deliktische Generalklausel vorgesehen ist, wonach jede vorsätzliche oder fahrlässige Schadenszufügung zur Wiedergutmachung verpflichtet. Sie wird als Emanation eines naturrechtlichen Prinzips verstanden[1422] und zuweilen mit X 5,36,9[1423] in Verbindung gebracht. CIPROTTI selbst hatte die Einführung einer solchen Norm befürwortet. In einem Beitrag aus dem Jahr 1981 schloss er allerdings aus dem Schweigen des Gesetzgebers über das *damnum morale*, dass dieser keine allgemeine Pflicht zur Wiedergutmachung immaterieller Schäden einführen wollte. Vielmehr ergebe sich aus dem Umkehrschluss zu can. 2355 CIC/17, wo die *satisfactio* bei der Rufschädigung offenbar auf einen immateriellen Schaden abziele, dass eine solche Ersatzpflicht nach wie vor nur in den besonders vorgesehenen Fällen bestehe.[1424]

Eine gegenteilige Tendenz ließ sich allerdings bereits in der Literatur zum Schadensbegriff in can. 2210 CIC/17 beobachten.[1425] PREE vertritt eine solche

1418 Zu dieser Tradition siehe MAZZA: Canonical Tradition.

1419 Vgl. *Pacem in terris*, n. 7 und *Gaudium et spes*, n. 26. Siehe dazu MAZZA: Canonical Tradition, 546 f.

1420 Siehe dazu VITALONE: Ius Ecclesiae 14 (2002); LE TOURNEAU: Ius Ecclesiae 26 (2014).

1421 Vgl. PREE: The Jurist 58 (1998), 509, Fn. 109; JENKINS: Studia Canonica 36 (2002), 459 ff.

1422 PREE: MKCIC, can. 128, n. 1; THÉRIAULT: Exegetical Commentary, can. 128, 813; CHALMERS: Studia Canonica 38 (2004), 113; HENDRIKS: Ius Ecclesiae 15 (2003), 437.

1423 CIPROTTI: EIC 37 (1981), 166; REGOJO BACARDÍ: Fidelium Iura 4 (1994), 117. Zu X 5,36,9 siehe oben S. 60.

1424 CIPROTTI: EIC 37 (1981), 169: »Nulla è detto, nella norma generale or ora vista, circa il risarcimento dei danni morali, ed è quindi da ritenere che il legislatore non intenda stabilire in via generale nel diritto canonico l'obbligo di risarcire tale danno. [...] La norma speciale relativa alla calumnia fa pensare che l'obbligo di risarcire questi danni vi sia solo se e quando il legislatore lo enuncia.« Dem widerspricht MONTINI: Il risarcimento del danno, 188, Fn. 35.

1425 LEGA: Commentarius, tit. 17, a. 4, n. 13, S. 112: »Infinitae sunt causae damni quod inde fluere potest vel in personam domini vel in eius familiam ex adepta suae rei possessione eo magis quia etiam damnis moralis ratio habenda est et facienda aestimatio pro congrua indemnitate.«;

Interpretation auch für die heutige Rechtslage. Im Schweigen des Gesetzgebers sieht er anders als Ciprotti ein Argument für die möglichst weite Auslegung des Schadensbegriffs in can. 128 CIC/83:

> Nach dem Grundsatz »ubi lex non distinguit nec nos distinguere debemus« ist der Begriff »damnum« in 128 ohne Einschränkung auf bestimmte Schadensarten in einem weiten, alle Arten von Schäden umfassenden Sinn zu verstehen. Dies entspricht auch der einhelligen Lehre. Neben Schäden finanzieller Art kommen solche an der körperlichen, seelischen, geistigen, moralischen, spirituellen und sozialen Integrität der Person in Betracht: z.B. Schädigung des beruflichen, sozialen oder kirchlichen Ansehens, Beleidigung, seelische Schäden infolge sexueller Übergriffe, Verlust des guten Rufes [...][1426]

Tatsächlich kann man mit Pree davon ausgehen, dass der weite Schadensbegriff unter Einbeziehung immaterieller Verluste in der heutigen Lehre allgemein anerkannt ist.[1427] Unbestimmt ist allerdings weiterhin die Form der Schadenswiedergutmachung. Da can. 128 CIC/83 die »Art und Weise der Schadenskompensation im Falle immaterieller Schäden« nicht regelt, bleibe dem »kirchlichen Rechtsanwender [...] ein denkbar weiter Ermessensspielraum, den er nach den Grundsätzen der *aequitas canonica* auszuschöpfen« habe.[1428] Auch die Geldentschädigung für immaterielle Schäden scheint demnach möglich.[1429] Das ergibt

Conte a Coronata: Institutiones Iuris Canonici, volumen 4, n. 1681, S. 59 f.: »Actio civilis seu contentiosa refertur non solum ad damna materialia, sed etiam ad damna moralia, ad quae damna resarcienda iudex potest reum condemnare etiam ad pecuniam solvendam.« Siehe ferner Roberti: De delictis et poenis, 240. Weitere Nachweise bei Montini: Il risarcimento del danno, 188. Siehe auch d'Arienzo: Riparazione del danno, 16.

1426 Pree: MKCIC, can. 128, n. 10. Zustimmend Klösges: KuR 28 (2022), 61. Siehe auch Pree: The Jurist 58 (1998), 508 f.

1427 Vgl. Krukowski: Responsibility for Damage, 234; Montini: Il risarcimento del danno, 188 f.; Sharbel Poll: Reparation of Harm, 84 f.; Hendriks: Ius Ecclesiae 15 (2003), 446; Thériault: Exegetical Commentary, can. 128; Chalmers: Studia Canonica 38 (2004), 129 f.; Chiappetta: Codice, can. 128, n. 909; Luisi: Daño, 880; d'Arienzo: Riparazione del danno, 114 ff.; Poland: Guidelines, 263 f.; Klösges: KuR 28 (2022), 61.

1428 Pree: MKCIC, can. 128, n. 11.

1429 Regojo Bacardí: Fidelium Iura 4 (1994), 154 ff. bespricht einige Fälle, in denen die Römische Rota bei immateriellen Schäden auf eine Geldentschädigung erkannt hat. Allerdings geht es dort wiederum meistens um Ruf- und Ehrverletzungen. Kritisch hingegen Chalmers: Studia Canonica 38 (2004), 149: »Awarding monetary damages may help victims offset or cover certain costs incurred as a result oft he harm, but it does little to repair their emotional and spiritual damage. Because monetary damages are likely inadequate in such cases, the judge or ordinary must look

sich auch aus der Rechtsprechung der Römischen Rota, die insofern die Bezeichnung *pretium doloris* verwendet. Wenn der Schädiger vom Richter zur Kompensation eines Schadens mit Gütern aus einer anderen Ordnung verurteilt wird, entspreche dies der natürlichen Billigkeit (*aequitas naturalis*), da eine vollständige Reparation vor allem bei Ruf und Ehre oftmals nicht möglich sei.[1430] Ein solches Urteil binde deshalb auch vor dem Gewissen, sofern dabei nicht gegen Billigkeit und Gewohnheit verstoßen wird. In dieser Begründung findet die scholastische Güterlehre ein deutliches Echo. Zugleich scheint aber auch die Rota davon auszugehen, dass die Geldentschädigung nur vom Standpunkt der Billigkeit gerechtfertigt ist und eine Gewissenspflicht dazu erst durch richterliches Urteil entsteht. Ohne ein Urteil schuldet man sie nicht. Dies entspricht im Wesentlichen der Lehre von Leonardus Lessius, wie sie sich noch im 20. Jahrhundert bei Moraltheologen wiederfindet.[1431]

Auch in der kanonistischen Literatur kann man beobachten, dass dem Ausgleich eines Schadens mit Gütern derselben Ordnung, wie er aus der moraltheologischen Tradition bekannt ist, noch heute besondere Bedeutung beigemessen wird.[1432] Ähnlich verhält sich laut MONTINI auch die Rechtsprechung der Apostolischen Signatur, dem höchsten Gericht der römischen Kurie. Eine Pflicht zum Ausgleich immaterieller Schäden erkenne sie zwar an.[1433] Die Wie-

to the tradition of equitable remedies that can be applied at the conclusion of a contentious trial or mediation, or prior to or in lieu of a contentious trial. «

1430 Apostolicum Rotae Romanae Tribunal, *decisio coram Palestro* vom 23. Oktober 1991, in: Decisiones seu Sententiae 83 (1991), S. 622, 662: »[...] aequitati naturali prorsus consonum est ut qui aliam personam in bonis unius ordinis laesit, a Iudice damnetur ut damnum bonis alius ordinis compenset, puta detrimentum in bona fama et honore, per pecuniam, cum perfectior reparatio saepe impossibilis sit, quare iudicis sententia, quae de hac compensatione decernit, nisi naturalis aequitatis et consuetudinis limites excedat, obligat in conscientia. [...] Recte Promotor Iustitiae Nostri Apostolici Tribunalis de pretio doloris agit iuxta bonum et aequum definiendum.«

1431 Vgl. LESSIUS: De Iustitia et Iure, lib. 2, cap. 9, dub. 23, n, 145, S. 246 ff. Siehe dazu oben S. 239 f., 290 ff.

1432 PREE: The Jurist 58 (1998), 511 f.: »As a matter of principle the nature of compensation has to correspond to the nature of the damage (as far as possible) [...]«; CHALMERS: Studia Canonica 38 (2004), 148: »First, the nature of the remedy should be in keeping with the nature of the harm; for example, moral harm should be repaired by a moral remedy, and financial harm should be repaired with financial remedy.«; D'ARIENZO: Riparazione del danno, 116: »Di conseguenza, la riparazione dovrà essere adeguata, in base alla natura e consistenza del danno, a reintegrare, il più completamente possibile, il bene o l'interesse specifico leso, secondo criteri di equità.« Siehe auch MONTINI: Il risarcimento del danno, 190; REGOJO BACARDÍ: Fidelium Iura 4 (1994), 156 ff.; HENDRIKS: Ius Ecclesiae 15 (2003), 447.

1433 MONTINI: Rights of Alleged Victims, 23, 32.

dergutmachung erfolge aber gewöhnlicherweise nicht mittels einer Geldentschädigung.[1434]

1434 Ders.: Ius Ecclesiae 33 (2021), 561: »La Segnatura Apostolica riconosce nella giurisprudenza l'esistenza dei danni non patrimoniali o danni morali, alla cui riparazione – se richiesta – non procede di solito attraverso risarcimenti pecuniari.«

Schluss

Trotz der im Einzelnen nicht unerheblichen Meinungsverschiedenenheiten unter den Spätscholastikern kann man resümieren, dass einige der Theologen-Juristen ab dem frühen 16. Jahrhundert ein System zur Restitution immaterieller Schäden entwickelt haben, das in seiner Behandlung zahlreicher Detailfragen äußerst ausdifferenziert erscheint. Das gilt nicht nur für die Begründung einer im Einzelnen unterschiedlich weitreichenden Kommensurabilität von Persönlichkeitsgütern mit Geld, sondern auch für die Klärung wichtiger Folgeprobleme wie der richtigen Bemessung der Entschädigung, der Vererblichkeit der Ausgleichspflicht sowie deren Verhältnis zu Klagen vor weltlichen Gerichten. Dabei handelt es sich teilweise um Fragen rund um Schadensersatz und Strafe, die auch von römischen und mittelalterlichen Juristen bereits behandelt wurden. Nicht wenige frühneuzeitliche Scholastiker emanzipierten sich jedoch von tradierten Regelungen des gelehrten Rechts und setzten sich über das Dogma hinweg, dass für den Körper eines Freien kein Geldersatz geschuldet wird.

Ein vergleichbares Interesse für diese Materie ist unter säkularen Juristen erst einige Zeit später zu beobachten. Dabei ist eine direkte oder stillschweigende Rezeption der scholastischen Lehre durch den *Usus modernus* und das säkulare Naturrecht kaum nachweisbar. Sogar unter Moraltheologen ist das spätscholastische Modell von Geldentschädigung für immaterielle Schäden später überwiegend auf Ablehnung gestoßen. Es drängt sich deshalb durchaus die Frage auf, welchen Sinn es noch hat, diese Lehre zu studieren und über ihre Vorschläge nachzudenken. Handelt es sich um ein abgeschlossenes Kapitel europäischer Geistesgeschichte, von dem wir heute nichts mehr lernen können?

Für die Theologie darf man das schon deshalb nicht annehmen, weil es sich beim scholastischen Naturrecht zwar um eine aus der Mode gekommene, aber für moderne Herausforderungen immer noch aufschlussreiche Materie handelt. Dass der richtige Umgang mit immateriellen Schäden für die Kirchen ein drängendes Problem ist, liegt angesichts zahlreicher immer noch umstrittener Fragen zur angemessenen Entschädigung von Betroffenen sexuellen Missbrauchs geradezu auf der Hand. Die vermeintlich konservative Rückbesinnung auf traditionell thomistische Lehren erscheint hier paradoxerweise als besonders modern – zumal diese unter Moraltheologen des 20. Jahrhundert weit überwiegend auf Ablehnung gestoßen sind. Die jüngere Moraltheologie hat das Schmerzensgeld bloß als Angelegenheit des positiven Rechts aufgefasst, das aus moraltheologischen Aspekten nicht verpflichtend sei. Der spätscholastische Diskurs zu immateriellen Schäden erweist sich deshalb auch für heutige Theologen als eine vielleicht zu lange in Vergessenheit geratene Materie.

Aber auch Juristen haben Anlass, sich dafür zu interessieren. Denn auch in modernen europäischen Rechtsordnungen sind viele Probleme um den Immaterialschadensersatz noch ungelöst und beschäftigen die Gerichte immer aufs Neue. Das hängt einerseits damit zusammen, dass sich das Feld rechtlich relevanter Immaterialschäden tendenziell eher vergrößert als verkleinert und viele Bereiche auch hier mehr und mehr unionsrechtlich determiniert sind. Das gilt für den Entschädigungsanspruch im Reiserecht gemäß § 651n Abs. 2 BGB, aber auch für die Haftung für immaterielle Schäden nach Art. 82 Abs. 1 DSGVO. Auch Fragen des Immaterialschadensersatzes werden zunehmend auf europäischer Ebene besprochen. Rückgriffe auf die Dogmatik der nationalen Zivilrechtsordnungen werden dadurch zuweilen erschwert, wenn nicht gar verstellt. Es gibt also Anlass, die Grundlagen des Immaterialschadensersatzes neu zu überdenken.

Dies gilt umso mehr, als auch die nationalen Rechtsordnungen nicht auf alle Fragen stimmige Antworten parat haben. Im europäischen Vergleich kann man beispielsweise für das deutsche Recht einen traditionell restriktiven Umgang mit immateriellen Schäden verzeichnen.[1435] Das Bürgerliche Gesetzbuch zeigt durch die Aussparung des allgemeinen Persönlichkeitsrechts im Kanon der nach § 253 Abs. 2 BGB geschützten Rechtsgüter, wie sehr es noch der aktionenrechtlichen Trennung in *actio legis Aquiliae* und *actio iniuriarum* verhaftet ist.[1436] Gerade deutsche Juristen sind deshalb gut beraten, nicht nur an Althergebrachtem festzuhalten, sondern sich zur Befreiung aus dogmatischen Schieflagen auch für grundlegend neue Ideen zu öffnen.

Das gilt zum einen für das bereits benannte Problem, dass der Tatbestand von § 253 Abs. 2 BGB keine Entschädigung für die Verletzung des allgemeinen Persönlichkeitsrechts kennt. Dieser Misstand wurde *contra legem* erst durch den Bundesgerichtshof korrigiert, der einen Entschädigungsanspruch nun unmittelbar auf Art. 1 Abs. 1 i.V.m. Art. 2 Abs. 1 GG stützt.[1437] Die dadurch geschaffene Dualität bringt allerdings mit sich, dass der Bundesgerichtshof bei der Entschädigung wegen Verletzung des allgemeinen Persönlichkeitsrechts die Ge-

1435 Vgl. Jansen: HKK §§ 249–253, 255, Rn. 53.

1436 Zur Entwicklung im 19. Jahrhundert bis zum BGB siehe Leuze: Persönlichkeitsrecht, 65 ff.

1437 BGH, Urteil vom 19.09.1961 – VI ZR 256/60 = BGHZ 35, 363 (*Ginseng*). Siehe dazu Rüfner: Ginsengwurzel-Entscheidung.

nugtuungsfunktion für besonders ausgeprägt erachtet.[1438] Neben anderen dogmatischen Schwierigkeiten ergibt sich daraus die aktive Unvererblichkeit des Anspruchs[1439] – ein Charakteristikum, das den Anspruch auf Schmerzensgeld nicht mehr zeichnet.[1440] Umgekehrt soll der diffuse Begriff der Genugtuung auch dazu führen, dass der Anspruch beim Tod des Schädigers seinen Zweck teilweise verliert. Der Geschädigte bekommt dies in Form einer verringerten Entschädigung zu spüren, wobei Einzelheiten in der Rechtsprechung noch ungeklärt sind.[1441] Der pönale Nebel, in dem die Genugtuung seit jeher steht, hat die Gerichte zudem auch bei Bemessungsfragen beschäftigt – etwa wenn es um die Berücksichtigung des Verschuldens geht oder vorgetragen wurde, eine wegen der Schädigungshandlung verhängte Strafe sei anspruchsmindernd zu berücksichtigen.[1442] Auch auf europäischer Ebene ist das Verhältnis von Entschädigung und Strafe heute wieder relevant.[1443] All dies hat aber auch die Scholastiker beschäftigt.[1444]

Thomas von Aquin hatte vertreten, dass es sich bei der Geldentschädigung für Körperverletzung und Rufschädigung um ein und dasselbe Prinzip[1445] handelt: man gleicht eine an sich irreparable Verletzung am Maßstab der Gerechtigkeit wenigstens insofern mit Geld aus, wie dies nach dem Urteil eines unparteiischen Dritten möglich erscheint.[1446] Die aktionenrechtliche Trennung des römischen Rechts[1447] hatte er damit überwunden. Zugleich war aber auch klar, dass die Bestrafung des Täters ohne Belang für die Ausgleichspflicht gegenüber dem Geschädigten ist. Denn dabei geht es nicht um Strafe, Rache oder Vergeltung, sondern um die möglichst vollständige Wiedergutmachung eines

---

1438 BGH, Urteil vom 14.02.1958 – I ZR 151/56 = BGHZ 26, 349, 353 (*Herrenreiter*); BGH, Teilurteil vom 29.11.2021 – VI ZR 258/18 = BGHZ 232, 68, Rn. 10 (*Kohl-Protokolle II*).

1439 BGH, Teilurteil vom 29.11.2021 – VI ZR 258/18 = BGHZ 232, 68, Rn. 10 (*Kohl-Protokolle II*).

1440 Die frühere Beschränkung der aktiven Vererblichkeit nach § 847 Abs. 1 Satz 2 BGB 1900 wurde aufgehoben.

1441 Siehe dazu Helbig: JZ 2023, 791.

1442 Für das Schmerzensgeld infolge einer Vergewaltigung siehe exemplarisch OLG Düsseldorf, Urteil vom 12.03.1974 – 4 U 120/73 = NJW 1974, 1289. Siehe aber BGH, Urteil vom 29.11.1994 – VI ZR 93/94 = BGHZ 128, 117.

1443 Etwa bei der Bemessung des Immaterialschadensersatzes nach Art. 82 Abs. 1 DSGVO, die man wegen des *private enforcement*-Gedankens an Bußgelder für entsprechende Verstöße anlehnt. Siehe dazu Knetsch: JETL 13 (2022), 147 ff.; Hellgardt: ZEuP 30 (2022), 29 f.

1444 Siehe oben S. 276 ff.

1445 Siehe dazu Unterreitmeier: JZ 2013, 425.

1446 Siehe dazu oben S. 100 f.

1447 Siehe dazu oben S. 40 ff.

zugefügten Schadens.[1448] Die zweifelhafte Kategorie der Genugtuung war dabei nicht notwendig – meistens nicht einmal die sakramentale *satisfactio*. Die meisten frühneuzeitlichen Autoren haben diesen Grundsatz auch berücksichtigt, wenn es um die Vererblichkeit des Anspruchs ging oder die Bemessung der Entschädigungshöhe zu klären war. Dabei kamen sie häufig zu ähnlichen Ergebnissen wie heute der Bundesgerichtshof, allerdings wiederum ohne den Aspekt der Genugtuung.[1449] Betrachtet man die jüngere Rechtsprechung des Europäischen Gerichtshofs,[1450] wonach ein Anspruch auf eine Geldentschädigung nur bei tatsächlichem Eintritt eines Schadens entsteht und ein bloßer Rechtsverstoß nicht ausreicht, kann man auch insofern Parallelen zur spätscholastischen Lehre beobachten. Schließlich haben sich die Theologen auch zu der Frage verhalten, ob es beim Ausgleich nichtwirtschaftlicher Schäden auf das subjektive Empfinden des Geschädigten ankommt oder Aspekte objektiver Kompensation überwiegen.[1451] Auch dies ist für diverse europäische Rechtsordnungen noch nicht geklärt.[1452]

Bei aller Ähnlichkeit zu den Problemen des modernen Rechts sollte man dennoch den besonderen Charakter der Restitutionslehre nicht aus den Augen verlieren. Dieser steht gerade zur Zeit der Gegenreformation im Kontext einer um das Seelenheil besorgten und stark von priesterlichen Geboten geprägten Gesellschaftsordnung. Ein System, das wie die scholastische Restitutionslehre aus einem einmalig geistlichen Umfeld stammt, kann für moderne juristische Probleme nicht umstandslos als Blaupause fungieren. Andererseits bedeutet das aber nicht, dass sich die Spätscholastiker durch ihren Hintergrund als Ideengeber vollständig disqualifizieren. Die theologische Prägung ihrer Lehre muss niemanden abschrecken, der sich um juristische Lösungen nach einem säkularen Gerechtigkeitsverständnis bemüht. Denn die Bedeutung spezifisch theologischer Elemente in diesem Teilgebiet der scholastischen Restitutionslehre darf weder geleugnet, noch überschätzt werden. Viele der im Zusammenhang mit immateriellen Schäden vorgetragenen Argumente gehen letztlich auf die aristotelische Gerechtigkeitslehre zurück, welche sich die Theologie zwar zu eigen

---

1448 Thomas von Aquin: STh II-II, q. 62, a. 3, co., S. 48 f. Siehe dazu oben S. 21 ff., 265 ff.

1449 Zur Vererblichkeit siehe oben S. 270 ff., zur Bemessung oben S. 265 ff. Zur Rechtsprechung des BGH zur Vererblichkeit von Entschädigungsansprüchen siehe Helbig: JZ 2023, 791.

1450 EuGH, Urteil vom 04.05.2023 – C-300/21 (*UI./. Österreichische Post AG*). Siehe dazu Mörsdorf, Momtazi: JZ 2023, 564. Zur entsprechenden Ansicht in der Spätscholastik siehe oben S. 140 ff.

1451 Siehe dazu oben S. 103 ff.,113 ff., 140 ff.

1452 Vgl. Bar: Gemeineuropäisches Deliktsrecht. Bd. 2, 151 ff.; Jansen: JZ 2005, 160, 167 f.

gemacht hat. Die dahinterstehenden Ideen verschließen sich säkularen Deutungsansätzen aber keineswegs. Vielmehr sind viele dieser Gedanken längst in ein gemeinsames europäisches Rechtsbewusstsein eingegangen.[1453] Gerade hier können sie ihren Platz behaupten und für zukünftige Überlegungen fruchtbar werden.

1453 So vor allem Jansen: JZ 2005, 160, 166ff. Zu den gemeinsamen europäischen Linien beim Immaterialschadensersatz siehe auch Bar: Gemeineuropäisches Deliktsrecht. Bd. 2, Rn. 150ff.; Rogers: Non-Pecuniary Loss; Koch, Koziol: Personal Injury; Wagner: JZ 2004, 319; Quézel-Ambrunaz, Brun, Clerc-Renaud: L'indemnisation du dommage corporel; Knetsch: JETL 13 (2022), 134ff., 147ff. m.w.N.

Quellenverzeichnis

Antike Quellen sind den maßgeblichen Ausgaben entnommen. Sofern nicht anders angegeben, werden Bibelstellen zit. nach: Biblia Sacra iuxta Vulgatam Versionem, hrsg. v. Robert Weber und Roger Gryson. 5. Auflage, Stuttgart 2007. Folio-, Seiten- und Spaltenzahlen beziehen sich jeweils auf die folgenden Handschriften und Ausgaben.

I. Handschriften

Brüssel, Koninklijke Bibliotheek, 8558–8563.
Cambridge, Corpus Christi College, Ms. 190.
München, Bayerische Staatsbibliothek, Ms. Clm 6311.
Wien, Österreichische Nationalbibliothek, Cod. 2223.

II. Quellenausgaben

Accursius: Corpus Iuris Civilis Iustianei cum commentariis Accursii. Lyon 1627. Tomus I: Digestum Vetus; Tomus V,2: Institutionum, Sive Primorum Totius Iurisprudentiae Elementorum Libri Quatuor.

Aertnys, Josef: Theologia Moralis secundum doctrinam S. Alfonsi de Ligorio Doctoris Ecclesiae. Tomus I. Gulpen 1918.

Alanus ab Insulis: Liber Poenitentialis. Tome II. La tradition longue. Texte inédit, publié et annoté, hrsg. v. Jean Longère. Löwen u. a. 1965.

Albericus de Rosate: In Primam ff. Veter. Part. Commentarij. Venedig 1585 (Nachdruck 1974).

Albertus Magnus: Ethicorum Libri X. In: Opera Omnia. Bd. 7, hrsg. v. Auguste Borgnet. Paris 1891.

Albertus Magnus: Commentarii in III Sententiarum. In: Opera Omnia. Bd. 28, hrsg. v. Auguste Borgnet. Paris 1894.

Albertus Magnus: Commentarii in IV Sententiarum (Dist. I–XXII). In: Opera Omnia. Bd. 29, hrsg. v. Auguste Borgnet. Paris 1894.

Albertus Magnus: Super Ethica Commentum et Quaestiones Libros Quinque Priores. In: Sancti Doctoris Ecclesiae Alberti Magni Ordinis Fratrum Praedicatorum Episcopi Opera Omnia. Bd. 14,1, hrsg. v. Wilhelm Kübel. Münster 1968.

Alexander von Hales: Summa theologica iussu et auctoritate Rmi. O. Bonaventurae Marrini. Tomus III. Secunda Pars Secundi Libri. Quaracchi 1930.

Alexander von Hales: Glossa in quatuor libros sententiarum Petri Lombardi. Tomus IV. In librum quartum. Quaracchi u. a. 1957.

Almain, Jacques: Clarissimi doctoris Theologi. M. Iacobi Almain Senonensis a decimaquarta distinctione questiones Scoti profitentis, perutilis admodum lectura. Paris 1526.

Angelus Carletus (de Clavasio): Summa de Casibus Conscientiae. Straßburg 1513 (Nachdruck Frankfurt a. M. 2010).

D'Annibale, Giuseppe: Summula Theologiae Moralis. Pars II. De Obligationisbus Quae Omnium Hominum Communes Sunt. 4. Auflage, Rom 1896.

Anselm von Canterbury: Cur Deus homo. Warum Gott Mensch geworden. Lateinisch und Deutsch, hrsg. v. Franciscus Salesius Schmitt. 5. Auflage, Darmstadt 1993.

Antoninus von Florenz: Summa theologica. Pars secunda. Verona 1740.

Apostolicum Rotae Romanae Tribunal: Decisiones seu Sententiae selectae inter eas quae anno 1991 prodierunt cura eiusdem Apostolici Tribunalis editae. Volumen LXXXIII. Civitas Vaticana 1991.

Aragón, Pedro de: In Secundam Secundae Divi Thomae Doctoris Angelici Commentaria De Iustitia Et Iure. Salamanca 1590.

Aristoteles: Metaphysik. Übersetzt und erläutert von Eugen Rolfes. Zweite Hälfte. Buch VIII-XIV. 2. Auflage, Leipzig 1921.

Aristoteles: Metaphysik. In der Übersetzung von Friedrich Bassenge. Berlin 1990.

Aristoteles: Nikomachische Ethik. Auf der Grundlage der Übersetzung von Eugen Rolfes, hrsg. v. Günther Bien. 4. Auflage, Hamburg 1985.

Aristoteles: Die Nikomachische Ethik. Griechisch-deutsch. Übersetzt von Olof Gigon, hrsg. v. Rainer Nickel. Düsseldorf u. a. 2001.

Astesanus von Asti: Summa de casibus conscientiae. Lyon 1519.

Augustinus: Sancti Augustini Hipponiensis episcopi Epistulae. Pars III: Epistulae CXXIV–CLXXXIV A. In: Sancti Aureli Augustini operum sectio II, hrsg. v. A. Goldbacher. Vindobonae u. a. 1904 (CSEL 44).

Augustinus: De civitate Dei, hrsg. v. B. Dombart und A. Kalb. Turnhout 1955 (CCSL 47/48).

Augustinus: La règle de Saint Augustin. Bd.1, Tradition manuscrite, hrsg. v. Luc Verheijen. Paris 1967.

Averroes: Aristotelis de physico auditu libri octo. Cum Averrois Cordubensis variis in eosdem commentariis. In: Opera Omnia. Quartum Volumen. Venedig 1562.

Azo: Summa Codicis, *zit. nach:* Summa Azonis, locuples iuris civilis thesaurus. Venedig 1584.

Azpilcueta, Martín de: Commento en romance manera de repeticion latina y scholastica de Iuristas, sobre el capitulo Inter verba XI q. III. Coimbra 1544.

Azpilcueta, Martín de: Enchiridion sive manuale confessariorum et poenitentium. Rom 1573.

Azpilcueta, Martín de: Commentarii in cap. Inter verba XI. Q. III Secta conclusio. In: Martín de Azpilcueta: Commentaria aliquot eruditissima, et in utriusque fori praxi frequentissima. Venedig 1594, fol. 1r–62r.

Azpilcueta, Martín de: Commentarium resolutorium de cambiis, in principium cap.

finalis de usuris. In: Martín de Azpilcueta: Commentaria aliquot eruditissima, et in utrisque fori praxi frequentissima. Venedig 1594, fol. 62v–84v.

Der Babylonische Talmud. Neu übertragen durch Lazarus Goldschmidt. Bd. 7. Berlin 1933.

Baldus de Ubaldis: Tomus Primus in Digestum vetus. Cui praeter diligentem castigationem accesserunt Adnotationes Benedicti de Vadis Foro semproniensis, & Alphabeticus Index, opera Ioannis Thierri Lingonensis. Lyon 1549.

Báñez, Domingo: Decisiones de iure et iustitia. Venedig 1595.

Bartholomaeus von Pisa (de San Concordio): Summa de casibus conscientiae. Venedig 1481.

Bartolus de Saxoferrato: In Primam Digesti Veteris Partem. In: Opera Omnia. Tomus I. Venedig 1590.

Bartolus de Saxoferrato: In Primam Digesti Novi Partem. In: Opera Omnia. Tomus V. Venedig 1590.

Bartolus de Saxoferrato: In Secundam Digesti Novi Partem. In: Opera Omnia. Tomus VI. Venedig 1590.

Bartolus de Saxoferrato: Super Authenticis, & Institutionibus. In: Opera Omnia. Tomus IX. Venedig 1590.

Bartolus de Saxoferrato: De differentia inter ius can. et civile. In: Opera Omnia. Tomus X. Consilia, Quaestiones, et Tractatus. Venedig 1590.

Beda Venerabilis: Historia ecclesiastica gentis Anglorum, Historia abbatum, Epistola ad Ecgberctum. Tomus I, hrsg. v. Charles Plummer. Oxford 1896.

Benedictus de Ysernia: Summae. In: Iuris Interpretes Saec. XIII, hrsg. v. E. M. Meyers. Neapel 1924, S. 61–76.

Bernhard von Pavia: Summa Decretalium, hrsg. v. Ernst Adolf Theodor Laspeyres. Regensburg 1860.

Bernhardin von Siena: Quadragesimale de christiana religione. Sermones I–XL. In: S. Bernardnini Senensis Ordinis Fratrum Minorum Opera Omnia. Tomus I, hrsg. v. Pacifici Perantoni. Florenz 1950.

Biblia latina cum glossa ordinaria. Tomus I–IV. (Antonio Koberger). Straßburg 1480/1481 (Nachdruck Turnhout 1992).

Biblia Sacra iuxta Vulgatam Versionem, hrsg. v. Robert Weber und Roger Gryson. 5. Auflage. Stuttgart 2007.

Biel, Gabriel: Tractatus de potestate et utilitate monetarum. Oppenheim 1516.

Biel, Gabriel: Collectorium circa quattuor libros Sententiarum. Libri quarti pars secunda (dist. 15–22), hrsg. v. Wilfired Werbeck, Udo Hofmann. Tübingen 1977.

Bieler, Ludwig (Hrsg.): The Irish Penitentials. Dublin 1975.

Bocer, Heinrich: Disputationum de universo quo utimur jure, methodo eleganti conscriptarum. Pars prima. Straßburg 1634.

Böhmer, Justus Henning/Rodenborg, Gillis: De Injustitia Actionum Injuriarum. Halle 1701.

Böhmer, Philipp Ludwig/Schrader, Johann Georg: De reparatione damni dati. Helmstedt 1697.

Bonaventura: Commentaria in Quatuor Libros Sententiarum Magistri Petri Lombardi. Tomus II. In Secundum Librum Sententiarum. In: S. Bonaventurae S.R.E. Episcopi Cardinalis Opera Omnia Iussu et Auctoritate R.P. Bernardini a Portu Romatino Totius Ordinis Minorum S.P. Francisci Ministri Generalis Edita. Quaracchi 1885.

Brunnemann, Johann: Commentarius in quinquaginta libros pandectarum. Wittenberg 1714.

Bulgarus: De regulis iuris antiqui, *zit. nach:* Bulgari ad digestorum titulum de diversis regulis iuris antiqui commentarius et Placenti ad eum additiones sive exceptionis, hrsg. v. Friedrich Wilhelm Conrad Beckhaus. Bonn 1856.

Burchard von Worms: Decretorum liber, *zit. nach:* Decretorum libri XX ex consiliis et orthodoxorum patrum decretis, tum etiam diversarum nationum synodis seu loci communes congesti. Ergänzter Neudruck der editio princeps Köln 1548, hrsg. v. Gérard Fransen, Theo Kölzer. Aalen 1992.

Buridan, Johannes: Quaestiones in decem libros ethicorum Aristotelis ad Nicomachum. Oxford 1637.

Cajetan, Thomas de Vio: Summa Caietana. Rom 1525.

Cajetan, Thomas de Vio: Commentaria in Secundam Secundae. In: Sancti Thomae Aquinatis Doctoris Angelici Opera Omnia Iussu Impensaque Leonis XIII P.M. edita. Tomus IX. Secunda Secundae Summae Theologiae. A Quaestione LVII ad Quaestionem CXXII. Rom 1897.

Carpzov, Benedikt: Practica nova imperialis Saxonica Rerum Criminalium. Pars II. Wittenberg 1646.

Cervantes, Miguel de: Don Quijote de la Mancha, hrsg. v. Francisco Rico. Madrid 2004.

Codex Juris Bavarici Criminalis de anno MDCCLI. München 1751.

Corpus Iuris Canonici. Editio Lipsiensis secunda post Aemilii Ludovici Richteri curas ad librorum manu scriptorum et editionis Romanae fidem recognovit et adnotatione critica instruxit Aemilius Friedberg. Pars prior. Decretum Magistri Gratiani. Leipzig 1879 (Nachdruck Graz 1955).

Corpus Iuris Canonici. Editio Lipsiensis secunda post Aemilii Ludovici Richteri curas ad librorum manu scriptorum et editionis Romanae fidem recognovit et adnotatione critica instruxit Aemilius Friedberg. Pars secunda. Decretalium Collectiones. Leipzig 1879 (Nachdruck Graz 1959).

Covarrubias y Leyva, Diego de: Relectio in regulam Peccatum, De regulis iuris lib. 6. In: Opera Omnia. Tomus I. Frankfurt a.M. 1608.

Covarrubias y Leyva, Diego de: Variarum resolutionum libri. In: Opera Omnia. Tomus II. Frankfurt a.M. 1608.

Darjes, Joachim Georg: Discours über sein Natur- und Völkerrecht. Jena 1762.

Decius, Filippo: In tit. ff. De Regulis Iuris. Lyon 1557.

Decretales D. Gregorii Papae suae integritati una cum glossis restitutae. Rom 1582.

Decretalium D. Gregorii Papae Noni Compilatio. Rom 1582.

Decretum Gratiani emendatum et notationibus illustratum una cum glossis, Gregorii XIII. Pont. Max iussu editum. Rom 1582.

Duns Scotus, Johannes: In XII Libros Metaphysicorum, *zit. nach:* Metaphysicae textualis libri V.–XII. Conclusiones Metaphysicae. In: Opera Omnia editio nova juxta editionem Waddingi XII tomos continentem a patribus Franciscanis de Observantia accurate recognita. Tomus VI. Paris 1892.

Duns Scotus, Johannes: Ordinatio IV (Vaticana), *zit. nach:* Ordinatio. Liber Quartus. A distinctione decima quarta ad quadragesimam secundam. In: Doctoris Subtilis Et Mariani Ioannis Duns Scoti Ordinis Fratrum Minorum Opera Omnia. Tomus XIII. Civitas Vaticana 2011.

Duns Scotus, Johannes: Reportatio IV-A (Wadding/Vivès), *zit. nach:* Reportata Parisiensia. In: Opera Omnia editio nova juxta editionem Waddingi XII tomos continentem a patribus Franciscanis de Observantia accurate recognita. Tomus XXIV. Paris 1894.

Duns Scotus, Johannes: Reportatio IV-A (Bychkov/Pomplun), *zit. nach:* The Report of the Paris Lecture. Reportatio IV-A. Latin Text and English Translation. Volume I, Part 2, hrsg. v. Oleg Bychkov, Trent Pomplun. St. Bonaventure 2016.

Duns Scotus, Johannes: Reportatio IV-B, *zit. nach:* Reportata super quartum sententiarum fratris Johannis duns Scoti ordinis minorum. Paris 1518.

Durandus von St. Pourçain: In sententias theologicas Petri Lombardi commentariorum. Liber quatuor. Lyon 1563.

Durantis, Guilelmus (Speculator): Speculum juris, cum Ioan. Andreae, Baldi, reliquorumque clarissimorum I.V. Doctorum visionibus hactenus addi solitis … Pars Prima & Secunda. Frankfurt 1612.

Durantis, Guilelmus (Speculator): Speculum juris, cum Ioan. Andreae, Baldi, reliquorumque clarissimorum I.V. Doctorum visionibus hactenus addi solitis … Pars Tertia & Quarta. Frankfurt 1612.

Fanfani, Ludovico: Manuale theorico-practicum Theologiae Moralis ad Mentem D. Thomae. Tomus II. Rom 1950.

Farinacci, Prospero: Praxis et Theoricae Criminalis Amplissimae … Operum Criminalium Pars Quinta. Frankfurt 1610.

Ferraris, Lucio: Bibliotheca Canonica Iuridica Moralis Theologica. Tomus Sextus. Rom 1890.

Franciscus de Platea: Opus restitutionum, usurarum et excommunicationum. Venedig 1474.

Gaius: Institutionen, hrsg. v. Ulrich Manthe. Darmstadt 2004.

Gasparri, Pietro (Hrsg.): Codex Iuris Canonici Pii X Pontificis Maximi Iussu Digestus Benedicti Papae XV Auctoritate Promulgatus. New York 1918.

Gerson, Jean: Responsa ad quaestiones quatuor. In: Opera Omnia. Tomus II, hrsg. v. Louis Ellies Du Pin. Den Haag 1728 (Nachdruck Hildesheim 1987), Sp. 463–470.

Glück, Christian Friedrich: Ausführliche Erläuterung der Pandecten. Zehnter Teil. Erlangen 1808.

Goffredus de Trano: Summa super titulis decretalium. Lyon 1519 (Nachdruck Aalen 1968).

Gómez de Amescúa, Baltasar: Tractatus de potestate in se ipsum. Mailand 1609.

Gregor der Grosse: Homiliae In Hiezechihelem Prophetam, hrsg. v. Marcus Adriaen. Turnhout 1971 (CCSL 142).

Gregor von Valencia: Commentarii theologici. Tomus III. Ingolstadt 1595.

Grosseteste, Robert: Ethica Nicomachea. Translatio Roberti Grosseteste Lincolniensis sive »Liber Ethicorum«. A. Recensio Pura. In: Aristoteles Latinus. Bd. 26,1–3 Fasc. 3, hrsg. v. René Antoine Gauthier. Leiden u. a. 1972.

Grosseteste, Robert: Ethica Nicomachea. Translatio Roberti Grosseteste Lincolniensis sive »Liber Ethicorum«. B. Recensio Recognita. In: Aristoteles Latinus. Bd. 26,1–3 Fasc. 4, hrsg. v. René Antoine Gauthier. Brügge 1973.

Grotius, Hugo: De iure belli ac pacis libri tres, hrsg. v. Bernardina Johanna Aritia de Kanter-Van Hettinga Tromp. Leiden 1939 (Nachdruck Aalen 1993).

Grotius, Hugo: Inleidinge tot de Hollandsche rechts-geleerdheid, *zit. nach:* The Jurisprudence of Holland. Vol. I. Text, Translation, and notes, hrsg. v. Robert Warden Lee. Oxford 1953 (Nachdruck Aalen 1977).

Hadrian VI.: Quaestiones de Sacramentis in Quartum Sententiarum librum. Rom 1522 (Nachdruck Ridgewood 1964).

Hadrian VI.: Quaestiones quolibeticae. Venedig 1522 (Nachdruck Ridgewood 1964).

Hegel, Georg Wilhelm Friedrich: Grundlinien der Philosophie des Rechts, hrsg. v. Klaus Grotsch. Hamburg 2009.

Henricus de Segusio (Hostiensis): Summa Domini Henrici Cardinalis Hostiensis. Lyon 1537 (Nachruck Aalen 1962).

Innozenz IV.: Super libros quinque Decretalium. Frankfurt a.M. 1570.

Ivo von Chartres: Decretum. In: Sancti Ivonis Carnotensis Episcopi Opera Omnia. Tomus I, hrsg. v. Jacques Paul Migne. Paris 1855 (PL 161).

Jakobs, Horst Heinrich/Schubert, Werner (Hrsg.): Die Beratung des Bürgerlichen Gesetzbuchs in systematischer Zusammenstellung der unveröffentlichten Quellen. Recht der Schuldverhältnisse III. §§ 652 – 853. Berlin u. a. 1983.

Johannes Andreae: In quintum Decretalium librum Novella Commentaria. Venedig 1612.

Johannes von Freiburg: Summa confessorum. Lyon 1518.

Kant, Immanuel: Grundlegung zur Metaphysik der Sitten. In: Kant's gesammelte Schriften, hrsg. von der königlich preussischen Akademie der Wissenschaften. Bd. 4. Kritik der reinen Vernunft (1. Aufl. 1781), Prolegomena, Grundlegung zur Metaphysik der Sitten, Metaphysische Anfangsgründe der Naturwissenschaft. Berlin 1903.

Kohler, Josef: Die Ideale im Recht. In: Archiv für bürgerliches Recht 5 (1891), S. 161–265.

Kottje, Raymund (Hrsg.): Paenitentialia Franciae, Italiae et Hispaniae Saeculi VIII–XI. Tomus I. Paenitentialia Minora Franciae et Italiae Saeculi VIII–IX. Turnhout 1994 (CCSL 156).

Lacroix, Claudius: Theologia Moralis. Tomus III. Köln 1707.

Lauterbach, Wolfgang Adam: Collegium theoretico-practicum. Pars prima. Tübingen 1726.

Laymann, Paul: Theologia moralis in quinque libros partita. Liber tertius. De iustitia et iure caeterisque cardinalibus virtutibus. München 1625.

Ledesma, Martin de: In quartum sententiarum. Secunda quartae. Coimbra 1560.

LEHMKUHL, August: Theologia Moralis. Volumen I. 12. Auflage, Freiburg i. Br. 1914.
LEHMKUHL, August: Das Bürgerliche Gesetzbuch des Deutschen Reiches nebst Einführungsgesetz. Unter Bezugnahme auf das natürliche und göttliche Recht, insbesondere für den Gebrauch des Seelsorgers und Beichtvaters. Freiburg i. Br. 1899.
LESSIUS, Leonardus: De iustitia et iure caeterisque virtutibus cardinalibus
- *lib. 1–lib. 2 cap. 6, zit. nach:* Leonardus Lessius: De iustitia et iure caeterisque virtutibus cardinalibus. Über die Gerechtigkeit und das Recht und die übrigen Kardinaltugenden. Teil I, hrsg. v. Nils Jansen. Stuttgart-Bad Cannstatt 2020.
- *lib. 2 cap. 7–lib. 2 cap. 11, zit. nach:* Leonardus Lessius: De iustitia et iure caeterisque virtutibus cardinalibus. Über die Gerechtigkeit und das Recht und die übrigen Kardinaltugenden. Teil II, Teilband 1, hrsg. v. Nils Jansen. Stuttgart-Bad Cannstatt 2022.
- *lib. 2 cap. 17–lib. 4, zit. nach:* Leonardus Lessius: De iustitia et iure caeterisque virtutibus cardinalibus. Paris 1618.

DE LIGUORI, Alfonso Maria: Theologia moralis. Tomus II. Paris 1832.
LINK-WIECZOREK, Ulrike: Wiedergutmachung statt Strafe. Zur versöhnungsethischen Aktualität der Satisfaktionstheorie. In: Kirchliche Zeitgeschichte 26 (2013), S. 139–155.
LINK-WIECZOREK, Ulrike: Reconciliation by Symbolic Compensation. A Re-Interpretation of the Satisfaction Theory of Anselm of Canterbury. In: Julia Enxing u. a. (Hrsg.): Satisfactio. Über (Un-)Möglichkeiten von Wiedergutmachung. Leipzig 2019, S. 89–107.
LUCA, Giovanni Battista de: Theatrum veritatis et iustitiae, liber quartus. Venedig 1734.
LUGO, Juan de: De iustitia et iure. Tomus primus. Lyon 1642.
MAJOR, John: Quartus sententiarum. Paris 1509.
MAJOR, John: In Quartum Sententiarum quaestiones. Paris 1516.
MAJOR, John: In Quartum Sententiarum quaestiones. Paris 1519.
MAJOR, John: Ethica Aristotelis Peripateticorum principis. Paris 1530.
MARTÈNE, Edmond: Veterum scriptorum et monumentorum historicorum, dogmaticorum, moralium, amplissima collectio. Tomus VII. Paris 1733.
VON MARTINI, Karl Anton: De lege naturali positiones. Wien 1772.
MAUSBACH, Joseph/ERMECKE, Gustav: Katholische Moraltheologie. Bd. 3,2. Die Spezielle Moral. Der irdische Pflichtenkreis. 10. Auflage, Münster 1961.
MAZZOLINI, Silvester: Sylvestrinae Summae, nitori suo restitutae. Pars secunda. Lyon 1572.
MAZZOLINI, Silvester: Sylvestrinae Summae, quae Summa Summarum merito nuncupatur. Pars Prima. Lyon 1574.
MEDINA, Juan de: De poenitentia, restitutione et contractibus. Tomus II. Ingolstadt 1581.
MEVIUS, David: Commentarii in jus Lubecense libri quinque 1700.
MOERBEKE, Wilhelm von: Metaphysica Lib. I–XIV. Recensio et Translatio Guillelmi de Moerbeka. In: Aristoteles Latinus. Bd. 25, 3,2, hrsg. v. Gudrun Vuillemin-Diem. Leiden u. a. 1995.
MOLINA, Luis de: De iustitia et iure. Tomus I–V. Mainz 1659.
Monumenta Germaniae Historica. Concilia. Tomus V. Die Konzilien der Karolingischen

Teilreiche 875–911, hrsg. v. Wilfried Hartmann, Isolde Schröder, Gerhard Schmitz. Hannover 2012.

Monumenta Germaniae Historica. Leges. Tomus I, hrsg. v. Georg Heinrich Pertz. Hannover 1835.

Monumenta Germaniae Historica. Leges Nationum Germanicarum. Tomi IV Pars II. Lex Salica, hrsg. v. Karl August Eckhardt. Hannover 1969.

Mugdan, Benno (Hrsg.): Die gesammelten Materialien zum Bürgerlichen Gesetzbuch für das Deutsche Reich. Bd. 2. Recht der Schuldverhältnisse. Berlin 1899.

Müller, Peter/Rumpel, Friedrich Gottlieb: De pecunia doloris. Vom Schmertz-Gelde. Jena 1686.

Musil, Robert: Der Mann ohne Eigenschaften, hrsg. v. Adolf Frisé. Reinbek 1987.

von Nell-Breuning, Oswald: Wiedergutmachung. In: TTR 58 (1949), S. 286–297.

von Nell-Breuning, Oswald: Wiedergutmachung. In: Josef Höfer u. a. (Hrsg.): Lexikon für Theologie und Kirche, Bd. 10. 2. Auflage, Freiburg i. Br. 1965, Sp. 1102–1105.

Nevelet, Isaak Nicolaus (Hrsg.): Mythologia aesopica, in qua Aesopi fabulae graecolatine CCXCVII quarum CXXXVI primum prodeunt. Frankfurt a.M. 1610.

Nicolaus de Orbellis: Eximii doctoris magistri Nicholai de Orbellis ordinis minorum super sententias … Paris 1520.

Nicolaus de Tudeschis (Panormitanus): Commentaria in Quartum & Quintum Decretalium Libros. Venedig 1617.

Noldin, Hieronymus: Summa Theologiae Moralis. Tomus II. De Praeceptis Dei et Ecclesiae. 9. Auflage, Innsbruck 1911.

Ohly, Christoph: Wiedergutmachung – Katholisch. In: Heribert Hallermann u. a. (Hrsg.): Lexikon für Kirchen- und Religionsrecht. Bd. 4. Leiden 2021, S. 732–733.

Olivi, Petrus Johannis: Traité des contrats (Tractatus de contractibus), hrsg. v. Sylvain Piron. Paris 2012.

Oresme, Nikolaus von: De mutatione monetarum tractatus. In: Nikolaus Oresme: Traktat über Geldabwertungen, hrsg. v. Edgar Schorer. Jena 1937, 33–85.

Petrus Cantor: Verbum abbreviatum, hrsg. v. Jacques Paul Migne. Paris 1855 (PL 205).

Petrus Cantor: Summa de sacramentis et animae consiliis. Deuxième Partie. Tractatus de paenitentia et excommunicatione, hrsg. v. Jean-Albert Dugauquier. Löwen u. a. 1957.

Petrus de Navarra: De ablatorum restitutione … Tomus primus und secundus. Lyon 1593.

Petrus de Palude: Scriptum in quartum Sententiarum. Köln 1514.

Petrus Lombardus: Sententiae in IV libris distinctae. Tomus II. Liber III et IV. In: Specilegium Bonaventurianum. Bd. 5. 3. Auflage, Grottaferrata 1981.

Pierre de Tarentaise (Innozenz V.): In IV Librum Sententiarum Commentaria. Tomus IV. Toulouse 1651.

Probst, Ferdinand: Katholische Moraltheologie. Bd 1. Tübingen 1848.

Protokolle der Kommission für die zweite Lesung des Entwurfs des Bürgerlichen Gesetzbuchs. Bd. 1. Allgemeiner Theil und Recht der Schuldverhältnisse Abschnitt I und Abschnitt II Titel I. Berlin 1897.

Pufendorf, Samuel: De jure naturae et gentium libri octo. Tomus Primus. Frankfurt u. a. 1759 (Nachdruck Frankfurt a. M. 1967).

Quinque compilationes antiquae, nec non Collectio canonum Lipsiensis. Ad librorum manu scriptorum fidem recognovit et adnotatione critica instruxit Aemilius Friedberg. Leipzig 1882 (Nachdruck Graz 1956).

Raimund von Penyafort: Summa de poenitentia et matrimonio. Avignon 1715.

Reiffenstuel, Johann Georg (Anaklet): Theologia moralis brevi simulque clara methodo comprehensa. München 1692.

Reiffenstuel, Johann Georg (Anaklet): Jus Canonicum Universum clara methodo juxta titulos quinque librorum decretalium. Tomus V. Venedig 1735.

Reiffenstuel, Johann Georg (Anaklet): Jus Canonicum Universum clara methodo juxta titulos quinque librorum decretalium. Tomus VI. Venedig 1735.

Reiter, Johannes: Wiedergutmachung. In: Konrad Baumgartner u. a. (Hrsg.): Lexikon für Theologie und Kirche, Bd. 10. 3. Auflage, Freiburg i. Br. 2001, Sp. 1150–1151.

Richard von Mediavilla: Super quatuor libros sententiarum Petri Lombardi … Tomus quartus. Brixen 1591 (Nachdruck Frankfurt a.M. 1963).

Robert of Flamborough: Liber poenitentialis. A Critical Edition with Introduction and Notes, hrsg. v. J. J. Francis Firth. Toronto 1971.

Salón, Miguel Bartolomé: Controversiae de iustitia et iure atque de contractibus et commercis humanis. Tomus I. Venedig 1608.

Schilling, Otto: Restitutionspflicht. In: Michael Buchberger (Hrsg.): Lexikon für Theologie und Kirche, Bd 8. 1. Auflage, Freiburg i. Br. 1936, Sp. 840–844.

Schmalzgruber, Franz Xaver: Crimen fori ecclesiastici sev Decretalium Gregorii IX. Pont. Max. Liber V. Tomus I. Dillingen 1727.

Schmalzgruber, Franz Xaver: Crimen fori ecclesiastici sev Decretalium Gregorii IX. Pont. Max. Liber V. Tomus II. Dillingen 1727.

Schmitz, Hermann Josef: Die Bussbücher und das kanonische Bussverfahren. Nach handschriftlichen Quellen dargestellt. Bd. 2. Düsseldorf 1898 (Nachdruck Graz 1958).

Schneider, Robert: Das Corpus juris civilis in's Deutsche übersetzt. Bd. 4,2, hrsg. v. Carl Eduard Otto, Bruno Schilling, Carl Friedrich Ferdinand Sintenis. Leipzig 1832.

Soto, Domingo de: Relectio de ratione tegendi et detegendi secretum. In: Domingo de Soto: Relecciones y Opúsculos, Bd. II-1. El abuso de los juramentos, La occultación y revelación de secretos, hrsg. v. Antonio Osuna Fernández-Largo. Salamanca 2000, S. 176–553.

Soto, Domingo de: De iustitia et iure libri decem. Salamanca 1556 (Nachdruck Madrid 1967/1968).

Soto, Domingo de: In quartum Sententiarum commentarii. Tomus Primus. Venedig 1569.

Sporer, Patrizius: Theologia moralis super decalogum. Tomus secundus. Venedig 1726.

Ständiger Rat der Deutschen Bischofskonferenz: Ordnung für das Verfahren zur Anerkennung des Leids vom 24.11.2020, in der Fassung mit Änderungen vom 26.04.2021 und vom 23.01.2023.

Struve, Georg Adam: Jurisprudentia romano-germanica foris. Frankfurt u. a. 1720.

Stryk, Samuel: Specimem Usus Moderni Pandectarum. Halle 1717.

Stryk, Samuel: Eines Christlichen JCti Bedencken von Injurien-Processen. In: Samuel Stryk: Supplementum Dissertationum et Operum sive Tractatuum Jurid. ante hac editorum et ineditorum Volumen XIII et XIV, XIV. Frankfurt u. a. 1752, S. 183–196.

Suárez, Francisco: De iustitia Dei, *zit. nach:* Opusculum VI: De Justitia Qua Deus Reddit Praemia Meritis, et Poenas pro Peccatis. In: Opera Omnia. Tomus XI. Paris 1858, S. 515–582.

Suárez, Francisco: De Iustitia et Iure, *zit. nach:* Die Gerechtigkeitslehre des jungen Suárez. Edition und Untersuchung seiner Römischen Vorlesung de iustitia et iure, hrsg. v. Joachim Giers. Freiburg i. Br. 1958.

Suárez, Francisco: De legibus ac Deo legislatore. Über die Gesetze und Gott den Gesetzgeber. Liber tertius: De lege positiva humana. Drittes Buch: Über das menschliche positive Gesetz. Teil 2, hrsg. v. Oliver Bach, Norbert Brieskorn und Gideon Stiening, Stuttgart-Bad Cannstatt 2014.

Summenhart, Konrad: Septipertitum opus de contractibus pro foro conscientiae atque theologico. Hagenau 1500.

Thomas von Aquin: Summa theologica
- *I, q. 50–119, zit. nach:* Sancti Thomae Aquinatis Doctoris Angelici Opera Omnia Iussu Impensaque Leonis XIII P.M. edita. Tomus V. Rom 1889.
- *I-II, q. 1–70, zit. nach:* Sancti Thomae Aquinatis Doctoris Angelici Opera Omnia Iussu Impensaque Leonis XIII P.M. edita. Tomus VI. Rom 1891.
- *I-II, q. 71–114, zit. nach:* Sancti Thomae Aquinatis Doctoris Angelici Opera Omnia Iussu Impensaque Leonis XIII P.M. edita. Tomus VII. Rom 1892.
- *II-II, q. 1–56, zit. nach:* Sancti Thomae Aquinatis Doctoris Angelici Opera Omnia Iussu Impensaque Leonis XIII P.M. edita. Tomus VIII. Rom 1895.
- *II-II, q. 57–122, zit. nach:* Sancti Thomae Aquinatis Doctoris Angelici Opera Omnia Iussu Impensaque Leonis XIII P.M. edita. Tomus IX. Rom 1897.
- *II-II, q. 123–189, zit. nach:* Sancti Thomae Aquinatis Doctoris Angelici Opera Omnia Iussu Impensaque Leonis XIII P.M. edita. Tomus X. Rom 1899.
- *III, q. 1–59, zit. nach:* Sancti Thomae Aquinatis Doctoris Angelici Opera Omnia Iussu Impensaque Leonis XIII P.M. edita. Tomus XI. Rom 1893.
- *III, q. 60–90, Suppl., zit. nach:* Sancti Thomae Aquinatis Doctoris Angelici Opera Omnia Iussu Impensaque Leonis XIII P.M. edita. Tomus XII. Rom 1906.

Thomas von Aquin: Super Sententiis
- *lib. 4 dist. 1–22, zit. nach:* Scriptum Super Sententiis Magistri Petri Lombardi. Tome IV, hrsg. v. Maria Fabianus Moos. Paris 1947.
- *lib. 4 dist. 23–50, zit. nach:* Commentum In Quatuor Libros Sententiarum Magistri Petri Lombardi. Volumen II. In: Sancti Thomae Aquinatis Doctoris Angelici Ordinis Praedicatorum Opera Omnia. Tomus VII. Parma 1858.

Thomas von Aquin: Sententia Ethic.
- *lib. 1–3, zit. nach:* Sententia Libri Ethicorum. Volumen I. Praefatio – Libri I–III. In: Sancti Thomae Aquinatis Doctoris Angelici Opera Omnia Iussu Impensaque Leonis XIII P.M. edita. Tomus XLVII. Rom 1969.

- *lib. 4–10, zit. nach:* Sententia Libri Ethicorum. Volumen II. Libri IV–X – Indices. In: Sancti Thomae Aquinatis Doctoris Angelici Opera Omnia Iussu Impensaque Leonis XIII P.M. edita. Tomus XLVII. Rom 1969.

THOMAS VON AQUIN: Sententia Ethic. Lateinisch-Deutsch, *zitiert nach:* Sententia libri Ethicorum V–VII. Kommentar zur Nikomachischen Ethik V–VII. Lateinisch-Deutsch. Übersetzt, eingeleitet und mit Anmerkungen versehen von Matthias Perkams. Freiburg i. Br. 2023.

THOMAS VON AQUIN: In XII Libros Metaphysicorum, *zit. nach:* In Duodecim Libros Metaphysicorum Aristotelis Expositio. Editio iam a M.-R. Cathala, O.P. exarata retractatur cura et studio P. Fr. Raymundi M. Spiazzi, O.P. Turin 1964.

THOMAS VON AQUIN: Quodlibet, *zit. nach:* Quaestiones De Quodlibet. Volumen I. Préface. Quodlibet VII, VIII, IX, X, XI. In: Sancti Thomae Aquinatis Doctoris Angelici Opera Omnia Iussu Impensaque Leonis XIII P.M. edita. Tomus XXV. Rom 1996.

THOMAS VON AQUIN: Super Iob, *zit. nach:* Expositio Super Iob Ad Litteram. In: Sancti Thomae Aquinatis Doctoris Angelici Opera Omnia Iussu Impensaque Leonis XIII P.M. edita. Tomus XXVI. Rom 1965.

THOMASIUS, Christian: Institutiones jurisprudentiae divinae libri tres. Halle 1730 (Nachdruck Aalen 1963).

THOMASIUS, Christian: Larva legis Aquiliae detracta actioni de damno dato. Halle 1730.

ULRICH VON STRASSBURG: De summo bono

- *Liber 6, Tractatus 1–3,6, zit. nach:* Corpus Philosophorum Teutonicorum Medii Aevi. Bd. I,6 (1), hrsg. v. Sabina Tuzzo. Hamburg 2011.
- *Liber 6, Tractatus 4, 1–15, zit. nach:* Corpus Philosophorum Teutonicorum Medii Aevi. Bd. I,6 (3), hrsg. v. Coralba Colomba, Irene Zavaretto. Hamburg 2017.

VAN RHIJN, Carine (Hrsg.): Paenitentiale Pseudo-Theodori. Turnhout 2009 (CCSL 156B).

VÁZQUEZ (BELLOMONTANUS), Gabriel: Tractatus de restitutione. In: Opuscula moralia. Antwerpen 1621.

VÁZQUEZ (BELLOMONTANUS), Gabriel: Tractatus de testamentis. In: Opuscula moralia. Antwerpen 1621.

VITORIA, Francisco de: Commentaria in secundam secundae

- *Codex Ottobonianus MXV, q. 62 a. 1–2, zit. nach:* De iustitia, Über die Gerechtigkeit, Teil 2, hrsg. v. Joachim Stüben. Stuttgart-Bad Cannstatt 2017, S. 170–257.
- *Codex Salmantinus XLIII, q. 57–61, zit. nach:* De iustitia, Über die Gerechtigkeit. Teil 1, hrsg. v. Joachim Stüben. Stuttgart-Bad Cannstatt 2013, S. 1–147.
- *Codex Salmantinus XLIII, q. 62 a. 1–2, zit. nach:* De iustitia, Über die Gerechtigkeit, Teil 2, hrsg. v. Joachim Stüben. Stuttgart-Bad Cannstatt 2017, S. 2–169.
- *Codex Salmantinus XLIII, q. 62 a. 3–8, zit. nach:* De iustitia, Über die Gerechtigkeit, Teil 3, hrsg. v. Joachim Stüben. Stuttgart-Bad Cannstatt 2020, S. 1–207.
- *Codex Salmantinus XLIII, q. 67–88, zit. nach:* Comentarios a la Secunda secundae de Santo Tomás. Tomo IV. De Justitia (qq. 67–88), hrsg. v. Vicente Beltrán de Heredia. Salamanca 1934.

VITORIA, Francisco de: De homicidio – Über die Menschentötung. In: Francisco de Vitoria: Vorlesungen. Bd. 1. Völkerrecht, Politik, Kirche, hrsg. v. Ulrich Horst, Heinz-Gerhard Justenhoven, Joachim Stüben. Stuttgart u. a. 1995, S. 436–501.

Vitoria, Francisco de: De Indis. In: Francisco de Vitoria: Vorlesungen. Bd. 2. Völkerrecht, Politik, Kirche, hrsg. v. Ulrich Horst, Heinz-Gerhard Justenhoven, Joachim Stüben. Stuttgart u. a. 1997, S. 370–541.

Voet, Johannes: Commentarius ad Pandectas. Tomus I. Den Haag 1716.

von Wächter, Carl Georg: Die Buße bei Beleidigungen und Körperverletzungen nach dem heutigen gemeinen Recht. Leipzig 1874.

Wasserschleben, Friedrich Wilhelm (Hrsg.): Die Bussordnungen der abendländischen Kirche nebst einer rechtsgeschichtlichen Einleitung. Halle 1851.

Weber, Adolph Dieterich: Ueber Injurien und Schmähschriften. Zweite Abtheilung. Leipzig 1811.

Wesenbeck, Matthias: Paratitla in Pandectarum Iuris civilis Libros quinquaginta. Basel 1563.

Windscheid, Bernhard: Lehrbuch des Pandektenrechts. Bd. 2. 3. Auflage, Düsseldorf 1870.

Windscheid, Bernhard: Lehrbuch des Pandektenrechts. Bd. 2. 4. Auflage, Düsseldorf 1875.

Wohlmuth, Josef (Hrsg.): Conciliorum Oecumenicorum Decreta. Dekrete der Ökumenischen Konzilien. Bd. 3. Konzilien der Neuzeit. Konzil von Trient (1545–1563). Erstes Vatikanisches Konzil (1869/70). Zweites Vatikanisches Konzil (1962–1965). Indices. Paderborn u. a. 2002.

Wolff, Christian: Jus naturae methodo scientifica pertractatum. Pars I–III. Frankfurt u. a. 1740–1743.

Literaturverzeichnis

Ankum, Hans: Actions by which we claim a thing (res) and a penalty (poena) in classical roman law. In: BIDR 24 (1982), S. 15–39.

d'Arienzo, Maria: L'obbligo di riparazione del danno in diritto canonico. Percorsi de ricerca. Cosenza 2013.

Aubert, Jean-Marie: Le droit romain dans l'œuvre de Saint Thomas. Paris 1955.

von Bar, Christian: Gemeineuropäisches Deliktsrecht. Bd. 2. München 1999.

Bautz, Friedrich Wilhelm: Bañez, Domingo. In: Friedrich Wilhelm Bautz (Hrsg.): Biographisch-Bibliographisches Kirchenlexikon. Bd. 1. Hamm 1990, Sp. 362.

Bautz, Friedrich Wilhelm: Durandus de Sancto Porciano. In: Friedrich Wilhelm Bautz (Hrsg.): Biographisch-Bibliographisches Kirchenlexikon. Bd. 1. Hamm 1990, Sp. 1431.

Berger, David: Juan de Lugo. In: Friedrich Wilhelm Bautz (Hrsg.): Biographisch-Bibliographisches Kirchenlexion. Bd. 28. Nordhausen 2007, Sp. 1041–1046.

Betti, Emilio: Istituzioni di diritto romano. Bd. 1. 2. Auflage, Padua 1942.

Betti, Emilio: La struttura dell'obbligazione romana e il problema della sua genesi. 2. Auflage, Mailand 1955.

Bien, Günther: Gerechtigkeit bei Aristoteles. In: Otfried Höffe (Hrsg.): Aristoteles: Nikomachische Ethik. Berlin u. a. 2019, S. 105–128.

Blaschke, Bernd: Der homo oeconomicus und sein Kredit bei Musil, Joyce, Svevo, Unamuno und Céline. München 2004.

Böckenförde, Ernst-Wolfgang: Geschichte der Rechts- und Staatsphilosophie. Antike und Mittelalter. 2. Auflage, Tübingen 2006.

de Boer, Jan-Hendryk: Kommentar. In: Jan-Hendryk de Boer u. a. (Hrsg.): Universitäre Gelehrtenkultur vom 13.–16. Jahrhundert. Ein interdisziplinäres Quellen- und Methodenhandbuch. Stuttgart 2018, S. 265–318.

Bouhot, Jean-Paul: Les pénitentiels attribué à Bède le Vénérable et à Egbert d'York. In: RHT 16 (1988), S. 141–169.

Boyle, Leonard E.: The Summa Confessorum of John of Freiburg and the Popularization of the Moral Teaching of St. Thomas and of some if his Contemporaries. In: A. Maurer (Hrsg.): St. Thomas Aquinas, 1274–1974: Commemorative Studies. Bd. 2. Toronto 1974, S. 245–268.

Bravo Bosch, María José: La injuria verbal colectiva. Madrid 2007.

Brett, Annabel S.: Liberty, right and nature. Individual rights in later scholastic thought. Cambridge 1997.

Brown, Warren: Wergild in the Carolingian Formula Collections. In: Lukas Bothe u. a. (Hrsg.): Wergild, Compensation and Penance. The Monetary Logic of Early Medieval Conflict Resolution. Leiden u. a. 2021, S. 261–276.

Bund, Elmar: Mathias Hagemann, Iniuria. Von den XII Tafeln bis zur Justinianischen Kodifikation (= Forschungen zum römischen Recht 43). Böhlau, Köln - Weimar - Wien 1998. XVIII, 272 S. In: ZRG (RA) 117 (2000), S. 567–578.

Bychkov, Oleg: Introduction. In: Johannes Duns Scotus: The Report of the Paris Lecture. Reportatio IV-A. Latin Text and English Translation. Volume I, Part 1, hrsg. v. Oleg Bychkov, Trent Pomplun. St. Bonaventure 2016, S. VII–XVIII.

Bydlinski, Franz: Die »Umrechnung« immaterieller Schäden in Geld. In: Helmut Koziol u. a. (Hrsg.): Liber Amicorum Pierre Widmer. Wien 2003, S. 27–47.

Calisse, Carlo: Il diritto commune con riguardo speciale agli stata della chiesa: Studi di Storia e Diritto in onore de Enrico Besta per il XL anno del suo insegnamento. Bd. 2. Mailand 1939, S. 416–433.

Chalmers, Margaret Poll: The Remedy of Harm in Accord with Canon 128. In: Studia Canonica 38 (2004), S. 111–154.

Chiappetta, Luigi (Hrsg.): Il Codice di Diritto Canonico. Commento giuridico-pastorale. 3. Auflage, Bologna 2011.

Ciprotti, Pio: De iniuria ac diffamatione in iure poenali canonico. Rom 1937.

Ciprotti, Pio: Il risarcimento del danno nel progetto di riforma del Codice di Diritto Canonico. In: EIC 37 (1981), S. 165–176.

Coing, Helmut: Europäisches Privatrecht. Bd. 1. Älteres Gemeines Recht (1500–1800). München 1985.

Conte a Coronata, Matthaeus: Institutiones Iuris Canonici. Volumen IV. Taurini 1947.

Cursi, Maria Floriana: Iniuria cum damno. Antigiuridicità e colpevolezza nella storia del danno aquiliano. Mailand 2002.

Daube, David: On the use of the term damnum: Studi in onore di Siro Solazzi nel cinquantesimo anniversario del suo insegnamento universitario. Neapel 1948, S. 93–156.

Deckers, Daniel: Gerechtigkeit und Recht. Eine historisch-kritische Untersuchung der Gerechtigkeitslehre des Francisco de Vitoria (1483–1546). Freiburg 1991.

Decock, Wim: Secret compensation: A friendly and lawful alternative to Lipsius's political thought. In: Erik de Bom u. a. (Hrsg.): (Un)masking the realities of power, Justus Lipsius and the dynamics of political writing in early modern Europe. Leiden u. a. 2011, S. 263–280.

Decock, Wim: Theologians and Contract Law. The Moral Transformation of the Ius Commune (ca. 1500–1650). Leiden u. a. 2013.

Decock, Wim: Adrian of Utrecht (1459–1523) at the crossroads of law and morality: conscience, equity, and the legal nature of Early Modern practical theology. In: TR 81 (2013), S. 573–593.

Decock, Wim: Martín de Azplicueta. In: Rafael Domingo u. a. (Hrsg.): Great Christian Jurists in Spanish History. Cambridge u. a. 2019, S. 116–132.

Decock, Wim: Thomas Cajetan (1469–1534). In: Orazio Condorelli u. a. (Hrsg.): Law and the Christian Tradition in Italy. The Legacy of the Great Jurists. London u. a. 2021, S. 230–244.

Del Vecchio, Giorgio: Die Gerechtigkeit. 2. Auflage, Basel 1950.

Descamps, Olivier: L'influence du droit canonique médiéval sur la formation d'un droit de la responsabilité. In: Orazio Condorelli u. a. (Hrsg.): Der Einfluss der Kanonistik auf die europäische Rechtskultur. Bd. 1. Zivil- und Zivilprozessrecht. Köln u. a. 2009, S. 137–167.

DESCHEEMAEKER, Eric: Solatium and Injury to Feelings: Roman Law, English Law and Modern Tort Scholarship. In: Eric Descheemaeker u. a. (Hrsg.): Iniuria and the Common Law. Oxford 2013, S. 67–95.

DESCHEEMAEKER, Eric: Against Normative Damages. In: Current Legal Problems 76 (2023), S. 35–74.

DONDORP, Harry: Crime and Punishment. Negligentia for the canonist and moral theologians. In: Eltjo J. H. Schrage (Hrsg.): Negligence. The Comparative Legal History of the Law of Torts. Berlin 2001, S. 101–128.

DREYER, Mechthild: Die Kommentare zu den Sentenzen des Petrus Lombardus. Eine Literaturgattung im Spannungsfeld theologischer Kontroverse und Systematik. In: David Kästle u. a. (Hrsg.): Kommentare in Recht und Religion. Tübingen 2014, S. 125–140.

EBERT, Ina: Pönale Elemente im deutschen Privatrecht. Von der Renaissance der Privatstrafe im deutschen Recht. Tübingen 2004.

ERNST, Josef: Brüderliche Zurechtweisung. I. Biblisch. In: Konrad Baumgartner u.a. (Hrsg.): Lexikon für Theologie und Kirche, Bd. 2. 3. Auflage, Freiburg u. a. 1994, Sp. 715–716.

ESDERS, Stefan: Wergild and the Monetary Logic of Early Medieval Conflict Resolution. In: Lukas Bothe u. a. (Hrsg.): Wergild, Compensation and Penance. The Monetary Logic of Early Medieval Conflict Resolution. Leiden u. a. 2021, S. 1–37.

FARGE, James K.: John Mair: An Historical Introduction. In: John T. Slotemaker u. a. (Hrsg.): A Companion to the Theology of John Mair. Leiden 2015, S. 13–22.

FAULKNER, Thomas: Law and Authority in the Early Middle Ages. Cambridge 2016.

FEENSTRA, Robert: Théories sur la responsabilité civile en cas d'homicide et en cas de lésion corporelle avant Grotius: Études d'histoire du droit privé offertes à Pierre Petot. Paris 1959, S. 157–171.

FEENSTRA, Robert: Die Glossatoren und die actio legis Aquiliae utilis bei Tötung eines freien Menschen. In: Eltjo J. H. Schrage (Hrsg.): Das Römische Recht im Mittelalter. Darmstadt 1987, S. 205–232.

FEENSTRA, Robert: Das Deliktsrecht bei Grotius, insbesondere der Schadensersatz bei Tötung und Körperverletzung. In: Robert Feenstra u. a. (Hrsg.): Das römisch-holländische Recht. Fortschritte des Zivilrechts im 17. und 18. Jahrhundert. Berlin 1992, S. 429–454.

FEENSTRA, Robert: Réparation du dommage et prix de la douleur chez les auteurs du droit savant, du droit naturel et du droit romano-hollandais. In: Bernard Durand u. a. (Hrsg.): La douleur et le droit. Paris 1997, S. 411–421.

FINKENAUER, Thomas: Pönale Elemente der lex Aquilia. In: Richard Gamauf (Hrsg.): Ausgleich oder Buße als Grundproblem des Schadenersatzrechts von der lex Aquilia bis zur Gegenwart. Symposium zum 80. Geburtstag von Herbert Hausmaninger. Wien 2017, S. 35–71.

FINSTERWALDER, Paul Willem: Die Canones Theodori Cantuariensis und ihre Überlieferungsformen. Weimar 1929.

FIRTH, J. J. Francis: Prolegomena. In: Robert of Flamborough: Liber poenitentialis. A Cri-

tical Edition with Introduction and Notes, hrsg. v. J. J. Francis Firth. Toronto 1971, S. 1–53.
Franco, Giuseppe: Die Wirtschaftsethik von Petrus Iohannis Olivi. In: Petrus Johannis Olivi: Traktat über Verträge. Lateinisch-deutsch, hrsg. v. Giuseppe Franco. Hamburg 2021, S. IX–CX.
Frantzen, Allen J.: The Penitentials Attributed to Bede. In: Speculum 58 (1983), S. 573–597.
Fries, Bruno: Forum in der Rechtssprache. München 1963.
Fritz, Kurt von: Zur Interpretation des fünften Buches von Aristoteles' Nikomachischer Ethik. In: AGP 62 (1980), S. 241–275.
Fuchs, Marko J.: Gerechtigkeit als allgemeine Tugend. Die Rezeption der aristotelischen Gerechtigkeitstheorie im Mittelalter und das Problem des ethischen Universalismus. Berlin u. a. 2017.
Gielis, Marcel/Gielis, Gert: Adrian of Utrecht (1459–1523) as Professor at the University of Louvain and as a Leading Figure in the Church of the Netherlands. In: Fragmenta 4 (2010), S. 1–21.
Giers, Joachim: Die Gerechtigkeitslehre des jungen Suárez. Edition und Untersuchung seiner Römischen Vorlesung de iustitia et iure. Freiburg i. Br. 1958.
Goering, Joseph: The Internal Forum and the Literature of Penance and Confession. In: Traditio 59 (2004), S. 175–227.
Gordley, James: Reconceptualizing the Protection of Dignity in Early Modern Europe: Greek Philosophy Meets Roman Law. In: Mario Ascheri u. a. (Hrsg.): »Ins Wasser geworfen und Ozeane durchquert«. Festschrift für Knut Wolfgang Nörr. Köln u. a. 2003, S. 281–305.
Gordley, James: Foundations of private law. Property, tort, contract, unjust enrichment. Oxford 2006.
Gordley, James: The Jurists. A Critical History. Oxford 2013.
Göthel, Stephan R.: Zu den Funktionen des Schmerzensgeldes im 19. Jahrhundert. In: AcP 205 (2005), S. 36–66.
Grice-Hutchinson, Marjorie: The School of Salamanca. Readings in Spanish Monetary Theory 1544–1605. Oxford 1952.
Gröschler, Peter: Actiones in factum. Eine Untersuchung zur Klage-Neuschöpfung im nichtvertraglichen Bereich. Berlin 2002.
Grossi, Paolo: La proprietà nel sistema privatistico della Seconda Scolastica. In: ders. (Hrsg.): La seconda scolastica nella formazione del diritto privato moderno. Incontro di studio. Firenze 16–19 ottobre 1972. Mailand 1973, S. 117–222.
Gründel, Johannes: Brüderliche Zurechtweisung. II. Theologisch-ethisch. In: Konrad Baumgartner u.a. (Hrsg.): Lexikon für Theologie und Kirche, Bd. 2. 3. Auflage, Freiburg u. a. 1994, Sp. 716–717.
Grzimek, Philipp: Studien zur Taxatio. München 2001.
Hafner, Felix/Loretan, Adrian/Spenlé, Christoph: Naturrecht und Menschenrecht. Der Beitrag der Spanischen Spätscholastik zur Entwicklung der Menschenrechte. In:

Frank Grunert u. a. (Hrsg.): Die Ordnung der Praxis. Neue Studien zur Spanischen Spätscholastik. Berlin u. a. 2001, S. 123–153.

Hagemann, Matthias: Iniuria. Von den XII-Tafeln bis zur Justinianischen Kodifikation. Köln u. a. 1998.

Hallebeek, Jan: The Concept of Unjust Enrichment in Late Scholasticism. Nimwegen 1996.

Hallebeek, Jan/Zwart-Hink, Andrea: Claiming apologies: a revival of amende honorable? In: CLH 5 (2017), S. 197–242.

Harke, Jan Dirk: Vorenthaltung und Verpflichtung. Philosophische Ansichten der Austauschgerechtigkeit und ihr rechtshistorischer Hintergrund. Berlin 2005.

Hause, Jeffrey: Aquinas on Aristotelian justice: defender, destroyer, subverter or surveyor? In: Tobias Hoffmann u. a. (Hrsg.): Aquinas and the Nicomachean Ethics. Cambridge 2013, S. 146–164.

Helbig, Jan-Luca: Postmortale Genugtuung? Die Haftung der Erben für Entschädigungsansprüche mit Genugtuungsfunktion. In: JZ 78 (2023), S. 791–799.

Hellgardt, Alexander: Die Schadensersatzhaftung für Datenschutzverstöße im System des unionalen Haftungsrechts. In: ZEuP 30 (2022), S. 7–43.

Helmer, Étienne: De quoi la monnaie est-elle la mesure? Aristote, Diogène et Platon ou la convention monétaire dans l'horizon du politique. In: CEP 72 (2017), S. 7–26.

Helmholz, Richard H.: Kanonisches Recht und europäische Rechtskultur. Deutsch von Jörg Müller. Tübingen 2013.

Helmholz, Richard H.: Diego de Covarrubias y Leyva. In: Rafael Domingo u. a. (Hrsg.): Great Christian jurists in Spanish history. Cambridge u. a. 2019, S. 174–190.

Hendriks, Jan: Canone 128: Riparazione del danno. Obblighi e responsabilità del vescovo diocesano. In: Ius Ecclesiae 15 (2003), S. 427–457.

Hermann, Hans-Georg: Der kanonistische Beitrag zur Begrenzung von Vertragsstrafen. In: Orazio Condorelli u. a. (Hrsg.): Der Einfluss der Kanonistik auf die europäische Rechtskultur. Bd. 1. Zivil- und Zivilprozessrecht. Köln u. a. 2009, S. 193–213.

Herrmann, Manfred: Der Schutz der Persönlichkeit in der Rechtslehre des 16.-18. Jahrhunderts. Dargestellt an Hand der Quellen des Humanismus, des aufgeklärten Naturrechts und des Usus modernus. Stuttgart 1968.

Hill, Benjamin: Domingo de Soto. In: Rafael Domingo u. a. (Hrsg.): Great Christian Jurists in Spanish History. Cambridge u. a. 2019, S. 134–155.

Hirata, Alessandro: § 95. Klage wegen Persönlichkeisverletzung (actio iniuriarum). In: Ulrike Babusiaux u. a. (Hrsg.): Handbuch des Römischen Privatrechts, Bd. 2. Tübingen 2023.

Hofstetter, Rolf: Zur Geschichte des Schmerzensgeldes. Dissertation Heidelberg 1961.

Hohenlohe, Constantin: Gründe der Schadenersatzpflicht in Recht und Moral. Regensburg u. a. 1914.

Horst, Ulrich: Leben und Werke Francisco de Vitorias. In: Francisco de Vitoria: Vorlesungen. Bd. 1. Völkerrecht, Politik, Kirche, hrsg. v. Ulrich Horst, Heinz-Gerhard Justenhoven, Joachim Stüben. Stuttgart u. a. 1995, S. 13–99.

HUBER, Wolfgang: Gerechtigkeit und Recht. Grundlinien christlicher Rechtsethik. 3. Auflage, Gütersloh 2006.

HÜNERMANN, Franz Josef: Die wirtschaftsethischen Predigten des hl. Bernhardin von Siena. Kempen 1939.

JANSEN, Nils: Die Struktur des Haftungsrechts. Geschichte, Theorie und Dogmatik außervertraglicher Ansprüche auf Schadensersatz. Tübingen 2003.

JANSEN, Nils: Konturen eines europäischen Schadensrechts. In: JZ 60 (2005), S. 160–173.

JANSEN, Nils: §§ 249–253, 255. Schadensrecht. In: Mathias Schmoeckel u. a. (Hrsg.): Historisch-kritischer Kommentar zum BGB. Bd. 2. Schuldrecht: Allgemeiner Teil. 1. Teilband. §§ 241–304. Tübingen 2007.

JANSEN, Nils: Staatliche Gesellschaftspolitik und juristische Argumentation im römischen Privatrecht. In: Holger Altmeppen u. a. (Hrsg.): Festschrift für Rolf Knütel zum 70. Geburtstag. Heidelberg 2009, S. 493–512.

JANSEN, Nils: Theologie, Philosophie und Jurisprudenz in der spätscholastischen Lehre von der Restitution. Außervertragliche Ausgleichsansprüche im frühneuzeitlichen Naturrechtsdiskurs. Tübingen 2013.

JANSEN, Nils: Verwicklungen und Entflechtungen. Zur Verbindung und Differenzierung von Recht und Religion, Gesetz und rechtlicher Vernunft im frühneuzeitlichen Naturrechtsdiskurs. In: ZRG (GA) 132 (2015), S. 29–81.

JANSEN, Nils: Recht und gesellschaftliche Differenzierung. Fünf Studien zur Genese des Rechts und seiner Wissenschaft. Tübingen 2019.

JANSEN, Nils: Einleitung: Lessius' Lehren von der Klugheit (prudentia), von der Gerechtigkeit (iustitia) sowie vom Recht (ius) im Allgemeinen und vom dominium. In: Leonardus Lessius: De iustitia et iure caeterisque virtutibus cardinalibus. Über die Gerechtigkeit und das Recht und die übrigen Kardinaltugenden. Teil I, hrsg. v. Nils Jansen. Stuttgart-Bad Canstatt 2020, S. XXI–LI.

JENKINS, Ronny E.: Defamation of Character in Canonical Doctrine and Jurisprudence. In: Studia Canonica 36 (2002), S. 419–462.

VON JHERING, Rudolf: Ein Rechtsgutachten betreffend die Säubahn. In: Jahrb. 18 (1880), S. 1–128.

VON JHERING, Rudolf: Rechtsschutz gegen injuriöse Rechtsverletzungen. In: Jahrb. 23 (1885), S. 155–338.

KALB, Herbert: Bemerkungen zum Verhältnis von Theologie und Kanonistik am Beispiel Rufins und Stephans von Tournai. In: ZRG (KA) 72 (1986), S. 338–348.

KALIMI, Isaac: Der Kampf um die Bibel. Jüdische Interpretation, Sektarianismus und Polemik vom Tempel zum Talmud und darüber hinaus. Göttingen 2020.

KANSCHIK, Laura: Die Pflicht zur Restitution bei Johannes Duns Scotus. Baden-Baden 2022.

KASER, Max: Lavaggi G., »Iniuria« e »obligatio ex delicto«, in SDHI. 13–14 (1947–48) 141-198. In: IURA 1 (1950), S. 520–524.

KASER, Max: Das Römische Privatrecht. Erster Abschnitt. Das altrömische, das vorklassische und klassische Recht. 2. Auflage, München 1971.

KAUFMANN, Horst: Rezeption und usus modernus der actio legis Aquiliae. Köln u. a. 1958.

Kazen, Thomas/Roitto, Rikard: Revenge, Compensation and Forgiveness in the Ancient World. A Comparative Study of Interpersonal Infringement and Moral Repair. Tübingen 2024.

Kéry, Lotte: Gottesfurcht und irdische Strafe. Der Beitrag des mittelalterlichen Kirchenrechts zur Entstehung des öffentlichen Strafrechts. Köln u. a. 2006.

Kéry, Lotte: Burchard von Worms (1000–1025) und die Entwicklung des kirchlichen Strafrechts. In: Chrisoph Ohly u. a. (Hrsg.): Theologia Iuris Canonici. Festschrift für Ludger Müller zur Vollendung des 65. Lebensjahres. Berlin 2017, S. 571–598.

Kiefer, Thomas: Die Aquilische Haftung im »Allgemeinen Landrecht für die Preußischen Staaten« von 1794. Pfaffenweiler 1989.

Kindler, Martin: Affectionis aestimatio. Vom Ursprung des Affektionsinteresses im römischen Recht und seiner Rezeption. Berlin 2012.

Klösges, Johannes: Opferbestimmung im kanonischen Prozess? Prozessuale Standortbestimmung zur Möglichkeit der Klage auf Schadensersatz nach Verletzung durch eine Straftat. In: KuR 28 (2022), S. 59–73.

Knebel, Sven: Casuistry and the Early Modern Paradigm Shift in the Notion of Charity. In: Jill Kraye u. a. (Hrsg.): Moral Philosophy on the Threshold of Modernity. Dordrecht 2005, S. 115–139.

Knebel, Sven: »Puella est domina sui corporis« – Sexuelle Selbstbestimmung in der Theologie um 1600. In: FZPhTh 61 (2014), S. 141–179.

Knetsch, Jonas: The Compensation of Non-Pecuniary Loss in GDPR Infringement Cases. In: JETL 12 (2022), S. 132–153.

Knorn, Bernhard: Theologie in Umbrüchen. Jesuitenscholastik des 16. Jahrhunderts im Dienst der Reform. Münster 2023.

Koch, Bernhard A./Koziol, Helmut: Compensation for Personal Injury in a Comparative Perspective. Wien 2003.

Kohler, Josef: Darstellung des talmudischen Rechts. In: ZVglRWiss 20 (1907), S. 161–264.

Köndgen, Johannes: Ökonomische Aspekte des Schadensproblems. Bemerkungen zur Kommerzialisierungsmethode des Bundesgerichtshofs. In: AcP 177 (1977), S. 1–34.

König, Rudolf: Das allgemeine Schadensersatzrecht im Mittelalter im Anschluß an die lex Aquilia. Dissertation Frankfurt a.M. 1954.

Körntgen, Ludger: Fortschreibung frühmittelalterlicher Bußpraxis. Burchards »Liber corrector« und seine Quellen. In: Wilfried Hartmann (Hrsg.): Bischof Burchard von Worms 1000–1025. Mainz 2000, S. 199–226.

Kowalski, Klaus: Das Vertragsverständnis des Hugo Grotius. Zwischen Gerechtigkeit, Treue und Rechtsübertragung. Wien u. a. 2022.

Krukowski, Jozef: Responsibility for Damage Resulting from Illegal Administrative Acts in the Code of Canon Law of 1983. In: Le nouveau code de droit canonique. Ottawa 1986, S. 231–242.

Kunkel, Wolfgang: Untersuchungen zur Entwicklung des römischen Kriminalverfahrens in vorsullanischer Zeit. München 1962.

KYNAST, Birgit: Tradition und Innovation im kirchlichen Recht. Das Bußbuch im Dekret des Bischofs Burchard von Worms. Ostfildern 2020.

LANDAU, Peter: Alttestamentarisches Recht in der »Compilatio Prima« und sein Einfluss auf das kanonische Recht. In: Stephan Kuttner u. a. (Hrsg.): Mélanges G. Fransen II. (Studia Gratiana XX.). Rom 1976, S. 111–133.

LANGE, Hermann: Schadensersatz und Privatstrafe in der mittelalterlichen Rechtstheorie. Münster u. a. 1955.

LANGE, Hermann/KRIECHBAUM, Maximiliane: Römisches Recht im Mittelalter. Bd. 2. Die Kommentatoren. München 2007.

LANZA, Lidia/TOSTE, Marco: The Commentary Tradition on the Summa Theologiae. In: Lidia Lanza, Marco Toste (Hrsg.): Summistae. The Commentary Tradition on Thomas Aquinas' Summa Theologiae from the 15th to the 17th Centuries. Löwen 2021, S. 1–94.

LAVAGGI, Guiseppe: »Iniuria« e »obligatio ex delicto«. In: SDHI 13–14 (1947–1948), S. 141–198.

LE TOURNEAU, Dominique: Le canon 220 et les droits fondamentaux à la bonne réputation et à l'intimité. In: Ius Ecclesiae 26 (2014), S. 127–148.

LEGA, Michaele: Commentarius in iudicia ecclesiastica iuxta codicem iuris canonici. Volumen III. Rom 1950.

LEHMANN, Burkhard: Ehebruch und Unzucht im römischen Recht. Eine Untersuchung zur lex Iulia de adulteriis coercendis. Bonn 2022.

LENEL, Otto: Das Edictum Perpetuum. Ein Versuch zu seiner Wiederherstellung. 3. Auflage, Leipzig 1927.

LEUZE, Dieter: Die Entwicklung des Persönlichkeitsrechts im 19. Jahrhundert. Bielefeld 1962.

LEVY, Ernst: Privatstrafe und Schadensersatz im klassischen römischen Recht. Berlin 1915.

LICHTMANN, Sven/MÖHLE, Hannes: Albertus Magnus (ca. 1200–1280). Natural Law as Law of Reason and its Significance for the Political Order. In: Mathias Schmoeckel u. a. (Hrsg.): Great Christian Jurists in German History. Tübingen 2020, S. 26–43.

LIEBS, Detlef: Die Klagenkonkurrenz im römischen Recht. Zur Geschichte der Scheidung von Schadensersatz und Strafe. Göttingen 1972.

LOTTIN, O.: Pierre de Tarentaise a-t-il remanié son Commentaire sur les Sentences? In: RTAM 2 (1930), S. 420–433.

LOTTIN, O.: A propos du Commentaire des Sentences de Pierre de Tarentaise. In: RTAM 13 (1946), S. 86–98.

VON LÜBTOW, Ulrich: Zum Römischen Injurienrecht. In: Labeo 15 (1969), S. 131–167.

VON LÜBTOW, Ulrich: Untersuchungen zur lex Aquilia de damno iniuria dato. Berlin 1971.

LUISI, Maria: Daño. In: Javier Otaduy u. a. (Hrsg.): Diccionario general de derecho canónico. Volumen II. Cizur Menor 2012, S. 880–882.

MACGREGOR, Kirk R.: Luis de Molina. In: Rafael Domingo u. a. (Hrsg.): Great Christian Jurists in Spanish History. Cambridge u. a. 2019, S. 191–208.

MAIHOLD, Harald: Strafe für fremde Schuld? Die Systematisierung des Strafbegriffs in der Spanischen Spätscholastik und Naturrechtslehre. Köln u. a. 2005.

Manthe, Ulrich: Beiträge zur Entwicklung des antiken Gerechtigkeitsbegriffs I: Die Mathematisierung durch Pythagoras und Aristoteles. In: ZRG (RA) 113 (1996), S. 1–31.

Marchi, Antonio: Il risarcimento del danno morale secondo il diritto romano. In: BIDR 16 (1904), S. 207–289.

Martínez Sobrino, Alejandro: Azpilcueta, Martín de. In: Marco Sgarbi (Hrsg.): Encyclopedia of Renaissance Philosophy. Cham 2021, S. 282–287.

von Mayenburg, David: Die Bemessung des Inkommensurablen. Wege zur Bestimmung des Ersatzes immaterieller Schäden am Beispiel des Schmerzensgeldes. Berlin 2012.

Mayer-Maly, Theo: Die Rechtslehre des heiligen Thomas von Aquin und die römische Jurisprudenz. In: Johan Albert Ankum u. a. (Hrsg.): Mélanges Felix Wubbe offerts par ses collègues et ses amis à l'occasion de son soixante-dixième anniversaire. Fribourg 1993, S. 345–353.

Mazza, Michael Joseph: The Canonical Tradition Valuing the Right to Reputation. In: Revista Española de Derecho Canónico 79 (2022), S. 515–555.

Meens, Rob: Penance in Medieval Europe 600–1200. Cambridge 2014.

Meens, Rob: Penance and Satisfaction: Conflict Settlement and Penitential Practices in the Frankish World in the Early Middle Ages. In: Lukas Bothe u. a. (Hrsg.): Wergild, Compensation and Penance. The Monetary Logic of Early Medieval Conflict Resolution. Leiden u. a. 2021, S. 212–239.

Meens, Rob: Confession, Penance, and Extreme Unction. In: Andres Winroth u. a. (Hrsg.): The Cambridge history of medieval canon law. Cambridge 2022, S. 421–436.

Michaud-Quantin, Pierre: Sommes de casuistique et manuels de confession au moyen âge (XII–XVI siècles). Louvain u. a. 1962.

Michelitsch, Anton: Kommentatoren zur Summa Theologiae des hl. Thomas von Aquin. Graz u. a. 1924 (Nachdruck Hildesheim 1981).

Milazzo, Antonino: Iniuria. Alle origini dell'offesa morale come categoria giuridica. Rom 2011.

Mittelstrass, Jürgen: Soto, Domingo de. In: Jürgen Mittelstraß (Hrsg.): Enzyklopädie Philosophie und Wissenschaftstheorie. Bd. 7. 2. Auflage, Stuttgart 2018, S. 430–431.

Montini, Gianpaolo: Il risarcimento del danno provocato dall'atto amministrativo illegittimo e la competenza del supremo tribunale della segnatura apostolica. In: La giustizia amministrativa nella Chiesa. Civitas Vaticana 1991, S. 179–200.

Montini, Gianpaolo: La responsabilità dell'Autorità ecclesiastica secondo la giurisprudenza della Segnatura Apostolica. In: Ius Ecclesiae 33 (2021), S. 537–568.

Moosheimer, Thomas: Die actio injuriarum aestimatoria im 18. und 19. Jahrhundert. Eine Untersuchung zu den Gründen ihrer Abschaffung. Tübingen 1997.

Mörsdorf, Oliver/Momtazi, Alina-Jasmin: Kein Schadensersatz ohne Schaden – Erste Orientirungspunkte des EuGH zum Ersatz immaterieller Schäden bei Datenschutzverstößen. In: JZ 78 (2023), S. 564–567.

Naz, Raoul: Restitutio in integrum. In: Raoul Naz (Hrsg.) : Dictionnaire de droit canonique, Bd. 7. Paris 1965, Sp. 661–668.

Nehlsen-von Stryk, Karin: Schmerzensgeld ohne Genugtuung. In: JZ 42 (1987), S. 119–127.

Nicholas, Barry: An Introduction to Roman Law. Oxford 1962.

Nöcker, Rebekka: Volkssprachiges Proverbium in der Gelehrtenkultur. Ein lateinischer Fabelkommentar des 15. Jahrhunderts mit deutschen Reimpaarepimythien. Untersuchung und Edition. Berlin u. a. 2015.

Nufer, Günther: Über die Restitutionslehre der spanischen Spätscholastiker und ihre Ausstrahlung auf die Folgezeit. Freiburg i. Br. 1969.

Olivier, Nicolaas Johannes Jacobus: Die aksie weens die nalatige veroorsaking van pyn en lyding. Dissertation Leiden 1978.

Ott, Claus/Schäfer, Hans-Bernd: Schmerzensgeld bei Körperverletzungen. Eine ökonomische Analyse. In: JZ 45 (1990), S. 563–573.

Otte, Gerhard: Das Privatrecht bei Francisco de Vitoria. Köln 1964.

Pauw, Pieter: Aspects of the Origin of the Action for Pain, Suffering and Disfigurement. In: Journal of South African Law (1977), S. 244–249.

Pennington, Kenneth: Decretal Collections 1190–1234. In: Wilfried Hartmann u. a. (Hrsg.): The History of Medieval Canon Law in the Classical Period, 1140–1234. From Gratian to the Decretals of Pope Gregory IX. Washington 2008, S. 293–317.

Perkams, Matthias: Gewissensirrtum und Gewissensfreiheit. Überlegungen im Anschluss an Thomas von Aquin und Albertus Magnus. In: Philosophisches Jahrbuch 112 (2005), S. 31–50.

Perkams, Matthias: Einführung. In: Thomas von Aquin: Sententia libri Ethicorum I et X. Kommentar zur Nikomachischen Ethik, Buch I und X. Lateinisch Deutsch, hrsg. v. Matthias Perkams. Freiburg i. Br. 2014, S. 11–56.

Pernice, Alfred: Labeo. Römisches Privatrecht im ersten Jahrhunderte der Kaiserzeit. Bd. 2,1. Halle 1895.

Pichonnaz, Pascal: La compensation. Analyse historique et comparative des modes de compenser non conventionnels. Fribourg 2001.

Platschek, Johannes: § 91. Pönalklagen: Grundlagen. In: Ulrike Babusiaux u. a. (Hrsg.): Handbuch des Römischen Privatrechts, Bd. 2. Tübingen 2023.

Plescia, Joseph: The Development of »Iniuria«. In: Labeo 23 (1977), S. 271–289.

Poland, John D.: Guidelines Produced in Response to the CDF's Circular Letter of 3 May 2011 Complementary to Art. 6 §§ 1–2 of the 2010 Normae de Gravioribus Delictis. A Canonical Analysis in Light of the Work of the CDF. Rom 2021.

Pomeranz, Jonathan A.: The Rabbinic and Roman Laws for Personal Injury. In: AJS Review 39 (2015), S. 303-331.

Pree, Helmuth: can. 128. In: Klaus Lüdicke (Hrsg.): Münsterischer Kommentar zum Codex Iuris Canonici unter besonderer Berücksichtigung der Rechtslage in Deutschland, Österreich und der Schweiz. Stand: 63. Lieferung 2023.

Pree, Helmuth: On Juridic Acts and Liability in Canon Law. Part Two. In: The Jurist 58 (1998), S. 479–514.

Prodi, Paolo: Eine Geschichte der Gerechtigkeit. Vom Recht Gottes zum modernen Rechtsstaat. Aus dem Italienischen von Annette Seemann. München 2003.

Pugliese, Giovanni: Studi sull' »iniuria«. Mailand 1941.

Quézel-Ambrunaz, Christophe/Brun, Philippe/Clerc-Renaud, Laurence: Des spécificités de l'indemnisation du dommage corporel. Recueil des travaux du Groupe de recherche européen sur la responsabilité civile et l'assurance (GRERCA). Brüssel 2017.

RABER, Fritz: Grundlagen klassischer Injurienansprüche. Wien u. a. 1969.

REGOJO BACARDÍ, Gracia: Pautas para una concepción canónica del resarcimiento de daños. In: Fidelium Iura 4 (1994), S. 107–162.

REINER, Hans: Grundlagen, Grundsätze und Einzelnormen des Naturrechts. Freiburg i. Br. u. a. 1964.

REPGEN, Tilman: De restitutione – eine kommentierende Einführung. In: Francisco de Vitoria: De iustitia, Über die Gerechtigkeit, Teil 2, hrsg. v. Joachim Stüben. Stuttgart-Bad Canstatt 2017, S. XVII–LVII.

REPGEN, Tilman: »Oboediendum est iustis praeceptis principum.«. Die Verpflichtung des Gewissens durch das menschliche Gesetz bei Suárez (DL III. 21–23). In: Oliver Bach u. a. (Hrsg.): Die Staatsrechtslehre des Francisco Suárez. Berlin u. a. 2020, S. 187–231.

REPGEN, Tilman: Einleitung: Lessius' Kommentar zu De restitutione. In: Leonardus Lessius: De iustitia et iure caeterisque virtutibus cardinalibus. Über die Gerechtigkeit und das Recht und die übrigen Kardinaltugenden. Teil II, hrsg. v. Nils Jansen. Stuttgart-Bad Canstatt 2022, S. LIX–CI.

REXROTH, Frank: Fröhliche Scholastik. Die Wissenschaftsrevolution des Mittelalters. München 2018.

ROBERTI, Francesco: De delictis et poenis. Bd. 1,1. Rom 1930.

ROBERTIS, Francesco M. de: La funzione della pena nel diritto romano: Studi in onore di Siro Solazzi nel cinquantesimo anniversario del suo insegnamento universitario. Neapel 1948, S. 169–196.

ROGERS, W. V. Horton (Hrsg.): Damages for Non-Pecuniary Loss in a Comparative Perspective. Wien 2001.

ROOVER, Raymond de: San Bernardino of Siena and Sant'Antonio of Florence. The Two Great Economic Thinkers of the Middle Ages. Boston 1967.

RÜFNER, Thomas: Der Pestfloh-Professor. Zur Ginsengwurzel-Entscheidung des Bundesgerichtshofs. In: Stephan Meder (Hrsg.): Geschichte und Zukunft des Urheberrecht III. Göttingen 2022, S. 81–99.

SALAS, Victor M.: Soto, Domingo de. In: Marco Sgarbi (Hrsg.): Encyclopedia of Renaissance Philosophy. Cham 2021, S. 3070–3073.

SALOMON, Max: Der Begriff der Gerechtigkeit bei Aristoteles. Leiden 1937 (Nachdruck New York 1979).

SAMPSON, Joe: The historical foundations of Grotius' analysis of delict. Leiden u. a. 2018.

SCHEIBELREITER, Philipp: Buße und Wiedergutmachung? Antikrechtliche Modelle zum Ersatz erlittener Schädigung bis zur lex Aquilia. In: Richard Gamauf (Hrsg.): Ausgleich oder Buße als Grundproblem des Schadenersatzrechts von der lex Aquilia bis zur Gegenwart. Symposium zum 80. Geburtstag von Herbert Hausmaninger. Wien 2017, S. 1–33.

SCHERMAIER, Martin Josef: § 275. Ausschluss der Leistungspflicht. In: Mathias Schmoeckel u. a. (Hrsg.): Hitorisch-kritischer Kommentar zum BGB. Bd. 2. Schuldrecht: Allgemeiner Teil. 1. Teilband. §§ 241-304. Tübingen 2007, S. 941–1027.

Schermaier, Martin Josef: Dominus actuum suorum. Die willenstheoretische Begründung des Eigentums und das römische Recht. In: ZRG (RA) 134 (2017), S. 49–105.

Schmoeckel, Mathias: Beichtstuhljurisprudenz. In: Albrecht Cordes u. a. (Hrsg.): Handwörterbuch zur deutschen Rechtsgeschichte, Bd. 1. Berlin 2008, Sp. 505–508.

Schubert, Claudia: Die Wiedergutmachung immaterieller Schäden im Privatrecht. Tübingen 2013.

von Schulte, Johann Friedrich: Die Geschichte der Quellen und Literatur des Canonischen Rechts. Bd. 2. Von Papst Gregor IX. bis zum Concil von Trient. Stuttgart 1877 (Nachdruck Graz 1956).

Scott, T. J.: Passive Transmissibility of Delictual Actions in Old Canon Law. In: Acta Juridica 15 (1978), S. 15–28.

Seelmann, Kurt: Die Lehre des Fernando Vazquez de Menchaca vom dominium. Köln u. a. 1979.

Seelmann, Kurt: Theologie und Jurisprudenz an der Schwelle zur Moderne. Die Geburt des neuzeitlichen Naturrechts in der iberischen Spätscholastik. Baden-Baden 1997.

Seelmann, Kurt: Selbstherrschaft, Herrschaft über die Dinge und individuelle Rechte in der Spanischen Spätscholastik. In: Matthias Kaufmann u. a. (Hrsg.): Politische Metaphysik. Die Entstehung moderner Rechtskonzeptionen in der Spanischen Scholastik. Frankfurt a.M. 2007, S. 43–57.

Sharbel Poll, Margaret: The Reparation of Harm: A Canonical Analysis of Canon 128 with Reference to its Common Law Parallels. Ottawa 2002.

Simmermacher, Danaë: Eigentum als ein subjektives Recht bei Luis de Molina. (1535–1600): Dominium und Sklaverei in De Iustitia et Iure. Berlin 2018.

Sirks, Boudewijn: The delictual origin, penal nature and reipersecutory object of the actio damni iniuriae legis Aquiliae. In: TR 77 (2009), S. 303–353.

Spindler, Anselm: Vernunft, Gesetz und Recht bei Francisco de Vitoria. In: Kirstin Bunge u. a. (Hrsg.): Die Normativität des Rechts bei Francisco de Vitoria. The Normativity of Law According to Francisco de Vitoria. Stuttgart 2011, S. 41–70.

Stone, Martin W. F.: Adrian of Utrecht and the University of Louvain: Theology and the Discussion of Moral Problems in the Late Fifteenth Century. In: Traditio 61 (2006), S. 247–287.

Tellkamp, Jörg Alejandro: Vitorias Weg zu den legitimen Titeln der Eroberung Amerikas. In: Kirstin Bunge u. a. (Hrsg.): Die Normativität des Rechts bei Francisco de Vitoria. The Normativity of Law According to Francisco de Vitoria. Stuttgart 2011, S. 147–170.

Tellkamp, Jörg Alejandro: Rights and dominium. In: Matthias Kaufmann u. a. (Hrsg.): A Companion to Luis de Molina. Leiden u. a. 2014, S. 125–153.

Tenge-Wolf, Viola: Bartholomäus von Pisa. In: Konrad Baumgartner u. a. (Hrsg.): Lexikon für Theologie und Kirche. Bd. 2. 3. Auflage, Freiburg 1994, Sp. 44.

Testuzza, Maria Sole: »Ius corporis quasi de corpore disponendi«. Il Tractatus de potestate in se ipsum di Baltasar Gómez de Amescúa. Mailand 2016.

Thériault, Michel: can. 128. In: Ángel Marzoa u. a. (Hrsg.): Exegetical Commentary on the Code of Canon Law. Volume I. Montreal u. a. 2004.

Thönissen, Stefan Frederic: Recht und Gerechtigkeit. Philosophisch-theologische Grundlagen der westlichen Rechtstradition. Paderborn 2022.

Todt, Klaus-Peter: Theodor von Canterbury. In: Friedrich-Wilhelm Bautz u. a. (Hrsg.): Biographisch-bibliographisches Kirchenlexikon. Bd. 11. Herzberg 1996, Sp. 869–874.

Toste, Marco: Between Self-Preservation and Self-Sacrifice. In: Lidia Lanza u. a. (Hrsg.): Summistae. The Commentary Tradition on Thomas Aquinas' Summa Theologiae from the 15th to the 17th Centuries. Louvain 2021, S. 361–392.

Trusen, Winfried: Forum internum und gelehrtes Recht im Spätmittelalter. In: ZRG (KA) 57 (1971), S. 83–126.

Unterreitmeier, Johannes: Der öffentlich-rechtliche Schmerzensgeldanspruch als Ausprägung eines allgemeinen verfassungsrechtlichen Wiedergutmachungsanspruchs. Eine Renaissance der scholastischen Restitutionslehre. München 2007.

Unterreitmeier, Johannes: Die Restitution von Schmach und Schmerzen: Über die gemeinsamen historischen Wurzeln von Schmerzensgeld und Geldentschädigung. In: JZ 68 (2013), S. 425–433.

Vacca, Letizia: »Actiones poenales« e »actiones quibus rem persequimur«. In: IURA 40 (1989), S. 41–54.

van Houdt, Toon: Leonardus Lessius. In: Wim Decock u. a. (Hrsg.): Great Christian Jurists in the Low Countries. Cambridge 2021, S. 64–79.

van Rhijn, Carine/Saan, Marjolijn: Correcting sinners, correcting texts: a context for the Paenitentiale Pseudo-Theodori. In: EME 14 (2006), S. 23–40.

Varkemaa, Jussi: Conrad Summenhart's Theory of Individual Rights. Leiden 2012.

Vitalone, Alessia: Buona fama e riservatezza in diritto canonico (il civis-fidelis e la disciplina della privacy). In: Ius Ecclesiae 14 (2002), S. 261–280.

Völkl, Artur: Zum Verfahren der »actio legis Corneliae de iniuriis«. In: Sodalitas. Scritti in onore de Antonio Guarino. Bd 2. Neapel 1984, S. 561–608.

Völkl, Artur: M. Hagemann, Iniuria: von den XII-Tafeln bis zur Justinianischen Kodifikation. [Forschungen zum römischen Recht; 43]. Böhlau, Köln - Weimar - Wien 1998. XVIII + 272 S. In: TR 68 (2000), S. 119–121.

Vos, Antoine: John Duns Scotus: A Life. Kampen 2018.

Vosskuhle, Andreas: Das Kompensationsprinzip. Grundlagen einer prospektiven Ausgleichsordnung für die Folgen privater Freiheitsbetätigung – Zur Flexibilisierung des Verwaltungsrechts am Beispiel des Umwelt- und Planungsrechts. Tübingen 1999.

Wacke, Andreas: Unius poena – metus multorum. Abhandlungen zum römischen Strafrecht. Neapel 2008.

Wagner, Gerhard: Ersatz immaterieller Schäden. Bestandsaufnahme und eurpäische Perspektiven. In: JZ 59 (2004), S. 319–331.

von Wallenrodt, Carl: Die Injurienklagen auf Abbitte, Widerruf und Ehrenerklärung in ihrer Entstehung, Fortbildung und ihrem Verfall. Ein Beitrag zur Geschichte des deutschen Strafrechts. In: ZRG (GA) 3 (1864), S. 238–300.

Wallinga, Tammo: Actio legis Aquiliae – Buße oder Schadensersatz? In: Holger Altmeppen u. a. (Hrsg.): Festschrift für Rolf Knütel zum 70. Geburtstag. Heidelberg 2009, S. 1385–1399.

Walter, Ute: Geschichte des Anspruchs auf Schmerzensgeld bis zum Inkrafttreten des Bürgerlichen Gesetzbuches. Paderborn 2004.

Weber, Wilhelm: Geld und Zins in der Spanischen Spätscholastik. Münster 1962.

Wei, John C.: Theology and the Theological Sources of Canon Law. In: Andres Winroth u. a. (Hrsg.): The Cambridge history of medieval canon law. Cambridge 2022, S. 173–191.

Weinzierl, Karl: Die Restitutionslehre der Frühscholastik. München 1936.

Weinzierl, Karl: Die Restitutionslehre der Hochscholastik bis zum Hl. Thomas von Aquin. München 1939.

Wieling, Hans Josef: Interesse und Privatstrafe vom Mittelalter bis zum Bürgerlichen Gesetzbuch. Köln u. a. 1970.

Wimmer, Reiner: Molina, Luis de. In: Jürgen Mittelstraß (Hrsg.): Enzyklopädie Philosophie und Wissenschaftstheorie. Bd. 5. 2. Auflage, Stuttart u. a. 2013, S. 438–440.

Wittmann, Roland: Die Körperverletzung an Freien im klassischen römischen Recht. München 1972.

Wittreck, Fabian: Geld als Instrument der Gerechtigkeit. Die Geldrechtslehre des Hl. Thomas von Aquin in ihrem interkulturellen Kontext. Paderborn u. a. 2002.

Wolter, Udo: Ius canonicum in iure civili. Köln u. a. 1975.

Wolter, Udo: Das Prinzip der Naturalrestitution in § 249 BGB. Herkunft, historische Entwicklung und Bedeutung. Berlin 1985.

Wolters, Michael: Die Zentrumspartei und die Entstehung des BGB. Baden-Baden 2001.

Zahnd, Ueli: The Genesis of a Genre? Late Medieval Commentaries on the »Summa Theologiae«. In: Lidia Lanza u. a. (Hrsg.): Summistae. The Commentary Tradition on Thomas Aquinas' Summa Theologiae from the 15th to the 17th Centuries. Louvain 2021, S. 127–157.

Zimmermann, Reinhard: Effusum vel deiectum. In: Dieter Medicus u. a. (Hrsg.): Festschrift für Hermann Lange zum 70. Geburtstag am 24. Januar 1992. Stuttgart u. a. 1992, S. 301–330.

Zimmermann, Reinhard: The Law of Obligations. Roman Foundations of the Civilian Tradition. Oxford 1996.

Zimmermann, Reinhard: §§ 387–396. Aufrechnung. In: Mathias Schmoeckel u. a. (Hrsg.): Hitorisch-kritischer Kommentar zum BGB. Bd. 2. Schuldrecht: Allgemeiner Teil. 2. Teilband. §§ 305–432. Tübingen 2007, S. 2179–2248.

Quellenregister

Es werden hier nur die wichtigsten Autoren und Werke aufgeführt. Im Übrigen wird auf das Personenregister verwiesen.

III. Mittelalterliche Quellen

4. Glossen zum Corpus Iuris Canonici

5. Autoren und Werke

IV. Neuzeitliche Quellen

V. Neuzeitliche und moderne Kodifikationen

Personenregister

Es wird auf das Quellenregister verwiesen. Dort enthaltene Verweise werden hier nicht erneut aufgeführt.

Sachregister